suhrkamp taschenbuch
wissenschaft 638

Die Editionsarbeiten an diesem Band wurden durch die Werner-Reimers-Stiftung, Bad Homburg v.d.H., gefördert.

Wolfgang Schluchter, geb. 1938 in Ludwigsburg, ist Professor für Soziologie an der Universität Heidelberg und nimmt regelmäßig eine Gastprofessur für Soziologie an der University of California, Berkeley, wahr. Wichtige Veröffentlichungen: *Entscheidung für den sozialen Rechtsstaat*, Köln-Berlin 1968, Neuausgabe Baden-Baden 1983; *Aspekte bürokratischer Herrschaft*, München 1972, Neuausgabe Frankfurt 1985; *Die Entwicklung des okzidentalen Rationalismus*, Tübingen 1979 (revidierte englische Fassung Berkeley 1981); *Max Weber's Vision of History* (zusammen mit Guenther Roth), Berkeley 1979, ^{2}1984; *Rationalismus der Weltbeherrschung*, Frankfurt 1980. Als Herausgeber: *Verhalten, Handeln und System*, Frankfurt 1980; *Max Webers Studie über das antike Judentum*, Frankfurt 1981; *Max Webers Studie über Konfuzianismus und Taoismus*, Frankfurt 1983; *Max Webers Studie über Hinduismus und Buddhismus*, Frankfurt 1984; *Max Webers Sicht des antiken Christentums*, Frankfurt 1985.

Mit diesem Band, der im Zusammenhang mit einer von der Werner-Reimers-Stiftung geförderten internationalen und interdisziplinären Konferenz entstanden ist, soll versucht werden, Max Webers Sicht des Islams auf dem Hintergrund neuerer theoretischer und historischer Erkenntnisse einzuordnen und zu bewerten. Der Band zeugt von der andauernden Bedeutung, die Webers Sachforschungen haben, und sucht zugleich einen Anstoß zu geben, Webers Ansatz einer entwicklungsgeschichtlich und typologisch ausgerichteten Religionssoziologie als Kultursoziologie wieder aufzunehmen und weiterzuführen. Damit wird ein Unternehmen fortgesetzt, das mit den Bänden *Max Webers Studie über das antike Judentum* (stw 340), *Max Webers Studie über Konfuzianismus und Taoismus* (stw 402), *Max Webers Studie über Hinduismus und Buddhismus* (stw 473) und *Max Webers Sicht des antiken Christentums* (stw 548) begonnen wurde.

Max Webers Sicht des Islams

Interpretation und Kritik

Herausgegeben von
Wolfgang Schluchter

Suhrkamp

CIP-Kurztitelaufnahme der Deutschen Bibliothek
Max Webers Sicht des Islams :
Interpretation u. Kritik /
hrsg. von Wolfgang Schluchter. –
1. Aufl. – Frankfurt am Main :
Suhrkamp, 1987.
(Suhrkamp-Taschenbuch Wissenschaft ; 638)
ISBN 3-518-28238-7
NE: Schluchter, Wolfgang [Hrsg.]; GT

suhrkamp taschenbuch wissenschaft 638
Erste Auflage 1987

Satz und Druck: Wagner GmbH, Nördlingen
Printed in Germany
Umschlag nach Entwürfen von
Willy Fleckhaus und Rolf Staudt

1 2 3 4 5 6 – 92 91 90 89 88 87

Inhalt

Vorwort

Max Weber schrieb keine Monographie über den Islam. Daß er sie schreiben wollte und daß er sie wohl auch geschrieben hätte, wäre ihm mehr Lebenszeit geblieben, ist hinreichend belegt. Die Grundzüge dieser Monographie standen ihm offensichtlich klar vor Augen. Er erarbeitete sie sich zwischen 1909 und 1914, im Zusammenhang mit seinen Forschungen über die wichtigsten Kulturreligionen, über Konfuzianismus und Taoismus, über Hinduismus und Buddhismus, über das Judentum, über das Christentum mit Urchristentum, östlicher und westlicher Kirche sowie Luthertum und asketischem Protestantismus – und eben über den Islam. Die Ergebnisse dieser Forschungen wurden von ihm zunächst in dem Manuskript »Die Wirtschaft und die gesellschaftlichen Ordnungen und Mächte« verarbeitet, das er im Jahre 1914 endgültig für den Druck vorbereitete. Der Ausbruch des Ersten Weltkriegs vereitelte diesen Plan. Das Manuskript ist uns in problematischer Anordnung und unvollendet aus dem Nachlaß überliefert. Es ist als der sogenannte Zweite Teil von *Wirtschaft und Gesellschaft* bekannt. In diesem Manuskript, besser: in diesen Manuskripten, erscheint der Islam in verschiedenen Zusammenhängen, insbesondere in der Religionssoziologie, der Herrschaftssoziologie und der Rechtssoziologie. Daraus lassen sich die Grundzüge dieser geplanten Monographie freilegen. Dies ist eine der Voraussetzungen dafür, daß sein Ansatz von Islamwissenschaftlern wahrgenommen und sachlich, sei es zustimmend, sei es kritisch, diskutiert werden kann.

Der vorliegende Band dokumentiert den Versuch, eine solche Diskussion zwischen Soziologen und Islamwissenschaftlern über Max Webers Islamanalyse, ja seinen historischen und soziologischen Ansatz insgesamt zu führen. Ein solches Unterfangen bewegt sich freilich in mehrfacher Hinsicht auf ungesichertem und unsicherem Grund. Da ist zum einen der skizzierte Zustand von Webers Islamanalyse selber, da ist zum andern das Faktum, daß Webers Ansatz im allgemeinen, seine Islamanalyse im besonderen in der Islamwissenschaft bisher kaum rezipiert worden sind. Da ist schließlich der Streit innerhalb der Islamwissenschaft um den Vorrang von eher philologischen oder historischen und soziologischen Ansätzen. Es ist deshalb keineswegs selbstverständlich, daß ein historischer und soziologischer Ansatz wie der Webers bei Islamwissenschaftlern überhaupt auf Diskussionsbereitschaft trifft. Hier scheinen sich allerdings ausländische Islamwissenschaftler leichter zu tun als deutsche. Deshalb melden sich in diesem Band hauptsächlich jene zu Wort.

Der Band ist nicht äußerlich, wohl aber in der Sache in zwei Teile gegliedert. In der Einleitung wird Max Webers Islamanalyse rekonstruiert. Dann folgen vornehmlich kritische Auseinandersetzungen mit Aspekten dieser Analyse aus islamwissenschaftlicher Sicht sowie Versuche, die Zweckmäßigkeit der Begriffe Webers für die historisch-soziologische Untersuchung islamischer Phänomene zu prüfen, wobei auch solche einbezogen werden, die von Weber nicht behandelt worden sind. Seine Analyse beschränkt sich ja weitgehend auf den frühen Islam, auf den charismatischen Ursprung dieser prophetischen Buchreligion und auf seine Veralltäglichung, seine Traditionalisierung, ähnlich wie bei den anderen Kulturreligionen. Denn in diesem Prozeß werden in Webers Sicht die Weichen gestellt, die die weiteren Entwicklungschancen entscheidend beeinflussen. Deshalb hat er sich in seinen religionsvergleichenden Forschungen besonders darauf konzentriert.

Mit Ausnahme der Einleitung waren alle Beiträge in englischer oder französischer Sprache geschrieben. Sie wurden von Angelika Schweikhart (Cook, Eaton, Hardy, Lapidus, Levtzion, Robinson, Rodinson) und von Brigitte Schluchter (Crone, Eisenstadt, Gellner, Metcalf, Peters) übersetzt. Ich habe die Übersetzungen durchgesehen, teilweise überarbeitet. Auf die Standardisierung der Transliteration arabischer Ausdrücke wurde auf Rat der Fachleute verzichtet. Hier herrscht in der Islamwissenschaft offenbar kein Konsens. In einer kurzen Literaturliste sind einige Schriften zusammengestellt, die bei der Beschäftigung mit den in den Beiträgen diskutierten Problemen hilfreich sein könnten.

Der Band ist aus einer Konferenz hervorgegangen, die 1984 bei der Werner-Reimers-Stiftung in Bad Homburg stattfand. Francis Robinson unterstützte mich bei ihrer Vorbereitung mit seinem sachverständigen Rat. Ich danke der Stiftung, daß sie die Zusammenkunft von Islamwissenschaftlern und Soziologen ermöglichte und auch wieder die Editionsarbeiten an diesem Band großzügig förderte. Ich danke neben Francis Robinson auch Guenther

Roth, der in einer ausgedehnten Korrespondenz für die Berücksichtigung Weberscher Gesichtspunkte in den islamwissenschaftlichen Beiträgen warb. Ich danke den Übersetzerinnen für ihre sorgfältige Arbeit und Gerhard Wagner für Hilfe bei der Zusammenstellung der Literatur. Ich danke schließlich Sigrid Bolloni, die wieder die Sekretariatsarbeiten im Zusammenhang mit der Vorbereitung der Konferenz und der Edition des Bandes umsichtig und zuverlässig erledigte.

Dies ist der fünfte Band in der Reihe von Versuchen, Webers vergleichende Analyse der Kulturreligionen der Interpretation und der Kritik der Fachvertreter auszusetzen. Aufgrund einiger Beiträge, die sich mit der Mogulherrschaft beschäftigen, bietet er zugleich eine Ergänzung zum dritten Band, *Max Webers Studie über Hinduismus und Buddhismus.* Möge er dazu beitragen, daß historisch-soziologische Betrachtungsweisen in Soziologie und Islamwissenschaft weiter an Boden gewinnen.

Heidelberg, im April 1987 — Wolfgang Schluchter

Wolfgang Schluchter

Einleitung
Zwischen Welteroberung und Weltanpassung

Überlegungen zu Max Webers Sicht des frühen Islams

»Nicht der Islam als Konfession der Individuen hinderte die Industrialisierung ... Sondern die religiös bedingte Struktur der islamischen Staaten*gebilde, ihres Beamtentums und ihrer Rechtsfindung.«*
Max Weber, Wirtschaft und Gesellschaft, *4. Aufl., Tübingen 1956, S. 651*

1. Das ›Schicksal‹ der Islam-Studie

Während der Arbeiten an den vergleichenden typologischen und entwicklungsgeschichtlichen Analysen über die Kulturreligionen, über ihre Beziehungen zu den nichtreligiösen, insbesondere den wirtschaftlichen und politischen Ordnungen und Mächten hat sich Max Weber auch mit dem Islam beschäftigt. Dieser gehört zu den sechs Kulturreligionen, denen sein besonderes Interesse gilt[1]. Wie bei den anderen Kulturreligionen auch, ist dieses Interesse in erster Linie auf die frühen Entwicklungsphasen gerichtet: auf die ›Geburt‹ des Islams in Mekka und Jathrib, dann: Medina, auf sein ›heroisches Zeitalter‹ während der Herrschaft der frühen Kalifen (632-661) und der Omaiyaden (661-750) sowie auf seine ›Vollentwicklung‹ während der Periode der Abbasiden (750-1258), die gemeinhin als die Periode des Hochislams bezeichnet wird. Diese ›Vollentwicklung‹ drückt sich unter anderem darin aus, daß die entscheidenden religiösen Quellen kanonisiert, die wichtigsten orthodoxen und heterodoxen Strömungen konsolidiert und die religiösen Schichtungen in Virtuosen- und Massenreligiosität etabliert sind. Sie drückt sich aber auch darin aus, daß die primäre welterobernde Dynamik nachläßt und daß die vereinheitlichenden ›nationalarabischen‹ Bewegungen in einen religiösen und vor allem: politischen Polyzentrismus ausmünden. Das heißt freilich nicht, daß sich an die primären Entwicklungen nicht sekundäre anschlössen. Im Gegenteil: Solche sekundären Bewegungen mit ›reichsbildender‹, imperialer Kraft, die ohne den Islam nicht zu denken wären, sieht Weber wohl im Osmanischen Reich und in der Mogulherrschaft am Werk. Doch sind seine Bemerkungen dazu eher spärlich, was, angesichts der ausgearbeiteten Studie über Hinduismus und Buddhismus, zumindest für den indischen Islam überraschen muß. Freilich: Auch über den frühen arabischen Islam existiert kein zusammenhängender Text, den man der Interpretation zugrunde legen könnte. Bevor man sie dennoch versucht, ist deshalb ein Wort über das ›Schicksal‹ der geplanten, aber nicht geschriebenen Studie über den Islam angebracht, die neben Untersuchungen über den arabischen und persischen Islam sicherlich auch Abschnitte über den türkischen und indischen Islam enthalten hätte.

Webers Interesse an den nichtchristlichen Kulturreligionen und an den durch sie mit geprägten Kulturkreisen[2] scheint sich um 1910 zu verstärken. Es ist vermutlich früher geweckt worden, nicht zuletzt im Eranos, jenem Heidelberger religionswissenschaftlichen Zirkel, in dem Interdisziplinarität großgeschrieben wurde[3]. Auch darf man nicht übersehen, daß die Religionswissenschaft der Zeit auf Religionsvergleich aus war[4]. Und Weber lehnte sich stark an diese Forschungsrichtung an[5]. Machen wir uns klar: 1909 hatte er seine große, umfangreiche Studie über die »Agrarverhältnisse im Altertum« veröffentlicht, ferner die Publikation der Aufsatzserie über die »Psychophysik der industriellen Arbeit« abgeschlossen. Mit dem »Antikritischen Schlußwort«, das im September 1910 erschien, erklärte er zudem die Debatte, die sich an seine religionsgeschichtliche Studie »Die protestantische Ethik und der ›Geist‹ des Kapitalismus« angeschlossen und über drei Jahre hingezogen hatte, als beendet[6]. Eine Arbeitsphase war vorüber, eine neue begann. Sie ist durch die Rückkehr zur Religionssoziologie (schon die beiden Antikritiken zu Rachfahl deuten darauf hin) und durch die Planung und Durchführung eines Großprojekts, des *Handbuchs der politischen Ökonomie*, später: *Grundriß der Sozialökonomik*, gekennzeichnet. Dies bestätigt auch Marianne Weber in ihrem *Lebensbild*. Darin schreibt sie, mit Blick auf den Abschluß der »Psychophysik«, deren letzter Teil am 30. September 1909 erschienen war: »Nachdem dies alles klar gestellt ist, kehrt Weber zu seinen universalsoziologischen Studien zurück, und zwar unter doppeltem Gesichtspunkt. Er will die religionssoziologischen Abhandlungen fortsetzen und bereitet gleichzeitig auf Veranlassung seines Verlegers Paul Siebeck ein großes Kollektivwerk vor: den Grundriß für die Sozialökonomik. Er entwirft den Plan, wirbt die Mitarbeiter und bedenkt sich selbst neben der organisatorischen Arbeit mit den wichtigsten Partien. Die religionssoziologischen Schriften werden zum Teil aus denselben Quellen geschöpft wie die neue Arbeit und Hand in Hand mit ihr gefördert«[7].

Für die neue Arbeitsphase weisen offenbar zunächst die Ergebnisse der gerade abgeschlossenen die Richtung. Die »Agrarverhältnisse« enthalten unter anderem eine ökonomische Theorie der antiken Staatenwelt, eine Art Wirtschafts- und Herrschaftssoziologie des antiken ›mittelländisch-europäischen‹ Kulturkreises und seiner Entwicklung, in der man eine Vorstufe der späteren Wirtschafts- und Herrschaftssoziologie sehen kann[8]. Im »Antikritischen Schlußwort« formuliert Weber die für seine religionssoziologische Arbeit »wirklich dringendsten Fragen«[9]. Es sind drei: 1. die Untersuchung der unterschiedlichen Wirkungen der calvinistischen, der täuferischen und der pietistischen Ethik auf die methodische Lebensführung; 2. die Untersuchung »der Ansätze ähnlicher Entwicklung im Mittelalter und im antiken Christentum«; 3. die Untersuchung der ökonomischen Seite des Vorgangs oder, in späteren Formulierungen, die Untersuchung der anderen Seite der Kausalbeziehung – nach der Untersuchung der Religionsbedingtheit der Wirtschaftsgesinnung nun die Untersuchung der Klassenbedingtheit der Religion[10]. Dieses Unternehmen muß auf eine Art Soziologie des Bürgertums hinauslaufen, auf eine Darlegung der Affinitäten, der Wahlverwandtschaften, zwischen bürgerlichen Klassenlagen und religiös bedingten Lebensstilisierungen, wie sie nicht nur, aber eben doch »am konsequentesten der asketische Protestantismus bot«[11]. Liest man insbesondere den Schluß der »Agrarverhältnisse« mit diesen programmatischen Äußerungen zusammen, so scheint Weber in der neuen Arbeitsphase in erster Linie die weiteren historischen ›Vorbedingungen‹ des rational-kapitalistischen Wirtschaftens, des modernen Kapitalismus als eines Wirtschafts*systems*, klären zu wollen, und zwar die ›subjektiven‹ wie vor allem die ›objektiven‹, die motivationellen wie vor allem die institutionellen[12], sowie das

Verhältnis der Obstruktion, Indifferenz oder Begünstigung, das zwischen und unter ihnen besteht[13]. Dies aber bedeutet: Rekonstruktion der okzidentalen Entwicklung unter spezifisch besonderen, also einseitigen Gesichtspunkten, die in Wertideen gründen. Und diese Rekonstruktion legt sowohl aus genetischen wie aus typologischen Gründen den Ausgriff auf Judentum und Islam nahe. Weber hat freilich die Absicht, diesen Ausgriff zu tun, im »Antikritischen Schlußwort« noch nicht zu erkennen gegeben, wohl aber die andere, aufbauend auf der »Protestantischen Ethik« und den »Agrarverhältnissen«, zu zeigen, welchen historischen ›Vorbedingungen‹ sich die moderne kapitalistische Entwicklung im Zusammenspiel von ›Geist‹ und ›Form‹, von ›subjektiven‹ und ›objektiven‹, von motivationellen und institutionellen Faktoren verdankt. Es lohnt sich, auf die ›Parameter‹ von Webers Lösung des Jahres 1910 zu achten. Sie sind in den Schlußpassagen des »Antikritischen Schlußworts« formuliert. Weber wehrt sich dort zunächst gegen eine rein technologische Erklärung der modernen, ja *jeder* kapitalistischen Entwicklung. Doch es geht ihm nicht allein um die Abwehr monokausaler Ansätze, sondern auch um die Abwehr solcher multikausalen Ansätze, bei denen nur die eine Seite der Kausalbeziehung, sei es die motivationelle oder die institutionelle, berücksichtigt ist. Er schreibt: »Der Kapitalismus des Altertums entfaltete sich *ohne* technischen ›Fortschritt‹, ja man kann geradezu sagen: gleichzeitig mit dem Aufhören technischer Fortschritte. Die technischen Mehrleistungen des kontinentalen Mittelalters sind an Bedeutung für die *Möglichkeit* der modernen kapitalistischen Entwicklung nicht gering, aber freilich kein entscheidender ›Entwicklungsreiz‹. An objektiven Faktoren zählen letztlich bestimmte klimatische, die Lebensführung und die Arbeitskosten beeinflussende Momente, daneben solche, welche durch die zum erheblichen Teil durch den *Binnen-Kultur*-Charakter des Mittelalters (relativ, im Verhältnis zum Altertum, gesprochen) bedingte politisch-soziale Organisation der mittelalterlichen Gesellschaft und den daraus folgenden spezifischen Charakter der mittelalterlichen, speziell der binnenländischen Stadt und ihres *Bürgertums* erzeugt wurden, zu den wichtigsten der historischen Vorbedingungen (s. meinen schon zitierten Artikel im Handwörterbuch der Staatswissenschaften). Dazu treten gewisse, gegenüber dem Altertum zwar vielleicht nicht absolut, aber doch der Struktur, Verbreitung und Bedeutung nach neue

Organisationsformen im Gewerbe (Hausindustrie) als spezifisch ökonomisches Moment. Der große Entwicklungsprozeß, der *zwischen* den spätmittelalterlichen, noch immer höchst *labilen*, kapitalistischen Entwicklungsvorgängen und der, für den heutigen Kapitalismus entscheidenden, *Mechanisierung* der Technik liegt, ist durch die Schaffung gewisser wichtiger objektiv-politischer und objektiv-ökonomischer *Vorbedingungen* für diese letztere ausgefüllt, *vor allem* aber durch die Schaffung und Vorbereitung des rationalistischen und antitraditionalistischen ›Geistes‹ und des ganzen Menschentums, welches ihn praktisch in sich aufnahm: die Geschichte der modernen *Wissenschaft* und ihrer erst in der Neuzeit entwickelten praktischen Beziehungen zur Wirtschaft einerseits, die Geschichte der modernen *Lebensführung* in ihrer praktischen Bedeutung für dieselbe andererseits haben darüber die Hauptaufschlüsse zu geben.«[14]

Die Geschichte, die Entwicklung, besser: die *Entwicklungsgeschichte*, der politischen und ökonomischen Organisationsformen, aber auch: die der Wissenschaft und die der Lebensführung, sie also gilt es zu schreiben, und zwar so, daß man dabei die eine nicht vorschnell zu einer bloßen Funktion, zu einem bloßen Ausfluß einer anderen macht[15]. Sie gilt es aber auch zu schreiben im Hinblick auf die *qualitativen* Veränderungen, die sich, ausgehend von der Antike, im Mittelalter und dann zwischen Spätmittelalter und Neuzeit ereignen. Die Rekonstruktion der okzidentalen Entwicklung, genauer: des okzidentalen Kapitalismus, erfolgt also nicht allein unter einem besonderen, einseitigen Gesichtspunkt, sie muß darüber hinaus in Teilentwicklungen ›aufgelöst‹ werden, die immer von neuem aufeinander zu beziehen sind. Weber wendet sich ja nicht gegen Entwicklungskonstruktionen als solche, sondern gegen Entwicklungskonstruktionen, die mit vollständigen und inklusiven Stufenmodellen auf der Basis normativ ausgezeichneter Richtungskriterien operieren und diese reifizieren. Eine wertbeziehende idealtypische Entwicklungskonstruktion dagegen ist unerläßlich für die Durchführung seines eigenen Programms. Wenn er in der Folge immer wieder die Frage stellt, warum sich *nur* im Okzident ein rationaler Industriekapitalismus entwickelte, und wenn er mit der Bedingungskonstellation antwortet, die *nur* hier bestand, so bedeutet dies nicht, daß davon abweichende Bedingungskonstellationen ein solches Ergebnis nicht auch hätten erzeugen können, noch, daß andere Kulturkreise, die später den Weg zum modernen Industriekapitalismus gingen oder zu gehen suchten, dieselben ›Stufen‹ zu durchschreiten hatten, in die man die okzidentale Entwicklung ›zergliedern‹ kann. Für Weber löst sich Universalgeschichte auf in eine Pluralität von Entwicklungsgeschichten, die mit kulturkreisgebundenen Formen des Menschentums verbunden sind[16]. Allerdings: Welche Dimensionen man für die Rekonstruktion wählt, ist nicht beliebig. Es ist eine Frage der Theorie, nicht der Wertideen. Weber ist davon überzeugt: Alle Rekonstruktionen müssen die ›seelischen Bereitschaften‹ ernst nehmen und alle Entwicklungen mit ihnen rechnen, und für ihr Verständnis wie für Ihre ›Erzeugung‹ reicht der Rekurs auf die ökonomischen Lebensmächte nicht aus[17]. Denn zu den wichtigsten formenden Elementen der Lebensführung gehören eben nicht nur die ökonomischen, sondern vor allem die kulturellen, in vorkapitalistischen Zeitaltern in erster Linie die magischen und vor allem die religiösen Mächte, weil es dabei immer auch um normativ verankerte Pflichtvorstellungen geht[18].

Es zeigt sich aber schnell: Dieser Eintritt in eine neue Arbeitsphase ist mehr als nur ein äußerlicher Einschnitt. Dabei erfährt Webers Arbeit auch eine qualitative Veränderung[19]. Er macht eine Entdeckung. Auch sie ist durch Marianne Webers *Lebensbild* bezeugt. Wann genau er sie macht, ist unklar, worin sie besteht, dagegen nicht. Sie hängt mit der im Zitat von 1910 angesprochenen Sicht der Geschichte der modernen Wissenschaft zusammen. Wie daraus hervorgeht, billigt er ihr eine selbständige Bedeutung für die moderne Wirtschaftsentwicklung zu. Doch nicht nur dies: Die Entwicklung der modernen Wissenschaft, des wissenschaftlichen Rationalismus, zeigt auch Zusammenhänge mit ästhetischen Entwicklungen, insbesondere mit der okzidentalen Musikentwicklung[20]. Und dies eröffnet plötzlich ein ganz neues, scheinbar weit abliegendes Arbeitsfeld. Marianne Weber gibt folgende Beschreibung: »Die Zeit schmäht den Rationalismus und namentlich viele Künstler beurteilen ihn als Hemmung ihrer Schöpferkraft, deshalb erregt Weber jene Entdeckung (über den Zusammenhang von wissenschaftlicher und ästhetischer Entwicklung, W. S.) ganz besonders. Er plant nun auch eine Soziologie der Kunst, und unternimmt als ersten Versuch dazu inmitten seiner andern Arbeiten die Untersuchung der Musik auf ihre rationalen und soziologischen Grundlagen etwa um 1910. Sie führt ihn in die entlegensten Gebiete der Völkerkunde und zu den schwierigsten Untersuchungen der Tonarithmetik und Symbolik. Jedoch, als dieser Teil provisorisch fixiert ist, zwingt er sich zu den begonnenen und zugesagten Schriften zurück«[21].

Die Entdeckung führt aber nicht nur auf ›Umwege‹, sondern ist auch für die Hauptsache von weitreichender Bedeutung. Sie motiviert Weber zu einer Erweiterung seiner religionssoziologischen Fragestellung. Gewiß: Die Eigenart und die Entwicklung des abendländischen Kapitalismus bleiben ihm weiter wichtig, doch dieser ist jetzt nur noch eine unter mehreren okzidentalen Kulturerscheinungen von universeller Bedeutung, wenn auch unter ihnen »die schicksalsvollste Macht«[22]. Das aber heißt: Zur Untersuchung der Religions- und Wirtschaftsentwicklung müssen neue hinzutreten, insbesondere die Untersuchung der Herrschafts- und Rechtsformen sowie der sozialen Organisationsformen von der Familie bis zum ›Staat‹. Mehr noch: Will man die Eigenart der *ganzen* okzidentalen Kultur bestimmen und erklären, warum nur hier Kulturerscheinungen wie etwa rational-methodische Lebensführung, rationaler Betriebskapitalismus, rationaler Anstaltsstaat, formal-rationales Recht, rationale Wissenschaft und akkordharmonische Musik auftraten, so muß man diesen Kulturkreis mit anderen vergleichen und dartun, warum diese Erscheinungen dort nicht aufgetreten sind. Um dies zu bewerkstelligen, braucht man Vergleichskriterien und daran orientierte Begriffe. Diese Vergleichskriterien sind, wie Weber mit aller wünschenswerten Klarheit betont, kulturkreisgebunden, den Kulturwerten unseres Kulturkreises entnommen, was, gemäß der Lehre von der theoretischen Wertbeziehung, zwar zu einem heuristischen, nicht aber zu einem normativen Eurozentrismus führt. Um dies zu bewerkstelligen, braucht man darüber hinaus Grundkenntnisse der anderen Kulturkreise, insbesondere der sie mit prägenden Kulturreligionen, Wirtschafts-, Herrschafts- und Rechtsformen, zumindest insoweit, als notwendig ist, um »die *Vergleichspunkte*« mit der okzidentalen Entwicklung zu finden[23], also mindestens so weitgehend, daß man die Ähnlichkeiten und *Gegensätze* gegenüber der okzidentalen Entwicklung herausarbeiten kann. Daß nur im Okzident rationaler Industriekapitalismus entstanden ist, genauer: daß er hier zum ersten Mal auftrat, und daß dies auch für die anderen genannten okzidentalen Kulturerscheinungen gilt, ist eine historische Tatsache. Man braucht sich für sie nicht zu interessieren, man kann andere für wichtiger halten, bestreiten kann man sie nicht. Weber interessiert sich für diese Tatsache, und er hält sie für wichtig, und gerade dies treibt ihn über seinen eigenen Kulturkreis und, nicht zu vergessen, auch über sein eigenes Fach hinaus[24]. Dafür gibt es vor allem drei Gründe: die Klärung der Identifikationsprobleme (Nachweis der Besonderheiten), die Klärung der Zurechnungsprobleme (Nachweis der historischen Vorbedingungen) und die Klärung des Diagnoseproblems (Nachweis der ›Opfer‹, der ›verlorenen‹ Möglichkeiten). Denn der Vergleich zeigt nicht nur die Besonderheiten des Okzidents und erleichtert kausale Zurechnungen, er macht auch deutlich, was hier, im Unterschied zu anderen Kulturen, nicht realisiert wurde. Insofern hat Kulturwissenschaft neben der theoretischen und historischen auch eine zumindest indirekt praktische Dimension[25]. Den Schritt über den eigenen Kulturkreis hinaus tat Weber offenbar zuerst im Zusammenhang mit den Untersuchungen über die Musik, aber er wirkte weiter. Wie Marianne Weber berichtet: »Als er dann (etwa um 1911) die religionssoziologischen Studien wieder aufnimmt, zieht es ihn in den Orient: nach China, Japan und Indien, dann zum Judentum und Islam«[26].

Spätestens von 1911 an erarbeitet sich Weber also die für sein Doppelprojekt wichtigen ›Quellen‹. Diese sind, für die ›außerokzidentalen‹ Kulturkreise weit mehr noch als für die ›okzidentalen‹, vorwiegend sekundärer Natur[27]. Für den Islam scheint er sich außer auf die vermutlich sekundär vermittelten heiligen Quellen Koran, Sunna und Schari'a vor allem auf die deutsche Islamwissenschaft der Zeit zu stützen, auf Autoren wie Carl Heinrich Becker, Julius Wellhausen, Ignaz Goldziher und Joseph Kohler, deren Arbeiten ja bis heute lebendig geblieben sind. Hinzu treten Christian Snouck Hurgronje und wohl auch der ein oder andere englische und französische Autor[28]. Dies entspricht dem Bild, das man auch bei seiner Analyse anderer Kulturkreise gewinnt. Webers vergleichende Studien reflektieren vor allem den Stand der deutschen zeitgenössischen Forschung auf dem Gebiet der Sinologie, der Indologie, der Semitistik, der Ägyptologie, der Islamwissenschaft sowie der religionswissenschaftlich orientierten Protestantischen Theologie. Dieses Bild differenziert sich freilich in dem Maße, wie er zu monographischer Darstellung gelangt.

Wie entwickeln sich nun die beiden Projekte, in denen der Islam neben Konfuzianismus, Hinduismus, Buddhismus, Judentum und Christentum und deren ›internen‹ Untergliederungen eine wichtige Rolle spielt? Offensichtlich hat Weber zum Jahresende 1913 weite Teile *beider* Projekte niedergeschrieben, wobei das eine Projekt inzwischen den Titel »Die Wirtschaftsethik der Weltreligionen«, das andere den Titel »Die Wirtschaft und die gesellschaftlichen Ordnungen und Mächte« trägt. Wie Marianne Webers oben zitierte Bemerkung zeigt, werden die während der neuen Arbeitsphase erschlossenen ›Quellen‹ für *beide* Projekte verwendet. Sie stehen, wie Weber selber später öffentlich äußert, zumindest für die religionssoziologischen Teile im Verhältnis wechselseitiger Interpretation und Ergänzung und sind für gleichzeitige Publikation bestimmt[29]. Aus zwei Briefen lassen sich Zustand und Inhalt der beiden Manuskripte am Ende des Jahres 1913 relativ eindeutig erschließen. Sie seien hier deshalb zitiert. Am 30. Dezember 1913 schreibt Weber an seinen Verleger Siebeck über sein Manuskript »Die Wirtschaft und die gesellschaftlichen Ordnungen und Mächte«, er habe »eine geschlossene Theorie und Darstellung ausgearbeitet, welche die großen Gemeinschaftsformen zur Wirtschaft in Beziehung setzt: von der Familie und Hausgemeinschaft zum Betrieb, zur Sippe, zur ethnischen Gemeinschaft, zur Religion (alle großen Religionen der Erde umfassend: Soziologie der Erlösungslehren und der religiösen Ethiken, – was Troeltsch gemacht hat, jetzt für *alle* Religionen, nur wesentlich knapper), endlich eine umfassende soziologische Staats- und Herrschafts-Lehre. Ich darf behaupten, daß es noch *nichts* dergleichen gibt, auch kein ›Vorbild‹«[30]. Am 22. Juni 1915 bietet Weber seinem Verleger Siebeck eine Reihe von Aufsätzen über die »Wirtschaftsethik der Weltreligionen« zur Veröffentlichung im *Archiv für Sozialwissenschaft und Sozialpolitik* an, von denen er sagt, sie hätten »seit Kriegsbeginn« bei ihm gelegen und würden »Konfuzianismus (China), Hinduismus und Buddhismus (Indien), Judentum, Islam, Christentum« umfassen, ferner die »allgemeine Durchführung der Methode« aus der Studie über den asketischen Protestantismus bringen. Es handle sich um vier Aufsätze zu je vier bis fünf Bogen, »Vorarbeiten und Erläuterungen der systematischen Religionssoziologie« für den *Grundriß der Sozialökonomik*, für jenes Manuskript also, von dem im Brief vom 30. Dezember 1913 die Rede ist. Die Aufsätze – so Weber – könnten dann später einmal, zusammen mit anderen und in überarbeiteter Form, separat publiziert werden. Er antizipiert also die *Gesammelten Aufsätze zur Religionssoziologie*, die dann tatsächlich 1920, mit dem von ihm noch zum Druck gegebenen 1. Band beginnend, erschienen sind[31]. Daß aber zumindest ein Teil dieser Reihe nicht erst seit Kriegsbeginn, sondern bereits 1913 niedergelegt sein muß, ergibt sich aus der Fußnote, die Weber der Publikation des ersten Artikels der Reihe anfügt. Dieser erschien, zusammen mit einer »Einleitung« für die ganze Reihe, bereits am 14. Oktober 1915. Dort heißt es, daß die nachstehenden Darlegungen »unverändert« so veröffentlicht würden, »wie sie vor zwei Jahren niedergeschrieben und Freunden vorgelesen waren«[32]. Daraus aber läßt sich schließen: Ende 1913, spätestens aber zu Kriegsbeginn existierten größere Manuskripte zu den beiden Projekten, bei denen der Islam in die Analyse einbezogen war.

Das eine dieser Manuskripte, das mit dem Titel »Die Wirtschaft und die gesellschaftlichen Ordnungen und Mächte«, hat Weber zu seinen Lebzeiten nicht veröffentlicht. Es war Teil des Nachlasses und wurde nach seinem Tode, zusammen mit einem von ihm noch selbst zum Druck gegebenen späteren Manuskript, als Zweiter und Dritter Teil, später nur noch als Zweiter Teil von *Wirtschaft und Gesellschaft* publiziert. Dieser enthält, seit der 2. Auflage dieser höchst problematischen ›Buchkonstitution‹ durch die Editoren[33], vor allem vier Texte, in denen der islamische Kulturkreis vorkommt: eine vergleichende Religionssoziologie, eine vergleichende Herrschaftssoziologie, eine vergleichende Rechtssoziologie und eine vergleichende Untersuchung über die Stadt. Das andere dieser Manuskripte mit dem Titel »Die Wirtschaftsethik der Weltreligionen« wurde von Weber zwar veröffentlicht, aber nur teilweise und, nach dem Druck der ersten beiden Artikel sowie der »Einleitung« und der »Zwischenbetrachtung«, für die restlichen Artikel nicht in der Fassung, die der Brief vom 22. Juni 1915 bezeugt. Nach Veröffentlichung der ersten beiden Artikel (über den Konfuzianismus) hat Weber nämlich die Artikel über den Hinduismus bereits vor der Erstpublikation umgearbeitet, und dies gilt auch für die Artikel über den Buddhismus und das antike Judentum[34]. Aber wichtiger ist: Die Artikelreihe war bis Januar 1920 überhaupt nur bis zum antiken Judentum gediehen. Die im Brief erwähnten Teile über den Islam und das Christentum hat Weber nicht mehr publiziert.

Dieser Sachverhalt provoziert zwei Fragen: 1. Wollte Weber diese Artikel überhaupt noch veröffentlichen? 2. Was wurde aus dem Teil des Manuskripts der »Wirtschaftsethik«, der sich mit Islam und Christentum befaßt? Die erste Frage läßt sich eindeutig beantworten. Es kann gar keinem Zweifel unterliegen, daß Weber eine Studie über den Islam und über das Christentum zwar nicht mehr in die *Archiv*-Reihe, wohl aber in die *Gesammelten Aufsätze zur Religionssoziologie* aufnehmen wollte. Dies bestätigt nicht nur die zweite Fassung der »Einleitung« von 1920[35], sondern vor allem Webers »Selbstanzeige« vom September 1919, in der er die Disposition der auf vier Bände geplanten *Gesammelten Aufsätze zur Religionssoziologie* der Öffentlichkeit übergibt. Von ihnen sagt er, daß vorläufig zwei Bände im Druck seien. Diese enthielten die bis dahin bereits veröffentlichten religionssoziologischen Aufsätze in überarbeiteter Form, also die Aufsätze zum asketischen Protestantismus, zum Konfuzianismus und Taoismus, zum Hinduismus und Buddhismus und zum antiken Judentum, ergänzt um bis dahin noch nicht publizierte Darstellungen zur ägyptischen, mesopotamischen und zarathustrischen religiösen Ethik sowie »der Entwicklung des europäischen Bürgertums in der Antike und im Mittelalter«. Dann folgten zwei weitere Bände mit ausschließlich unpublizierten und, wie man hinzufügen muß, weitgehend noch nicht niedergeschriebenen Studien, zunächst ein dritter Band mit der »Darstellung des Urchristentums, des talmudischen Judentums, des Islam und des orientalischen Christentums«, dann ein »Schlußband« mit der Darstellung des »Christentums des Okzidents«[36]. Diese »Selbstanzeige« aber macht in meinen Augen zweierlei deutlich: Die Darstellung des Islams wäre sicherlich kürzer als die des Konfuzianismus, des Hinduismus und des antiken Judentums ausgefallen, und sie hätte vermutlich zwei Interessen gegolten, einem genetischen und einem typologischen. Denn ähnlich dem Judentum, gehört der Islam zum einen in den Umkreis der historischen ›Vorbedingungen‹ der okzidentalen Entwicklung, zum anderen stellt er ihr gegenüber eine Entwicklung mit historischer Eigenbedeutung dar[37]. Darauf deutet auch seine Plazierung hin: im Kontext seiner historischen Vorläufer einerseits, seiner wichtigsten Konkurrenten andererseits.

Die zweite Frage dagegen läßt sich weniger eindeutig beantworten. Sie verlangt einen Umweg, will man sich nicht mit der freilich naheliegenden Antwort begnügen, Weber habe eben nie ein Manuskript über den Islam besessen und seine anderslautenden Mitteilungen müsse man als Vorspiegelung falscher Tatsachen verstehen. Und in der Tat: Wäre die Aussage im Brief vom 22. Juni 1915 zutreffend, hätte sich dann nicht im Nachlaß ein Manuskript finden müssen? Und weiter: Deutet nicht die Tatsache, daß etwa die *Wirtschaftsgeschichte*, in der manche Webers ›letzte Worte‹ sehen wollen[38], keine größeren Passagen über den Islam enthält, ebenfalls darauf hin, daß ihn dieser zumindest seit Ausbruch des Krieges nicht mehr beschäftigt hat? Daß sich im Nachlaß kein Manuskript mit dem Titel »Der Islam« fand und daß sich Weber tatsächlich seit Kriegsausbruch nicht mehr intensiv mit dieser Kulturreligion beschäftigte, scheint mir kaum bestreitbar. Und dennoch halte ich die Aussage im Brief vom 22. Juni 1915 für korrekt. Auf welches Manuskript aber hat sich Weber dann in diesem Brief bezogen? Ich biete dafür eine – zugegebenermaßen spekulative – Lösung an.

Das einzige Manuskript, das in meiner Sicht hierfür in Frage kommt, findet sich heute in der systematischen Religionssoziologie von *Wirtschaft und Gesellschaft*. Es ist der § 12, überschrieben »Die Kulturreligionen und die ›Welt‹«. Ihm geht als § 11 der Text voraus, den Weber zur berühmten »Zwischenbetrachtung« ›sublimierte‹. An anderer Stelle habe ich gezeigt, daß *Wirtschaft und Gesellschaft* und die *Gesammelten Aufsätze zur Religionssoziologie* in einem Verhältnis der äußeren und inneren Arbeitsteilung zueinander stehen[39]. Wie der § 11, so wurde auch der § 12 für die »Wirtschaftsethik der Weltreligionen« verwendet. Während aber § 11 erhalten blieb, fehlt in § 12 ein Teil. Ein Indikator dafür ist sein Beginn. Er schließt nämlich nicht an § 11 an, sondern an einen Text oder Textteil, der sich in der systematischen Religionssoziologie nicht mehr findet. Es ist der Text oder Textteil, so meine Behauptung, den Weber bei der Umarbeitung der Studien über Konfuzianismus und Hinduismus mit einarbeitete. Der Beginn lautet: »Die dritte (!) in gewissem Sinn ›weltangepaßte‹, jedenfalls aber ›weltzugewendete‹, nicht die ›Welt‹, sondern nur die geltende soziale Rangordnung in ihr ablehnende Religion ist das Judentum in seiner uns hier allein angehenden nachexilischen, vor allem talmudischen Form, über deren soziologische Gesamtstellung bereits früher einiges gesagt wurde.«[40] Nach diesem ›Eröffnungssatz‹ wird das religiös motivierte Weltverhältnis des talmudischen Judentums beschrieben und mit dem der Katholiken, der Puritaner und der Urchristen verglichen. Dann folgt der Islam. Er wird als die vierte weltangepaßte Kulturreligion eingeordnet. Dann schwenkt die Analyse auf die Weltverhältnisse der weltablehnenden Kulturreligionen um. Hier werden der alte Buddhismus und das alte Christentum behandelt. Dann bricht das Manuskript ab. Es sollte fortgesetzt werden. Aber viel wichtiger ist: Sein Anfang, der offensichtlich einmal existierte, fehlt. Und weiter: Das Restmanuskript enthält Skizzen aller im Brief erwähnten Kulturreligionen mit Ausnahme von Konfuzianismus und Hinduismus. Es ist bekannt, daß Weber den Konfuzianismus, aber auch Teile des Hinduismus, zumindest vor 1915, durchaus als ›in gewissem Sinne weltangepaßte, jedenfalls weltzugewendete Religionen‹ betrachtete. Das aber könnte heißen: Das Manuskript »Die Kulturreligionen und die ›Welt‹« von 1913/14 wurde nicht nur in seinen ersten Teilen für die »Wirtschaftsethik« tatsächlich verwendet, sondern auch der verbliebene Torso hätte bei der Fortsetzung der Serie mit als Grundlage gedient. Es ist jedenfalls nicht unwahrscheinlich, daß Weber auch an dieses Manuskript dachte, als er seinem Verleger 1915 die Reihe von Aufsätzen anbot. Und es ist gleichfalls nicht unwahrscheinlich, daß er noch andere Teile der systematischen Religionssoziologie für die »Wirtschaftsethik« ausgebeutet hätte, daß ihm also das Manuskript in der Gestalt, wie es uns heute aus dem Nachlaß ediert vorliegt, spätestens seit 1915 nur noch als eine vorläufige Fassung der systematischen Religionssoziologie galt[41].

Was folgt aus diesem ›Schicksal‹ der Islam-Studie? Vier Feststellungen bieten sich an: 1. Bis zu Beginn des Ersten Weltkrieges hatte sich Weber zwar Grundkenntnisse über den islamischen Kulturkreis erarbeitet und diese vor allem in religionssoziologischen, herrschaftssoziologischen und rechtssoziologischen Zusammenhängen verarbeitet, sie aber nicht in Form einer monographischen Skizze niedergelegt. Er wollte aber diese Skizze im Rahmen der »Wirtschaftsethik der Weltreligionen« schreiben, zunächst für die *Archiv*-Reihe, dann für die *Gesammelten Aufsätze zur Religionssoziologie*. 2. Obgleich Weber diese Absicht hatte, dürfte er sich vom Ausbruch des Weltkrieges an bis zu seinem Tode nicht mehr intensiv mit dem islamischen Kulturkreis beschäftigt haben. Die Äußerungen über den Islam, die sich in seinem Werk finden, basieren im wesentlichen auf den von spätestens 1911 bis spätestens 1914 durchgeführten Vorarbeiten und spiegeln auch begrifflich Webers Ansatz aus dieser Zeit. 3. Die monographische Skizze, die Weber vorhatte, dürfte kaum den Umfang der Studien über Konfuzianismus und Taoismus, Hinduismus und Buddhismus oder über das antike Judentum erreicht haben. Der Islam gehört zwar wie das talmudische Judentum, das Urchristentum und das orientalische Christentum in den weiteren Umkreis der historischen ›Vorbedingungen‹ der okzidentalen Kulturentwicklung, die Weber im Schlußband seiner *Gesammelten Aufsätze zur Religionssoziologie* wohl zusammenhängend behandeln wollte. Aber er hat als ein »durch alttestamentliche und judenchristliche Motive stark mitbedingter Spätling« für ihn kaum dieselbe genetische Bedeutung für diese Entwicklung wie das antike Judentum oder das antike und das mittelalterliche Christentum[42]. 4. Der Islam ist für Weber allerdings von besonderem typologischem Interesse. Dies vor allem deshalb, weil er, wie gleich gezeigt werden wird, eine Ähnlichkeit mit dem asketischen Protestantismus, insbesondere mit dem Calvinismus, aufweist. Diese ist aber rein äußerlich. Weber hätte die Skizze sicherlich um diese These zentriert.

Will man also die Grundzüge von Webers Islam-Studie, besser: seine Analyse des Islams, rekonstruieren, so ist man in erster Linie auf Texte aus dem Manuskript mit dem Titel »Die Wirtschaft und die gesellschaftlichen Ordnungen und Mächte« verwiesen, insbesondere auf die Ausführungen zur Religionssoziologie, zur Herrschaftssoziologie, zur Rechtssoziologie und zur Soziologie der Stadt. Insoweit die neue Fassung der Herrschaftssoziologie, die Weber selbst noch 1920 zum Druck gab, auf der alten aufbaut, finden sich auch dort Hinweise auf den Islam, die aber, verglichen mit 1913/14, keinen neuen Sachstand repräsentieren. Dies gilt auch für die zweite Fassung der Studie »Die protestantische Ethik und der Geist des Kapitalismus« und für die *Wirtschaftsgeschichte*, in denen verstreute Bemerkungen zum Islam zu finden sind.

2. Grundzüge der Analyse des Islams

a) Methodische Vorüberlegung

Wie lassen sich Webers Äußerungen zum Islam bündeln, wie gewinnt man aus ihnen ein einigermaßen zusammenhängendes Bild? Um diese Frage zu beantworten, ist zunächst eine methodische Vorüberlegung nützlich. Sie knüpft an einen bereits vorgetragenen Gedanken an. Webers kulturvergleichende Untersuchungen stehen unter dem Vorbehalt eines heuristischen Eurozentrismus, und sie sind keine *umfassenden* Kulturanalysen. Sein Interesse gilt okzidentalen Kulturerscheinungen, ihrer Besonderheit und der »Verkettung von Umständen«, die sie herbeiführten[43]. Der Klärung der damit aufgeworfenen Identifikations- und Zurechnungsfragen dient letztlich der Kulturvergleich. Weber stellt deshalb alle Vergleiche unter die Maxime, die *Gegensätze* zu den ihn interessierenden okzidentalen Kulturerscheinungen aufzudecken. Diese können sich auf mehrere Gebiete erstrecken, die festzulegen auch eine theoretische Frage ist.
Nun sollten, wie der oben mitgeteilte Brief vom 22. Juni 1915 ausweist, die vergleichenden Skizzen zur »Wirtschaftsethik der Weltreligionen« die ›allgemeine Durchführung der Methode‹ der Protestantismusstudie bringen. Das aber heißt: Es geht zunächst in jedem Fall um die Religionsbedingtheit der Wirtschaftsgesinnung. Doch es geht dann auch um die Klassenbedingtheit der Religion. Die Klassenfrage aber ist zugleich eine Frage nach dem »Gesellschaftsaufbau«[44]. Anders gesagt: Es geht nicht allein um Wirtschaft und Religion, sondern um Wirtschaft, Herrschaft (einschließlich Recht) und Religion, um die Strukturformen dieser Ordnungen und um ihr Verhältnis zueinander. Darin besteht ja gerade die Erweiterung, die die Entdeckung im Übergang zur neuen Arbeitsphase brachte: daß sich die okzidentale Kultur nicht allein in ihrer Wirtschaftsentwicklung, sondern auch in ihrer Wissenschafts- und Kunstentwicklung, vor allem aber in ihrer politischen und rechtlichen Entwicklung von anderen Kulturkreisen unterscheidet, kurz: daß ihr ›Gesellschaftsaufbau‹, besser: ihre Ordnungskonfiguration, von anderen Ordnungskonfigurationen in den wichtigsten Zügen verschieden ist. In der »Wirtschaftsethik der Weltreligionen« werden deshalb, trotz ihres immer wieder betonten begrenzten Zweckes, *beide* Seiten der Kau-

salbeziehung behandelt, und es werden die Gegensätze nicht nur auf dem Gebiet der Religion, sondern auch auf dem der Herrschaft und des Rechts sowie, in den Fällen Indien und China, sogar auf dem der Wissenschaft zumindest andeutungsweise herausgestellt[45].

Nun ordnet Weber die besonderen okzidentalen Kulturerscheinungen nicht nur typologisch, sondern auch genetisch. Sie stehen untereinander in Kausalbeziehungen, und diese zu erkennen setzt eine Gliederung der Gesamtentwicklung in Teilentwicklungen und Entwicklungsphasen voraus. Ich kann an dieser Stelle Webers komplexe Analyse der okzidentalen Kulturentwicklung nicht nachzeichnen[46]. Es ist aber klar, daß ihr ›Endpunkt‹ das Wahlverwandtschaftsverhältnis zwischen rationalem Kapitalismus und rationalem Anstaltsstaat ist. Dieses ›Resultat‹ will Weber erklären. Er will wissen, warum sich im religiös mitgeprägten okzidentalen Kulturkreis dieses ›Resultat‹ entwickeln konnte und in anderen religiös mitgeprägten Kulturkreisen nicht.

Für Weber ist der Kapitalismus (noch!) die schicksalsvollere der beiden Mächte. Was aber versteht er unter rationalem Kapitalismus, den er den vergleichenden Untersuchungen als ›Endpunkt‹ vorhält? Weber gibt, beginnend mit der ersten Fassung der »Protestantischen Ethik« und endend mit der Wirtschaftssoziologie in der zweiten Fassung von *Wirtschaft und Gesellschaft*, viele Definitionen, die sich nicht voll decken. Wichtig ist, daß man zunächst diejenigen Bestimmungen, die die *Einzelunternehmung* betreffen, von jenen sondert, die sich auf das *Wirtschaftssystem* beziehen. Eine rational-kapitalistische Einzelunternehmung läßt sich zum Beispiel vom Großhaushalt (Oikos), vom Ergasterion, aber auch vom Handwerksbetrieb durch die *Kombination* von vier Merkmalen abgrenzen: Sie ist Erwerbsbetrieb, sie ist Fabrikbetrieb, sie ist gegenüber dem Haushalt verselbständigt, und sie kontrolliert ihr wirtschaftliches Handeln mittels rationaler Buchführung, mittels Kapitalrechnung. Bei den drei anderen Einheiten fehlt wenigstens eines dieser Merkmale. Am nächsten kommt dem rationalen kapitalistischen Betrieb der Handwerksbetrieb, dem aber die mechanisierte Technik und das stehende Kapital fehlen. Damit aber die Einzelunternehmung rational verfahren kann, muß eine Rechtsordnung existieren, die freies Eigentum und Vertragsfreiheit gewährleistet. Denn rational kann nur dann kalkuliert werden, wenn die sachlichen Beschaffungsmittel als

»freies Eigentum an autonome private Erwerbsunternehmen« appropriiert sind und wenn Marktfreiheit sowohl auf dem Arbeitsmarkt (formell freie Arbeit!) wie auf dem Güter- und Kapitalmarkt besteht. Darüber hinaus aber muß berechenbar judiziert und verwaltet werden. Das setzt den Vorrang der Verfahrensrationalität, der Rechtssicherheit, vor materialer Rationalität, der ›Gerechtigkeit‹, voraus[47]. All dies reicht freilich noch nicht aus, um ein kapitalistisches Wirtschafts*system* zu etablieren. Dieses besteht erst dann, wenn eine Vielzahl solcher Unternehmen für erweiterte Märkte Massengüter produzieren, die der Deckung der Alltagsbedürfnisse dienen, und wenn dies die *dominante* Form der Bedarfsdeckung ist. Gewiß, die rational-kapitalistische Form der Bedarfsdeckung herrscht niemals ausschließlich. Doch von einer kapitalistischen *Epoche* läßt sich nur sprechen, »wenn die Bedarfsdeckung dem Schwerpunkt nach kapitalistisch so orientiert ist, daß, wenn wir uns diese Art der Organisation wegdenken, die Bedarfsdeckung überhaupt kollabiert«[48].
Daran wird zweierlei deutlich. Zum einen kann es rationale Erwerbsunternehmen auf erweiterten Märkten geben, ohne daß bereits kapitalistische Bedarfsdeckung vorherrscht. Dann konkurriert diese Form der Bedarfsdeckung mit anderen, etwa mit der handwerklichen oder der grundherrlichen, und sie ist ständig vom ›Erstickungstod‹ durch Marktverengung bedroht. Zum anderen verlangt diese Form kapitalistischer Bedarfsdeckung politische und rechtliche, aber auch gesinnungsmäßige Voraussetzungen, die andere Formen der kapitalistischen Bedarfsdeckung, zum Beispiel der Händler-, der Steuerpacht-, Amtspacht-, Amtskauf-, Staatslieferanten- und Kriegsfinanzierungs-, der Plantagen- und Kolonialkapitalismus, *nicht* benötigen. Diese können vielmehr bei traditionalen Wirtschaftsgesinnungen und Wirtschaftsethiken unter Umständen prächtig gedeihen[49]. Kapitalismus dieser Art, der letztlich immer politisch orientiert ist, hat es nach Weber überall in der Welt gegeben. Nicht *seine* historischen ›Vorbedingungen‹ interessieren, sondern die des rationalen Kapitalismus als Wirtschafts*system*.
Diese historischen ›Vorbedingungen‹ hat Weber bereits im »Antikritischen Schlußwort« vom September 1910 voll beschrieben. Das zeigt der Vergleich mit späteren Formulierungen, etwa mit der Formulierung in der *Wirtschaftsgeschichte*, die freilich wegen ihres komplizierten Textstatus immer nur cum grano salis zu

benutzen ist. Doch die dort berichtete Formulierung ist anderen zu ähnlich, als daß sie Webers Auffassung verzerrte. Und sie ist deshalb besonders interessant, weil hier jener bereits erwähnte Schritt von einer rein typologischen zu einer eher genetischen Anordnung der besonderen okzidentalen Kulturerscheinungen zumindest in Andeutungen vorgenommen ist. Zunächst wird die Eigenart des okzidentalen Kapitalismus charakterisiert, dann ›erklärt‹, weshalb er nur im Okzident auftrat. Und dafür werden »bestimmte Züge seiner allgemeinen Kulturentwicklung« namhaft gemacht: »Nur der Okzident kennt einen *Staat im modernen Sinn* mit gesatzter Verfassung, Fachbeamtentum und Staatsbürgerrecht; Ansätze dazu in der Antike und im Orient sind nicht zu voller Entwicklung gelangt. Nur der Okzident kennt ein *rationales Recht*, das von Juristen geschaffen, rational interpretiert und angewendet wird. Nur im Okzident findet sich der Begriff des *Bürgers* (civis romanus, citoyen, bourgeois), weil es auch nur im Okzident eine *Stadt* gibt im spezifischen Sinne des Wortes. Ferner besitzt nur der Okzident eine *Wissenschaft in dem heutigen Sinn des Wortes*: Theologie, Philosophie, Nachdenken über die letzten Probleme des Lebens hat auch der Chinese und Inder gekannt, vielleicht sogar in einer Tiefe wie der Europäer niemals; aber rationale Wissenschaft und damit auch *rationale Technik* ist jenen Kulturen unbekannt geblieben. Endlich unterscheidet sich die okzidentale Kultur von jeder anderen noch durch das Vorhandensein von Menschen mit *rationalem Ethos der Lebensführung*. Magie und Religion treffen wir überall. Aber eine religiöse Grundlage der Lebensführung, die in ihrer Konsequenz zu spezifischem Rationalismus hinführen mußte, ist wiederum dem Okzident allein eigentümlich.«[50]

Staat, Stadt und Recht, Wissenschaft und methodische Lebensführung, das sind die Stichworte, die zugleich die »Vergleichspunkte« für die »Wirtschaftsethik« abgeben. Die Form dieser Kulturerscheinungen entscheidet darüber, ob die Entwicklungen zum rationalen Kapitalismus, die in Ansätzen ja in allen verglichenen Kulturkreisen vorhanden sind, auf Widerstände treffen oder nicht[51]. Dabei sind für das Maß der äußeren Widerstände die Struktur der politischen Herrschaft und des Rechts, für das Maß der inneren Widerstände aber die religiös verankerten Pflichtvorstellungen und die mit ihnen verbundene Lebensführung entscheidend. Wie bei den anderen Studien

auch, so hätte sich Webers Skizze über den Islam vor allem darauf konzentriert.
Tatsächlich lassen sich die verstreuten Äußerungen Webers zum Islam unter diese ›Vergleichspunkte‹ ordnen: Religiöse Ethik: Weltbeherrschung als Welteroberung und Weltanpassung, politische Herrschaft: orientalischer Pfründenfeudalismus, Stadt: orientalische Stadtanarchie, Recht: theokratische Kadi-Justiz, das Verhältnis dieser Ordnungen und Mächte zueinander, ihr ›Integrationsmodus‹: ›Zentralismus‹. Nur über die Wissenschaft läßt sich nichts finden. Auch in den anderen Studien ist sie, wie die Kunst, stark vernachlässigt. Das aber ist zweifellos kein Versehen, sondern hängt mit dem begrenzten Zweck der Studien zusammen. Freilich: Folgt man Webers eigenem theoretischem Ansatz, etwa der »Zwischenbetrachtung«, die die religiöse, ökonomische, politische, ästhetische, erotische und die intellektuelle Sphäre auszeichnet, oder der »Vorbemerkung« zu den *Gesammelten Aufsätzen zur Religionssoziologie*, die die besonderen okzidentalen Kulturerscheinungen nach ›Sphären‹ aufzählt, oder auch nur den mitgeteilten Zitaten aus dem »Antikritischen Schlußwort« und der *Wirtschaftsgeschichte*, so ist dies ein Mangel. Denn gemäß diesem theoretischen Ansatz gehört insbesondere die Wissenschaftsentwicklung, gehören die Formen des wissenschaftlichen Denkens zu den konstitutiven, einer eigengesetzlichen Wirkung fähigen Faktoren *jeder* Kulturentwicklung.

b) Die islamische religiöse Ethik: Weltbeherrschung als Welteroberung und Weltanpassung

Die eine Seite der Kausalbeziehung betrifft das Verhältnis von religiöser Ethik und Lebensführung. Weber interessierte sich dafür spätestens seit der Jahrhundertwende und seither unvermindert. Bereits in seiner Studie »Die protestantische Ethik und der ›Geist‹ des Kapitalismus« von 1904/05 verfolgte er sie in vergleichender Perspektive, freilich eingeschränkt auf christliche, vor- und nachreformatorische kulturreligiöse Strömungen. Das Verhältnis von religiöser Ethik und Lebensführung ist zunächst ein *inneres*, das zwar durch äußere gestützt, abgelenkt oder obstruiert werden kann, aber unabhängig davon zu analysieren ist[52]. Die »Fähigkeit und Disposition der Menschen zu bestimmten Arten praktisch-rationaler *Lebensführung*«, so lautet die These, ist zwar nicht nur, aber *auch* abhängig vom Glauben an die Vorbildlichkeit der in einer religiösen Ethik formulierten Pflichten. Dies jedenfalls gilt für ›vorkapitalistische Zeitalter‹, in denen die Religion noch eine Lebensmacht ist[53]. Die Lebensmacht, die Verpflichtungen formuliert, kann zwar im historischen Verlauf wechseln, ebenso deren Inhalte. Aber Wertorientierung ist ein Grundzug, den der Mensch als Kulturmensch besitzt. Der Mensch handelt nicht allein nach Zwecken, sondern auch nach Werten. Zweck ist die Vorstellung eines Erfolgs, Wert dagegen die Vorstellung einer *Verpflichtung*, die Ursache einer Handlung wird[54]. Gewiß, menschliches Handeln ist zweifellos über weite Strecken bestimmt durch Nutzenmotive und durch Nützlichkeitserwägungen, ist erfolgsorientiertes Handeln, das sich letztlich nach Klugheitslehren richtet. Aber es kennt daneben auch Pflichtmotive und Eigenwerterwägungen, die in rationalisierter und objektivierter Form in Ethiken niedergelegt sind. Der Mensch ist ein ethisches Wesen und schon deshalb fähig zur axiologischen Kehre[55]. Und es war die große erzieherische Leistung der Kulturreligionen, daß sie bei ihren Anhängern diese axiologische Kehre mehr oder weniger radikal und mehr oder weniger erfolgreich durchsetzten. Das zum Beispiel unterscheidet sie von Magien. Freilich: Die axiologische Kehre kann nicht nur verschieden radikal sein, sie kann auch in verschiedener *Richtung* wirken. Stufen und Richtungen aber entscheiden darüber, welches Weltverhältnis eine Kulturreligion stützt. Ich habe an anderer Stelle gezeigt, wie Webers vergleichende Religionssoziologie in eine Typologie der religiös motivierten Weltverhältnisse und der damit verbundenen Lebensführungen mündet[56]. Dieser Gedanke hätte auch im Mittelpunkt seiner Islamanalyse gestanden. Um ihn möglichst präzise zu fassen und um die »*Vergleichs*punkte zu unseren okzidentalen *Kultur*religionen tunlichst aufzudecken«[57], ist zunächst ein Blick auf diese Kulturreligionen, insbesondere auf ihren unter Webers Fragestellung konsequentesten Repräsentanten, den Calvinismus, angebracht.

Weber konzipierte seine schnell berühmt gewordene religionshistorische Studie über den asketischen Protestantismus bekanntlich so, daß sie auch als ein Beitrag verstanden werden konnte zur Veranschaulichung der Art, »in der überhaupt die ›Ideen‹ in der Geschichte wirksam werden«[58]. Mit diesem Hinweis begründete er ihre Veröffentlichung im *Archiv für Sozialwissenschaft und Sozialpolitik*, denn dieses Publikationsorgan wollte sich nach der Übernahme der Herausgeberschaft durch Jaffé, Sombart und Weber »an rein historischer Arbeit ... im Allgemeinen *nicht*« beteiligen[59]. Interessanterweise setzt sich nun Weber in diesem Zusammenhang explizit ab von zwei in seinen Augen falschen Ansätzen: Von einem falschen Innovations- und von einem falschen Diffusionsansatz. Der falsche Innovationsansatz geht davon aus, daß alle Ideen von historischer Bedeutung auf dem Wege der Auslese durch vorhandene Formen oder als »›Widerspiegelung‹ oder ›Überbau‹ ökonomischer Situationen ins Leben treten«. Damit aber eine Idee wie die Berufspflicht, die für den ›Geist‹ des rationalen Kapitalismus konstitutiv ist, überhaupt ausgelesen werden und als Überbau funktionieren konnte, »mußte sie offenbar zunächst entstanden sein, und zwar nicht in einzelnen isolierten Individuen, sondern als eine Anschauungsweise, die von Menschen*gruppen* getragen wurde«[60]. Der falsche Diffusionsansatz geht davon aus, daß einmal erfundene Ideen sich wie Blumen entfalten und ausbreiten. Damit sie aber historisch wirkungsmächtig werden, müssen sie sich »in schwerem Kampf gegen eine Welt feindlicher Mächte« durchsetzen, und dieser Kampf endet keineswegs immer damit, daß die ›besten‹ dabei bestehen[61]. Daran wird die doppelte Bedeutung des später von Weber so häufig gebrauchten Begriffs Eigengesetzlichkeit sichtbar: daß Ideen, Weltbilder, nicht immer als Funktionen, als Ausfluß von materiellen oder auch nur ideellen Interessenkonstellationen entstehen und daß sie unter Umständen kämpfend überleben, selbst wenn sie ›dysfunktional‹ geworden sind. Der Feind aber, gegen den der ›Geist‹ des rationalen Kapitalismus erfunden und durchgesetzt werden mußte, war der ›Geist‹ des Traditionalismus. Um ihn aus dem Feld zu schlagen, bedurfte es einer wirklich »lebensumwälzenden Macht« von innen[62]. Webers Behauptung ist, und sie ist von ihm durch Einfügungen in die zweite Fassung seiner Studie, teilweise als Antwort auf die Kritik von Sombart und Brentano, noch einmal akzentuiert worden: Dies konnte keine noch so elaborierte Klugheitslehre leisten. Dazu war eine *religiöse* Ethik nötig und eine Menschengruppe mit *gesteigerten* Heilsinteressen, für die diese Ethik eine überzeugende Glaubensfundierung bot.

Nun wirken natürlich Ideen nicht von selber. Sie wirken nur durch die Köpfe und durch die Herzen der Menschen hindurch.

Um die Wirkung dieses Vorgangs zu verstehen, muß man zwei Zusammenhänge unterscheiden: Die subjektive Aneignung solcher Ideen kann schwach oder stark, passiv oder aktiv sein, und die Ideen kommen mit den Interessen nicht immer zur Deckung, sie rufen ›praktische Interessenverschlingungen‹ hervor[63]. Je aktiver die Aneignung und je interessenferner die Ideen, desto größer sind die ideenbedingten praktisch-psychologischen Spannungen. Und je größer die Spannungen, desto stärker die Tendenz, solche ›praktischen Interessenverschlingungen‹ hervorzurufen, unter deren Einfluß sich der Sinngehalt der subjektiven Aneignung verschiebt. Weber hat deshalb von Beginn an betont, man müsse bei Betrachtung des Verhältnisses von Ethik und Lebensführung scharf zwischen den dogmatischen und den pragmatischen Wirkungen einer Ethik unterscheiden. Die Konsequenzen, die logisch, und diejenigen, die psychologisch-praktisch aus einer Glaubensfundierung folgen, müßten nicht notwendigerweise in dieselbe Richtung weisen, sie seien in der Regel zweierlei. Das ist mitunter dahin interpretiert worden, als sei der Inhalt der Glaubensfundierung, die ›Lehre‹, gleichgültig. Das ist nun aber gerade nicht der Fall. Daß zwei Vorgänge nicht identisch sind, heißt nicht, daß sie in keiner Beziehung zueinander stehen. Trotz der für seinen ganzen Ansatz grundlegend wichtigen Unterscheidung zwischen logisch und psychologisch vermittelten Konsequenzen der Glaubensfundierung hat Weber zum Beispiel in einer instruktiven Kritik an William James betont, daß dieser mit seinem pragmatischen Ansatz die Eigenbedeutung des Gedankengehalts unterläuft, »welcher das unmittelbar religiös ›Erlebte‹ ... für sich, sozusagen konfisziert und in seine Bahnen lenkt«[64]. Wer Ideen prinzipiell auf ihre Bewährung im Leben herabstuft, verfährt letztlich reduktionistisch. Er kann gar nicht erklären, warum eine praktische Interessenverschlingung entsteht. Diese aber kann zweierlei bedeuten: zum einen, daß nicht die religiösen Ideen die religiösen Interessen, sondern diese vielmehr jene für sich ›konfiszieren‹, zum anderen, daß religiöse Interessen von anderen Interessen konfisziert werden, die Heilsinteressen von den Interessen an sozialer Ehre, politischer Macht und materiellem Reichtum.

Für Weber gehört nun die Gnadenwahllehre zu den dogmatischen Grundlagen des Calvinismus. Es ist nicht das einzige Dogma, auch nicht das wichtigste, doch es ist dasjenige, das, bei aktiver Aneignung, die beschriebenen Spannungen am stärksten schürt. Würde ein religiös motivierter Mensch an dieses Dogma gleichsam isoliert und umstandslos glauben, so würde er zum Fatalismus getrieben. Die praktisch-psychologische Wirkung des Calvinismus führt aber zum Gegenteil, nämlich zu rastloser Aktivität. Ein Grund dafür ist, daß der Prädestinationsgedanke nicht isoliert steht. Er ist vielmehr mit dem Bewährungsgedanken verbunden, dem rechtfertigenden Glauben, demzufolge sich der Gläubige in seinem Handeln vor Gott durch Befolgung seiner Gebote zu bewähren hat. Dieser ist sogar im Vergleich zur Gnadenwahllehre die wichtigere Idee[65]. Diese Kombination mindert aber die Spannung nicht, sondern vermehrt sie. Sie schneidet nämlich dem Gläubigen zwei weitverbreitete und naheliegende Wege zur Seligkeit ab. Sie verbietet die mystische Lösung, die Vereinigung mit Gott, und sie verbietet die ›traditionelle‹ Lösung, die Befolgung von Pflichten aufgrund der Reziprozitätserwartung. Denn die guten Werke können gemäß dieser Lehre *prinzipiell* keine Ursache für die Seligkeit sein. Diese müssen vielmehr um ihrer selbst willen, genauer: ausschließlich zum Ruhme Gottes, vollbracht werden, denn die Welt ist der Ort seiner Verherrlichung. Mehr noch: Sie ›zählen‹ nicht für sich, sondern nur als Bestandteile einer Gesamtlebensführung. Der »Gott des Calvinismus verlangte von den Seinigen nicht einzelne ›gute Werke‹, sondern eine zum *System* gesteigerte Werkheiligkeit«[66]. Er verlangte darüber hinaus die *dauerhafte* Veränderung des *ganzen* Menschen, eine methodische Gesamtlebensführung von innen nach außen, selbstbewußt, selbstdiszipliniert. Aber: Wiewohl der Bewährungsgedanke eine praktische Anweisung enthält und dabei die Weichen auf Aktivität stellt, kommt ihm, psychologisch gesehen, die Gnadenwahllehre mit dem weder veränderbaren noch einsehbaren Ratschluß Gottes ständig in die Quere. Und dies führt nun zum zweiten Grund. Die Prädestinationstheorie erzeugt bei jedem Gläubigen eine enorme Unsicherheit über sein Erlösungsschicksal. Dies aber schafft Angst. Das logische Bedürfnis des Dogmatikers steht dem Sicherheitsbedürfnis des sich um sein Heil sorgenden Gläubigen schroff und unversöhnlich gegenüber. Das hätte letztlich Handlungshemmung, Fatalismus, zur Folge, würde dem Sicherheitsbedürfnis, dem Bedürfnis nach der certitudo salutis, nicht in irgendeiner Weise genügt. Genau an diesem Punkt kommt es deshalb zur ›praktischen Interessenverschlingung‹. Das Interesse an Heilsgewißheit konfisziert gewissermaßen die Theorie. Dem Bewährungsgedanken wird neben der manifesten noch eine latente Bedeutung untergeschoben. Er wird zwar in seiner dogmatischen Verankerung belassen, aber partiell uminterpretiert. Die guten Werke, die der einzelne vollbringt und mit denen er Gottes Ruhm, nicht seinen eigenen mehrt, müssen zwar auch weiterhin als gottgewollt und vor allem gottgewirkt gelten. Aber sie werden zugleich in *Zeichen* der Erwählung uminterpretiert.

Daß diese ›praktische Interessenverschlingung‹ tatsächlich bestand und daß sie dogmatische Rückwirkungen hatte, sucht Weber an einem bestimmten Typus theologischer Literatur zu demonstrieren, den man ›Responsenliteratur‹ nennen könnte[67]. Diese zeigt den Prozeß der »Angleichung‹ von Ideen und Interessen besonders schön. Denn sie enthält die entscheidenden theologischen Antworten auf das Heilsgewißheitsbedürfnis der Gläubigen. An ihr läßt sich deshalb auch der Übergang der Ideen ins Leben nachvollziehen. Entscheidend dabei ist: Für Weber ist dieser Prozeß der ›Angleichung‹ wechselseitig. Ideen und Interessen arbeiten sich aneinander ab. Weder ein Ideen- noch ein Interessenreduktionismus trägt dem Rechnung. Genau dies ist auch in der berühmten späten Formulierung ausgesagt, derzufolge zwar die materiellen und ideellen Interessen das Handeln des Menschen unmittelbar bestimmen, die durch Ideen geschaffenen Weltbilder aber sehr oft die Weichen für die Bahnen stellen, »in denen die Dynamik der Interessen das Handeln« fortbewegt[68]. Ohne die Kombination von Prädestinations- und Bewährungsgedanken und ohne das Festhalten am dogmatischen Kern dieser Kombination auch *nach* Uminterpretation wäre der »Kollaps in eine rein utilitaristische Werkheiligkeit mit nur diesseitiger Orientierung« wahrscheinlich[69], ohne sie fiele die Spannweite, die ihre Verknüpfung mit dem Jenseitsschicksal erzeugt und die ein Mittel der »denkbar intensivsten systematischen Zentralisierung der ›Gesinnungsethik‹« darstellt[70], weitgehend fort. Weil die Uminterpretation die ursprüngliche dogmatische Verankerung *nicht* sprengt, weil Handlungserfolg als Zeichen der Erwählung das Mittel ist, »nicht: die Seligkeit zu erkaufen, sondern: die Angst um die Seligkeit loszuwerden«[71], bewirkt sie eine penetrante Christianisierung des ganzen Lebens und schafft selbstgewisse Heilige in Gestalt der »stahlharten puritanischen Kaufleute jenes heroischen Zeitalters des Kapitalismus«, denen ihr jenseitiges

Heil und gerade nicht ihr diesseitiges Wohlergehen wichtig ist[72]. Daß der Gedanke der Bewährung vor Gott und zu seinem Ruhm sich als »Gedanke der methodischen Berufsbewährung im Erwerbsleben« konkretisiert[73], hat gleichfalls dogmatische Gründe. Denn gemäß der calvinistischen Lehre ist der Bewährungsbereich strenggenommen die gesamte von Gott geschaffene Welt. Dies folgt – so Weber – aus der sachlich-unpersönlichen Fassung des Gedankens der Nächstenliebe, so daß die Erfüllung der »durch die lex naturae gegebenen *Berufs*aufgaben« für das gottgewollte und gottgefällige Handeln entscheidend werden kann[74]. Gewiß, eine solche Konkretisierung der religiösen Pflicht als Berufspflicht kommt den nichtreligiösen ideellen und den materiellen Interessen aufsteigender bürgerlicher Schichten, in diesem Falle nicht mehr nur stadtsässiger, sondern städtischer Kaufleute und Gewerbetreibender, entgegen. Und die Anlagerung dieser nichtreligiösen Interessen an die religiösen und das sie interpretierende Weltbild ist wichtig für ein angemessenes soziologisches Verständnis des Diffusionsprozesses, in dem die Idee der Berufspflicht sich im Kampf mit anderen Ideen ›bewährt‹. Doch diese Anlagerung ist nicht primär und für das Verständnis des *inneren* Verhältnisses von religiöser Ethik und Lebensführung auch nicht entscheidend. Interessen als solche sind sowieso blind, und nichtreligiöse Interessen erzeugen in vorkapitalistischen Zeitaltern keine innere ›lebensumwälzende Macht‹.

Weber zeigt also am Calvinismus die Faktoren, die im Verhältnis von religiöser Ethik und Lebensführung eine entscheidende Rolle spielen: die religiösen Grundlagen oder Ideengehalte einerseits, das dogmatische Konsistenzbedürfnis und das pragmatische Bedürfnis nach Heilsgewißheit, man könnte auch sagen: das religiöse Legitimationsbedürfnis, andererseits. Diesem stellt er das damit zwar verschränkte, aber nicht identische nichtreligiöse Legitimationsbedürfnis zur Seite, das Bedürfnis, das sich auf die Rechtfertigung der Verteilung von irdischen Gütern wie Macht, sozialer Ehre und Reichtum bezieht[75]. Wo sich diese Faktoren in einem Prozeß wechselseitiger ›Angleichung‹ stützen, sind sie geeignet, ›Persönlichkeiten‹ zu erzeugen. Sie bringen Ordnung in das Leben der Menschen, schaffen konstante Motive, die sich in ›berechenbaren‹ Handlungsweisen niederschlagen. Die Ideengehalte bestimmen darüber, auf welchen Bahnen und in welcher Richtung dies geschieht. Die Prädestinationslehre zusammen mit dem doppelt gedeuteten Bewährungsgedanken lenken auf asketische Bahnen und auf das innerweltliche Berufsleben. Sie stellen die Weichen auf innerweltliche Berufsaskese, deren zentrale Pflichtvorstellung die Berufspflicht ist. Dies führt zu einem Rationalismus der Weltbeherrschung und zum Lebensideal des erfolgreichen Berufs- und Fachmenschen.

Auf dem Hintergrund dieser Analyse und der These von der möglichen Differenz zwischen der logischen und der praktisch-psychologischen Wirkung religiöser Grundlagen gibt es nun zwei interessante Konstellationen: Zum einen können bei anderen religiösen Grundlagen durchaus ähnliche praktisch-psychologische Wirkungen auftreten, zum anderen können bei ähnlichen religiösen Grundlagen die praktisch-psychologischen Wirkungen andere sein. Der erste Fall ist der der täuferischen, der zweite der der islamischen religiösen Ethik. Die religiöse Ethik der Täufer hat trotz Fehlens der Prädestinationslehre ähnliche praktisch-psychologische Wirkungen wie der Calvinismus, die religiöse Ethik des Islams hat trotz Vorhandenseins einer Prädestinationslehre andere praktisch-psychologische Wirkungen als der Calvinismus[76].

Um diese erste Hauptthese von Webers Analyse des Islams nicht von vornherein falsch einzuordnen, gilt es zunächst zu betonen, worin sich die religiösen Grundlagen von Calvinismus und Islam *nicht* wesentlich unterscheiden: in der Unbedingtheit, mit der an der Überweltlichkeit des *einen* Schöpfergottes festgehalten wird[77]. Anders als bei allen asiatischen, anders aber auch als bei allen antiken Religionen mit Ausnahme der jüdischen, ist hier der Gott mit den Eigenschaften »absoluter Unwandelbarkeit, Allmacht und Allwissenheit, kurz absoluter Ueberweltlichkeit ausgestattet«[78]. Er ist ein »universeller überweltlicher Einheitsgott«, dessen Machtfülle ins Unermeßliche gesteigert ist[79]. Das macht den Abstand zwischen Gott und Mensch unüberbrückbar. Eine solche Gotteskonzeption beschneidet die Heilsbedeutung aller Vermittler, seien sie personaler oder institutioneller Natur. Mohammed ist ein Prophet, der *letzte* Prophet, durch den Gott, Allah, seinen Willen den Menschen *abschließend* kundtut. Er ist ein »verkündendes Werkzeug, der kraft Auftrags Gehorsam als ethische Pflicht fordert«, kurz: er ist der Prototyp eines ethischen Propheten. Aber er ist weder der Sohn Gottes, noch stirbt er für eine mit der Erbsünde belastete Menschheit um deren Erlösung willen den Opfertod[80]. Die Idee einer Kirche gar, die als eine sakramentale Gnadenanstalt Heil spendet, ist dem Islam völlig fremd geblieben. Sie ist eine Schöpfung des spätantiken und mittelalterlichen Christentums. Auch der Calvinismus beschneidet die Heilsbedeutung aller Vermittler: Jesus ist nur für die Erwählten gestorben, und die Idee vom kirchlich-sakramentalen Heil verfällt dem Magieverdacht[81]. Tatsächlich hängen Gottesbegriff und Prädestinationsgedanke aufs engste zusammen. Je radikaler die Überweltlichkeit Gottes gedacht ist, desto eher erscheint gerade das Heilsschicksal prädestiniert. Und je konsequenter die Gläubigen dem Prädestinationsgedanken anhängen, desto größer sind die Spannungen zwischen Gott und Mensch. Weber hat diesen allgemeinen Zusammenhang mit Blick auf das antike Judentum (Hiob), den frühen Islam und den frühen Calvinismus wie folgt erläutert: »Der ›Vorsehungsglaube‹ ist die konsequente Rationalisierung der magischen Divination, an die er anknüpft, die aber eben deshalb gerade er prinzipiell am relativ vollständigsten entwertet. Es kann keinerlei Auffassung der religiösen Beziehung geben, die 1. so radikal aller Magie entgegengesetzt wäre, theoretisch wie praktisch, wie dieser, die großen theistischen Religionen Vorderasiens und des Okzidents beherrschende Glaube, keine auch, die 2. das Wesen des Göttlichen so stark in ein aktives ›Tun‹, in die persönliche providentielle Regierung der Welt verlegte und dann keine, für welche 3. die göttliche, frei geschenkte Gnade und die Gnadenbedürftigkeit der Kreaturen, der ungeheure Abstand alles Kreatürlichen gegen Gott und daher 4. die Verwerflichkeit der ›Kreaturvergötterung‹ als eines Majestätsfrevels an Gott so feststünde. Gerade weil dieser Glaube *keine* rationale Lösung des praktischen Theodizeeproblems enthält, birgt er die größten Spannungen zwischen Welt und Gott, Sollen und Sein.«[82]

Wie im Calvinismus, so wirken auch im Islam gerade bei der Gotteskonzeption alttestamentliche und judenchristliche Motive weiter[83]. Und wie im Calvinismus, bringt der Vorsehungsglaube zunächst vielleicht eine rationale Lösung des *theoretischen*, nicht aber eine rationale Lösung des *praktischen* Theodizeeproblems. Im Calvinismus, so hatten wir gesehen, wurde diese mittels des doppelt gedeuteten Bewährungsgedankens ermöglicht. Wie sieht die wechselseitige ›Angleichung‹ im frühen Islam aus?

Will man diese schwierige Frage mit Weber beantworten, so muß man Konjekturen wagen. Allerdings: Er hat Hinweise gegeben, in welcher Richtung die Antwort zu suchen ist. In der zweiten Fassung der »Protestantischen Ethik« von 1920 finden sich zwei Stellen, die zustimmend auf die Heidelberger theologische Dissertation von F. Ulrich verweisen. Und in der systematischen Religionssoziologie werden die calvinistische und die islamische Prädestination und ihre jeweilige Wirkung kurz verglichen[84]. An diese Hinweise kann man sich halten. Sie ergeben, elaboriert, ein relativ klares Bild.

Beginnen wir mit der Dissertation von Ulrich. In ihr wird zunächst ein Unterschied zwischen Destination und Prädestination einerseits, Determination und Prädetermination andererseits gemacht. Welchen dieser Begriffe man für die Beschreibung der religiösen Glaubensgrundlagen wählt, hängt davon ab, ob bei den göttlichen Eigenschaften die Allmacht und Allwirksamkeit (Determination) oder die Allgüte und Allgnade (Destination) dominieren und ob die Willensakte Gottes in die Urzeit oder Vorzeit zurückverlegt sind (Prädetermination bzw. Prädestination) oder nicht. Nun stammen die Gottesbegriffe des Islams und des Calvinismus aus ähnlichen Quellen: Der Akzent liegt in beiden Fällen eher auf dem Gott des Alten als auf dem des Neuen Testaments. Allerdings: In der christlichen Tradition ist der Gott des Neuen Testaments, der Gott der Gnade und Erlösung, dem Gott des Alten Testaments, dem Gott der Allmacht, niemals gänzlich aufgeopfert. Das gilt selbst für den Calvinismus, der innerhalb der christlichen Tradition mit seinem Gottesbegriff dem antiken Judentum und dem Islam vielleicht am nächsten steht. Auch Weber hat bereits in der ersten Fassung der »Protestantischen Ethik« auf die Spannung in der Gottesvorstellung des Calvinismus verwiesen. Dieser kennt den doppelten Gott, »den geoffenbarten gnädigen und gütigen Vater des N(euen) T(estaments), ... und dahinter den ›Deus absconditus‹ als willkürlich schaltenden Despoten« des Alten Testaments[85]. Im Islam dagegen – so die Feststellung Ulrichs – fehlt diese Spannung. Die hervorragendste Eigenschaft Gottes ist seine Allmacht und, damit zusammenhängend, seine Freundlichkeit und Huld, nicht aber »sündenvergebende Gnade«[86]. Der ganze Gedankenkreis, der Ideen wie Erbsünde, Schuldbelastetheit des ganzen Lebens, Untüchtigkeit zum Guten und erlösende Gnade umschließt, ist im Islam peripher geblieben. Im Vordergrund stehen metaphysische, kosmologische und teleologische Deutungen der *Wirksamkeit* Gottes, nicht ethische und soteriologische. In der Weltbildkonstruktion hat überhaupt die kognitive Komponente Vorrang vor der evaluativen. Das Verhältnis von Glauben und Vernunft ist im Islam weit weniger problematisch als im Christentum. Gewiß, auch der Islam kennt die ethische Beziehung zwischen Gott und dem Menschen. Auch er kennt Sünde und Endgericht. Aber die Sünde ist nicht Erbsünde, und das Endgericht nicht die Stätte sündenvergebender Gnade. Keiner ist untüchtig zum Guten, und das Endgericht funktioniert gewissermaßen nach dem kaufmännischen Prinzip der Kontokorrentrechnung. Die ethische Beziehung ist, ähnlich wie im Judentum, rechtlich, gesetzesethisch gewendet, und die Werke sind letztlich als Ursache des Heilsschicksals aufgefaßt. Gewiß, das Heilsschicksal ist von Gott bestimmt – »*Gott leitet*, wen er will«, heißt es in einer Sure –, aber er leitet die, »die sich empfänglich zeigen für seine Offenbarungen und sie im Glauben annehmen«[87]. Wer dies nicht tut, wer sich verstockt und versiegelt, nimmt selbstzuverantwortende Schuld auf sich. Das Irren ist eben des Menschen eigene Tat. Gott straft diese Verschuldung. Aber er straft nicht, ohne zu warnen. Im Mittelpunkt stehen Begriffe wie Irrtum und Verstoß, gerechte Strafe und einsichtiger Gehorsam, nicht Begriffe wie (Erb-)Sünde, erlösende Gnade und Liebe. Diesen Sachverhalt scheint auch Weber im Auge zu haben, wenn er formuliert: »Der Begriff ›Erlösung‹ im ethischen Sinn des Worts ist (dem Islam) direkt fremd. Sein Gott ist ein unbegrenzt machtvoller, aber auch ein gnädiger Herr, und seinen Geboten zu entsprechen geht durchaus nicht über Menschenkraft«[88].

Der Gott des Islams ist also in erster Linie ein allmächtiger und allwirksamer Gott, der des Christentums in erster Linie ein allgütiger und allgnädiger. Diese Akzentuierungen wirken sich nun auf den Vorsehungsglauben aus. Er erfährt im Islam, wo er laut Ulrich zu den wichtigsten ›Dogmen‹ gehört[89], eher eine kosmologische und teleologische, keine soteriologische Wendung, er ist eher Prädeterminismus als Prädestinationslehre. Wichtiger aber ist: Weder in der Sunna noch im Koran ist er zu einer theoretisch schlüssigen und konsistenten Position entwickelt. Zwei Gedankenreihen stehen sich vielmehr relativ unvermittelt gegenüber: Die Allmacht und Allwirksamkeit Gottes, die auch die Bewirkung des Bösen einschließt, einerseits, die Selbstbestimmung und die Verantwortlichkeit des Menschen für sein Heilsschicksal andererseits. Die theoretische Durchführung erreicht nicht die Konsequenz und Konsistenz des Calvinismus. Weber sieht dies ähnlich, wenn er formuliert: Diese Lehre kannte »das doppelte Dekret nicht: die Prädestination zur Hölle wagte man Allah nicht zuzuschreiben, sondern nur die Entziehung seiner Gnade und damit die ›Zulassung‹ des – bei der Unzulänglichkeit des Menschen – unvermeidlichen Irrens«[90].

Im Islam hat also der Vorsehungsglaube im Vergleich zum Calvinismus nicht nur eine deterministische Färbung, er erreicht auch nicht die gleiche rationale Geschlossenheit. Mehr noch: Er wird nicht mit dem Bewährungsgedanken verknüpft. Die Gott-Mensch-Beziehung ist eine Herrscher-Untertanen-Beziehung, eine Beziehung der Unterwerfung und der aufschauenden Verehrung, die den Glauben an Allah und den Propheten sowie die gehorsame Befolgung des göttlichen Gesetzes, nicht aber die gesinnungsethische Bewährung in der Gesamtlebensführung als »die zentrale und konstante Qualität der Persönlichkeit« fördert[91]. Pflichtmäßige Erfüllung des Gesetzes gegen ethische ›Gesamtpersönlichkeit‹, Realgrund gegen Erkenntnisgrund, das scheinen, typologisch gesehen, die wichtigsten Unterschiede zwischen der islamischen und der calvinistischen religiösen Ethik. Sie sind in den Glaubensinhalten fundiert. Diese haben im Islam trotz Vorsehungsglaubens zu keiner religiösen Unterbauung einer innerweltlichen Berufsaskese beigetragen. Ähnlich wie im Laienkatholizismus oder im Luthertum, freilich aus anderen Gründen[92], ist es deshalb auch im Islam zu keiner zum System gesteigerten Werkheiligkeit gekommen. Er war, wie jene, ständig vom Kollaps in eine unsystematische und utilitaristische Werkheiligkeit bedroht.

Nun könnte es damit sein Bewenden haben. Doch Webers Analyse geht über diese mit Ulrichs vergleichenden Bemerkungen verträgliche Interpretation hinaus[93]. Er ist durchaus der Meinung, der Vorsehungsglaube habe auch im Islam *besondere* Wirkungen gezeitigt, die man nur erfassen kann, wenn man die mit der Lehre gesetzten Spannungen und die daraus entstandenen praktischen ›Lösungen‹ prüft. Der Prädestinationsgedanke, so hatten wir gesehen, ist Prädeterminationsgedanke und mit keinem Bewährungsgedanken gekoppelt. Das schwächt zweifellos den ethischen Charakter der Lehre ab und mindert den Zwang zur Lebenssystematisierung, wie er dem Calvinismus eigen ist. Aber: Noch in dieser abgeschwächten Form kann er die »rücksichtslose Selbstvergessenheit der unter dem religiösen Gebot des Glaubenskrieges zur Welteroberung stehenden, islamitischen Glaubenskämpfer« bewirken[94]. Warum?

Webers Behauptung ist: Im Islam bezieht sich die Prädestination, besser: die Prädetermination, letztlich gar nicht in erster Linie auf das Jenseits-, sondern auf das Diesseitsschicksal: »Die Vorstellung waltete vor, daß nicht das jenseitige, sondern gerade das diesseitige außeralltägliche Schicksal, die Frage z. B. (und namentlich): ob der Glaubenskämpfer in der Schlacht falle oder nicht, durch Prädestination bestimmt sei«[95]. Das Jenseitsschicksal dagegen ist durch Beobachtung der fünf Säulen gesichert: den Glauben an Allah und den Propheten, das fünfmalige tägliche Gebet, das Fasten im Monat Ramadan, die Pilgerfahrt nach Mekka und die Gabe von Almosen (Schahada, Salat, Siyam, Hadj und Zadak). Nicht zuletzt wegen des weitgehend unvermittelten Nebeneinanders von deterministischen und indeterministischen Gedankenreihen in Koran und Sunna, aber auch wegen der Einfachheit, ja Kargheit der frühislamischen Vision[96] stellte sich den Muslimen das Problem der Heilsgewißheit, der certitudo salutis, nicht in derselben Radikalität wie den Calvinisten. Der Vorsehungsglaube erzeugte nicht dasselbe Maß an Unsicherheit und Angst. Gewiß, um Todesangst geht es in beiden Fällen, doch im einen Falle handelt es sich um die Todesangst vor dem Jenseits, im anderen Falle um die Todesangst vor der Schlacht. Für diese ist nun aber die deterministisch interpretierte Vorsehung wegen ihrer tendenziell fatalistischen Konsequenzen keine angsterzeugende, sondern geradezu eine angsthemmende Deutung. Denn sie gibt dem Glaubenskämpfer die Sicherheit, daß ihm nur das widerfahren wird, was Allah vorherbestimmt hat. Es ist gerade die Sicherheit um das Jenseits, die gewissermaßen die Todesangst des islamischen Glaubenskämpfers in den Geist stolzer Diesseitigkeit verwandelt. Es ist der deterministische Grundzug der Glaubenslehre, der eine motivationelle Quelle seiner Unüberwindlichkeit darstellt und der ihn befähigt zu welterobernder militärischer Disziplin[97]. In der zweiten Fassung der »Protestantischen Ethik« faßt Weber diese erste Hauptthese seiner Islamanalyse pointiert zusammen. Er stellt fest, daß im Islam die auch im Calvinismus nie gänzlich ausgerotteten fatalistischen Konsequenzen des Vorsehungsglaubens tatsächlich eingetreten sind. Er fragt: weshalb? und gibt diese Antwort: »Weil die islamische Vorherbestimmung *prädeterministisch*, nicht prädestinatianisch, auf die Schicksale im *Diesseits*, nicht auf das *jenseitige* Heil bezogen war, weil infolgedessen das ethisch Entscheidende: die ›Bewährung‹ als Prädestinierter, im Islam keine Rolle spielte, also nur die *kriegerische* Furchtlosigkeit (wie bei der ›Moira‹), nicht aber lebens*methodische* Konsequenzen daraus folgen konnten, für die ja die religiöse ›Prämie‹ fehlte.«[98]

Im Islam ›konfisziert‹ also das religiöse Interesse die religiöse Lehre derart, daß es die logischen Konsequenzen hervortreibt, die die Lehre selbst nicht zieht. Die ›praktische Interessenverschlingung‹ ist von der Art, daß sie diese Konsequenz gleichsam mit einem doppelten, einem aktivistischen und einem passivistischen Vorzeichen versieht. Das aber heißt: Die Lehre führt zunächst keineswegs zum Verzicht auf Handeln. Sie dient vielmehr der religiösen Unterbauung von kriegerischer Furchtlosigkeit. Freilich: In Situationen, in denen es nicht um das außeralltägliche, sondern um das alltägliche Diesseitsschicksal geht, wird die ›rücksichtslose Selbstvergessenheit‹ zurückgedrängt zugunsten unsystematischer utilitaristischer Werkheiligkeit oder tatsächlich »leicht fatalistischer Züge (Kismeth)«[99]. Dies ist für Weber übrigens auch der Grund, weshalb der Islam, trotz seiner antimagischen Grundorientierung, ähnlich wie die meisten Kulturreligionen, die Magie aus der Volksreligion nicht völlig ausgerottet hat[100]. Das aber heißt: Weber präsentiert ein zugleich gespaltenes und zyklisches Bild der psychologisch-praktischen Wirkung der islamischen Lehre. In außeralltäglichen Situationen wirkt sie vereinheitlichend und disziplinierend, in alltäglichen Situationen dagegen büßt sie diesen Einfluß auf die Lebensführung ein[101].

Die ›Konfiskation‹ der religiösen Grundlagen für eine innerweltliche Helden- und Kriegerethik hatte natürlich auch hier Voraussetzungen in der Lehre, in der Lehre vom heiligen Krieg (Gihad) und von der Spaltung der Welt in das Haus des Islams und in das Haus des Krieges (Dar al-Islam, Dar al-Harb). Sie hat aber darüber hinaus auch hier eine Voraussetzung in den nichtreligiösen Legitimationsinteressen der Schichten, die sich die Lehre aneignen. Diese aber sind nur in ersten Anfängen mit denen des Calvinismus äußerlich verwandt: »Die in seiner ersten mekkanischen Periode noch in einem weltabgewendeten städtischen Pietisten-

konventikel auftretende eschatologische Religiosität Muhammeds schlug schon in Medina und dann in der Entwicklung der frühislamitischen Gemeinschaft in eine national-arabische und dann vor allem: ständisch orientierte Kriegerreligion um. Diejenigen Bekenner, deren Uebertritt den entscheidenden Erfolg des Propheten darstellte, waren durchweg Anhänger mächtiger Geschlechter.«[102] Ein Kriegeradel aber mit seinem ritterlichen Standesgefühl hat kein Sensorium für eine Vorstellungswelt, die geprägt ist von Begriffen wie Sünde, Demut und Erlösung[103]. Ihm steht zudem das Ideal innerweltlicher Berufsaskese völlig fern. Was er allenfalls zu entwickeln vermag, »ist eben Askese des Kriegslagers oder eines kriegerischen Ritterordens, nicht mönchische und erst recht nicht bürgerliche asketische Systematik der Lebensführung – immer nur periodisch wirklich herrschend und stets zum Umschlagen in Fatalismus disponiert«[104]. Der vom Kleinbürgertum getragene Sufismus entwickelt laut Weber erst recht keinen innerweltlichen Asketismus. Er wandelt auf kontemplativ-mystischen Bahnen unter der »Führung von plebejischen Technikern der Orgiastik«[105].
Calvinismus und Islam haben also ähnliche Gottesbegriffe und ähnliche Glaubensgrundlagen. Doch die praktisch-psychologischen Wirkungen dieser ähnlichen religiösen Quellen unterscheiden sich radikal. Sie ermöglichen einmal eine Lebensführung innerweltlicher Berufsaskese, einmal eine Lebensführung selbstvergessener Opferbereitschaft in außeralltäglichen Situationen, ein Heldentum, das, bei zunehmender Veralltäglichung, freilich in diesseitigen Utilitarismus kollabiert. Während der Calvinismus die innere Spannung zwischen Heilslehre und Heilsinteresse ins Unmenschliche gesteigert und gerade dadurch die Motivation für *konstante* Weltbeherrschung freigesetzt hat, stellt der Islam den Gläubigen nicht in eine solch unerträgliche Spannung und motiviert ihn damit zwar zu *temporärer* Weltbeherrschung in Gestalt von Welteroberung, verhindert aber, nicht zuletzt wegen der Randstellung des Erbsünde- und Erlösungsgedankens, *dauerhafte* Weltablehnung[106]. Er revolutioniert deshalb auch nicht die Wirtschaftsgesinnung. Sie bleibt feudal oder kleinbürgerlich oder abenteuer-kapitalistisch, in all diesen Fällen aber traditional bestimmt. Wie alle Kulturreligionen, so verträgt sich auch der Islam mit den Formen des tradionalen Wirtschaftens einschließlich der Formen des politisch orientierten Kapitalismus. Was er aber nicht

bereitstellt, ist jene ›lebensumwälzende Macht‹ von innen heraus, die den Traditionalismus im wirtschaftlichen oder in anderen Lebensbereichen auf der Ebene der ›Gesinnung‹, auf der motivationellen Ebene, sprengt. Trotz seiner antimagischen und aktivistischen Tendenzen, trotz seines intellektuellen Rationalismus hat er gerade das nicht geleistet, was unter den wichtigsten Kulturreligionen eben nur der asketische Protestantismus, also auch nicht Judentum, Katholizismus oder Luthertum leisteten: die Züchtung jener stahlharten Kaufleute und Gewerbetreibenden, die den Erwerbstrieb nicht wie ökonomische Übermenschen ausleben, sondern ihn rational temperieren, ihn in die Form der Berufspflicht zwingen und ihn damit objektivieren, versachlichen.
Weber sieht also eine doppelte praktisch-psychologische Wirkung der islamischen religiösen Ethik: Sie motiviert zu Weltbeherrschung als Welteroberung und zu Weltanpassung. Und nicht nur dies: Er konstatiert einen Zyklus zwischen diesen Weltverhältnissen und den damit verbundenen Lebensführungen. Es ist ein Zyklus zwischen außeralltäglichen und alltäglichen Situationen, zwischen Glaubenskampf und ›Verbürgerlichung‹[107]. Was andere im Anschluß an Ibn Khaldun für die islamischen Herrschaftssysteme diagnostizieren, einen eigentümlichen Zyklus von Stabilität und Instabilität aufgrund des Mit- und Gegeneinanders von monozentrischer imperialer Politik und polyzentrischer Stammespolitik, verstärkt durch das Mit- und Gegeneinander von monotheistischer ethischer Hochreligion und polytheistischer ritualistischer Stammesreligion[108], scheint Weber für die religiös bedingte Lebensführung zu reklamieren. Daß dieser Zyklus entsteht, daß der Islam im Unterschied zum Calvinismus keine »systematische rationale Gestaltung des ethischen Gesamtlebens« züchtet[109] und daß er dort, wo er dies zumindest in Ansätzen tut, die Lebensführung gleichsam ins Politische wendet, bedeutet, daß er die »Entwicklung einer *wirtschaftlich* rationalen Lebensführung«[110] vielleicht nicht gerade obstruiert, jedenfalls aber nicht begünstigt. Dies liegt, wie wir sahen, an inneren Gründen. Es sind die Glaubensgrundlagen in ihrem Verhältnis zu den religiösen Interessen der Gläubigen, die dafür ausschlaggebend sind. Sie führen trotz ähnlicher Gottesvorstellung und trotz Prädestinationstheorie zu einem vom Calvinismus ›abweichenden‹ Ergebnis. Der oft reklamierte ›Puritanismus‹ des Islams hat mit dem von Weber gemeinten Puritanismus nur Äußerlichkeiten gemein.

Nun ist die Analyse des inneren Verhältnisses von religiöser Ethik und Lebensführung zwar ein unerläßlicher, aber doch auch nur ein erster Schritt, um die Gegensätze zwischen dem islamischen und dem okzidentalen Kulturkreis unter dem Gesichtspunkt ihrer ›Stellung‹ zum rationalen Kapitalismus als Wirtschaftssystem herauszuarbeiten. Der Untersuchung des inneren Verhältnisses muß die des äußeren folgen, der Untersuchung der Religionsbedingtheit der Wirtschaftsgesinnung die Klassenbedingtheit der Religion. Nun wurde diese andere Seite der Kausalbeziehung bereits an dem Punkt berührt, wo von der Verschränkung, der wechselseitigen ›Angleichung‹ von religiösen und nichtreligiösen Legitimationsinteressen die Rede war. Daß der Calvinismus und mit ihm der gesamte asketische Protestantismus, ja darüber hinaus das Christentum und das Judentum von Beginn an spezifisch bürgerliche Religionen waren und dies auch blieben, daß der Islam dagegen, ähnlich den asiatischen Religionen, letztlich als eine Herrenreligion ins Leben trat, wirkt auf dieses innere Verhältnis zurück. Weber unterscheidet ja begrifflich ganz bewußt zwischen inneren und äußeren Interessen, eine Unterscheidung übrigens, die man mit der zwischen ideellen und materiellen Interessen nicht gleichsetzen darf[111]. Allerdings: das äußere Verhältnis umfaßt mehr als soziale Schichtung. Es geht dabei auch um Verfassungen, um Ordnungen, um Formen sozialer Organisation. Weber spricht ja mit Vorliebe von Religionsverfassung, Wirtschaftsverfassung, Sozialverfassung und Herrschaftsverfassung oder von religiöser Ordnung, Wirtschaftsordnung, Sozialordnung und Herrschaftsordnung oder auch von religiösen Verbänden, Wirtschaftsverbänden, Sozialverbänden und Herrschaftsverbänden, wenn er nicht gar den Begriff der Lebensordnung (und den damit verbundenen Begriff der ›Wertsphäre‹) benutzt. Wie immer man am Ende diese Verwendungsweisen standardisiert[112], für den hier diskutierten Zusammenhang ist die Unterscheidung zwischen Ordnungen und Verbänden wichtig. Während beim Ordnungsbegriff der Legitimationsaspekt im Vordergrund steht, ist es beim Verbandsbegriff der Organisationsaspekt. Eine Ordnung kann rein innerlich, eben durch das Verhältnis von Glaubensgrundlagen und inneren Interessen garantiert sein, denen sich die äußeren Interessen anlagern. Ein Verband verläßt sich niemals nur auf diese innerlichen Garantien. Er garantiert eine Ordnung auch äußerlich, durch Leiter und unter

Umständen durch Verwaltungsstäbe. Hier wird also nicht nur auf innere Antriebe und auf die Wirksamkeit innerer Sanktionen, sondern auf äußere Anreize und auf die Wirksamkeit äußerer Sanktionen bei der Handlungskoordinierung gebaut. Mit den Unterscheidungen zwischen inneren und äußeren Interessen, Antrieben und Anreizen, inneren und äußeren Sanktionen aber sind gewissermaßen die Schnittpunkte bezeichnet, an denen innere in äußere Verhältnisse übergehen[113].

Weber insistiert auf den *beiden* Seiten der Kausalbeziehung, weil er in meinen Augen eine Doppelbeziehung zwischen Motiv und ›Institution‹ behauptet. Es gibt die institutionenbildende Kraft der Motive genauso wie die motivbildende Kraft der Institutionen[114]. Die Analyse hat deshalb sowohl von innen nach außen wie von außen nach innen zu verlaufen, und dies so weit, bis die Schnittpunkte, die zugleich *Verknüpfungs*punkte darstellen, sichtbar gemacht sind. *Jede* Analyse, die den Prämissen einer verstehenden Soziologie als Handlungs- und Ordnungstheorie gerecht werden will, muß bei den durch theoretische Wertbeziehung ausgewählten und konstituierten ›historischen Individuen‹, die einzelne Personen, aber auch ganze Kulturen sein können, *beide* Wege beschreiten[115]. Es gibt deshalb bei Weber weder eine nur motivationelle noch eine nur institutionelle ›Erklärung‹, weder eine nur ›Überbau‹- noch eine nur ›Unterbau‹-Erklärung des Entstehens des rationalen Kapitalismus, es gibt sie *beide*, freilich in einem begrifflichen Bezugsrahmen, in dem die eine die andere verlangt. Diese Einsicht, die den Gegensatz von Materialismus und Idealismus im methodologischen Sinne obsolet macht, ist keineswegs erst geistiger Besitz der neuen Arbeitsphase[116]. Sie hat bereits Anlage und Durchführung der ersten Fassung der »Protestantischen Ethik« von 1904/05 geprägt. Das zeigt nicht nur Webers ergänzendes und erweiterndes Programm am Schluß dieser Studie, nicht nur die methodologische Begründung der historischen Kulturwissenschaft aus den Jahren 1903 und 1904, das zeigen vor allem die bekannten Schlußsätze dieser religionsgeschichtlichen Arbeit selber: »Denn obwohl der moderne Mensch im ganzen selbst beim besten Willen nicht imstande zu sein pflegt, sich die Bedeutung, welche religiöse Bewußtseinsinhalte auf die Lebensführung, die Kultur und die Volkscharaktere gehabt haben, *so* groß vorzustellen, wie sie tatsächlich gewesen ist, – so kann es dennoch natürlich nicht die Absicht sein, an Stelle einer einseitig ›materialistischen‹ eine ebenso einseitig spiritualistische kausale Kultur- und Geschichtsdeutung zu setzen. *Beide* sind *gleich möglich*, aber mit beiden ist, wenn sie nicht Vorarbeit, sondern Abschluß der Untersuchung zu sein beanspruchen, der historischen Wahrheit gleich wenig gedient«[117]. Beide sind gleich möglich, ja gleich *nötig*, jedenfalls dann, wenn man einen nichtreduktionistischen Ansatz verfolgt. Ein solcher Ansatz darf niemals den ›Geist‹ aus der ›Form‹ oder die ›Form‹ aus dem ›Geist‹ ableiten wollen, wiewohl es historische Situationen gibt, in denen der eine ›Faktor‹ gegenüber dem anderen seine relative Selbständigkeit, sein Eigenrecht und seine Eigengesetzlichkeit, verliert. Doch dies ist eine historische, keine methodologische Aussage. Sie betrifft eine historisch mögliche Konstellation im Verhältnis dieser Faktoren zueinander, eine historisch gesehen übrigens besonders häufige Konstellation. Dabei muß man allerdings zwei Fälle scharf voneinander unterscheiden: den Fall einseitiger und den Fall wechselseitiger Begünstigung. Im ersten Fall schafft sich der eine ›Faktor‹ den anderen ›nach seinem Bilde‹, im zweiten Fall treffen sie zufällig aufeinander und gehen eine Wahlverwandtschaft ein. Diesen beiden Fällen der ›Begünstigung‹ stehen die der Indifferenz und der Obstruktion gegenüber. Die Übergänge sind, wie immer, fließend. Bei veralltäglichten Dauergebilden ist die einseitige Begünstigung besonders häufig. Hier schafft sich die ›Form‹ in der Regel ihren ›Geist‹. Hier herrscht mitunter tatsächlich das von den naiven Geschichtsmaterialisten oder den ebenso naiven Theoretikern der Auslese methodologisch postulierte ›Funktionsverhältnis‹, so auch im entwickelten modernen Kapitalismus, im Kapitalismus des ›eisernen Zeitalters‹. Aber für die Erklärung der *Entstehung* dieses Kapitalismus ist es untauglich. Dafür hat Weber diese Behauptung methodologisch *und* historisch zurückgewiesen. Denn hier gilt wechselseitige Begünstigung, Wahlverwandtschaft, zwischen religiös-ethisch motivierter Lebensführung und den frühkapitalistischen Institutionen in den kontinentaleuropäischen gewerblichen Binnenstädten.

Die religiös motivierte Lebensführung steht also in inneren *und* äußeren Verhältnissen. Doch wäre es ein Mißverständnis, wollte man daraus schließen, es gehe beim äußeren Verhältnis ausschließlich um die Beziehung zwischen religiös-ethisch bedingter Motivation und wirtschaftlicher oder auch politischer Institution. Das äußere Verhältnis existiert natürlich bereits *innerhalb* der religiösen Lebensordnung. Gerade in der »Protestantischen Ethik«, besonders deutlich in der zweiten Fassung, macht Weber auf die gegenüber den Glaubensgrundlagen selbständige Bedeutung der ›Kirchenverfassung‹ aufmerksam[118], und er widmet diesem Gesichtspunkt einen eigenen Aufsatz mit dem Titel »Die protestantischen Sekten und der Geist des Kapitalismus«[119]. Daran läßt sich die behauptete Doppelbeziehung zwischen ›Motiv‹ und ›Institution‹ besonders deutlich zeigen. Denn die praktisch-psychologisch gewendete Lehre aus Prädestinations- und Bewährungsgedanken hatte »mannigfache Ausgestaltungen der Kirchenverfassung aus dem Versuch« heraus zur Folge, »wiedergeborene und unwiedergeborene, zum Sakrament nicht reife, Christen zu scheiden«[120], was überall, wie immer die ›formalen‹ Regelungen aussahen, zu einer sektenartigen Form der Kirchenzucht führte. Diese aber stützte ihrerseits den Bewährungsgedanken, und zwar dadurch, daß sie dem Gläubigen »die soziale Selbstbehauptung im Kreise der Genossen« abverlangte[121]. Die praktisch-psychologische Wirkung dieser äußeren Stütze des Bewährungsgedankens war so stark, daß die sektenartige Kirchenverfassung oder die reine Sektenverfassung die Prädestinationslehre, also einen wichtigen Baustein des inneren Verhältnisses im Calvinismus, ersetzen konnte[122]. Dies gilt etwa für die Täufer, von denen kurz die Rede war.

Nach Weber kennt der Islam zwar eine Art von Hierokratie, die um den Koran, die Sunna und vor allem die Schari'a, das göttliche Gesetz, zentriert ist. Und er kennt auch eine Art Priestertum, wenn man darunter einen »Träger der Systematisierung und Rationalisierung der religiösen Ethik« versteht[123]. Doch diese ›Priester‹ (Ulema) sind, ähnlich den Rabbinen, keine Kultpriester und zudem eher Rechtsgelehrte als Theologen. Vor allem aber: Sie stehen keiner Kirche im christlichen Sinne vor. Die islamische Hierokratie ist weder eine charismatische Gnadenanstalt wie die mittelalterliche katholische Kirche noch eine Zuchtrute wie die Kirchen und Sekten des asketischen Protestantismus, die dem Gläubigen keinerlei institutionelle Mittel der Entlastung von innerem Druck gewähren und die den milden katholischen Gnadenuniversalismus zugunsten eines harten Gnadenpartikularismus beseitigen, zugunsten eines Ausleseapparats, »der den Qualifizierten vom Nichtqualifizierten scheidet«[124] und der dabei die religiösen Qualifikationskriterien gerade *nicht* mit nichtreligiösen kombiniert. Zwar trennt auch der Islam, wie alle Kulturreligionen, zwischen religiösen ›Virtuosen‹ und religiösen Massen und zwischen Gläubigen und Ungläubigen. Aber die erste Scheidung ist ohne Heilsbedeutung und die zweite mit der Ständeschichtung, mit den »ökonomischen Privilegien der Bekenner«, verzahnt[125]. Wichtig ist in diesem Zusammenhang: Auch in der islamischen Religionsverfassung läßt sich nichts entdecken, was in Richtung auf asketische Bewährung im Alltag wirkt. Weber ist sogar der Meinung, der frühe Islam habe trotz seines strengen Monotheismus und trotz der Konzeption des überweltlichen Schöpfergottes, ähnlich wie das Judentum, »die Askese direkt verworfen, während die Eigenart der Derwisch-Religiosität ganz anderen (mystisch-ekstatischen) Quellen entstammte als der Beziehung zum überweltlichen Schöpfergott und auch ihrem inneren Wesen nach der okzidentalen Askese fernstand«[126].

Die Umma schließlich, so kann man hinzufügen, die islamische ›Gemeinschaft‹, die ›beste Gemeinschaft‹, wie sie zuerst in Medina realisiert war, dient auf überlokaler Ebene in ihrer religiös-politischen und partikularistisch-universalistischen Zwischenstellung wohl eher der Sicherung eines gewissen Maßes an kultureller Einheit bei wachsender Binnendifferenzierung als der restlosen und effektiven Durchreglementierung des Alltags. Denn auch der frühe Islam blieb ja, trotz des Strebens nach einer Art ›organischen‹ Einheit von Religion und Politik und trotz der Verknüpfung religiöser und politischer Funktionen zunächst bei Mohammed, dann bei den frühen Kalifen, schon in der Zeit seiner Kodifizierung und Kanonisierung von den Spannungen, ja Konflikten zwischen Religion und Politik nicht verschont. Bereits unter den Omaiyaden sieht man diesen Konflikt voll entbrennen. Und er ist offensichtlich auch in der Schari'a reflektiert. Wie Patricia Crone schreibt: »By the 750, however, Islam had already acquired its classical shape as an all-embracing holy law characterized by a profound hostility to settled states«[127]. Spätestens von da an wird der Vorwurf der Weltlichkeit als Waffe gegen die politischen Herrscher benutzt. Freilich: Trotz dieser Spannung, dieses Konflikts zwischen Religion und Politik kam es nie zur Trennung von politischer und hierokratischer Gewalt wie im Okzident, noch zu dauerhaften streng theokratischen oder gar zu *rein* cäsaropapistischen Lösungen, wenngleich die Tendenz zur Theokratie, insbesondere im schiitischen Islam, immer vorhanden war.

Innere und äußere Verhältnisse können sich also einseitig oder wechselseitig begünstigen, gleichgültig lassen oder obstruieren. Innere Verhältnisse sowohl wie äußere können aber auch untereinander in solchen Beziehungen stehen. Die vereinheitlichende Kraft der religiösen Ethik des Calvinismus, die Weber so stark betont, besteht ja darin, daß sie die verschiedenen inneren Verhältnisse, in denen der Gläubige steht, unter *ein* wirksames Prinzip bringt. Aufgrund dieser »denkbar intensivsten systematischen Zentralisierung der ›Gesinnungsethik‹« hat das religiös motivierte Handeln Auswirkungen auf *alle* Lebensbereiche, besonders auf den wirtschaftlichen, aber zum Beispiel auch auf den politischen[128]. Was für Motive gesagt werden kann, läßt sich aber auch für Institutionen, für ›Strukturen‹, sagen. Auch sie stehen untereinander in Beziehungen einseitiger oder wechselseitiger Begünstigung, Indifferenz oder Obstruktion. Insbesondere in der zweiten Fassung der Herrschaftssoziologie behandelt Weber neben der Beziehung der politischen Herrschaftsstruktur zur Wirtschaftsgesinnung immer auch ihre Beziehung zu wirtschaftlichen Strukturen. Und immer geht es dabei auch um die Frage, welche Bedingungskonstellation für Entstehung und Entwicklung des rationalen Kapitalismus günstig war und welche nicht. Der entstehende und sich entwickelnde rationale Kapitalismus ist eben nicht nur von inneren, sondern auch von äußeren Bedingungen abhängig, er kann nicht nur auf seelische, sondern auch auf institutionelle Widerstände treffen. In diesem Zusammenhang aber sind besonders die politischen Herrschafts- und die Rechtsverhältnisse interessant. Sie haben natürlich gleichfalls ihre inneren Seiten. Doch nachdem ich zunächst den Weg von innen nach außen gegangen bin, nehme ich jetzt den umgekehrten Weg.

c) Die islamische politische Herrschaft und das islamische Recht: Orientalischer Pfründenfeudalismus, fehlende Stadtautonomie und theokratische Kadijustiz

Der Islam ist aus einer Art ›Doppelbewegung‹ entstanden: einer religiösen und einer politischen. Entscheidend ist die ›originäre‹ Verknüpfung dieser Komponenten. Mohammed ist ethischer Prophet *und* charismatischer politischer sowie militärischer Führer. Er überwindet den arabischen Stammespartikularismus religiös und politisch-militärisch, indem er dessen Polytheismus und Ritualismus monotheistisch und gesetzesethisch überbietet und indem er aus sich befehdenden Stämmen eine nationalarabische Eroberungsbewegung formt. Anders als die altjüdischen Propheten, anders aber vor allem als Jesus, ist Mohammed, beginnend mit der Hidschra von 622, kein marginalisierter Unheilsprophet und schon gar kein charismatischer Wanderprediger, sondern ein religiös-politischer Führer, der, nicht zuletzt unter geschickter Verwendung tradierter Stammespraktiken der Konflikterzeugung und Konfliktbewältigung, seine religiös-*politischen* Absichten Zug um Zug zu realisieren weiß. Vermutlich an Ignaz Goldziher und Julius Wellhausen anschließend, macht Weber, wie das oben bereits mitgeteilte Zitat zeigt, einen deutlichen Unterschied zwischen der ersten mekkanischen und der medinischen Periode: Mit dem Auszug aus Mekka und der erfolgreichen ›Aufnahme‹ in Medina beginnt der Umschlag einer eschatologischen Religiosität in eine politische Religion, in eine national-arabische Kriegerreligion[129].

Der Werdegang Mohammeds – sein anfänglicher Mißerfolg in Mekka, sein ›Auszug‹ nach Medina, sein dortiger Aufstieg, seine siegreiche Rückkehr nach Mekka, der Beginn der ›Welteroberung‹ – wurde oft beschrieben. Die Bilder gleichen sich. Anders als die Leben-Jesu-Forschung ist eine ›Leben-Mohammed-Forschung‹ außer durch religiöse Vorbehalte durch die Quellenlage behindert. Weder die bereits von Julius Wellhausen initiierte Übertragung der biblischen Quellenkritik noch die von A. Noth durchgeführte Übertragung der biblischen Formenkritik auf die islamischen Quellen hat vergleichbare Erfolge gebracht[130]. Carl Heinrich Becker sprach einst vom »wilden Chaos religiöser Wucherung und Auseinandersetzung«[131], Patricia Crone spricht heute von einer Art Schutthalde ohne erkennbare ›Eigenstrukturen‹[132]. Das gilt für die mündliche Überlieferung, die Sunna. Neben ihr steht der Koran gleichsam festgegründet wie ein Fels. Aus beiden, vor allem aber aus der Sunna, ist das Bild des Propheten entstanden. Die Sunna gibt seine Aussprüche und Handlungen wieder (Hadith). Sie sind durch die konstruierte Genealogie der Tradanten bis zurück zum Propheten, nicht durch den Inhalt autorisiert. Für diese Überlieferung war neben der Mündlichkeit ihr atomistischer Charakter und ihr rapider Wandel charakteristisch. Die einzelnen Äußerungen und Handlungen wurden

gleichsam kontextfrei tradiert und waren Munition im religiösen Kampf. Die Sunna ist eine Kompilation, die diese Auseinandersetzung spiegelt. Sie ist eher die ›Theologie‹ der Kompilatoren und ihrer ›Parteien‹ als die Geschichte Mohammeds. Der nach rückwärts offene Horizont aber wurde schnell geschlossen. Der Destruktion der Quellen korrespondiert die schnelle Schließung der konstruierten Überlieferung. Diese erstarrt in den sechs Sammlungen und wird monolithisch. Gottfried Benns Wort ›Rechne mit deinen Beständen‹ gilt schon für den frühen Islam. Im 9. Jahrhundert bereits ist der Kanon weitgehend fixiert und geheiligt[133]. Diese Lage befriedigt dogmatische Bedürfnisse, historische Bedürfnisse befriedigt sie nicht. Wie Patricia Crone formuliert: »There is of course no doubt that Muhammad lived in the 620s and 630s A. D., that he fought in wars, and that he had followers some of whose names are likely to have been preserved. But the precise when, what and who, on which our interpretations stand and fall, bear all the marks of having been through the mill of rabbinic arguments and subsequently tidied up«[134].
Doch wie ›theologisch aufgeladen‹ die Überlieferung auch sein mag, zwei Annahmen, die in Webers Aussage eingehen, scheinen historisch ›richtig‹: daß der Übergang von Mekka nach Medina einen entscheidenden Einschnitt im Werdegang Mohammeds darstellt und daß seine ethische Prophetie die entscheidende Voraussetzung seiner politischen Wirksamkeit ist. In der Folge des ›Auszugs‹ wird, wie Wellhausen sagt, Mohammed vom Prediger zum Regenten, aber das Modell der Regentschaft ist nicht das menschliche Königtum (Mulk), sondern der monarchische Prophet des späten Judentums: »Die Herrschaftsbefugnis ist kein Privatbesitz zum Nießbrauch des Inhabers. Das Reich gehört vielmehr Gott; sein Bevollmächtigter aber, der seinen Willen kennt und ausführt, ist der Prophet. Der Prophet ist nicht bloß der Verkünder der Wahrheit, sondern auch der allein rechtmäßige Regent auf Erden. Neben ihm hat kein König Platz, aber auch kein anderer Prophet: es gibt zur Zeit immer nur einen«[135].
Um dieses Modell durchzusetzen, bedurfte es äußerer und innerer Vorbedingungen. Die äußeren: Medina bot für Mohammeds religiös-politischen Herrschaftsanspruch im Vergleich zu Mekka ein ungleich günstigeres Terrain. Mekka war arabisches Zentrum, religiös, politisch, ökonomisch eine Art Geschlechterstadt, jedenfalls fest in der Hand *durchsetzungsfähiger* Geschlechter, die den

Stadtfrieden garantierten, eine reiche Stadt, die nicht zuletzt aus dem vom Polytheismus begünstigten Reigen religiöser Feste und damit verbundener Messen ökonomische Vorteile zog. Mohammeds radikaler Monotheismus mußte unter diesen Umständen als ›geschäftsgefährdend‹ erscheinen. Die Ablehnung, auf die seine Botschaft in Mekka traf, hat nicht zuletzt dieses ökonomische Motiv. Mekka befand sich zur Zeit des ersten Auftretens des Propheten weder in einer religiösen noch in einer politischen oder ökonomischen Krise. Eine Situation der inneren und äußeren Not, die laut Weber den Horizont für charismatische Bewegungen öffnet, existierte nicht. Anders die Situation in Medina. Jathrib, wie es zur Zeit der Hidschra hieß, war eine Stadt am Rande, unter griechisch-römischem und christlich-aramäischem Einfluß, mit einer starken jüdischen Gemeinde, aus arabischer Sicht wenn schon nicht Peripherie, so doch Semiperipherie. Der Stadtfrieden lag darnieder. Es herrschten Geschlechterfehden, eine Situation ähnlich der mancher südeuropäischer Städte im Mittelalter. Zumindest eine politische Krisensituation mit ökonomischen Folgen, eine Situation der äußeren Not, existierte. Sie war offen für einen Vermittler, aber auch für eine Deutung, die den für den Unfrieden verantwortlichen Geschlechter- und Stammespartikularismus mit Hilfe einer ordnenden ›Zentralgewalt‹ transzendiert[136].

Mohammed, unterstützt von seinen in Mekka gewonnenen Gefolgsleuten, zunächst vor allem »Freunden, Verwandten und Sklaven«[137], setzt die Umma an die Stelle der Geschlechter- und Stammesherrschaft. Er tut dies freilich unter Verwendung tradierter Muster bei der Schlichtung von Stammesfehden, als, wie W. Montgomery Watt sagt, »the head of the clan of *Emigrants*«[138]. Immerhin: An die Stelle von Verwandtschaft und Stamm tritt die ›Gemeinde‹. Auch hierfür scheinen jüdische und christliche Vorbilder nicht ohne Bedeutung gewesen zu sein. Der Übergang zur ›Gemeinde‹ ist dabei zugleich ein Übergang zum Landfrieden als Gottesfrieden. Da es nur einen Gott gibt und alle an ihn glauben, ist unter ihnen das durch Geschlechts-, Stammes- und Sippenzugehörigkeit bestimmte Fehderecht, aber auch die Fehdepflicht sistiert. Der Pflicht zum Frieden nach innen entspricht die Pflicht zum Krieg nach außen. Die Rachepflicht des vorislamischen Rechts obliegt nicht mehr »dem Bruder für den Bruder, sondern dem Gläubigen für den Gläubigen«. Der Krieg

wird, wie Wellhausen beobachtet, militärisch[139], er wird darüber hinaus zum Glaubenskrieg. Allerdings: Das Gemeindeprinzip ersetzt das Stammesprinzip nicht völlig. Nicht Individuen, sondern Verbände treten der Umma bei. Ähnlich wie in der antiken Polis wird zwar der Gentilsverband durch den ›Kult‹- und Militärverband überboten, aber die Sippensolidarität nicht völlig gebrochen. Wie Weber mit Blick auf die weitere Entwicklung bemerkt: »Der Islam hat die Landsmannschaften der arabischen Stämme und die Sippenbande, wie die ganze Geschichte der inneren Konflikte des älteren Kalifats zeigt, nicht wirklich überwunden, weil er zunächst eine Religion eines erobernden, nach Stämmen und Sippen gegliederten Heeres blieb«[140]. Gewiß, schon wegen des radikalen Monotheismus und der strikten Überweltlichkeit des Universalgottes konnte es nicht, wie in der antiken Polis, unterhalb der ›Gemeinde‹ noch davon unterschiedene ›Gentilskulte‹ geben. Der vorislamische arabische Polytheismus wurde konsequent ausgemerzt. Aber die Umma ist auch keine schwurgemeinschaftliche Verbrüderung vom Charakter christlich geprägter okzidentaler mittelalterlicher Stadtgemeinden. Und dies galt immer weniger, je weiter der islamische Religions- und Militärverband das ›Stadtgebiet‹ von Medina überschritt.
Die Umma war zunächst nicht in dem Sinne nach außen exklusiv und nach innen ›gleich‹, daß sie Heiden und Juden oder Angehörige bestimmter Stände ausgeschlossen hätte. Auch nach dem Aufstieg Mohammeds in Medina lebten die alten Verhältnisse, befriedet, weitgehend fort. Ähnlich den jüdischen Gemeinden der Zeitenwende kannte auch die medinische Umma offenbar abgestufte ›Mitgliedschaften‹, ein Reflex wohl der altarabischen Unterscheidung in Vollbürtige und Beisassen[141] sowie der Art und Weise, wie im alten Orient ganz allgemein Gaststämme an Verbände angegliedert worden sind. Das Verhältnis Mohammeds zur medinischen jüdischen Gemeinde änderte sich allerdings radikal, als er realisierte, daß sein messianischer, prophetischer Anspruch von ihr nicht anerkannt wurde. Erst daraufhin wandte er sich vom Judentum ab, ja gegen es. Es ist wahrscheinlich, daß die Änderung der Gebetsrichtung von Jerusalem nach Mekka sowie andere symbolische Handlungen damit zusammenhängen[142]. Dies zeigt, wie immer die historischen Fakten liegen, jedenfalls einen Prozeß der Verselbständigung und ›Identitätsstiftung‹ auf symbolischer Ebene gegenüber den beiden anderen monotheisti-

schen und ethischen Offenbarungs-, Erlösungs- und Buchreligionen, deren Überlegenheit über den arabischen Polytheismus und Ritualismus Mohammed offensichtlich tief beeindruckte. Dies zeigt aber darüber hinaus einen wichtigen Schritt auf dem Weg zu einer Art Arabisierung des Monotheismus, zur Definition der neuen Lehre als ›national-arabische‹ Religion[143].

Die Sendung nämlich, die Mohammed, in Mekka beginnend, entwickelt, und die ihm eine neue Form der Friedens- und Kriegs›stiftung‹ ermöglicht, erwächst aus dieser Spannung, aus dem kulturellen Gefälle zwischen der Welt des jüdischen und des christlichen überweltlichen Universalgottes einerseits und der Welt der arabischen Funktions- und Lokalgötter mit ihren kommerzialisierten Kultstätten und sakral-mundanen Festen andererseits. Die arabischen Götter hatten ihre festen Kultstätten, schon weil meist riesige Steine zu ihrer Ausstattung gehörten. In der Regel wanderten, wie Wellhausen fomuliert, die Stämme der Araber, aber nicht ihre Heiligtümer. Neben Steinen wurden häufig noch Bäume und Wasser an der Kultstätte verehrt. Der Stein diente als Opferaltar und als Repräsentation der Gottheit, der Kult war ursprünglich vermutlich bildlos, Bildlichkeit erst sekundär[144]. Wie bereits gesagt, dienten die Kultstätten Funktions- und Lokalgöttern und zugleich als kommerzielle Zentren. Manche waren Wallfahrtsstätten und dadurch zusätzlich ökonomisch bevorzugt. Auch Mekka besaß eine solche Kultstätte von überregionaler, ›nationaler‹ Bedeutung, die Ka'ba. Mit ihr war Mohammed als Mekkaner genau vertraut[145]. An ihr, nicht an fremden oder neuerfundenen Heiligtümern verankerte er seine Lehre. Hier knüpfte er auch an altarabische Traditionen an. Diese transformierte er im Lichte des Monotheismus durch Reinigung, Uniformierung und Zentralisierung der heidnischen Kulte. Die Funktions- und Lokalgötter wurden beseitigt, die verschiedenen Kultstätten auf die Ka'ba hingeordnet, gewissermaßen zu ihrer Dependence gemacht[146].

Mohammed bezieht also zwei vorhandene ›Welten‹ aufeinander: Die Welt der altarabischen Tradition und die Welt des Monotheismus, die eine verbunden mit nomadischem und städtischem Stammespartikularismus, die andere verbunden mit Weltreichen oder doch zumindest mit der Aussicht auf ein Weltreich, von einem mächtigen Universalgott mittels seines Werkzeugs auf Erden regiert. Mohammed ist zweifellos von Beginn an ein arabischer Prophet gewesen. Die Sprache der Offenbarung ist arabisch, die Übersetzung des Korans in andere Sprachen im Grunde bis heute verpönt. Er wollte den arabischen Partikularismus überwinden. Aber er wollte dies zunächst nicht gegen, sondern mit Judentum und Christentum. Sie dienten ihm als Referenzreligionen[147]. Obgleich er sie offensichtlich nicht wirklich kannte, schienen sie ihm einen Weg zu weisen heraus aus der ›regulierten Anarchie‹ arabischer Verhältnisse. So hat er sich zunächst wohl auch nicht als ein Prophet *über* Moses und Jesus, sondern als ein Prophet *neben* Moses und Jesus verstanden[148]. In Medina änderte sich dies. Mit der symbolischen und faktischen Wendung gegen das Judentum und auch das Christentum wird der Islam nicht länger in die jüdisch-christliche Tradition gestellt, sondern über sie und zugleich in den Gesamtzusammenhang der arabischen Religionsgeschichte, die nun mit Abrahams Religionsstiftung an der Ka'ba beginnt[149].

Die Lehre vom überweltlichen allmächtigen Universalgott mußte in der altarabischen Vorstellungswelt wie ein Fremdkörper wirken. Sie bedeutete einen radikalen Bruch mit dieser Welt. Zur Legitimation dieser Botschaft konnte sich Mohammed nicht auf arabische Traditionen berufen, noch nicht einmal in dem Sinne, wie dies die vorexilischen jüdischen Propheten konnten, die das Volk an seine eingegangene Verpflichtung erinnerten, also an etwas, was Teil seiner Vergangenheit war. Mohammed blieben nur der Traditionsbruch und die charismatische Legitimation seiner neuen Sendung übrig. Die Berichte geben Hinweise, die dies bestätigen. Sie lassen sich Webers Typus der charismatischen Führung zuordnen: das Bekehrungserlebnis, die ›Wiedergeburt‹ aus einer Situation fast ›bürgerlicher Saturiertheit‹ und im Alter von etwa 40 Jahren, die pathologischen Zuständlichkeiten und Haltungen, die rational verarbeitet werden, der Bruch mit Mekka und schließlich die Bewährung der übernatürlichen Fähigkeiten bei der Schlacht von Badr. Aber es handelt sich um einen eher gemäßigten Charismatismus. Die Familien- und Wirtschaftsenthobenheit fehlt. Auch in dieser Hinsicht zeigt Mohammed, etwa im Vergleich zu Jesus, eine Zwischenstellung. Er transformiert zwar das Alte in das Neue, aber er bricht mit dem Alten nicht völlig. Dieses wird ›aufgewertet‹: »Monotheism with a tribal face«[150].

Mohammed starb, als er Mekka erobert und Arabien weitgehend

geeinigt hatte. Sein Kriegsglück war freilich nach Badr wechselhaft gewesen und die Apostasie, die Ridda, bereits zu seinen Lebzeiten erwacht. Aber wie bei allen Formen charismatischer Führung bestand die größte Hypothek, die er hinterließ, in der ungelösten Nachfolgefrage. Beim Versuch, sie zu lösen, spaltete sich der Islam in die sunnitische und die schiitische Richtung und traditionalisierte sich schnell unter der Herrschaft des Sunnismus, der außerhalb Persiens maßgeblich blieb. Wie Weber beobachtet: »Daß Muhammed ohne männliche Nachkommen starb und daß seine Gefolgschaft den Khalifat nicht auf Erbcharisma gründete, ja, in der Omajjadenzeit, ihn direkt antitheokratisch entwickelte, hat für die Struktur des Islam die allertiefstgehenden Konsequenzen gehabt; der auf das Erbcharisma der Familie Alis bauende Schiitismus mit seiner Konsequenz eines mit unfehlbarer Lehrautorität ausgestatteten ›Imâm‹ steht dem auf Tradition und ›idschmâ‹ (consensus ecclesiae) ruhenden orthodoxen Sunnitismus in erster Linie auf Grund jener Differenzen über die Herrscherqualifikationen so schroff gegenüber«[151].

Das ältere Kalifat, in dem die Führer aus dem Kreis der Gefolgsleute Mohammeds, aus dem Kreis der ›Jünger‹, rekrutiert wurden, hält die religiöse und die politisch-militärische Funktion noch zusammen. Es setzt die unter Mohammed weitgehend geeinten arabischen Stämme zur Welteroberung ein. Aus der ›Stadtherrschaft‹ in Medina entwickelt sich so in weniger als 30 Jahren eine Territorialherrschaft von beachtlichem Umfang (Syrien, Irak und Mesopotamien, Ägypten, Iran). Unter der Herrschaft der Omaiyaden kommen weitere Gebiete hinzu (Karthago, das Industal, Spanien). Die unerhörte Schubkraft dieser Bewegung hängt mit der Verbindung von Religion und Politik zusammen. Der Kampf für Allah bringt beides: das himmlische Paradies und irdische Beute. Allah in seiner Allmächtigkeit und Allwirksamkeit, Allah in seiner Überweltlichkeit eignet sich als Kriegsgott für kampferprobte Nomaden. Im Glaubenskrieg ist deshalb von Beginn an die Ausbreitung der Lehre mit der Unterwerfung und ökonomischen Ausbeutung der Ungläubigen verknüpft. Ideelle und materielle Interessen der Glaubenskämpfer verschwistern sich so sehr, daß religiöse Zwecke mit politisch-ökonomischen zusammenfließen. Das hat interessanterweise einen moderierenden Effekt. Von einer im Kern universalistischen ethischen Erlösungsreligion mit antimagischen und aktivistischen Zügen, wie sie

der Islam ja zusammen mit Judentum und Christentum im Unterschied zu den übrigen Kulturreligionen darstellt, würde man erwarten, daß der Glaubenskrieg dazu dient, die Ungläubigen entweder zur Konversion zu zwingen oder auszurotten. Diese Konsequenz war durchaus mit bestimmten Fassungen des ›Kreuzzugsgedankens‹ im Christentum verknüpft. Im Islam aber ist gerade diese Konsequenz – so Weber – nicht eingetreten. Die ›Erhöhung‹ der Gläubigen durch »Unterwerfung der Ungläubigen unter die politische Gewalt und Zinsherrschaft der Gläubigen« genügt.[152]. Im Interesse dieser ›Erhöhung‹, die sich natürlich in erster Linie politisch-ökonomisch auswirkt, ist sogar die Schonung der Unterworfenen geboten. So schieben sich im Glaubenskampf die politischen und ökonomischen Interessen immer stärker in den Vordergrund. Es geht gar nicht primär um Bekehrung, Mission, gar Erlösung der Ungläubigen. Es geht um Renten, und die Religion wird deshalb zum Merkmal der Ständeschichtung gemacht[153]. Dies genau aber hatte die Rückbildung der ethisch-erlösungsreligiösen zugunsten der politisch-religiösen Momente zur Folge: » ... diejenigen religiösen Elemente des alten Islam, welche den Charakter einer ethischen Erlösungsreligion darstellen, traten demgegenüber denn auch, solange er wesentlich Kriegerreligion blieb, stark zurück«[154].
Ungläubige mitsamt den Gebieten, auf denen sie sitzen, müssen nicht nur erobert, sie müssen auch verwaltet werden. Und je weiter sich das Herrschaftsgebiet ausdehnte, je mehr Völker unter die Herrschaft Allahs gebracht wurden, desto schärfer stellte sich auch für den Islam das grundlegende Organisationsproblem charismatisch und traditional legitimierter Herrschaft: das von Zentralisation und Dezentralisation[155]. Dieses universelle Problem traditionaler Ordnungskonfigurationen wurde hier noch dadurch verschärft, daß die Kerntruppen Allahs ursprünglich Stämmen nomadisierender Viehzüchter entstammten, die anders als etwa seßhafte Bauern, an eine stetige Territorialgewalt nicht gewöhnt waren, der sie sich nicht leicht unterwarfen, in die sie sich aber auch als Herren nicht leicht einzwängen ließen. Dieses Problem, das Problem der religiösen und vor allem politischen Einheit, aber mußte gelöst werden. Dazu bedurfte es institutioneller Differenzierungen sowie des Aufbaus von militärischen und zivilen Verwaltungsstäben, ohne die der Herrschaftsanspruch einer Zentralgewalt über große Gebiete nicht durchgesetzt werden kann.

Die institutionelle Differenzierung betrifft vor allem die relative Verselbständigung von religiösen und politischen Funktionen, von hierokratischen und politischen Gewalten sowie die Gewaltenteilung zwischen und in ihnen. Der Aufbau von Verwaltungsstäben betrifft vor allem die Militärtruppe und die Beamtenschaft, ihre ›Struktur‹ sowohl wie ihren ›Geist‹. Schon im 9. Jahrhundert löste sich – so Weber – der arabisch-theokratische, nach Stämmen gegliederte Heerbann auf, »dessen beutegieriger Glaubenseifer Träger der großen Forderungen gewesen war«[156]. Auch das Kalifat trennte sich mit den Abassiden vom Sultanat in einer Art Arbeitsteilung zwischen geistlichen und weltlichen Aufgaben, beide freilich, so jedenfalls will es der sich formierende Kanon, unter dem *einen* religiösen Gesetz. Verglichen mit der Situation in Medina und unter den frühen Kalifen aber ist damit eine neue Strukturkonstellation entstanden. Sie vor allem muß man charakterisieren, wenn man die Stellung des ›islamischen Orients‹, der ›islamischen Staaten‹, zum rationalen Kapitalismus, wenn man das Verhältnis mangelnder Begünstigung, ja das Verhältnis der Obstruktion, des Widerstands gegen ihn voll verstehen will[157].
Weber verwendet zur Charakterisierung dieser neuen Strukturkonstellation bezogen auf die politische Herrschaft verschiedene Bezeichnungen: Arbiträrer Patrimonialismus, Sultanismus, Pfründenfeudalismus, auch präbendaler freier Feudalismus findet sich[158]. Das ist zunächst insofern überraschend, als beim arbiträren Patrimonialismus, dem man den Sultanismus zurechnen kann, der Bereich der Willkür des Herrn weit, er also kaum stereotypiert ist, während der Feudalismus »ein(en) spezifische(n) äußerste(n) ›Grenzfall‹ des Patrimonialismus« darstellt, und zwar deshalb, weil hier die Stereotypierung der Herrschaftsbeziehungen gerade relativ weit vorangetrieben ist[159]. Aus diesem Grunde ist ein entwickeltes Feudalsystem »ein mindestens relativ ›rechtsstaatliche(s)‹ Gebilde«[160]. Es schränkt also das Eigenrecht der Herrenmacht mittels geregelter Teilung der Herrengewalten verbindlich ein. Diese ›Rechtsstaatlichkeit‹ ist freilich nicht auf objektive Rechtsordnungen, sondern auf ›subjektive‹ Rechte, auf Privilegien, gegründet. Sie schützt die Rechte von Personen und unter Umständen von Verbänden (›Ständestaat‹) sowie die Verteilungsstruktur, die daraus entsteht. Beim Patrimonialismus dagegen ist das Eigenrecht des Herrn gegenüber anderen Herrengewalten gesteigert, und je arbiträrer er ist, desto mehr. Dieses Ei-

genrecht ist zugleich ein ›Durchgriffsrecht‹, das auch vor den wohlerworbenen Rechten anderer und der damit verbundenen Verteilungsstruktur nicht Halt macht, und wiederum gilt: je arbiträrer das Patrimonialgebilde ist, desto mehr. Was Patrimonialismus und Feudalismus gemeinsam haben, ist der Zwang der Zentralgewalt, sich mit anderen Herrengewalten zu arrangieren. Denn beides sind Territorialherrschaften, die neben internen externe Herrschaftsbeziehungen regeln müssen, neben dem patrimonialen den extrapatrimonialen Bereich. Doch sie unterscheiden sich danach, *wie* sie diese Beziehungen regeln. Und daraus folgt: Ein Gebilde kann offenbar nicht zugleich sultanistisch und feudalistisch sein.

Nun könnte sich diese Unentschiedenheit der Bezeichnung einfach werkgeschichtlich klären. Weber schrieb bekanntlich zwei Fassungen der Herrschaftssoziologie für den *Grundriß*, die zweite auf der ersten aufbauend, aber gedanklich straffer und begrifflich präziser gefaßt. Tatsächlich wird in der zweiten Fassung das islamische Vorderasien zusammen mit der Mogulherrschaft dem fiskalisch bedingten Pfründenfeudalismus zugeordnet, nicht aber dem Sultanismus, der zwar auch hier, wie schon in der ersten Fassung, im Zusammenhang mit dem Höchstmaß der Herrengewalt im Patrimonialismus vorkommt, aber nur kurz und als Grenzfall, der historisch ziemlich unwahrscheinlich ist[161]. Doch die Unentschiedenheit könnte auch sachliche Gründe haben. Die islamischen Staatengebilde sind vielleicht doch beides: sultanistisch und pfründenfeudalistisch, je nachdem, worauf man sieht.

Weber behandelt in der ersten Fassung der Herrschaftssoziologie, also in dem Text, der, als Teil des Manuskripts »Die Wirtschaft und die gesellschaftlichen Ordnungen und Mächte«, seine Beschäftigung mit dem Islam am unmittelbarsten spiegelt, den islamischen Feudalismus im Vergleich mit dem okzidentalen. Auch hier geht es ihm wiederum darum zu zeigen, daß der mittelalterliche okzidentale Lehensfeudalismus eine historische Sondergestalt ist, die mit zu den allgemeinen Kulturbedingungen gehört, aus denen heraus der rationale Kapitalismus entstanden ist und unter denen er sich entwickelt hat. Der Vergleich erstreckt sich auf ›Form‹ und ›Geist‹, Struktur und Ethik, gleichermaßen. Gehen wir diesen Vergleich kurz durch.

Beginnen wir mit einer allgemeinen Überlegung. Die Lehensbeziehung ist tatsächlich, verglichen mit der reinen Patrimonialbeziehung, in hohem Maße stereotypiert und verrechtlicht. Sie hat typologisch gesehen einen doppelten Ursprung: einen patrimonialen und einen charismatischen. Der patrimoniale Ursprung hängt damit zusammen, daß eine Herrengewalt einen Verwaltungsstab braucht, um ein Territorium militärisch zu schützen und zu verwalten, und daß dieser ›Verwaltungsstab‹ sich Herrschaftsrechte und ökonomische Chancen appropriieren, also in den Besitz der Militär- und Verwaltungsmittel bringen kann. Der Verwaltungsstab entwickelt also ein Eigenrecht, das er ökonomisch absichert: beneficium. Der charismatische Ursprung hängt damit zusammen, daß der Herr Kriegsheld ist, der Gefolgsleute um sich versammelt, die an sein Heldentum glauben. Es ist eine Beziehung der Hingabe, nicht materieller, sondern rein ideeller Natur. Auch wenn sich diese Beziehung veralltäglicht, bleibt ihr ideeller Charakter erhalten. Es entsteht eine spezifische Treuebeziehung zwischen Herrn und Verwaltungsstab: homagium. In der Lehensbeziehung werden nun beide Komponenten, die materielle und die ideelle, das beneficium und das homagium, miteinander verbunden, und zwar so, daß ein ›rententragendes Herrschaftsrecht‹ gegen eine persönliche Treueverpflichtung ›getauscht‹ wird. Dies geschieht in Gestalt eines Vertrags, der, strenggenommen, ›freie‹ Kontraktparteien verlangt. Ein Lehensmann ist kein patrimonialer Untertan, sondern ein ›Freier‹. Aus solchen Kontraktverhältnissen – »*rententragender* Komplex von Rechten, deren Besitz eine *Herren*-Existenz« ermöglicht, gegen persönliche Gefolgschaftstreue, insbesondere im Krieg – läßt sich ein tiefgegliedertes System entwickeln, eine Lehenshierarchie mit Zwischenschichten. Das ist besonders dort der Fall, wo ein solches System große Territorien überspannt. Doch wichtiger ist: Das Feudalgebilde hat neben der ökonomischen, der materiellen, der ›patrimonialen‹ eine ideelle, eine ethische, eine ›charismatische‹ Seite. Die Herrschaftsbeziehung ist durch einen »hochgespannten Pflichten- und Ehrenkodex« geregelt, durch eine Gesinnung und eine ihr entsprechende Lebensführung, genauer: durch eine ritterliche Lebensführung, überbaut[162].

Die Lehensbeziehung steht also in äußeren und inneren Verhältnissen. Sie verlangt eine besondere Ethik, die feudale Ethik, um die Begriffe Treue und Ehre zentriert. Es ist wichtig, sich klarzumachen, daß diese Ethik mehr ist als bloße Pietätsethik. Der Appell »an ›Ehre‹ und persönlich frei gewährte und gehaltene ›Treue‹« ist für die mit ihr verbundene Lebensführung konstitutiv[163]. Damit verbindet sich ein spezifisches Würdegefühl und eine »Durchtränkung der wichtigsten Lebensbeziehungen mit streng persönlichen Banden«[164]. Weber verweist auf die erzieherische Bedeutung des Spiels für diese ritterliche Lebensführung und auf die Verwandtschaft, die zwischen ihr und der künstlerischen Lebensführung besteht[165]. Auch eine patrimoniale Beziehung etwa in Gestalt einer Pfründenbeziehung hat natürlich eine innere Seite, eine ›Ethik‹. Und auch sie ist auf der Idee der Treue aufgebaut. Aber die ›Pietätstreue‹, deren ›Modell‹ die autoritäre Beziehung zwischen Vater und Kind im ›Haus‹ ist, unterscheidet sich von der ›Vasallentreue‹. Obgleich auch jene ständisch orientiert sein kann, das ›Sein‹ stärker betonend als die ›Funktion‹, fehlt ihr jener aristokratische Grundzug der Vasallentreue, der geboren ist aus der ›spielerischen‹ Gestaltung des Lebens zum Heldentum. Ihr fehlt aber auch die rechtliche Struktur, in der die Lehensbeziehung letztlich gründet: der ›freie‹ Kontrakt.

Ein patrimoniales Herrschaftsgebilde kann also sowohl präbendal wie feudal abgewandelt werden. Um welche Abwandlung es sich handelt, zeigt sich nicht an der ökonomischen Seite, sondern allein an der rechtlichen und ethischen. In beiden Fällen aber kommt es zu einer ständisch-patrimonialen Herrschaft, zu einer Teilung der Herrengewalt durch Appropriation von Herrschaftsrechten und ökonomischen Chancen an die ›Verwaltungsstäbe‹, die nicht länger von den sachlichen Verwaltungsmitteln, seien sie militärischer oder ziviler Natur, getrennt sind. Dieser Gesichtspunkt ist für die Klärung der Strukturfrage zentral. Bekanntlich überträgt Weber dabei die Marxsche These von der Bedeutung der Stellung zu den Produktionsmitteln auf alle Lebensbereiche und auf alle Zeitalter. Nun hat die Teilung der Herrengewalt und die damit verbundene Einschränkung ihres Eigenrechts den Zweck, die gebietsuniversale Herrschaft, die Einheit des Imperiums, aufrechtzuerhalten. Aber gerade durch die Art, wie dieser Zweck erreicht werden soll, wird diese Einheit ständig bedroht. Die relativ verselbständigten Teilgewalten können nämlich zu Gegengewalten werden. Das zwingt die Zentralgewalt zu Gegenmaßnahmen, die die Verselbständigung der ›Verwaltungsstäbe‹ beseitigen oder wenigstens ›zähmen‹ sollen. Dies aber bedeutet: Ausdehnung oder wenigstens ›Sicherung‹ des Eigenrechts der

Zentralgewalt und damit Rückkehr zum Patrimonialismus, dessen extreme Form der Sultanismus ist.
Nach Weber hat der Okzident dieses Zentralproblem aller traditionalen politischen Gebilde, typologisch gesehen, in drei ›Schritten‹ bewältigt: mit Hilfe des Lehensfeudalismus, mit Hilfe des Ständestaats, der eine Art korporative Form des Lehensfeudalismus darstellt, und mit Hilfe eines rational-bürokratischen Patrimonialstaates, der aus dem Ständestaat entstanden ist. Für all diese Formen war ›Rechtsstaatlichkeit‹ charakteristisch, die dann freilich erst im modernen Anstaltsstaat zur ›Vollentwicklung‹ kam. Zum Kern dieser ›Rechtsstaatlichkeit‹ gehörte neben dem Kontraktgedanken der Anstaltsgedanke. Er war nie auf die Sphäre der politischen Territorialgewalt beschränkt, sondern schloß die hierokratische Gewalt, die Kirche, sowie die städtischen Gewalten ein. Ein wichtiger Aspekt der okzidentalen politischen Entwicklung hat deshalb damit zu tun, daß sich hier Territorial*körperschaften* teilweise autonom, teilweise aus dem Lehensfeudalismus heraus bildeten, die untereinander in scharfe Konkurrenz traten, weil sie ›auf eigenen Füßen‹ standen. Das hat die Dezentralisation und den strukturellen Pluralismus begünstigt und eine ›ganze Stufenleiter‹ von rechtlicher und faktischer Selbständigkeit ermöglicht. Das Gravitationszentrum der Macht rückte dabei gewissermaßen auf die intermediäre Ebene, von einer starken Tendenz zur Verrechtlichung der internen und externen Herrschaftsbeziehungen unterstützt[166]. Diese wies schon relativ früh auf rationale Satzung, nicht zuletzt deshalb, weil der Okzident bereits im Mittelalter eine im Vergleich zu anderen Rechtssystemen klare Scheidung von heiligem (kanonischem) und profanem (römischem und germanischem) Recht sowie ein relativ formales heiliges Recht kannte. Die rechtliche Abgrenzung von Kirche und ›Staat‹ wurde zudem seit dem Investiturstreit politisch gestützt[167].
Der Okzident verwendete also seit dem Mittelalter im Grunde weder patrimoniale noch gar sultanistische ›Strategien‹, um das ›Einheitsproblem‹ zu bewältigen. Seine ›Strategie‹ zielte vielmehr auf ständische Gewaltenteilung zwischen strukturell heterogenen Einheiten und auf ihre satzungsmäßige Verrechtlichung. Blickt man unter diesem Gesichtspunkt auf die islamischen Staatengebilde, so fallen vor allem zwei Institute ins Auge: das Kaufsklavenheer und das fiskalisch bedingte Militärpfründentum. Beide hängen mit dem ›kriegerischen‹ Ursprung der islamischen Bewegung

zusammen. Die islamischen Staatengebilde sind in Webers Sicht in erster Linie ›Militärstaaten‹, für deren strukturelle Charakterisierung die Analyse der Heeresverfassung besonders wichtig ist. ›Sklaven zu Pferde‹ – dies, zum System ausgebaut, ist offenbar nur den islamischen Staatengebilden eigentümlich[168]. Freilich, dies muß man gleich betonen, das System hat keine Grundlage im Islam[169]. Aber es hat Bedeutung für das Verständnis der äußeren Widerstände dieser Staaten gegen rationalen Kapitalismus, wie sich gleich zeigen wird. Zunächst: Das System scheint bereits im frühen 9. Jahrhundert entstanden[170]. Jedenfalls bestimmt es die Struktur der politischen Herrschaft zur Abbasidenzeit. Wie Weber beobachtet: »Die Abbâsiden machten sich durch den Ankauf und die militärische Ausbildung türkischer Sklaven, welche, stammfremd, mit ihrer ganzen Existenz an die Herrschaft des Herrn geknüpft schienen, vom nationalen Heerbann und seiner im Frieden lockeren Disziplin unabhängig, und schufen sich eine disziplinierte Truppe.«[171] Der nationale Heerbann, das war der Heerbann der arabischen Stämme, denen die islamische Welteroberung gelungen war. Die Glaubenskämpfer hatten sich, durch die religiöse Ethik mit geprägt, bewährt als ›Helden‹ bei der Eroberung immer neuer Gebiete und Völker. Doch mit der Befriedung war es mit der Disziplin, aber auch mit der Einheit der Stämme vorbei. An ihnen vollzog sich jener beschriebene Zyklus von selbstvergessener Opferbereitschaft und ›Verbürgerlichung‹ im Übergang von der außeralltäglichen Situation der Kriege zur alltäglichen Situation des Friedens. Deshalb waren sie kein geeigneter ›Verwaltungsstab‹ für die Sicherung der zentralen Herrschaft in einem Imperium. Durch den Aufbau einer Kaufsklaventruppe aus Stammfremden schuf sich die Zentralgewalt ein Instrument, um sich aus der Abhängigkeit der Stämme, vor allem aus dem Sog ihrer zentrifugalen, antizentralistischen Tendenzen, zu lösen. Der Verwaltungsstab wurde extrapatrimonial rekrutiert und patrimonial, ja sultanistisch eingesetzt. Das verhinderte zwar nicht den Zerfall des Imperiums. Schon unter den Abbasiden im 9. Jahrhundert kam es dazu. Aber das Militärsklavensystem blieb ein mächtiges Instrument zur Wiederherstellung der Einheit nach Perioden des Zerfalls in Teilreiche. Dies freilich vor allem deshalb, weil der Islam als Religion die Einheitsidee lebendig hielt: »Die religiös bedingte Einheit des islamischen Khalifats hinderte nicht den Zerfall des rein weltlichen Sultanats, welches in den

Händen der Sklavengenerale entstand, in Teilreiche. Aber die Einheit der disziplinierten Sklavenheere wirkte hier in der Richtung der Erhaltung der Einheit der einmal konstituierten Throne: die Teilung ist im islamischen Orient schon deshalb niemals heimisch geworden.«[172]

Eine große Sklaventruppe, die extrapatrimonial rekrutiert und sultanistisch eingesetzt wird, deshalb auch von jeder Art ziviler Arbeit befreit sein muß, kann nicht aus dem Haushalt des Herrn verpflegt werden. Dafür bedarf es anderer Regelungen. Carl Heinrich Becker vertrat in diesem Zusammenhang in einem Aufsatz, der auf Weber offensichtlich großen Eindruck machte, die These, das orientalische Lehenswesen, dessen entscheidende Entwicklung er in die Zeit der Kreuzzüge verlegte, sei aus der Steuerpacht entstanden. Die Sklavengeneräle hätten zunehmend als Steuereintreiber auf eigene Rechnung fungiert. Zusätzlich zur Entlöhnung für Militärdienst seien sie zunächst mit Besteuerungseinheiten belehnt gewesen, für die sie gegenüber der Zentralgewalt als Steuergaranten auftraten. Dann hätten sie, gegen Wegfall der Entlöhnung, zusätzlich zum Unternehmergewinn aus Steuereintreibung die Steuer selbst appropriiert. Daß es hier überhaupt eine in ›Geldleistung‹ gefaßte Regelung gab, hänge mit einer relativ hochentwickelten Geldwirtschaft zusammen. Das okzidentale Lehenswesen sei dagegen zunächst naturalwirtschaftlich unterbaut[173]. Weber übernimmt diesen Gedanken, verbindet ihn aber sofort mit einem anderen: »Die außerordentliche Rechtsunsicherheit der steuerzahlenden Bevölkerung gegenüber der Willkür der Truppen, denen ihre Steuerkraft verpfändet war, konnte den Verkehr und damit die Geldwirtschaft unterbinden, und tatsächlich ist der Rückgang oder Stillstand der Verkehrswirtschaft im Orient seit der Seldschukenzeit in sehr starkem Maß durch diese Umstände bedingt gewesen«[174].

Die beiden Institute, das Militärsklavensystem und das Militärlehen zu fiskalischen Zwecken, erweitern also, verglichen mit dem okzidentalen Lehensfeudalismus, den Bereich der Willkür. Sie vermindern die Berechenbarkeit des ›Verwaltungsgangs‹. Dies hat nach Weber eine interessante ökonomische Folge: die künstliche Immobilisierung von Vermögen insbesondere durch fromme Stiftungen, um es dem Zugriff der patrimonialen Willkür zu entziehen. Wiederum Becker folgend, sieht Weber in der Überführung von Vermögen in »Wakufgebundenheit« (Waqf) eine Reaktion

auf die Unberechenbarkeit der patrimonialen Herrschaft, die geeignet ist, »das Gebiet sakralrechtlicher Gebundenheit zu verstärken«[175]. Sie ist freilich auch geeignet, Vermögen von möglicher erwerbskapitalistischer Verwendung abzuziehen. Weber sieht die Funktion dieses Instituts ähnlich der des Fideikommisses. Dessen Förderung insbesondere in Preußen hat er ja wegen seiner ›antikapitalistischen Konsequenzen‹ aufs heftigste bekämpft[176].
Doch das Militärlehen zu fiskalischen Zwecken ist strenggenommen nicht Lehen. Schon Becker hatte darauf hingewiesen, daß hier zwar ein beneficium vorliegt, aber kein feudum, weil das homagium, die Vasallität, fehlt. Ursprünglich war die Vergabe des beneficiums überhaupt nicht an Militärdienst gebunden. Das Militär drängte sich vielmehr, so Becker, »nachträglich und mißbräuchlich in das bestehende Benefizialwesen« hinein[177]. Diese Grundkonstellation zeigt sich an der Ethik und der mit ihr verbundenen Lebensführung. Anders als im okzidentalen Lehensfeudalismus, läßt dieser ›Unterbau‹ letztlich keine feudale Ethik mit ritterlicher Lebensführung zu. Nur in Phasen des Glaubenskampfes entsteht ein Glaubensrittertum, das sich dem okzidentalen Rittertum, freilich ohne dessen Spielcharakter, nähert. Wie Weber feststellt: »In der Kreuzzugszeit hat der orientalische präbendale Feudalismus ein ritterliches Standesgefühl getragen, im ganzen aber ist seine Eigenart durch den patriarchalen Charakter der Herrschaft bestimmt geblieben.«[178]
Weber identifiziert also drei Vergleichspunkte zwischen orientalischem, islamischem Pfründenfeudalismus und okzidentalem Lehensfeudalismus, die zugleich Differenzpunkte darstellen: die ökonomische Grundlage der Militärverfassung; ihren ›Träger‹; und die Gesinnung, die Ethik, die diese ›Struktur‹ überspannt. Die ökonomische Grundlage ist dort Pfründe, die ursprünglich usurpiert ist, hier Lehen, das ursprünglich kontrahiert ist. Die Pfründe wird rein fiskalisch verwertet. Das Interesse gilt also nicht dem Boden, sondern nur der Steuer, genauer: der Geldsteuer. Daß diese Orientierung an Geld vorherrschen kann, hängt mit einer im Vergleich zum Okzident höher entwickelten Geldwirtschaft zusammen. Becker weist darauf hin, daß sich diese unter anderem an der intensiven Ausbildung des Kommandit- und Genossenschaftswesens sowie am Gebrauch von Scheck und Wechsel im staatlichen Rechnungswesen wie im Handel zeigt[179].
Die ›Träger‹ sind dort Kaufsklaven, hier ›Freie‹. Das Kaufskla-

venheer ist ein diszipliniertes Massenheer, das Lehensheer ein auf individuellen Heldenkampf abgestelltes Ritterheer. Das Kaufsklavenheer trägt eher plebejische, das Ritterheer aristokratische Züge. Freilich: Auch das Kaufsklavenheer kann sich, wenn es hinreichend mit der islamischen Vorstellungswelt durchtränkt ist, aufschwingen zum Glaubensritterheer[180]. Aber es bleibt eine Differenz in der Ethik und der damit verbundenen Lebensführung. Sie ist dort letztlich Pietätsethik, hier Feudalethik. Der orientalische Feudalismus ist nicht, wie der okzidentale und wie beispielsweise der japanische, Gefolgschaftsfeudalismus. Weber konstruiert folgende Typologie: Dem orientalischen Feudalismus fehlt die Gefolgschaftstreue, dem japanischen Feudalismus die patrimoniale Unterlage, nur der okzidentale Feudalismus kombiniert beides, und dies macht seine historische Eigenart aus[181].

Der orientalische Pfründenfeudalismus ist also weniger stereotypiert als der okzidentale Lehensfeudalismus. Er ist auch weniger dezentralisiert. Ihm fehlt ferner der Kontraktgedanke im okzidentalen Sinne und der Anstaltsbegriff. Die Kombination beider ist für die Entwicklung des okzidentalen Lehensfeudalismus zum Ständestaat wichtig. Dies führt zu Unterschieden in der Art, insbesondere: in der Berechenbarkeit, des Verwaltungshandelns. Aber sind diese Unterschiede erheblich, wenn es um die Beantwortung der Frage geht, ob und wie die ›Form‹ und der ›Geist‹ politischer Herrschaft die Entwicklungschancen des rationalen Kapitalismus beeinflussen? Und in der Tat: Ob mehr oder weniger arbiträrer Patrimonialismus, ob präbendaler, gefolgschaftlicher oder lehensmäßiger Feudalismus, entziehen sie nicht alle dem Industriekapitalismus den Nährboden? Denn es geht ja um die Entwicklungschancen von Produktionskapital, nicht von Handelskapital. Handelskapital, das betont Weber immer wieder, kann sich »überhaupt unter fast allen denkbaren Bedingungen der Herrschaftsstruktur, wenn auch in verschiedenem Umfang«, bilden[182]. Und auch der Gewerbebetrieb als Erwerbsbetrieb kommt unter den Bedingungen traditionaler politischer Herrschaft in mehr oder weniger großer Häufung immer wieder vor. Aber es geht nicht um das Handelskapital oder um subsidiäre Formen erwerbswirtschaftlicher Bedarfsdeckung, es geht um das kapitalistische Wirtschafts*system*. Es geht um die Entwicklungschancen für ein neues Strukturprinzip der Wirtschaft: um die Deckung der Alltagsbedürfnisse auf erwerbskapitalistischem Weg[183]. Es geht um die Ablösung des Haushaltsprinzips durch das Erwerbsprinzip, um die Ersetzung einer traditionsfreundlichen durch eine enorm traditionsfeindliche Macht[184].

Tatsächlich wäre es in meinen Augen ein Fehler, wollte man Webers vergleichende Analyse gleichsam für eine direkte Erklärung der äußeren Begünstigung des rationalen Kapitalismus im Okzident in Anspruch nehmen. Unter traditionalen Rahmenbedingungen sind Verwaltung, Besteuerung und, wie noch zu zeigen ist, Rechtspflege *nirgends* so geregelt, daß sie der für die Bildung und Verwertung von Erwerbskapital unerläßlichen Berechenbarkeit hoheitlichen Handelns genügen. Mehr noch: Die feudale Ethik, die im Okzident im Vergleich zum islamischen Orient so hoch entwickelt ist, kann wie alle ständische Ethik als eine antikapitalistische Macht par excellence gelten. Es gibt nichts, was einer kapitalistischen Geschäftsmoral, einer an Funktionen anknüpfenden Berufsethik ferner stünde als diese aller zweckrationalen Orientierung zutiefst feindliche ›Heldenmoral‹[185]. Freilich können ›Form‹ und ›Geist‹ traditionaler politischer Herrschaft so beschaffen sein, daß sie, unter Hinzutreten zusätzlicher Bedingungen, sich auf Berechenbarkeit hoheitlichen Handelns hin entwickeln. Dies aber war, und darin sehe ich Webers zweite Hauptthese, nur im Okzident, weder im islamischen Orient noch in einem anderen der von Weltreligionen mitgeprägten Kulturkreise, der Fall. Der okzidentale Lehensfeudalismus enthält zum Beispiel zwei dieser ›entwicklungsfähigen‹ Elemente, die dem orientalischen Pfründenfeudalismus fehlen: die Dezentralisation der politischen Herrschaft mittels einer ›Lehenshierarchie‹, einer Form ständischer Gewaltenteilung, die eine vom Kompromiß diktierte kalkulierbare Lastenverteilung ermöglicht[186], sowie den Lehenskontrakt. Beides hat die weitere okzidentale politische Entwicklung mit beeinflußt. Ansonsten aber steht der okzidentale Lehensfeudalismus zum rationalen Kapitalismus nicht anders als die traditionale politische Herrschaft insgesamt. Diese begünstigt politisch orientierten, aber nicht ökonomisch orientierten Kapitalismus. Die Ausnahme von dieser Regel hat Weber in der zweiten Fassung der Herrschaftssoziologie, auch hier aufbauend auf der ersten, besonders prägnant formuliert: »Grundsätzlich anders steht es *nur* da, wo der Patrimonialherr im eigenen Macht- und Finanzinteresse zu *rationaler* Verwaltung mit *Fach*beamtentum greift. Dazu ist 1. die *Existenz* von Fach*schulung*, – 2. ein hinlänglich starkes Motiv, in aller Regel: scharfe *Konkurrenz mehrerer* patrimonialer *Teilgewalten* innerhalb des gleichen *Kulturkreises*, – 3. ein sehr besondersartiges Moment: die Einbeziehung *städtischer* Gemeindeverbände als Stütze der *Finanz*macht in die konkurrierenden Patrimonialgewalten erforderlich.«[187]

Im Islam, so kann man die bisherige Analyse der äußeren Verhältnisse auch zusammenfassen, ist das zweite Moment nur schwach entwickelt. Es gibt zwar den islamischen Kulturkreis und den politischen Zyklus von Einheit und Zerfall, aber weder den Dauerkonflikt zwischen relativ selbständigen Territorialherrschaften noch die scharfe Konkurrenz mehrerer Teilgewalten im Rahmen einer rechtlich überformten ständischen Gewaltenteilung wie im Okzident. Dies gilt sowohl für das Verhältnis des ›Herrn‹ zu den ›Verwaltungsstäben‹ wie für das Verhältnis von politischer und hierokratischer Herrschaft. Das erste ist trotz der Verselbständigungstendenzen, die natürlich auch dem Pfründenfeudalismus innewohnen, zentralistisch und darin konkurrenzmindernd, das zweite ist zwar konflikthaft, doch fehlt dem Islam die Kirche als bürokratischer Machtapparat[188]. Das erste und das dritte Moment aber geben Hinweise auf weitere Vergleichspunkte als mögliche Differenzpunkte. Ihnen wende ich mich zum Abschluß zu.

Ich beginne mit dem dritten, der Rolle städtischer Gemeindeverbände. Wie im Falle des Feudalismus, so verfährt Weber auch im Falle der Stadt. Er stellt die okzidentale Stadt, genauer: die mittelalterliche nordeuropäische kontinentale Binnenstadt der orientalischen Stadt typologisch vergleichend gegenüber. Und interessanterweise dient ihm dabei Mekka zur Zeit Mohammeds und später als Beispiel einer orientalischen Stadt[189].

Ich kann an dieser Stelle Webers vergleichende Analyse der Stadt, die für seine Erklärung der Entstehung und der Entwicklung des rationalen Kapitalismus im Okzident von zentraler Bedeutung ist, nicht vollständig darstellen[190]. Ich greife nur die in unserem Zusammenhang wichtigen Überlegungen heraus. In erster Linie geht es um die Frage, weshalb in Webers Sicht die orientalische Stadt die Entwicklungschancen des rationalen Kapitalismus eher obstruiert als begünstigt, und dies, obgleich auch orientalische Städte in der Regel Marktorte sind, an denen sich Handel und Gewerbe ansiedeln, obgleich auch sie Kaufmannsgilden und Handwerkerzünfte mit autonomen ›Satzungen‹ beherbergen, obgleich auch sie einen Schutzherrn oder einen Stadtherrn haben und ihre soziale Schichtung von der außerstädtischen abweicht, obgleich auch sie, besonders unter islamischem Einfluß, Religionsverbände kennen, denen die gläubigen Stadtsassen angehören, und zwar unabhängig von ihrer sozialen Stellung im Stadtverband.

Weber klassifiziert Städte unter anderem danach, welche soziale Schicht in ihnen herrscht (Geschlechterstadt, auch Patrizier- und Fürstenstadt versus Plebejerstadt), welche ökonomische Funktion sie primär erfüllen (Konsumentenstadt, auch Rentnerstadt versus Produzentenstadt, auch Gewerbe- und Handelsstadt), welche geographische Lage sie haben und, damit zusammenhängend, welche Transportwege und -mittel sie bevorzugen (Seestadt versus Binnenstadt) und welche primäre Orientierung sie besitzen (politisch orientierte Stadt versus ökonomisch orientierte Stadt). So sind zum Beispiel viele Städte der okzidentalen Antike Geschlechter-, Konsumenten-, See- und politisch orientierte Städte, viele Städte des okzidentalen Mittelalters dagegen Plebejer-, Produzenten-, Binnen- und ökonomisch orientierte Städte. Auf diese Weise ließe sich auch die orientalische Stadt klassifizieren. Sie stünde dann der Stadt der okzidentalen Antike näher als der Stadt des mittelalterlichen Okzidents. Aber man sieht schnell, daß dieses Vorgehen nicht sehr weit führt. Und in der Tat: Weber setzt seinen Vergleich tiefer an.

Weber trennt zunächst scharf den ökonomischen Stadtbegriff vom politisch-administrativen und rechtlichen. Eine Stadt im politisch-administrativen und rechtlichen Sinne muß nicht auch im ökonomischen Sinne eine Stadt sein[191]. Mehr noch: Unter rein ökonomischen Gesichtspunkten ist es mitunter schwierig, zwischen Stadt und Dorf sauber zu trennen. Beide können Stätten sein, an denen Händler und Gewerbetreibende zusammen siedeln, beide können einen Markt zur Deckung der Alltagsbedürfnisse haben, beide können als Wirtschaftsverbände mit Grundbesitz, Einnahmen- und Ausgabenwirtschaft und als wirtschaftsregulierende Verbände auftreten. Aber auch unter politisch-administrativen Gesichtspunkten fällt die Abgrenzung nicht immer leicht. Dörfer können wie Städte ein eigenes Gebiet, eine eigene Obrigkeit, selbst eine Befestigung besitzen oder zu einer Festung mit Garnison gehören, und beide sind darüber hinaus, das Dorf immer, die Stadt in der Regel, Teil eines weiteren politischen Verbandes. Eines allerdings haben Dörfer nicht entwickelt: eine politische, administrative, militärische und rechtliche Autonomie und Autokephalie. Freilich: Dies taten auch nicht alle Städte. Eine Stadt mit vollentwickelter Autonomie und Autokephalie ist ein historischer Sonderfall. Derjenige, der Weber besonders interessiert, gehört ins okzidentale Mittelalter und gibt bloß ein »historisches Intermezzo«[192]. Man sieht, daß er auch hier seine vergleichende Analyse vom okzidentalen Sonderfall her aufrollt und daß er daran die Vergleichspunkte gewinnt, unter die er die Analyse der islamischen Städte stellt.

Stadtautonomie und -autokephalie ist allerdings zunächst noch eine Charakterisierung ohne spezifischen Inhalt. Beide gelten auch für manche der antiken Poleis, insbesondere für jene, die zum Ausgangspunkt »großer Machtschöpfungen« geworden sind[193]. Wichtig ist also nicht die Autonomie und Autokephalie als solche, sondern die Art, wie sie legitimiert und organisiert ist, kurz: welches Strukturprinzip der Herrschaft ihr zugrunde liegt. Die Stadt, die Weber unter diesem Gesichtspunkt besonders interessiert, ist die anstaltsmäßig organisierte Stadtgemeinde. Die Erfindung und Durchsetzung dieses Strukturprinzips war eine »*revolutionäre* Neuerung der mittelalterlichen-okzidentalen gegenüber allen anderen Städten«[194]. Das Neue zeigt sich unter anderem daran, daß dieses Strukturprinzip die präbendal oder feudal appropriierten grundherrlichen, kirchlichen und städtischen Herrengewalten durchbricht. Wegen dieses usurpatorischen Moments der mittelalterlichen okzidentalen Stadtentwicklung hat Weber seine Analyse der Stadt im Manuskript »Die Wirtschaft und die gesellschaftlichen Ordnungen und Mächte« unter den Titel »Die nichtlegitime Herrschaft. Typologie der Städte« gestellt. Das darf man nun nicht so verstehen, als sei Stadtherrschaft im allgemeinen und die des mittelalterlichen Okzidents im besonderen immer nichtlegitime Herrschaft. Dieser Titel verweist vielmehr auf zwei Sachverhalte: daß Webers vergleichende Stadtanalyse um den okzidentalen Sonderfall organisiert ist und daß in seiner Sicht hier, und nur hier, dieses neue Strukturprinzip in einer historisch folgenreichen Weise zum Durchbruch kam. Dieser Durchbruch ging in den wenigsten Fällen als bewußt illegitimer und revolutionärer Akt vonstatten[195]. In der Mehrzahl der Fälle ist die Usurpation sukzessive oder überhaupt nicht erfolgt. Und vor allem sind die meisten Städte aus völlig anderen Motiven heraus entstanden. Die Usurpationstheorie ist keine Entstehungstheorie der mittelalterlichen Stadt. Auch konnten nur wenige mittelalterliche Städte die Autonomie voll erreichen, und denen, denen dies gelang, wurde sie bald wieder eingeschränkt. Aber das Intermezzo genügte, um drei für die spätere kapitalistische Entwicklung wichtige historische ›Vorbedingungen‹ zu schaffen: das ›demokratische‹ Legitimationsprinzip oder die Legitimation der Herrschaft aus dem Willen der Beherrschten, das Organisationsprinzip der anstaltsmäßig verfaßten Stadtgemeinde und das erwerbsorientierte Stadtbürgertum[196].

Die mittelalterliche Stadt des Okzidents hat also in Webers Sicht eine »entwicklungsgeschichtliche Sonderstellung«. Diese läßt sich nur begreifen, wenn man »die Gesamtstellung der Stadt innerhalb der mittelalterlichen *politischen* und ständischen Verbände« ins Auge faßt[197]. So wichtig die ökonomische Seite dabei ist, so wenig darf sich die Analyse darauf beschränken. Sie muß vielmehr die politische, die herrschaftliche Seite mit berücksichtigen, und zwar wieder gegliedert nach ›Form‹ und ›Geist‹. Es ist kein Zufall, daß Weber die vergleichende Analyse der Stadt nicht der Wirtschaftssoziologie, sondern der Herrschaftssoziologie zuweist. Es geht auch hier in erster Linie um politische Herrschaft und um die Frage, in welchem Verhältnis sie zur Wirtschaft steht.

Die mittelalterliche Stadt des Okzidents ist also in ihrer ›Vollentwicklung‹ ein aus dem Willen der Beherrschten legitimierter und anstaltsmäßig organisierter Gemeindeverband mit politisch ›revolutionären‹ und ökonomisch erwerbsorientierten vornehmen oder ›plebejischen‹, aufstiegsorientierten Bürgern. Ein solches Gebilde fehlt trotz gewisser Verbindungslinien zwischen antiker und mittelalterlicher Demokratie in der okzidentalen Antike, es fehlt aber erst recht in der islamischen Staatenwelt. Hier ist es bei der Stadtentwicklung weder zu einer Durchbrechung des patrimonialen Herrenrechts noch zur Bildung von Stadtgemeinden als Bürgergemeinden gekommen, mit politisch-administrativer und rechtlicher, unter Umständen auch militärischer Selbständigkeit nach außen und mit Verbrüderung nach innen, die nicht mehr an außer- und ›vor‹städtisch konstituierte Verbände anknüpft, sondern an einen ›frei‹ konstituierten Bürgerverband, dem man als einzelner beitritt und der insofern auf der Idee der Rechtsgleichheit beruht. Denn dies ist ja für die vollentwickelte mittelalterliche okzidentale Stadt entscheidend: daß sie das tradierte Personalprinzip durch das Anstaltsprinzip und damit den tradierten Herren- oder Untertanenstatus durch den Mitgliedschaftsstatus ersetzt. Diese Rechtsentwicklung findet hier eine Stütze in religiösen Überzeugungen. Denn diese profane Rechtsgleichheit wird durch die sakrale Rechtsgleichheit, durch die christliche Abendmahlsgemeinschaft, gleichsam symbolisch unterbaut[198]. Das heißt natürlich nicht, daß das ›Landrecht‹ im ›Stadtrecht‹ nicht fortwirkte, noch, daß diese Rechtsgleichheit mit ständischer Gliederung unverträglich wäre. Es heißt aber sehr wohl, daß die Stadtgemeinde als Anstalt die persönliche Rechtslage des Stadtbürgers gegenüber der des Landmanns radikal ändert[199] und daß die Verbrüderung der Stadtbürger *über* der Verbrüderung der Verwandten, der Nachbarn, der Berufsgenossen, daß die Solidarität mit dem städtischen Gesamtverband *über* der Solidarität mit den diesen Gesamtverband zwar gliedernden, aber nicht konstituierenden Teilverbänden steht.

Diese ›entwicklungsgeschichtliche Sonderstellung‹ des mittelalterlichen okzidentalen Stadtgebildes wird unter anderem im Vergleich mit arabischen Städten, insbesondere mit Mekka, deutlich. Weber folgt hier der Beschreibung von Snouck-Hurgonjes, der schon vor der Jahrhundertwende dieser Stadt eine Studie widmete[200]. Wie bereits ausgeführt, ist Mekka zur Zeit Mohammeds eine Art Geschlechterstadt, genauer: eine »Geschlechtersiedlung«[201], Vorort eines ländlichen Bezirks, von diesem rechtlich nicht geschieden. Dies blieb im wesentlichen auch so. Und weiter blieb: die Gliederung nach Gentilsverbänden, nach Stämmen und Clans, die schon zur Zeit Mohammeds die Träger der Wehrfähigkeit und der Wehrhaftigkeit waren. Gewiß: Daneben existierten andere Verbände, zum Beispiel Zünfte. Aber sie erlangten niemals das ›Stadtregiment‹. Dies nicht zuletzt deshalb, weil die miteinander konkurrierenden stadtsässigen Geschlechter sich später ebenfalls des Instituts der Kaufsklaven bedienten, in diesem Falle der Negertruppe, die hier sogar eine »ganz persönlich an den Herrn und seine Familie gekettete Truppe« war[202]. Wohl diente die arabische Stadt mächtigen ökonomischen Interessenten als Sitz, die auch weit über das Stadtgebiet hinaus wirkten. Aber sie war kein Gemeindeverband. Die religiöse Gemeinschaft, die Umma, hätte zwar die Entwicklung dazu nicht gehindert. Aber sie allein blieb zu schwach, um die Bedeutung der Stammes- und Clangebundenheit für die politische Herrschaft auf der Ebene der

Stadt oder darüber hinaus zu brechen. Dafür fehlte schon das entscheidende Rechtsinstitut – der Korporations- und Anstaltsbegriff.

Die Stadtherrschaft ist also in den islamischen Staaten die Verlängerung der Territorialherrschaft. Für beide wurden dieselben Legitimations- und Organisationsprinzipien benutzt. Eine Stadtverbrüderung und eine damit verbundene Stadtgemeinde wurde hier allerdings nicht, wie in China und teilweise in Indien, von der *magischen* Verklammerung der Sippen verhindert. Diese hatte der Islam gesprengt. Obstruierend wirkten vielmehr die Militärverfassung, der damit verbundene Pfründenfeudalismus und das Militärpfründentum: Sein ›Zentralismus‹ unterband eine autonome Stadtentwicklung und damit auch die Entwicklung eines Stadtbürgertums mit erwerbskapitalistischer Orientierung. Weber formuliert den allgemeinen Satz: »Je einheitlicher daher ein politischer Verband organisiert war, desto weniger entfaltete sich die politische Autonomie der Städte.«[203]

Weber spricht von der »eigentümlichen Anarchie der Stadt Mekka«. Aber er fügt hinzu, daß diese ›Anarchie‹ kein Spezifikum der islamischen oder der arabischen Städte sei. Es ist vielmehr ein Zustand, wie er sich überall in der Welt findet, auch in der okzidentalen Antike, ja selbst in der mittelalterlichen, insbesondere in der südeuropäischen okzidentalen Stadt. Die ›Anarchie‹ besteht darin, daß sich hier »massenhafte Herrschaftsansprüche« treffen und, »einander kreuzend, nebeneinander« herlaufen[204]. Die Stadt ist zwar im Vergleich zum Land vielleicht ein günstigerer Sitz für die Verfolgung ökonomischer Interessen, aber deshalb noch keine eigenständige Sozialorganisation. Im Okzident aber ist sie, beginnend in der Antike, dazu geworden, ähnlich wie später die Kirche. Daß beide, der anstaltsmäßig organisierte Stadtverband und der anstaltsmäßig organisierte Kirchenverband, im Orient nicht entwickelt wurden, hat zur Folge, daß den islamischen Staatengebilden, dem islamischen Patrimonialismus, keine Gegenkräfte ›anderer Art‹ entstanden sind. Gewiß: Der islamische Patrimonialismus kämpfte ständig gegen den Zerfall der Einheit. Aber der Zerfall brachte nur immer wieder dieselben Strukturen und Orientierungen hervor. Die Einheit gliederte sich in ähnliche Einheiten und zerfiel in ähnliche Einheiten. Die Strukturheterogenität, der strukturelle Pluralismus, der den mittelalterlichen Okzident auszeichnet, fehlt. Damit aber fehlen

auch die daraus hervorgegangenen historischen ›Vorbedingungen‹ für Entstehung und Entwicklung eines rationalen Kapitalismus. Anders als im Okzident war deshalb die Gesamtkonstellation politischer Herrschaft nach ›Form‹ und ›Geist‹ in den islamischen Staatengebilden den Entwicklungschancen des rationalen Industriekapitalismus letztlich hinderlich.
Dazu trug noch ein weiteres Moment bei, die Rechtsentwicklung. Sie hängt eng mit der Art der Schulung und des Wissens zusammen, die für die Herrschaftsausübung, für die ›Verwaltung‹, als die jede Herrschaft letztlich funktioniert, von großer Bedeutung ist. Weber hatte ja an der oben mitgeteilten Stelle betont, daß eine Ausnahme von der Regelwirkung traditionaler politischer Herrschaft nur dort zu erwarten sei, wo ein Patrimonialherr um seiner eigenen Macht- und Finanzinteressen willen zu rationaler Verwaltung mit Fachbeamten greift. Dieser Verwaltungsstab muß technisch, kaufmännisch und juristisch geschult sowie an einer ›Funktionsethik‹, einer Berufsethik als ›Leistungsethik‹, orientiert sein[205]. Ein solchermaßen ›profanisierter‹ Verwaltungsstab stand im Okzident, nicht zuletzt aufgrund des »relativ klaren Dualismus« von heiligem und profanem Recht und der ›eigengesetzlichen‹ Entwicklungen dieser beiden Rechte[206], schon früh zur Verfügung. Dieser Dualismus wirkte sich auch auf die zunächst unter kirchlichem Einfluß stehende Universitätsentwicklung aus. Auf dieses Potential konnte der okzidentale Patrimonialstaat nach Beschneidung der Stadtautonomie und der Macht der Ständekorporationen im Zeitalter der absoluten Fürstenmacht zurückgreifen und es für sein fiskalisch bedingtes Bündnis mit den durch die Stadtentwicklung gestützten bürgerlichen kapitalistischen Interessen nutzen[207]. Dieses Potential existierte – so Weber – in den islamischen Staatengebilden nicht im selben Maß. Gewiß, auch der Islam kennt wie China Universitäten, die denen des Okzidents ähneln: »Aber rationalen und systematischen Fachbetrieb der Wissenschaft: das eingeschulte *Fachmenschentum*, gab es in irgendeinem an seine heutige kulturbeherrschende Bedeutung heranreichenden Sinn nur im Okzident.«[208] Dies führt zu unserer letzten Frage: Warum nicht im Islam?
Wie bereits gesagt, fehlt bei Weber eine zusammenhängende vergleichende Analyse der Wissenschafts- und Universitätsentwicklung. Zwar finden sich immer wieder Bemerkungen über Erziehung und Erziehungsinstitutionen, doch dem theoretischen An-

spruch, den sein Ansatz in dieser Hinsicht stellt, genügen sie nur sehr begrenzt[209]. Der Text, der diesem Anspruch am nächsten kommt, ist die vergleichende Analyse des Rechts und der Rechtsentwicklung. Dort geht Weber unter anderem auf die Typen des Rechts sowie des Rechtsdenkens und auf seine Träger ein. Dies erfordert auch eine kurze Charakterisierung der Rechtsschulung. Dabei bezieht er alle ihn interessierenden Kulturkreise, den chinesischen, den indischen, den jüdischen, den christlichen und den islamischen, in die Betrachtung mit ein. Soweit es um die frühen Entwicklungsphasen in diesen Kulturkreisen geht, findet das heilige Recht und sein Verhältnis zum profanen besondere Beachtung. Selbst diese spezielle Untersuchung ist wieder um das Problem der okzidentalen Sonderentwicklung zentriert. Denn wie schon mehrfach betont, unterscheidet sich das heilige Recht des Christentums von anderen heiligen Rechten durch seine relativ klare Trennung der heiligen von der profanen Sphäre, und es wirkt damit theokratischen Mischbildungen entgegen: »Das kanonische Recht des *Christentums* nahm gegenüber allen anderen heiligen Rechten eine mindestens graduelle Sonderstellung ein.«[210]

Weber unterscheidet unter anderem drei Arten der Rechtsschulung: die empirisch-praktische, die theoretisch-formale und die theokratische. Die erste erfolgt zum Beispiel in Gestalt der Anwaltsschulung, die zweite in Gestalt von (säkularer) Universitätsschulung, die dritte in Gestalt von Priesterschulung oder von an diese angelehnter Rechtsschulung, wobei eine direkte priesterliche Leitung nicht zu bestehen braucht. Die erste behandelt eine empirisch geltende Ordnung aus der Perspektive ihrer handwerklich-praktischen Probleme, die zweite sucht diese dogmatisch zu bearbeiten, also rechtsimmanent rational zu systematisieren, die dritte dagegen beschränkt sich nicht darauf, sondern greift auf Normen zurück, »welche nur ideale, religiös-ethische Forderungen an die Menschen oder die Rechtsordnung bedeuten«, also gegenüber der empirisch geltenden (profanen) Ordnung auf heterogenen materialen Voraussetzungen beruhen[211]. Diese entstammen heiligen, meist geschlossenen Traditionen. Deshalb wird hier zwar gleichfalls systematisiert, aber, aus der Perspektive der juristischen Dogmatik gesehen, unformal. Dies genau ist das Charakteristikum aller heiligen Rechte, die zwar Produkte rationalisierender Lehre sind, doch einer, die sich nicht rechtsimmanent,

sondern rechtstranszendent orientiert. Die Systematik, zu der diese Lehre gelangt, ist deshalb keine juristisch-formale, sondern eine theologisch-materiale. Denn das Recht dient nicht in erster Linie einem profanen, sondern einem heiligen Zweck.
Nach Weber ist das islamische Recht ein heiliges Recht in diesem Sinne. Es ist das Produkt einer spekulativ-rationalen Arbeit von Juristenschulen, »spezifisches ›Juristenrecht‹«[212] auf der Basis von Koran und Sunna und unter Verwendung des Konsensus zwischen den Rechtsgelehrten (Ijma) und der Argumentation mittels Analogie (Itjihad). Die Rechtsbildung lag, so Weber, »in starkem Maße bis heute in der Hand respondierender theologischer Juristen«[213]. Sie sind Spezialisten für das heilige Recht (Mufti), die Auskünfte (Fatwa) über die geltende Lehre erteilen, vom Richter (Qadi) zu unterscheiden, der Recht spricht. Die Rechtsbildner waren zunächst noch Rechtspropheten, dann nur noch Rechtskommentatoren. Der Umschwung kam mit der Schließung der heiligen Tradition, mit der Annahme vom Ende des prophetischen, des charismatischen Zeitalters[214]. Die reine Kasuistik beginnt die Rechtsbildung als Rechtsschöpfung zu ersetzen. Der Auslegungsstreit tritt in den Vordergrund. Die großen Juristen der vier Rechtsschulen sind in Webers Sicht durchaus noch Rechtspropheten. Sie bauen, auf der Basis der heiligen Schrift und der mündlichen Überlieferung, auf der Basis von Koran und Sunna, durch selbständige Interpretation und mittels des tacitus consensus omnium das Recht und die Rechtswissenschaft (Fiqh) in kreativer Weise aus. Doch mit der Schließung der heiligen Tradition versiegt diese charismatische Rechtsquelle. Die Rechtsentwicklung wird immobilisiert. Ein »stereotypiertes Juristenrecht« ist die Folge, ein Juristenrecht zumal, das sich mit allen Mitteln gegen Säkularisierung stemmt[215]. Diese drei Vorgänge, Immobilisierung, Stereotypierung und Abwehr von Säkularisierung, aber stützen sich wechselseitig. Das erlaubt Systematisierung, aber sie ist letztlich nicht juristisch-formal, sondern theologisch-material. Mehr noch: Da das heilige Recht das ›ganze Leben‹ der Muslime regelt, entfernen sich die empirisch geltende und die ideal geforderte Ordnung immer mehr voneinander. Die Folge: die faktische Geltung des heiligen Rechts wird auf »bestimmte fundamentale Institutionen« eingeschränkt, die übrigen Institutionen dem profanen Recht überlassen, einem Recht aber, das »nicht durch Satzungen oder sichere Prinzipien eines rationa-

len Rechts« garantiert ist. Die Kluft zwischen heiligem und profanem Recht wird mittels Schlichen und Kniffen (Hijal) und mittels »strittiger Kasuistik«, also weitgehend opportunistisch, ›überwunden‹[216]. Weber sieht darin ein »Paradigma für die Wirkung heiliger Rechte in eigentlichen prophetisch geschaffenen Buchreligionen«: Das heilige Recht läßt sich weder konsequent durchführen noch beseitigen[217].

Akzeptiert man diese Diagnose, so lassen sich damit drei in unserem Zusammenhang wichtige Überlegungen verbinden. Zum einen ist das heilige Recht eine wirksame Waffe in der Hand derer, die es verwalten. Es ist paradoxerweise eine wirksame Waffe gerade deshalb, weil es in der Praxis nicht wirklich durchgeführt werden kann. Die wirkliche Ordnung entspricht niemals der idealen. Das bringt die Träger der heiligen Rechtstradition in eine kritische Stellung zu den Trägern der faktischen Ordnung, insbesondere zu den politischen Herren. Schon in der Frühphase des Islams waren die Ulema nicht einmal ins Kalifat integriert[218]. Zum anderen ist das heilige Recht ein entscheidendes Hindernis zur Herstellung der inneren und äußeren Rechtseinheit. Es ist es paradoxerweise gerade deshalb, weil sein Geltungsanspruch als eine religiöse Pflichtenlehre für die Muslime zwar unbedingt, sein Geltungsbereich aber auf ein »Standesrecht« eingeschränkt ist[219]. Das führte dazu, wie Weber beobachtet, daß die »Rechtspartikularität« der unterworfenen Völker fortlebte, und zwar »in allen ihren Formen« sowie in prekärer Beziehung zu dem Recht der Muslime, und daß dadurch die Schaffung einer lex terrae unmöglich gemacht war[220]. Schließlich aber ist das heilige Recht auch ein entscheidendes Hindernis zur Herstellung eines berechenbaren Rechtsgangs. Es ist es paradoxerweise deshalb, weil es als eine religiöse Pflichtenlehre, die Recht von Ethik, Ritual und Anstandslehre nicht sondert, darin gerade nicht weit genug ging. Es förderte dadurch faktisch den Dualismus von geistlicher und weltlicher Rechtspflege, ohne aber eine eigengesetzliche, juristisch-formale Systematisierung der profanen Seite zuzulassen. Weder das geistliche noch das weltliche Judizieren folgte einer abstrakten rechtsimmanenten Logik, beides war vielmehr auf materiale Gerechtigkeit, auf konkrete rechtstranszendente Billigkeitsgesichtspunkte abgestellt[221].

Das aber heißt: Weil die Sphärentrennung zwischen heiligem und profanem Recht, geistlicher und weltlicher Rechtspflege faktisch bestand, aber normativ hierarchisiert blieb, und weil die Rechtsbildung des heiligen Rechts von Rechtsschöpfung auf Rechtsauslegung wechselte und sich dadurch immobilisierte, wucherte das profane Recht gleichsam ohne Führung. Weder führte das heilige Recht das profane, noch führte es sich selbst. Keines der beiden Rechte entwickelte sich in Richtung auf juristische Formalisierung, das heilige nicht, weil es in außerrechtlichen Voraussetzungen wurzelte, das profane nicht, weil es unter sakraler Vorherrschaft verblieb. Die islamische Justiz ist, typologisch gesehen, deshalb theokratische und patrimoniale Kadijustiz[222]. Sie ist dies nicht so sehr wegen einzelner Normen, als vielmehr wegen ihres ›Geistes‹. Es ist der an außerrechtlichen Postulaten orientierte ›Geist‹ materialer Gerechtigkeit. Diesem ›Geist‹ entspricht der Träger. Es sind keine ›profanisierten‹ Fachmenschen, sondern Militärpfründner und Patrimonialbeamte mit profaner Standesethik einerseits, theologische Juristen mit sakraler Standesethik andererseits. Das hat generell eine »logische Systematisierung des Rechts in formale juristische Begriffe« verhindert[223]. Webers Sicht der praktischen Wirkung des islamischen Rechts läßt sich auf diese paradoxe Formel bringen: Weil das islamische heilige Recht sich zunehmend stereotypierte, hat es die geringe Stereotypierung des orientalischen Patrimonialismus nicht gemildert, sondern noch verstärkt.

Die Vergleichspunkte zur okzidentalen Entwicklung sind auch hier wieder Differenzpunkte. Sie seien zum Abschluß noch kurz erwähnt. Von der nicht bloß faktischen, sondern normativ gestützten Differenzierung zwischen heiligem und profanem Recht im Okzident war schon mehrmals die Rede. Natürlich verlangte auch sie ›Brückenkonstruktionen‹ zwischen beiden Sphären. Doch sie wurden nicht, wie im Islam, in erster Linie mittels Schlichen und Kniffen, mittels »Umgehungsgeschäften«, bewerkstelligt[224], sondern mittels eines Naturrechts, das aus stoischer Tradition stammt[225]. Die Sphärentrennung schlug sich auch im Lehrbetrieb nieder: »Im Mittelalter sonderte dann die abendländische Universitätsbildung den Lehrbetrieb der Theologie auf der einen Seite und den des weltlichen Rechts auf der anderen von der kanonischen Rechtslehre und hemmt so die Entstehung theokratischer Mischbildungen, wie sie überall sonst eingetreten sind.«[226] Vor allem aber: Das kanonische Recht wurde in seiner Entwicklung nicht durch die Schließung der heiligen Tradition behindert, und das profane Recht stand schon früh auf eigenen Füßen, sowohl nach Rechtstradition wie nach Trägerschicht. Anders als der Islam, aber auch anders als das Judentum, deren Rechtstraditionen sich ähneln, hat die okzidentale mittelalterliche Kirche sich nie auf die Responsen als den einzigen Weg der Rechtsfortbildung zurückgezogen. Sie »schuf sich in den Konzilien, dem Amtsapparat der Bischöfe und der Kurie und vor allem der päpstlichen Jurisdiktionsgewalt und dem unfehlbaren Lehramt Organe zu rationaler Rechtsschöpfung, wie sie den sämtlichen anderen großen Religionen fehlten«[227]. Der Entwicklung des profanen Rechts aber standen die römische und die germanische Rechtstradition zur Verfügung, und seine Träger waren weder Kleriker, theologische Juristen oder Pfründner, sondern Rechtshonoratioren vom Typus der italienischen Notare, der englischen Anwälte und der »mittelalterlichen empirischen Juristen des nordeuropäischen kontinentalen Okzidents«[228]. Diese autonome profane Rechtsentwicklung war eng mit der mittelalterlichen okzidentalen Stadtentwicklung verbunden. Auch hier zeigt sich wieder, wie wichtig für Webers Analyse der okzidentalen Sonderentwicklung seine These von der strukturellen Heterogenität, des strukturellen Pluralismus der okzidentalen Ordnungskonfiguration ist.

Im Okzident gibt es also relativ eigengesetzliche, autonome Entwicklungen des heiligen und des profanen Rechts, die sich wechselseitig eher begünstigen als hindern. Es sind Entwicklungen, die von charismatischer Rechtsschöpfung und Rechtsfindung wegführen hin zu einer Orientierung an formaler juristischer Technik, wie sie im römischen Recht, das die sakrale und die profane Entwicklung gleichermaßen beeinflußt, vorgezeichnet ist. Das schafft selbst bei den Trägern des heiligen Rechts einen ›Geist‹, der die Ausbildung einer juristisch formalen Rechtslehre fördert. Mehr noch: Das römische und auch das germanische Recht bieten Rechtsinstitutionen, die dem islamischen Rechtskreis völlig fremd geblieben sind. Weber denkt dabei nicht, wie immer wieder behauptet wird, in erster Linie an Institutionen des ›Privatrechts‹, des Geschäftsrechts. Er denkt an solche des ›Öffentlichen Rechts‹. Institutionen des Geschäftsrechts, die dem rationalen Kapitalismus günstig sind, hat gerade der islamische Rechtskreis entwickelt. Sie sind von dort in den Okzident gelangt. Aber was das islamische Recht nicht kennt, ist die Institution der Korporation und der Anstalt. Ich folge hier Joseph Schacht. Dieser schreibt in seiner Darstellung des islamischen Rechts, die sich an Webers Rechtssoziologie anlehnt, seine Behandlung des islamischen Rechts im Detail zwar kritisiert, seine wichtigsten Ergebnisse aber bestätigt: »Der Begriff der juristischen Person, der aus dem Problem der Verbände entsteht ..., ist dem islamischen Recht ebenso wie die korporative Organisation und der Anstaltsbegriff unbekannt. Die einzige von der *Šarīʿa* anerkannte ›Korporation‹ ist der aus der altarabischen Stammesorganisation übernommene blutrechtliche Sippenverband (ʿĀqila), dem in den meisten Fällen die Zahlung des Blutgeldes obliegt«[229].

So wichtig diese Differenzpunkte sind, auch hier gilt, was beim Vergleich des orientalischen Pfründenfeudalismus und des okzidentalen Lehensfeudalismus gesagt wurde: Die Behauptungen von der graduellen Sonderstellung des kanonischen Rechts unter den heiligen Rechten und von der relativ autonomen Entwicklung des profanen Rechts ergeben keine direkte Erklärung der Begünstigung des rationalen Kapitalismus im Okzident. Auch hier handelt es sich allenfalls um entwicklungsfähige Elemente, die freilich in den islamischen Staatengebilden fehlten. Sie steigern zwar, wie Lehensfeudalismus und Ständestaat, die Berechenbarkeit von Verwaltungs- und Rechtsgang, aber dieser bleibt auch hier zunächst traditional bestimmt. *Alle* heiligen Rechte haben wie im Islam die Tendenz, ethische, rechtliche, rituelle und zeremonielle Normen »auf gleicher Linie« zu behandeln, und *alle* haben wie dieser die Autonomie der profanen Rechtsentwicklung eingeschränkt. *Alle* auch waren wie er zu Schlichen und Kniffen genötigt, um normativ gebotene Regelungen faktisch außer Kraft setzen, besser: um ihre Mißachtung tolerieren zu können, so etwa die okzidentale Kirche beim Wucher- und Zinsverbot[230]. Nach Weber haben übrigens nirgends diese ›unpraktischen‹ Einzelregelungen das rational-kapitalistische Wirtschaften verhindert. Entscheidend war immer die Gesamtwirkung eines Normenkomplexes, sein ›Geist‹. Dieser aber war bei allen Hierokratien ähnlich. Wie die traditionale politische Herrschaft, so ist auch die traditionale hierokratische Herrschaft grundsätzlich antikapitalistisch eingestellt. Nicht dem politisch orientierten, wohl aber dem ökonomisch orientierten Kapitalismus gilt die Feindschaft, dem Kapitalismus als einem rationalen unethischen Wirtschaftssystem. Trotz »grundverschiedener Anfänge«, trotz »verschiedener Entwicklungsschicksale« wirken die Kulturreligionen nach Abschluß ihres »charismatischen Heroenzeitalters« auf das wirtschaftliche Leben in ähnlicher Weise: Sie begünstigen das traditionale Wirtschaften, den traditionalen Wirtschaftsgeist sowohl wie die traditionale Wirtschaftsform. Das gilt für den Islam genauso wie beispielsweise für die römisch-katholische Kirche. Die wichtigste Ausnahme von dieser Regel: der asketische Protestantismus mit seinem ›Geist der Versachlichung‹.

Damit ist die Rekonstruktion von Webers Analyse des Islams abgeschlossen. Sie hat sich als ein schwieriges Puzzle herausgestellt. Doch Bausteine zu dem Puzzle ließen sich finden, und sie können so gelegt werden, daß ein Bild in seinen Grundzügen entsteht. Den Leitfaden dafür gab Webers Analyse der okzidentalen Entwicklung. Sie nennt die Vergleichspunkte, die die Analyse des Islams leiten, so wie die der anderen Kulturkreise auch. Diese Vergleichspunkte sind vor allem Differenzpunkte. Sie treten scharf in den Blick, solange der typologisch-vergleichende Gesichtspunkt im Vordergrund steht. Aber die so gewonnenen Differenzpunkte lassen sich auch in ihrer Genese betrachten. Hätte Weber seine geplante Studie über den Islam noch schreiben können, so wäre sicherlich dieser Gesichtspunkt stärker in den Vordergrund gerückt.

Die Rekonstruktion ergab zwei Hauptthesen, die aufeinander verweisen: eine über die Wirkung der islamischen religiösen Ethik und eine über die Wirkung der islamischen politischen Herrschaft und des islamischen Rechts. Die Prüfung der ersten verlangte eine Analyse von innen nach außen, die der zweiten eine von außen nach innen. Aber immer ging es dabei um das Verhältnis von ›Geist‹ und ›Form‹. Immer ging es auch um das Verhältnis von Obstruktion, Indifferenz sowie einseitiger oder wechselseitiger Begünstigung, in dem ›Geist‹ und ›Form‹, aber auch ›Geist‹ und ›Geist‹ und ›Form‹ und ›Form‹ zueinander stehen. Wirtschaft, Herrschaft, Recht und Religion, das sind Begriffe für komplexe Phänomene, die eine innere und eine äußere Seite haben. Die Analyse muß sich auf beide Seiten beziehen. Das verlangt den beschriebenen Perspektivenwechsel, aber auch die gleichzeitige Beachtung von ›Bedingtheiten‹ und ›Relevanzen‹. Eine Religion zum Beispiel kann ökonomisch bedingt und politisch relevant sein und umgekehrt, und dieses Wechselspiel geht durch alle Lebensordnungen hindurch. Am Schnittpunkt innerer und äußerer Verhältnisse aber steht die Lebensführung. Erst

wenn man sie in dieser ›Zwischenstellung‹ erfaßt, läßt sich der berühmte Marxsche Satz richtig interpretieren, daß der Mensch zwar seine Geschichte, aber nicht unter selbstgewählten, sondern unter vorgefundenen Bedingungen macht.
Aber nicht nur die Rekonstruktion von Webers Analyse des Islams, auch seine Erklärung, warum der rationale Kapitalismus nur im Okzident und nicht im islamischen Kulturkreis ›durchkam‹, ist ein Puzzle. Auch für dieses Puzzle wurden viele Bausteine, hier: historische ›Vorbedingungen‹, gebraucht. Eine Kette von Umständen hat sie – so Webers These – nur im Okzident entstehen lassen. Jemand freilich mußte sie, um im Bild zu bleiben, zusammensetzen. Dies war die Leistung der methodischen Lebensführung des asketischen Protestantismus, seines Rationalismus der Selbst- und Weltbeherrschung, die dem Islam, aber auch dem Luthertum, dem Katholizismus, dem frühen Christentum, dem Judentum und allen asiatischen Kulturreligionen letztlich fehlt. In dieser Sicht steckt zwar kein methodologischer, wohl aber ein inhaltlicher ›Idealismus‹. Es ist freilich ein historisch gewendeter inhaltlicher ›Idealismus‹ – wenn man so will: statt der transzendentalen Einheit der Apperzeption die historische Einheit der Lebensführung. Für das Handeln der Menschen sind verpflichtende Ideale und das innere Verhältnis zu ihnen genauso wichtig wie äußere ›Umstände‹. Die verstehende Soziologie verweist auf eine Werttheorie.
Webers Religionssoziologie, ja seine Soziologie insgesamt, kulminiert deshalb in einer Soziologie und Typologie zweck- und vor allem wertmotivierter Weltverhältnisse und damit verbundener Lebensführungen, man könnte auch sagen: in einer Soziologie und Typologie axiologischer Kehren und der damit verbundenen Typen der Persönlichkeit und des Menschentums. Für die Religionssoziologie, in der es um religiös-ethisch motivierte Weltverhältnisse und Lebensführungen geht, zeigen dies »Einleitung« und »Zwischenbetrachtung«, aber auch »Resultat« der Konfuzianismusstudie und der Schluß der Hinduismusstudie sowie die letzten Paragraphen der systematischen Religionssoziologie überdeutlich. Der Merkmalskatalog, der hier in die vergleichende Typologie eingeht, ist ungewöhnlich komplex. Seine Komplexität wird besonders dort sichtbar, wo die Analyse vom Vergleich der asiatischen und vorderasiatisch-okzidentalen Kulturreligionen auf den Vergleich der verschiedenen vorderasiatisch-okzidentalen

Kulturreligionen umschwenkt. Das zeigt sich nicht zuletzt an der Behandlung des Islams. Seine äußere Ähnlichkeit gerade mit dem Calvinismus verlangt eine detaillierte Diskussion von Gemeinsamkeiten und Differenzen. Das motiviert dazu, die wichtigsten Merkmale dieses Katalogs zusammenzustellen und zu prüfen, ob die Merkmalsausprägungen für die vorderasiatisch-okzidentalen Kulturreligionen tatsächlich trennscharf sind. Diese Kulturreligionen, die alle in dem Manuskript »Die Wirtschaft und die gesellschaftlichen Ordnungen und Mächte« ständig vorkommen, hat Weber, mit Ausnahme des asketischen Protestantismus und der altisraelitischen Ethik in ihrem Übergang zum Judentum, nicht mehr in monographischer Form behandelt. Aber er plante diese monographische Darstellung bis zuletzt. An dieser Zusammenstellung läßt sich deshalb auch prüfen, ob die wichtigsten Bausteine für die nicht mehr geschriebenen Studien 1920, zum Zeitpunkt von Webers Tod, tatsächlich vorhanden waren. Mein Ergebnis bestätigt Marianne Webers Mitteilung: Die Vorarbeiten zur Studie über das talmudische Judentum, über das antike und mittelalterliche Christentum und über den Islam waren lange vor 1920 gemacht. (Vgl. die tabellarische Übersicht S. 122-124.)

3. Die Kritik an der Analyse des Islams

Max Webers Analyse des Islams hat in der islamwissenschaftlichen und soziologischen Literatur bisher wenig Resonanz erfahren. Eine frühe Ausnahme bildet der bereits zitierte Aufsatz von Joseph Schacht, der dem islamischen Recht gewidmet ist. Schacht orientiert sich an den Grundlinien von Webers Rechtssoziologie – er spricht von ähnlicher Betrachtungsweise –, kritisiert aber die umstandslose Übertragung von Begriffen, die an der abendländischen Rechtsgeschichte abgelesen sind, auf die islamischen Rechtsverhältnisse, ferner die fehlende Periodisierung der islamischen Rechtsgeschichte. Auch einzelne Aussagen hält er für falsch. Er korrigiert deshalb Webers kurze Besprechung des islamischen Rechts an mehreren Stellen. Doch aufs Ganze gesehen, kommt er bei seiner soziologischen Betrachtung des islamischen Rechts zu ähnlichen Ergebnissen wie Weber: Er verweist auf die mangelnde Differenzierung der sachlichen Rechtsgebiete, auf den Vorrang der materiellen vor der formellen Rationalität, auf die

Abfolge von Rechtsoffenbarung und Traditionalisierung, von Öffnung und Schließung, auf die Bedeutung des Umgehungsgeschäfts (Hijal) für die ›Assimilation‹ der gewohnheitsrechtlichen Praxis an die Schari'a, auf den ›Mischcharakter‹ des heiligen Rechts und auf die Beschränkung seines Geltungsbereichs, auf seinen Suprematieanspruch und auf seine Tendenz, das profane Recht zu durchdringen, und zwar so, daß es in unformale Bahnen gerät und überhaupt an einer ungestörten Entwicklung gehindert ist. Schließlich unterstreicht er das Fehlen von Rechtsbegriffen wie juristische Person, Korporation und Anstalt, die für die okzidentale Rechtsentwicklung zentral sind. Auch die Rolle des islamischen Gemeindeprinzips gegenüber dem altarabischen Stammesprinzip schätzt er ähnlich wie Weber ein. Schacht betont, daß das altarabische Gewohnheitsrecht in der Schari'a fortwirke, aber durch das islamische Gemeindeprinzip ›korrigiert‹ werde: »... gerade die jenen Rechtsverhältnissen zugrundeliegende Stammesorganisation mit ihrem zivil- und strafrechtlichen Solidarismus (ist) zurückgedrängt«. Aber die Wirkung des islamischen Gemeindeprinzips sei begrenzt geblieben, ja, habe sogar wegen des mit »den Abbasiden endgültig einziehenden patriarchalen Charakter(s) des politischen Patrimonialismus *gegen* die korporative Organisation gewirkt«[231].

Diese geringe Resonanz nimmt nicht wunder. Schließlich bedarf es erheblicher Anstrengung, um die Grundzüge von Webers Islamanalyse aus seinen verstreuten Bemerkungen freizulegen, wie der vorliegende Versuch zeigt. Immerhin existieren neben sachlich begrenzten Auseinandersetzungen vom Charakter der Arbeit Schachts zwei Monographien, die, im Zusammenhang mit dem Islam, Webers Ansatz behandeln, die eine allgemein, die andere speziell, auf der Rekonstruktion von Webers Sicht des Islams aus den Texten fundiert. Beide sind kritisch und aus einer modifizierten Marxschen Perspektive geschrieben. Die eine stammt von Maxime Rodinson, die andere von Bryan S. Turner[232]. Ihnen wende ich mich kurz zu.

Rodinson stellt sich die Frage, warum die islamische Welt im Unterschied zum Westen keine industriekapitalistische Produktionsweise, keine kapitalistische ökonomische Gesellschaftsformation ausbildete, einen Zustand also, in dem nicht bloß eine Mehrzahl von Unternehmen auf der Grundlage freier Arbeit und um des Profites willen Waren produzieren, sondern in dem das

Wirtschaftssystem vom kapitalistischen Sektor dominiert ist, das wiederum die übrigen gesellschaftlichen Systeme dominiert. Er stellt sich also die Frage Webers, wenn auch in Marxschen Begriffen. Doch an diesem Punkt sieht er – und dies sicherlich zu Recht – keinen Gegensatz zwischen Weber und Marx[233]. Dieser zeigt sich erst bei der Antwort. Denn dabei greift Weber im Unterschied zu einem richtig angeeigneten Marx auf Ideen als hemmende oder fördernde Faktoren zurück. Er gibt also in Rodinsons Augen letztlich eine ›ideologische‹ Erklärung. Und dies in einem doppelten Sinn. Zum einen wird ein entscheidender Einfluß der Ideologie, im Falle des Islams der koranischen und nachkoranischen ›Ideologie‹, auf die wirtschaftliche Entwicklung behauptet, zum anderen ist diese Behauptung, dieser Erklärungsansatz, selbst eine Ideologie. Es ist die Ideologie von der höheren Rationalität des Westens, insbesondere seiner aktivistischen und antimagischen religiösen Ethik, die im Islam fehle. Zwar betone Weber auch die Bedeutung von Recht und Staat, aber auch hier herrsche das gleiche westliche Vorurteil[234]. Prüfe man jedoch die These vom niedrigen Grad an Rationalität der nichtwestlichen Kulturen, also auch der islamischen, die aus der Behauptung von der »spezifischen Rationalität des Europäers« folge[235], wissenschaftlich, gleichsam positivistisch[236], so zeige sich schnell, daß sie weder methodisch noch sachlich aufrechtzuerhalten sei. Methodisch beruhe sie auf einer zirkulären Argumentation, sachlich auf einer Unterschätzung des Rationalitätsniveaus der islamischen ›Ideologie‹ und der islamischen Institutionen. Sie sei zirkulär deshalb, weil sie für die höhere Rationalität des Westens Beispiele anführe, die aus einer späteren Epoche stammten als jener, »in der das okzidentale Europa sich sehr entschieden auf den Weg des modernen Kapitalismus begab.« Die behaupteten rationalen Züge aber können sich »ebensogut der wirtschaftlichen Entwicklung auf dem kapitalistischen Wege verdanken, oder sie können in Wechselbeziehung zu dieser Entwicklung und mit ihr zusammen aus einer gemeinsamen Ursache entstanden sein«[237]. Sachlich aber sei sie falsch, weil der Islam keineswegs eine antiaktivistische und magiebefangene ›Ideologie‹ darstelle. Im Gegenteil: Vergleiche man etwa den Koran, das heilige Buch der Muslime, mit dem Alten und Neuen Testament, so lasse sich sogar von einer höheren Rationalität des Korans sprechen: »Es scheint also, als ob die Koran-Ideologie das Vernunftdenken, die Rationalität in einem höheren Grade als die Ideologien, die sich im Alten und Neuen Testament widerspiegeln, eingreifen ließe; als ob sie den Gedanken der Prädestination ungefähr im gleichen Maße enthalte wie die beiden heiligen Bücher, aber eindeutig zu einer aktiven Orientierung im individuellen und sozialen Leben ermahne; und schließlich, als ob sie die magische Technik dem göttlichen Willen unterordne, genau wie die beiden anderen offenbarten Bücher, und somit die menschlichen Möglichkeiten bewahre, dieser Technik, so leicht sie auch gehandhabt werden konnte, entgegenzuwirken«[238].

Der methodische Einwand läßt sich schnell erledigen. Er hat mit der Frage, ob Ideen als hemmende oder fördernde Faktoren in der Geschichte wirken, nichts zu tun. Zweifellos ergeben zirkuläre Argumentationen keine Erklärungen. Man kann das Vorher nicht aus dem Nachher erklären, und korrelative Beziehungen müssen immer daraufhin geprüft werden, ob ihnen nicht ein gemeinsamer dritter Faktor zugrunde liegt. Das sind elementare Voraussetzungen gültiger Erklärungen, die Weber durchaus bekannt waren. Er besitzt ein sehr viel entwickelteres Verständnis der logischen und methodischen Probleme kausaler Zurechnung, als dieser Einwand unterstellt[239]. Daß Weber diese elementaren Voraussetzungen historischer Erklärung, ja jeder kausalen Erklärung in seinen materialen Untersuchungen auch tatsächlich beachtete, suchte die vorausgegangene Analyse unter anderem zu zeigen. Webers Schwierigkeiten liegen auf einem ganz anderen Gebiet. Sie hängen mit der von Rickert übernommenen Logik der kulturwissenschaftlichen Begriffsbildung, mit der Gleichzeitigkeit von Auswahl und Konstitution des ›historischen Individuums‹ zusammen sowie mit der daran anschließenden Frage, ob er dann noch definierende und erklärende Bedingungen sauber trennen kann[240]. Solche Schwierigkeiten ergeben sich freilich erst für denjenigen, der weder die dialektische Begriffsbildung noch die »positivistische Orientierung« als eine angemessene Lösung für das Problem historischer Begriffsbildung und historischer Erklärungen betrachtet. Weber war in der Tat weder Dialektiker noch Positivist.

Rodinsons methodische Einwände stehen also gleichsam noch diesseits von Gut und Böse. Doch leider gilt dies für die sachlichen Einwände auch. Zunächst scheint ihm entgangen zu sein, daß Weber bei den typologisch vergleichenden Untersuchungen gar nicht zwischen Rationalitätsniveaus, sondern zwischen Typen des Rationalismus unterscheidet. Seine gesamte Religionssoziologie ist bekanntlich als ein Beitrag zu einer Soziologie und Typologie des religiös mitbedingten Rationalismus gedacht[241]. Dann berücksichtigt er bei der Diskussion des islamischen Glaubenssystems nicht den Unterschied zwischen logischen und psychologisch-praktischen Konsequenzen. Ihm fehlt auch der gesamte Begriffsapparat dafür. Schließlich kommt er zu Schlußfolgerungen, die mit denen Webers weitgehend übereinstimmen. Nur weiß er es nicht. Denn auch Weber hatte das ›entspannte‹ Verhältnis von Glauben und Vernunft im Islam hervorgehoben, das aktivistische Potential der islamischen Prädestinationslehre unterstrichen und den antimagischen Grundzug dieser prophetischen Buchreligion betont. Gewiß: Es gibt viele Details in der Analyse von Rodinson, mit deren Hilfe sich Webers Skizze ergänzen, ja verbessern ließe. Aber an seiner ersten Hauptthese vom traditionalen Charakter der islamischen Wirtschaftsethik und Wirtschaftsgesinnung und der damit verbundenen wirtschaftlichen Lebensführung würde dies nichts ändern. Es änderte auch nichts an der zweiten Hauptthese, daß die institutionellen Bedingungen, die in den islamischen Staatengebilden herrschten, zwar für den Handelskapitalismus, nicht aber für den Industriekapitalismus als Wirtschaftssystem günstig waren, und daß dafür fiskalisch bedingter Pfründenfeudalismus, fehlende Stadtautonomie und das Verhältnis von heiligem und profanem Recht mit ursächlich sind. Sicherlich kann man darüber streiten, ob Weber alle wichtigen inneren und äußeren Bedingungen identifizierte, und vor allem: ob sie sich zu einer Erklärung fügen, die die historische Frage, warum im einen Fall und im anderen nicht, entscheidbar macht. Aber der Ansatz zu einer solchen Erklärung, zur Charakterisierung einer Konstellation innerer und äußerer Bedingungen, ist wenigstens vorhanden. Bei Rodinson sucht man vergeblich danach. Er bietet zwar Feststellungen wie diese: »Da eine bestimmte Zahl von strukturellen Bedingungen und bedingenden Ereignissen gegeben war, konnte sich in Europa eine entsprechende kapitalistische ökonomische Gesellschaftsformation entwickeln«[242]. Doch das einzige, was immer wieder mit Bestimmtheit vorgetragen wird, ist dieses: Was immer die strukturellen Bedingungen und bedingenden Ereignisse auch gewesen sein mögen, Religion, Ideologie, gehörte nicht dazu.

Und hier liegt nun tatsächlich der entscheidende Differenzpunkt zu Weber. Er ist gar nicht methodischer und sachlicher, sondern theoretischer und methodologischer Natur. Trotz interessanter Modifikationen an einem orthodox marxistischen Ansatz, insbesondere im Hinblick auf die Evolutionstheorie und auf das variable Verhältnis von Aneignungstyp (Art des Eigentums) und Ausbeutungstyp (Art der Abschöpfung des Mehrprodukts), verfährt Rodinson methodologisch und theoretisch materialistisch. Für ihn zählen letztlich nur die äußeren Verhältnisse, die ›Basis‹, nicht die ›inneren‹, der ›Überbau‹. Die Religion ist Reflex, Echo, eben Ideologie. Sie ist deshalb auch unselbständig, kann keine Eigenwirkungen hervorbringen. Sie ist gemäß der »Deutschen Ideologie« wie alle herrschenden Gedanken »nichts weiter als der ideelle Ausdruck der herrschenden materiellen Verhältnisse«[243]. Eine Erklärung, die sie nicht als solche faßt, ist selbst ideologisch. Weber, so wurde dargelegt, weist aber dieses Basis-Überbau-Schema aus prinzipiellen Gründen zurück. Ideen, Weltbilder können der ideelle Ausdruck materieller Verhältnisse sein, aber sie sind es nicht immer. Darin liegt seine entscheidende Distanz zu jeder marxistischen Perspektive, wie ›gemäßigt‹ sie auch immer sei. Dies hat methodologische und theoretische Gründe. Sie hängen zusammen mit den Voraussetzungen einer verstehenden Soziologie als Handlungs- und Ordnungstheorie. Denn ein marxistischer Ansatz *muß* aus Weberscher Sicht reduktionistisch verfahren. Tut er dies nicht, gibt er die These vom Unterbau als letzter Instanz auf, verliert er seine Erklärungskraft. Tut man diesen Schritt – und Webers ganzes Werk läßt sich als ein Aufruf verstehen, diesen Schritt zu tun –, dann braucht man neue methodologische und theoretische Fundierungen. Sie hat Weber zu geben versucht. Wäre er so naiv, wie Rodinson ihn darstellt, so hätte er sich ja tatsächlich damit begnügen können, an die Stelle der materialistischen einfach eine idealistische oder spiritualistische Geschichtsbetrachtung zu setzen. Das aber tat er gerade nicht. Er sucht beide zu überwinden, und die Protestantismusstudie ist eine erste Demonstration dafür, daß und wie man dies kann. Rodinson hat diese entscheidende Pointe der von ihm viel zitierten Weber-These gar nicht verstanden. Er operiert überhaupt gegen einen Autor, den er allenfalls aus weiter Ferne kennt. Wenn Bassam Tibi in seiner Einleitung nur Neuauflage der deutschen Ausgabe von Rodinsons Buch zwar die Rückstände des Basis-

Überbau-Schemas in dessen Ansatz beklagt, zugleich aber betont, dies tangiere weder die »monumentalen Forschungsergebnisse« noch das Urteil über Max Weber, denn das Studium von Webers Werk belege, »daß er weder in bezug auf die Doktrin noch auf die Geschichte des Islams das erforderliche Sachwissen hatte, um über ihn fundiert urteilen zu können«[244], so mag letzteres für Webers Islamkenntnisse gelten. Allerdings: Für Rodinsons Weberkenntnisse gilt es erst recht!

Das kann man im Falle von Bryan S. Turner nicht sagen. Er war der erste, der einen ernstzunehmenden Versuch unternahm, Webers Sicht des Islams aus den im Werk verstreuten Bemerkungen zu rekonstruieren. Allerdings hat er dies in meiner Sicht von vornherein unter einer falschen Prämisse getan. Er unterscheidet zwei Thesen, die Weber im Zusammenhang mit seinen vergleichenden Studien vertreten habe: die These der Protestantischen Ethik (PE-These), von der es zwei Versionen gebe, und die Weber-These (W-These). Die erste sei zuerst in dem bekannten Aufsatz von 1904/05 formuliert, dann 1920 in revidierter Form wiederholt worden, die zweite aber habe seine soziologische Untersuchung der wichtigsten Unterschiede zwischen den okzidentalen und orientalischen Kulturkreisen bestimmt. Während die erste These die Religion in den Mittelpunkt stelle, gelte für die zweite, daß hier die Religion allenfalls eine nachgeordnete, jedenfalls keine Hauptrolle mehr spiele. Teilweise durch Erweiterung der ersten These, teilweise unabhängig davon gewonnen, rücke die zweite These, die eigentliche Weber-These, die institutionellen Bedingungen in den Vordergrund. Obgleich Turner mit der Unterscheidung der beiden Thesen weder werkgeschichtliche Hypothesen noch Hypothesen über Webers theoretische Entwicklung verbindet, sieht er in der zweiten doch die soziologisch ergiebigere und reifere These[245]. Dies nicht zuletzt deshalb, weil sich, so die Behauptung, Weber damit Marx und Engels genähert hat. Das soll sich gerade an der Behandlung des Islams zeigen: » . . . when Weber came to analyse Islam, he focused on the political, military and economic nature of Islamic society as a patrimonial form of domination. He treated the role of values as secondary and dependent on Islamic social conditions. In so far as Weber did adhere to that position, his analysis was not far removed from Marx and Engels who claimed that the Asiatic mode of production, characteristic of India, China and Turkey, produced an enduring social order which was incompatible with capitalism«[246].

Nun gehören zu den Stabilitätsbedingungen der chinesischen und indischen Ordnungen in Webers Sicht natürlich innere Bedingungen, wie ich an anderer Stelle darzulegen versuchte[247]. Doch viel wichtiger ist: Die Gegenüberstellung der beiden Thesen ist schief. Es gibt keine PE-These und eine davon zu unterscheidende W-These. Es gibt die beiden Seiten der Kausalbeziehung, von denen nur die eine in der Protestantismusstudie behandelt ist. Daß Weber später auch die andere behandelt, heißt weder, daß er die erste aufgibt, noch, daß er die andere nicht von vornherein vorgesehen hätte. Wie gezeigt, ist schon die Protestantismusstudie so angelegt, daß Schnittpunkte sichtbar werden, an denen die Analysen der inneren Verhältnisse in die der äußeren übergehen. Die Erweiterung, die Weber im Übergang in die neue Arbeitsphase an seinem Ansatz vornimmt und die sich in den beiden Manuskripten »Die Wirtschaft und die gesellschaftlichen Ordnungen und Mächte« und »Die Wirtschaftsethik der Weltreligionen« niederschlägt, ist nicht methodologischer, sondern sachlicher Natur. Die angebliche Annäherung Webers an Marx ist ein Trugschluß. Diese Sicht beruht auf einer Verzeichnung seines methodologischen und theoretischen Ansatzes insgesamt.

Turners Rekonstruktion von Webers Islamanalyse dient deshalb vor allem dem Zweck, die nachrangige Bedeutung der Ethik gegenüber der Sozialstruktur für die Erklärung der ausbleibenden kapitalistischen Entwicklung im Islam zu demonstrieren[248]. Dies führt ihn zu einer interessanten Diskussion der institutionellen Faktoren am Leitfaden von Webers verstreuten Bemerkungen, die sich in vielen Hinsichten mit der hier vorgetragenen Analyse deckt. Zudem wird das Verhältnis von religiöser Ethik und Lebensführung auch inhaltlich behandelt. Die These dabei lautet, daß diese Seite der Weber-These verglichen mit der institutionellen die inhaltlich schwächere sei. Denn Webers Behauptung von der ›Konfiskation‹ der islamischen religiösen Ethik durch die ideellen und materiellen Interessen der Glaubenskämpfer, ihrer Transformation in eine Kriegerethik, sei unhaltbar oder zumindest zu vereinfacht. Denn der Islam »was, and continued to be, an urban religion of merchants and state officials; many of its key concepts reflect the urban life of a mercantile society in opposition to the values of the desert and of the warrior. The warrior ethic described by Weber was simply one religious perspective which was regarded with suspicion and hostility by the orthodox«[249]. Das mag so sein – nur, die Aussage steht nicht im Gegensatz zu Webers Analyse. Vor allem aber: Die materiellen und ideellen Interessen von Händlern und Beamten schaffen, wie Webers vergleichende Studien zeigen, selbst in der christlichen Tradition die methodische Lebensführung, den Rationalismus der Weltbeherrschung, nicht. Die Interessenlage der Träger entscheidet niemals allein über die Wirkung religiöser Quellen. Es kommt auch auf deren Inhalt an. Dieser Gesichtspunkt von Webers Ansatz geht in der Analyse von Turner völlig unter. Er muß auch untergehen, wenn man die Konvergenzthese aufrechterhalten will.

An der These von der nachrangigen, sekundären Bedeutung der Ethik gegenüber der Sozialstruktur, der motivationellen gegenüber den institutionellen Faktoren, aber wird der entscheidende Sachverhalt deutlich: Über den zentralen Punkt des Weberschen Ansatzes ist, um der ›Versöhnung‹ mit Marx willen, hinweginterpretiert. Weber hat nie von primären und sekundären, sondern nur von kausal wichtigen Faktoren gesprochen. Dazu gehören die inneren genauso wie die äußeren. Daß sich ihre Gewichte schwer oder überhaupt nicht quantifizieren lassen, spricht nicht gegen seinen Ansatz. Schon in der Auseinandersetzung mit Rachfahl formulierte er: »Daß es ›ziffernmäßige‹ Teilungsschlüssel bei der historischen Zurechnung nicht gibt, liegt nicht an mir«[250].

Dennoch ist Turners Simplifikationsvorwurf zum Teil berechtigt. Das zeigen auch die Beiträge in diesem Band. Selbst wenn man sich auf Webers methodologischen und theoretischen Standpunkt stellt, ist etwa die These vom frühen Islam als einer Kriegerreligion zu undifferenziert. Nach Ira Lapidus muß man schon im frühen Islam drei kulturelle Milieus unterscheiden: die höfische imperiale Kultur, den städtischen Sunna-Schari'a-Sufismus und den ländlichen Schrein-Sufismus, von denen allenfalls die höfische imperiale Kultur eine kriegerische Kolorierung besitzt. Überhaupt leidet Webers Analyse, wie Shmuel N. Eisenstadt betont, an mangelnder Berücksichtigung der Sufi-Bruderschaften, ihres ›Geistes‹ und ihrer Organisationsformen. Auch die asketische Tradition im Islam kommt zu kurz. Gerade der Fundamentalismus des 18. und 19. Jahrhunderts nimmt, wie Rudolph Peters argumentiert, solche Traditionen auf, in denen das Erlösungsinteresse, das Interesse am Jenseitsschicksal, im Vordergrund steht und die Errichtung der Gemeinschaft im Diesseits in seinen Dienst nimmt. Ähnliches läßt sich für reformerische Bewegungen sagen, die Barbara Metcalf beschreibt. Das Bild kompliziert sich also in dem Maße, wie der Islam sich entwickelt. Allerdings: Weder die drei ›Ursprungsmilieus‹ noch die fundamentalistischen und reformerischen Bewegungen führen zu jenem Asketismus innerweltlicher *Berufsbewährung*, für den sich Weber letztlich interessiert. Immerhin scheint der Islam in den letzten einhundert Jahren einem Entwicklungsmuster zu folgen, das von dem der westlichen Säkularisierung deutlich abweicht. Dies vermitteln jedenfalls die Beiträge von Francis Robinson und Ernest Gellner.

Die These vom frühen Islam als einer Kriegerreligion unterschätzt aber nicht nur das erlösungsreligiöse Potential dieser Weltreligion, sie führt auch zu einer Verzeichnung der Konversionsprozesse. Dies weist Nehemia Levtzion in seinem Beitrag nach. Der Islam regrediert nicht unter dem Einfluß der arabischen Stämme zum Partikularismus, er ist vielmehr ursprünglich partikularistisch, ein arabischer Monotheismus, der sich erst mit der Expansion universalisiert. Zudem gibt es schon früh den Gegensatz von ›Klerikern‹ und Kriegern sowie von friedlicher Durchdringung und kriegerischer Unterwerfung. Besonders in Afrika und in Indonesien steht die friedliche Durchdringung, nicht die kriegerische Unterwerfung im Vordergrund. Es ist eben zu einfach, selbst den frühen Islam auf eine Kriegerethik zu reduzieren. Wie Turner richtig bemerkt, wurde diese Variante des Islams von der Orthodoxie eher mit Mißtrauen, ja gar mit Feindschaft registriert.

Während an Webers Bild der inneren Verhältnisse im Islam also erhebliche Modifikationen angebracht werden müssen, steht es mit seinem Bild von den äußeren Verhältnissen besser. Das zeigen die Beiträge von Peter Hardy und Richard Eaton, und auch Maxime Rodinson unterstreicht in seiner Betrachtung die Vorteile, die Webers Idealtypus des Patrimonialismus mit seinen Untertypen gegenüber vulgärmarxistischen ›Stufen- und Unterstufenmodellen‹ besitzt. Webers Idealtypus des Patrimonialstaats, aber auch seine ›Lehre‹ von der Veralltäglichung des Charismas[251] dienen Peter Hardy und Richard Eaton dazu, Aspekte der Mogulherrschaft und ihrer Ausbreitung zu beschreiben. Diese Möglichkeit, die Webers Herrschaftssoziologie bietet, wurde zuvor schon von Stephen P. Blake dafür genutzt[252]. Er verwandte Webers typologische Unterscheidung zwischen einem Patrimonialkönigtum, einem patrimonial-bürokratischen Imperium und einem modernen bürokratischen Anstaltsstaat dazu, die wesentlichen strukturellen Züge der Mogulherrschaft und die mit ihnen verbundenen Herrschaftssicherungsstrategien aufzuweisen. Er konstatierte dabei eine bemerkenswerte Übereinstimmung zwischen dem Staat, den Akbar organisierte, und dem Idealtypus eines patrimonial-bürokratischen Imperiums, wie ihn Weber in der älteren Fassung seiner Herrschaftssoziologie beschrieb. Damit suchte Blake zugleich dem vorherrschenden Bild der Mogulherrschaft entgegenzutreten: »that this state was a kind of unfinished, unfocused prototype of the British Indian Empire of the late nineteenth and early twentieth centuries«[253]. Peter Hardy schließt an diese Analyse an und ergänzt sie in bemerkenswerter Weise. Auch Eatons interessante Darstellung der Islamisierung Bengalens setzt die durch Webers Herrschafts- und Religionssoziologie eröffneten begrifflichen Möglichkeiten für die Durchdringung historischer Sachverhalte ein. Darin bewährt sich die ›Offenheit‹, die ›Flexibilität‹ des Weberschen Vorgehens: Sie läßt es zu, gleitende Übergänge, fließende Trennungslinien zwischen den Kategorien, Überlagerungen, Ausweitungen und Überschneidungen zu beachten, wie sie jede Untersuchung konkreter Situationen verlangt – was auch Maxime Rodinson betont.

Diese ›Offenheit‹, diese ›Flexibilität‹, die Rodinson in seinem Beitrag Weber attestiert, wird ihm freilich von Michael Cook und Patricia Crone bestritten. Dafür dienen ihnen zwei Begriffspaare als Demonstrationsobjekte: Die Unterscheidung zwischen Kirche und Sekte und zwischen formaler und materialer Rechtsrationalität. Sie sind ungeeignet, so die These, die islamische Religions- bzw. Rechtsentwicklung zu erfassen. Diese Begriffspaare seien zum einen aus den Zusammenhängen, denen sie entstammen, unzureichend abstrahiert, sie seien zum anderen ungeeignet, die Unterscheidungen zu treffen, die getroffen werden sollten, die also für einen Islamwissenschaftler – mit Weber gesprochen – wesentlich im Sinne von wissenswert sind.

Diese Einwände gilt es zum Schluß kurz zu bedenken. Sie führen auf methodologische Fragen und in gewissem Sinne zum Ausgangspunkt dieser Analyse zurück. Der eine betrifft die Theorie der Begriffsbildung, der andere die Theorie der Wertbeziehung.

Beide hängen zusammen. Denn im Zentrum des Weberschen Ansatzes steht, wie gezeigt, die wertbeziehende Begriffsbildung.
Beginnen wir mit der Unterscheidung von Kirche und Sekte. Sie ist zweifellos an der christlichen Religionsentwicklung gewonnen und trägt, ähnlich wie andere Begriffe, zum Beispiel patriarchale Herrschaft, noch die Eierschalen dieser Herkunft an sich[254]. Doch sind im Rahmen dieser ›Kulturgebundenheit‹ zwei Fälle zu unterscheiden: die Verwendung dieser Begriffe als Klassenbegriffe und ihre Verwendung als genetische Begriffe, als Begriffe also, durch die das empirisch Gegebene durch den Bezug auf einen idealen Grenzfall zum Bewußtsein gebracht werden soll und für die die ›Kulturgebundenheit‹ kein Mangel, sondern eine konstitutive Voraussetzung ist. Kirche und Sekte lassen sich zunächst wie alle Begriffe als Klassenbegriffe verwenden. Dann kann man sie, wie Weber im Objektivitätsaufsatz ausführt, »in Merkmalskomplexe auflösen, wobei dann nicht nur die Grenze zwischen beiden, sondern auch der Begriffsinhalt stets flüssig bleiben muß«[255]. In diesem Sinne erscheinen sie in den Grundbegriffen der neuen Fassung von *Wirtschaft und Gesellschaft.* Sie sind ›Fälle‹ der Unterscheidung von Verbänden in Anstalt und Verein. Anstalt ist ein Verband, »dessen gesatzte Ordnungen innerhalb eines angebbaren Wirkungsbereiches jedem nach bestimmten Merkmalen angebbaren Handeln (relativ) erfolgreich oktroyiert werden«, Verein dagegen ein Verband, »dessen gesatzte Ordnungen nur für die kraft persönlichen Eintritts Beteiligten Geltung beanspruchen«[256]. Auf dem religiösen Gebiet ›repräsentiert‹ die Kirche die Anstalt, die Sekte den Verein. Als Klassenbegriffe sind sie auf alle Kulturkreise anwendbar. Dabei gibt es selbstverständlich religiöse Verbände, die Weber weder als Kirche noch als Sekte bezeichnet, zum Beispiel religiöse Orden oder religiöse Gemeinden[257]. Er sagt denn auch ausdrücklich: »Es bedarf kaum der Betonung: daß ›Verein‹ und ›Anstalt‹ nicht etwa die *Gesamtheit* aller denkbaren Verbände restlos unter sich aufteilen. Sie sind, ferner, nur ›polare‹ Gegensätze (so auf religiösem Gebiet: ›Sekte‹ und ›Kirche‹)«[258].
Der Klassenbegriff Kirche läßt sich noch in einer zweiten Hinsicht vom Klassenbegriff Sekte abgrenzen: Eine kirchliche Anstalt strebt normalerweise eine »hierokratische *Gebiets*herrschaft und (parochiale) territoriale Gliederung« an, eine Sekte nicht[259]. Eine Kirche steht deshalb im Unterschied zu einer Sekte meist in

Konkurrenz, ja im Konflikt mit den politischen Gewalten. Das Verhältnis von politischer und hierokratischer Gewalt gehört deshalb zu den wichtigsten Merkmalen insbesondere einer traditionalen Ordnungskonfiguration. Freilich: So wesentlich wie für den politischen Verband »ist das tatsächliche *Gebiets*herrschaftsmonopol für die Kirchen historisch nicht gewesen und auch heute vollends nicht«[260]. Deshalb gibt es ›unpolitische‹ Kirchen, so wie es umgekehrt durchaus ›politische‹ Sekten gibt.

Michael Cook wendet Webers *Klassen*begriffe Kirche und Sekte, zudem ungenau definiert[261], auf den Islam an. Er unterstellt dabei, daß diese Klassifikation vollständig sei. Er unterstellt ferner, daß religiöse Gebilde *entweder* Kirche *oder* Sekte sein müssen. Mischformen, wie z. B. die calvinistische ›Sektenkirche‹, gibt es nicht. Das entspricht dem bei Klassenbegriffen üblichen Subsumtionsverfahren. Es führt für den Islam zu keinem sonderlich befriedigenden Ergebnis. Die meisten religiösen Gebilde fallen gleichsam zwischen beiden Begriffen hindurch. Dies ist nicht zu bestreiten. Nur: Es gilt für das Christentum und für andere Kulturkreise auch. Dies hängt mit der Logik von Klassenbegriffen zusammen. Die Situation ändert sich erst dort, wo man von Klassenbegriffen zu genetischen Begriffen, zu Realexplikationen, übergeht[262].

Anders als Klassenbegriffe sind genetische Begriffe keine Durchschnittsbegriffe, sondern Grenzbegriffe. Zu ihnen steht das empirisch Gegebene im Verhältnis nicht der Subsumtion, sondern der mehr oder weniger großen Annäherung. Genetische Begriffe heben das Eigenartige, das Besondere, als wesentlich heraus und basieren auf Wertbeziehung. Darin drückt sich der eingangs erwähnte heuristische Eurozentrismus Webers aus. Die Bindung an Wertideen eines Kulturkreises ist unvermeidlich und berechtigt[263]. Man kann dafür die Wertideen eines anderen Kulturkreises einsetzen, beseitigen kann man die Bindung aber nicht. Sobald Weber den Begriff Sekte genetisch bestimmt, interessiert er sich für den ›Geist‹ innerweltlicher Berufsaskese. Und auch an die islamischen Sekten ergeht dann die Frage, in welchem Annäherungsgrad sie zu *diesem* Merkmal stehen. Wie Weber wiederum im Objektivitätsaufsatz formuliert: »Will ich aber den Begriff der ›Sekte‹ *genetisch*, z. B. in bezug auf gewisse wichtige Kulturbedeutungen, die der ›Sektengeist‹ für die moderne Kultur gehabt hat, erfassen, so werden bestimmte Merkmale beider [Begriffe,

Kirche und Sekte] *wesentlich*, weil sie in adäquater ursächlicher Beziehung zu jenen Wirkungen stehen. Die Begriffe werden aber alsdann zugleich *ideal*typisch, d. h. in voller begrifflicher *Reinheit* sind sie nicht oder nur vereinzelt vertreten. Hier wie überall führt eben jeder nicht *rein* klassifikatorische Begriff von der Wirklichkeit ab. Aber die diskursive Natur unseres Erkennens: der Umstand, daß wir die Wirklichkeit nur durch eine Kette von Vorstellungsveränderungen hindurch erfassen, postuliert eine solche Begriffsstenographie«[264].

Während Michael Cook bei seiner Diskussion der Begriffe Kirche und Sekte den für Webers Begriffsbildungstheorie grundlegend wichtigen Unterschied zwischen Klassenbegriffen und genetischen Begriffen und damit zugleich die Selektionsfunktion von Fragestellungen nicht hinreichend beachtet, tendiert Patricia Crone darüber hinaus dazu, Grenzbegriffe gar zu reifizieren. Diese gelten Weber ja als »theoretische Begriffsbilder«, als »Phantasiebilder« mit utopischem Charakter, weil durch sie Einzelerscheinungen einem einseitig herausgehobenen Gesichtspunkt zugeordnet werden[265]. Ähnlich wie bei den Begriffen Kirche und Sekte lassen sich auch die Begriffe formale und materiale Rechtsrationalität sowohl als Klassenbegriffe wie als genetische Begriffe bilden. Wo Weber den Begriff formale Rechtsrationalität genetisch bildet, interessiert er sich für den ›Geist‹ rechtsimmanenter Verfahrensrationalität. Gewiß, in Webers Werk wird der Rationalitätsbegriff in vielfältiger Weise und scheinbar ohne erkennbare Standardisierung verwendet. Und es ist nicht leicht, in dieses ›Begriffschaos‹ Ordnung zu bringen, wie die verschiedenen Versuche zeigen, die dazu bislang unternommen worden sind[266]. Doch die Behauptung, Weber habe bei der Identifikation der historischen Vorbedingungen des rationalen Kapitalismus an ein algebraisches Recht, an eine computerartige Justiz als historische Realität gedacht, beruht auf einer Vermischung von Theorie und Geschichte[267]. Mehr noch: Sie beruht auf einer unzureichenden Explikation seiner Rechtstypologie. Weber hat weder unter klassifikatorischen noch unter genetischen Gesichtspunkten behauptet, ein Rechtssystem könne zu einem rein logischen System werden, abgeschottet von der Außenwelt und gleichsam ohne Inhalt. Solche Naivität sollte man dem gelernten und teilweise praktizierenden Juristen nun doch nicht unterstellen. Sie leitet ja nicht einmal den Rechtslogismus, wie er am konsequentesten in der

Reinen Rechtslehre entwickelt ist[268]. Zu solcher Unterstellung wird man freilich getrieben, wenn man Begriffe reifiziert und nicht zwischen formell und formal sowie materiell und material und auch zwischen rechtsimmanenten und rechtstranszendenten Verhältnissen unterscheidet. Daß Webers Rechtssoziologie auf diesen Unterscheidungen beruht, habe ich an anderer Stelle ausführlich dargelegt[269].

Tatsächlich hat für Weber jedes Recht eine formelle und eine materielle Seite, und es steht in außerrechtlichen Zusammenhängen. Rechtstypen lassen sich deshalb danach bilden, welchen Charakter die formelle und die materielle Seite besitzen, in welchem Verhältnis diese Seiten zueinander stehen und inwieweit das Recht als eine bestimmte Normart von anderen Normarten abgegrenzt ist. Traditionales Recht ist durch die materielle Seite dominiert und beruht auf Mischbildungen von rechtlichen und außerrechtlichen Normen. Insofern ist es material und nichtrational. Gesatztes Recht dagegen ist durch die formelle Seite dominiert und beruht auf der Abgrenzung von rechtlichen und außerrechtlichen Normen. Insofern ist es formal und rational. Wie Weber ausdrücklich darlegt, kann es auch formales und dabei nichtrationales Recht (magisches Recht) und materiales und dabei rationales Recht (Naturrecht) geben. Mehr noch: Das formale und rationale Recht tritt historisch in verschiedenen Varianten auf. Das zeigen die Unterschiede der englischen und der kontinentaleuropäischen Rechtsentwicklung. Beide nähern sich dem formal-rationalen Rechtstypus in verschiedenen Graden an. Warum dies für das islamische Recht in Webers Sicht nicht gilt, wurde oben ausführlich erörtert. Dort wurde auch gezeigt, daß die Rechtsentwicklung immer nur *ein* hemmender oder fördernder Faktor für den rationalen Kapitalismus unter mehreren ist. Insofern darf man die Rechtssoziologie nicht isoliert, man muß sie im Zusammenhang mit der Herrschafts-, der Religions- und der Wirtschaftssoziologie lesen. Dann wird auch sichtbar, daß Weber kein primitives Differenzierungsmodell vertrat, wie Patricia Crone annimmt, sondern ein komplexes Modell von Teilordnungen und Teilentwicklungen, die im Verhältnis von Obstruktion, Indifferenz, einseitiger oder wechselseitiger Begünstigung zueinander stehen.

Webers Analyse des Islams hat zweifellos viele Lücken. Sie steht auch unter einer Fragestellung, über deren Relevanz gestritten werden kann und muß. Diese leitet zudem die Bildung historischer Begriffe. Wer die dabei vorausgesetzten Wertideen nicht teilt, wird diese Begriffe kritisieren und andere bilden. Dies ist durchaus im ›Geiste‹ von Webers Methodologie. Denn »die weittragendsten Fortschritte auf dem Gebiet der Sozialwissenschaften knüpfen sich *sachlich* an die Verschiebung der praktischen Kulturprobleme und kleiden sich in die *Form* einer Kritik der Begriffsbildung«[270]. Nur: Man muß die praktischen Kulturprobleme, von denen man sich absetzt, und die Begriffsbildung, die man kritisiert, in ihrem Zusammenhang zunächst einmal verstanden haben. Patricia Crone meint, wir brauchten mehr Arbeiten im Geiste Webers und nicht weitere über ihn. Freilich: Solange dieser ›Geist‹ nicht voll erfaßt ist, erscheint mir diese Forderung verfrüht. Deshalb bietet dieser Band beides: Arbeiten im Geiste Webers und Arbeiten über ihn.

Anmerkungen

Die Werke Max Webers werden wie folgt zitiert:

RS I-III	*Gesammelte Aufsätze zur Religionssoziologie*, 3 Bände, Tübingen 1920
WuG	*Wirtschaft und Gesellschaft. Grundriß der verstehenden Soziologie*, Tübingen ⁴1956
Wirtschaftsgeschichte	*Wirtschaftsgeschichte. Abriß der universalen Sozial- und Wirtschaftsgeschichte*, Berlin 1958
WL	*Gesammelte Aufsätze zur Wissenschaftslehre*, Tübingen ³1968
PE II	*Die protestantische Ethik* II. Kritiken und Antikritiken, München und Hamburg 1968

1 Diese sechs Kulturreligionen sind der Konfuzianismus, der Hinduismus, der Buddhismus, das Judentum, der Islam und das Christentum. Mit Ausnahme des Judentums gelten Weber diese Kulturreligionen zugleich als Weltreligionen, weil sie besonders viele Bekenner um sich zu scharen gewußt haben. Wieder eine andere Gruppierung ergibt sich bei Anwendung des Begriffs Erlösungsreligion. Zum Verhältnis dieser Begriffe zueinander vgl. Wolfgang Schluchter, »Max Webers Konfuzianismusstudie – Versuch einer Einordnung«, in: ders. (Hg.), *Max Webers Studie über Konfuzianismus und Taoismus. Interpretation und Kritik*, Frankfurt 1983, S. 19. Kulturreligion ist

der weiteste der drei Begriffe. Die Zahl sechs ist natürlich insofern problematisch, als sich jede dieser Kulturreligionen weiter ›zergliedern‹ läßt, was Weber insbesondere beim Christentum auch tut. Das hängt sowohl mit seinem Interesse an der okzidentalen Sonderentwicklung im allgemeinen wie mit dem an der Sondergestalt des asketischen Protestantismus im besonderen zusammen, der deshalb bei vielen Vergleichen ›getrennt‹, als eigene Kulturreligion, erscheint. Ein Problem der vergleichenden religionssoziologischen Analysen besteht darin, daß insbesondere bei den außerokzidentalen kulturreligiösen Strömungen die Einheiten der Analyse zu hoch aggregiert bleiben. Dies gilt auch für den Islam. Vgl. dazu die Beiträge von Ira Lapidus und Rudolph Peters in diesem Band.

2 Weber spricht von Kulturkreisen an mehreren Stellen. Er vermeidet den heute gebräuchlichen Begriff Zivilisation. Dieser wurde im Deutschland der Jahrhundertwende bekanntlich als ›Gegenbegriff‹ zum Kulturbegriff verwendet, eine Konnotation, die noch in der von Webers Bruder Alfred vorgeschlagenen Unterscheidung von Kultur-, Zivilisations- und Gesellschaftsprozeß mitschwingt. Im anglo-amerikanischen Sprachraum bestand dieser Gegensatz nicht. Hier wurde der Zivilisationsbegriff ›wertfrei‹ verwendet, wie auch heute zum Beispiel in den Arbeiten von S. N. Eisenstadt. Vgl. unter anderem seinen Beitrag in diesem Band. Die Unterscheidung zwischen Kulturreligion und Kulturkreis bei Weber halte ich deshalb für nützlich, weil sie darauf verweist, daß eine Kulturreligion nicht notwendigerweise mit ethnischen, politischen oder sprachlichen Grenzen zusammenfällt und daß ein Kulturkreis mehrere Kulturreligionen (und natürlich auch nichtreligiöse symbolische Universen) umfassen kann.

3 Vgl. dazu Marianne Weber, *Max Weber. Ein Lebensbild*, Tübingen 1926, S. 358.

4 Vgl. etwa die beiden Großprojekte *Die Religionen in Geschichte und Gegenwart. Handwörterbuch in gemeinverständlicher Darstellung*, unter Mitwirkung von Hermann Gunkel und Otto Scheel herausgegeben von Friedrich Michael Schiele und Leopold Zscharnack, 5 Bände, Tübingen 1909 ff. sowie Paul Hinneberg (Hg.), *Die Kultur der Gegenwart. Ihre Entwicklung und ihre Ziele*, besonders Teil I, Abteilung II und IV, Berlin und Leipzig 1906 ff. Weber hat diese Arbeiten extensiv benutzt.

5 Dies ist ausführlich dargestellt in Gottfried Kuenzlen, »Unbekannte Quellen der Religionssoziologie Max Webers«, in: *Zeitschrift für Soziologie*, 7 (1978), S. 215 ff.

6 Die Kontroverse begann mit H. Karl Fischers Kritik im Jahre 1907. 1909 schaltete sich Felix Rachfahl in die Debatte ein. Weber beendete die Auseinandersetzung mit ihm durch ein antikritisches *Schluß*wort, dessen zweiten Teil er dazu verwendete, »einige von Rachfahl hart-

näckig ignorierte Züge meiner *wirklichen* ›These‹ nochmals auf wenigen Seiten zusammen(zu)fassen, lediglich für diejenigen, die meine Aufsätze nicht jetzt nochmals genau gelesen haben«. Vgl. Max Weber, PE II, S. 283. Zugleich betont er, »daß *alles*, was in meiner Antikritik gesagt ist, ganz ebenso deutlich schon in meinen Aufsätzen gestanden hat« (ebd., S. 328). Dem kann ich nur zustimmen, sofern man die Sektenaufsätze von 1906 mit einbezieht. Mir ist schleierhaft, wie Wilhelm Hennis behaupten kann, erst in den Repliken habe Weber letztlich seine Fragestellung geklärt, erst hier, besonders im Antikritischen Schlußwort, werde uns »endlich« (!) gesagt, »worum es Weber ›zentral‹ gegangen war«. Hennis spricht Rachfahl seine Bewunderung dafür aus, daß dieser »gegenüber so viel Versteckspiel und absichtsvoller oder nicht absichtsvoller Verwischung der ›zentralen‹ Absichten so viel Contenance bewahrt hatte«. Vgl. Wilhelm Hennis, *Max Webers Fragestellung. Studien zur Biographie des Werks*, Tübingen 1987, S. 16, 21 f. Weber tat offensichtlich doch gut daran, seine These 1910 auf weniger Seiten noch einmal zusammenzufassen. Denn diejenigen, die sie in ihrer ursprünglichen Fassung genau lesen, sind offenbar auch heute noch eine »verschwindende Minderheit«. Vgl. PE II, S. 283.

7 Marianne Weber, *Lebensbild*, S. 346.

8 Vgl. Max Weber »Agrarverhältnisse im Altertum«, in: *Gesammelte Aufsätze zur Sozial- und Wirtschaftsgeschichte*, Tübingen 1924, bes. I. Einleitung. Zur ökonomischen Theorie der antiken Staatenwelt. Dazu unter anderem Guenther Roth, »Introduction«, in : Max Weber, *Economy and Society*, hg. von Guenther Roth und Claus Wittich, New York: Bedminster Press 1968, S. XLIV ff. Ferner die Aufsätze von Jürgen Deininger und Stefan Breuer in Wolfgang Schluchter (Hg.), *Max Webers Sicht des antiken Christentums. Interpretation und Kritik,* Frankfurt 1985, S. 72 ff. bzw. 111 ff., und Wolfgang Schluchter, *Rationalismus der Weltbeherrschung. Studien zu Max Weber,* Frankfurt 1980, S. 134 ff.

9 Max Weber, PE II, S. 321.

10 Vgl. Max Weber, PE II, S. 322; RS I, S. 12 sowie die Disposition zur älteren Fassung von WuG (Die Wirtschaft und die gesellschaftlichen Ordnungen und Mächte), abgedruckt in Schluchter (Hg.), *Antikes Christentum*, S. 557.

11 Max Weber, PE II, S. 323 f.

12 Ebd., S. 324, wo Weber von »objektiv-politischen« und »objektiv-ökonomischen« Vorbedingungen spricht, die er dem antitraditionalistischen ›Geist‹ gegenüberstellt. Daran sieht man, wie wenig ›weberianisch‹ es ist, eine Alternative zwischen Institutionen und Motiven aufzurichten, wie dies insbesondere in der anglo-amerikanischen Literatur geschieht. Vgl. etwa Randall Collins, *Weberian Sociological*

Theory, Cambridge: Cambridge University Press 1986, bes. Kap. 2. Dort auch Webers angeblich letztes Wort über den Protestantismus, S. 34. Ferner Bryan S. Turner, *Weber and Islam. A Critical Study*, London and Boston: Routledge & Kegan Paul 1974, darüber später mehr. Auch Jeffrey Alexanders Versuch, die wichtigsten Positionen der soziologischen Theorie mit Hilfe der Unterscheidung zwischen einem epistemologischen und einem soziologischen Materialismus und Idealismus einzufangen und ihre theoretische ›Reife‹ anhand des Maßstabs Multidimensionalität zu messen, greift bei Weber eindeutig zu kurz, wie die folgende Analyse zeigen wird. Vgl. Jeffrey Alexander, *Theoretical Logic in Sociology*, 4 Bände, Berkeley: University of California Press 1982 f., bes. Band 1 und 3.

13 Diese Verhältnisse diskutiert Weber in drei Richtungen: ›Geist‹-›Geist‹, ›Geist‹-›Form‹, ›Form‹-›Form‹. Eine Studie, die für diese Zusammenhänge interessante Überlegungen enthält, ist der Aufsatz von Michael Schmid, »Struktur und Selektion: Emile Durkheim und Max Weber als Theoretiker struktureller Evolution«, in: *Zeitschrift für Soziologie*, 10 (1981), S. 17 ff.

14 Max Weber, PE II, S. 323 f.

15 So noch Weber in der *Wirtschaftsgeschichte*, S. 17. Ich sehe auch hier zwischen 1904 und 1920 keine Änderung. Die Kritik am sogenannten historischen Materialismus hat immer zwei Seiten, eine methodologische und eine sachliche. Methodologisch geht es um Abwehr jeder Form von Reduktionismus, sachlich um die Unterschätzung der relativ selbständigen Bedeutung des Politischen gegenüber dem Ökonomischen und des ›Geistes‹ gegenüber der ›Form‹. Dazu später mehr.

16 Zur Verbreitung des Begriffs Entwicklungsgeschichte um die Jahrhundertwende vgl. Guenther Roth, »Rationalization in Max Weber's Developmental History«, in: Sam Whimster and Scott Lash (eds.), *Max Weber, Rationality and Modernity*, London: Allen & Unwin 1987, S. 75 ff., jetzt auch deutsch in Guenther Roth, *Politische Herrschaft und persönliche Freiheit. Heidelberger Max Weber-Vorlesungen 1983*, Frankfurt 1987, S. 283 ff. Allerdings bleibt dabei der methodologische Status des Begriffs in Webers Verwendungsweise unterbestimmt. Dazu muß man Heinrich Rickert vergleichen. Auch beim Begriff Entwicklungsgeschichte hält sich Weber in erster Linie an ihn. Vgl. Heinrich Rickert, *Die Grenzen der naturwissenschaftlichen Begriffsbildung. Eine logische Einleitung in die historischen Wissenschaften*, Tübingen und Leipzig 1902, Viertes Kapitel, v (S. 436 ff., bes. 472 f.). Rickert unterscheidet sieben Entwicklungsbegriffe, und er bestimmt die logische Struktur des vierten, auf den es ihm (und Weber) vor allem ankommt, wie folgt: Hier »wird ein individueller Werdegang in der Weise zu einer teleologischen Einheit zusammen-

geschlossen, daß man seine Einzigartigkeit auf einen Werth bezieht, und auf diese Weise verknüpft sich die Einzigartigkeit mit der Einheit eines Werdeganges zu einem geschichtlichen Entwicklungsprozess«. Ebd., S. 473. Rickert wendet damit das durch theoretische Wertbeziehung konstituierte Individuum vom Simultanen ins Sukzessive und trennt Entwicklungsgeschichte logisch von bloßer Veränderung einerseits, von fortschrittlicher Entwicklung andererseits. Es ist leicht zu sehen, daß Weber diesem Gedanken im Objektivitätsaufsatz an jenen Stellen folgt, wo er von idealtypischen Entwicklungskonstruktionen in ihrem Verhältnis zur Geschichte redet und dies mit einer kritischen Beurteilung der marxistischen Entwicklungsgesetze verknüpft. Vgl. Max Weber, WL, S. 203 ff., bes. 205 (Rickerts in diesem Zusammenhang wichtige Unterscheidung in primäre und sekundäre historische Individuen, die Weber gleichfalls übernimmt, lasse ich beiseite). Der Verzicht auf eine Identifikation von Entwicklung mit Fortschritt bedeutet also keineswegs, daß der Historiker nicht berechtigt wäre, von Entwicklungs*stufen* zu reden. Im Gegenteil: »Der Historiker muß auch *Prozesse* erstens als nothwendige Einheiten auffassen können, und sie zweitens nicht nur nach Aussen hin abzuschliessen, sondern auch im Innern in eine Anzahl von Stufen zu theilen im Stande sein, d. h. er hat stets eine übersehbare Reihe von verschiedenen Stadien darzustellen, aus denen der historische Ablauf sich als den wesentlichen Gliedern zusammensetzt«. Rickert, *Grenzen*, S. 437 (vgl. auch die etwas veränderte Formulierung in der 2. Auflage, S. 389 f.). Man kann also von Entwicklung und Entwicklungsstufen sprechen, ohne in die Fehler des klassischen Evolutionismus zu verfallen. Freilich setzt dies die Möglichkeit einer Scheidung von praktischer Wertung und theoretischer Wertbeziehung voraus, auf der Rickerts (und Webers) Theorie historischer Wirklichkeitserschließung beruht. (Die Möglichkeit dieser Unterscheidung setzt zwar eine Werttheorie, aber noch keine bestimmte Werttheorie voraus.) Über die logischen Probleme, die dieser Begriff von Entwicklungsgeschichte für den Begriff der Universalgeschichte aufwirft, hat sich Rickert ausführlich in seinem Beitrag »Geschichtsphilosophie« in der Festschrift für Kuno Fischer geäußert. Vgl. Heinrich Rickert, »Geschichtsphilosophie«, in: Wilhelm Windelband (Hg.), *Die Philosophie im Beginn des 20. Jahrhunderts. Festschrift für Kuno Fischer*, 2. Auflage, Heidelberg 1907 (1. Auflage 1904), bes. III (S. 396 ff.). Weber schreibt dazu an Rickert: »Höchst anziehend und anregend *alles*, was in Abschnitt III steht.« (Brief vom 3. November 1907). Ich selbst habe in meinem Buch *Die Entwicklung des okzidentalen Rationalismus. Eine Analyse von Max Webers Gesellschaftsgeschichte*, Tübingen 1979, den Begriff Entwicklungsgeschichte dazu benutzt, um Webers Ansatz sowohl vom klassischen

Evolutionismus wie von neoevolutionistischen Ansätzen, seien sie eher entwicklungslogischer (Habermas) oder eher funktionalistischer Provenienz (Parsons, Luhmann), abzugrenzen. Vgl. besonders Einleitung und Schlußbemerkung. (In der englischen Ausgabe habe ich »Gesellschaftsgeschichte« durchgängig durch »Entwicklungsgeschichte« ersetzt. Vgl. Wolfgang Schluchter, *The Rise of Western Rationalism. Max Weber's Developmental History*, Berkeley: University of California Press 1981, Translator's Note.) Wenn Wilhelm Hennis es schwer begreiflich findet, daß »so unterschiedliche Geister wie Friedrich Tenbruck, Wolfgang Schluchter und Jürgen Habermas nicht davon lassen können, in Webers Werk *evolutionstheoretische* Elemente zu entdecken«, wo doch für Weber Geschichte als eine Verkettung von Umständen geschah (vgl. Hennis, *Max Webers Fragestellung*, S. 204), so übergeht er dabei nicht nur geflissentlich die Differenzen zwischen diesen unterschiedlichen Geistern, sondern vor allem, daß Weber tatsächlich eine Entwicklungstheorie hat. Daß sie nicht mit der des klassischen Evolutionismus identisch ist (»eine innere Gesetzmäßigkeit und teleologische Bestimmtheit der Entwicklung«, wie Hennis ungenau formuliert), habe gerade ich gegen Friedrich Tenbruck nachgewiesen. Doch es gibt eben nicht nur den klassischen Evolutionismus als Entwicklungstheorie, wie Hennis anzunehmen scheint. Daß Geschichte als Verkettung von Umständen geschieht, heißt nicht, daß man sie nicht dennoch teleologisch rekonstruieren muß (im Sinne Rickerts!). Daß Entwicklung nicht Fortschritt bedeutet, heißt nicht, daß man auf Entwicklungstheorie verzichtet hat. Hennis hat in dieser wie auch in anderen systematisch schwierigen Fragen außer Polemik wenig zu bieten. Es ist übrigens mir schwer begreiflich, wie man bei solch expliziter Ablehnung jeder Entwicklungstheorie bei Weber seine Fragestellung in der »Entwicklung (sic!) des (sic!) Menschentums« sehen kann. Vgl. Hennis, a.a.O., S. 8 ff.

Übrigens läßt es gerade Rickerts Begriff der historischen Entwicklung zu, von der Universalgeschichte eines Kulturkreises zu sprechen, die dann alle unter einem Wertgesichtspunkt wesentlichen Entwicklungsstufen (auch Entwicklungsstadien oder Entwicklungsphasen) umfassen muß. Weber verwendet die Begriffe Entwicklungsgeschichte, Universalgeschichte, Entwicklungsstufe oder Entwicklungsphase ständig in dieser Weise, wobei für ihn auch die Entwicklungstheorie im Dienste der Herausarbeitung der Eigenart eines historischen Individuums und seiner Erklärung, nicht im Dienste der Konstruktion »genereller Entwicklungsschemata« steht. Vgl. unter anderem schon »Agrarverhältnisse«, S. 288. In Wolfgang J. Mommsens jüngsten Arbeiten zum Begriff der Universalgeschichte bei Weber, die in meinen Augen mehr Verwirrung stiften als Klärung bringen, weil hier Begriffe wie »materiale Theorie der Universalgeschichte« (im Gegensatz zu formaler?), Evolutionismus, Teleologie, Neo-Evolutionismus, Neo-Idealismus (im Gegensatz zu Neo-Materialismus?), dann auch mal Weltgeschichte undefiniert und munter durcheinanderwirbeln (so gibt es zum Beispiel eine »tendentiell teleologische bzw. entwicklungsgeschichtliche Auflösung der Antinomie zwischen ›materialer‹ und ›formaler‹ Rationalität«), wird dieser Zusammenhang nicht gesehen und deshalb Webers Ansatz falsch plaziert. Vgl. Wolfgang J. Mommsen, »Persönliche Lebensführung und gesellschaftlicher Wandel. Versuch einer Rekonstruktion des Begriffs der Geschichte bei Max Weber«, in: *Geschichte und politisches Handeln. Theodor Schieder zum Gedächtnis*, hg. von P. Alter, W. J. Mommsen und Th. Nipperdey, Stuttgart 1985, S. 261 ff. und ders., »Max Webers Begriff der Universalgeschichte«, in: Jürgen Kocka (Hg.), *Max Weber als Historiker*, Göttingen 1986, S. 51 ff., die Zitate auf S. 52 und 67.

17 Ich formuliere bewußt ›doppeldeutig‹, weil man, wie Webers *Wissenschaftslehre* durchgängig zeigt, die logisch-formale Bedeutung von der materialen unterscheiden muß. So explizit beim Kulturbegriff, beim Begriff der Kulturbedeutung und eben auch beim Entwicklungsbegriff (Sinngabe und Sinnträger!).

18 Vgl. die Formulierung bei Max Weber, RS I, S. 12.

19 Ich habe schon an mehreren Stellen darauf hingewiesen, daß man Webers Werk in drei Phasen einteilen kann. Vgl. Wolfgang Schluchter, *Rationalismus der Weltbeherrschung*, S. 274 und ders., »Max Webers Religionssoziologie. Eine werkgeschichtliche Rekonstruktion«, in: Wolfgang Schluchter (Hg.), *Antikes Christentum*, S. 525 ff., wo auf die qualitative Veränderung um 1910 ausführlicher eingegangen wird. Ergänzend dazu auch mein Aufsatz »›Wirtschaft und Gesellschaft‹ – Das Ende eines Mythos«, in: Wolfgang Schluchter, *Religion und Lebensführung*, Frankfurt 1988. Während die zweite qualitative Veränderung, die sich um 1910 vollzieht, inhaltlicher Natur ist, ist die erste, die mit der Veröffentlichung von Heinrich Rickerts Kapitel 4 und 5 der *Grenzen* im Jahre 1902 zusammenhängt, methodologisch. Weber transformiert, beginnend mit dem Roscher-Aufsatz, Carl Mengers Unterscheidung in Wirtschaftsgeschichte, realistische Wirtschaftstheorie und exakte Wirtschaftstheorie mit Hilfe von Rikkert in einen kulturwissenschaftlichen Ansatz, der die Doppelung von Begriffskonstruktion und Begriffsanwendung verlangt. Ich habe diese These auf der Weber-Konferenz in Kassel im Sommer 1986 vorgetragen und inzwischen ausgearbeitet. Vgl. Wolfgang Schluchter, »Wirtschaft und Kultur. Von Karl Marx zu Weber«, in: ders., *Religion und Lebensführung*.

20 Zur Bedeutung der Musiksoziologie für ein angemessenes Verständ-

nis der Rationalisierungsproblematik vgl. Wolfgang Schluchter, »Weltflüchtiges Erlösungsstreben und organische Sozialethik. Überlegungen zu Max Webers Analyse der indischen Kulturreligionen«, in: Wolfgang Schluchter (Hg.), *Max Webers Studie über Hinduismus und Buddhismus. Interpretation und Kritik*, Frankfurt 1984, S. 15 ff.

21 Marianne Weber, *Lebensbild*, S. 349.

22 Max Weber, RS 1, S. 4.

23 Ebd., S. 12 (im Original nur »Vergleich« gesperrt).

24 Also aus dem Fach Nationalökonomie, dem er seit der Berufung nach Freiburg im disziplinären Sinne angehörte. Vgl. dazu auch Marianne Weber, *Lebensbild*, S. 349.

25 Vgl. dazu meinen Aufsatz »›Der Kampf der Götter‹ – Von der Religionskritik zur Religionssoziologie«, in: Wolfgang Schluchter, *Religion und Lebensführung*.

26 Marianne Weber, *Lebensbild*, S. 346.

27 Weber dachte deshalb über seine vergleichenden Studien sehr bescheiden. Er sah sie nie als umfassende Kulturanalysen an. Es ging hauptsächlich um die Entwicklung von Fragestellungen, so schon in den »Agrarverhältnissen«, vgl. etwa S. 280. Auch läßt sich bei einem solchen Ansatz das Schematisieren nicht gänzlich vermeiden. Vgl. ebd.

28 Vgl. dazu unter anderen Carl Heinrich Becker, *Islamstudien*, Leipzig 1924, Erster Band, darin bes. Kap. 1, 2, 4, 9, 13, 14; Ignaz Goldziher, *Vorlesungen über den Islam*, Heidelberg 1910; Julius Wellhausen, *Reste arabischen Heidentums, gesammelt und erläutert*, Zweite Ausgabe, Berlin 1897; und ders., *Das arabische Reich und sein Sturz*, Berlin 1902; Joseph Kohler, »Zum Islamrecht«, in: *Zeitschrift für vergleichende Rechtswissenschaft*, 17 (1905), S. 194 ff.; C. Snouck Hurgronje, *Mekka*, 1. Band, Den Haag 1888. Arbeiten von Goldziher und Wellhausen werden noch immer ins Englische übersetzt, so zum Beispiel Goldzihers *Vorlesungen* 1981.

29 Max Weber, RS 1, S. 237 (zuvor schon im *Archiv für Sozialwissenschaft und Sozialpolitik*, 41 (1916), ausgeliefert Okt. 1915).

30 Jetzt auch zitiert in Johannes Winckelmann, *Max Webers hinterlassenes Hauptwerk: Die Wirtschaft und die gesellschaftlichen Ordnungen und Mächte*, Tübingen 1986, S. 36.

31 Vgl. ebd., S. 42.

32 Max Weber, RS 1, S. 237 (zuvor schon im *Archiv*, 1915). Interessant ist, daß Weber diesen Hinweis 1920 nur auf den neuesten Stand bringt, nicht aber streicht, obgleich er doch inzwischen die »Einleitung« und vor allem die ersten Teile des »Konfuzianismus« umgearbeitet hatte.

33 Dazu Wolfgang Schluchter, »›Wirtschaft und Gesellschaft‹ – Das

Ende eines Mythos«, zuvor schon Friedrich H. Tenbruck, »Abschied von Wirtschaft und Gesellschaft«, in: *Zeitschrift für die gesamte Staatswissenschaft*, 133 (1977), S. 703 ff.

34 Entsprechende Hinweise aus dem Briefwechsel kann man jetzt bei Winckelmann finden. Vgl. Johannes Winckelmann, *Hauptwerk*, S. 42 ff. Dadurch lassen sich meine aus den Texten abgeleiteten Vermutungen zur Werkgeschichte präzisieren. Vgl. meine Einleitungen in den Bänden Wolfgang Schluchter (Hg.), *Max Webers Studie über das antike Judentum. Interpretation und Kritik*, Frankfurt 1980, S. 11 ff. und *Max Webers Studie über Hinduismus und Buddhismus. Interpretation und Kritik*, Frankfurt 1984, S. 11 ff.

35 Vgl. Max Weber, RS I, S. 237 f., wo der Islam zusammen mit Konfuzianismus, Hinduismus, Buddhismus, Christentum und, von diesen abgesetzt, dem Judentum als zu behandelnde religiöse Ethik genannt ist.

36 Diese Selbstanzeige jetzt auch bei Winckelmann, *Hauptwerk*, S. 45 f.

37 Vgl. Max Weber, RS III, S. 7.

38 So Randall Collins, *Weberian Sociological Theory*, Kap. 2, dem offenbar nicht klar ist, daß die Herausgeber der *Wirtschaftsgeschichte* Lükken mit Hilfe von Webers veröffentlichten und unveröffentlichten Schriften füllten, weshalb in der *Wirtschaftsgeschichte* auch kein Gedanke auftaucht, der nicht an anderer Stelle im Werk zu finden wäre.

39 Vgl. Wolfgang Schluchter, »Max Webers Religionssoziologie«, S. 549 f.

40 Max Weber, WuG, S. 367.

41 Das geht auch aus einer Formulierung in der »Vorbemerkung« zu RS I hervor, wo Weber von einer noch ausstehenden »systematischen Bearbeitung der Religionssoziologie« spricht. Vgl. ebd., S. 15.

42 Max Weber, WuG, S. 375, ferner RS III, S. 7.

43 Max Weber, RS I, S. 1.

44 Vgl. dazu Max Weber, *Wirtschaftsgeschichte*, S. 16. Die begriffliche Vorbemerkung wurde übrigens bei der englischen Übersetzung der *Wirtschaftsgeschichte* weggelassen, ist also den nicht deutsch lesenden amerikanischen Weberforschern, die es nach wie vor zuhauf gibt, nicht bekannt. Die Formulierung ist allerdings insofern ungewöhnlich, als Weber den Gesellschaftsbegriff in der Regel umgeht.

45 Auf die Bedeutung der verstreuten Bemerkungen Webers zur Wissenschaftsentwicklung haben besonders Benjamin Nelson und Friedrich H. Tenbruck in verschiedenen Aufsätzen aufmerksam gemacht. Zu Webers Einschätzung der chinesischen Wissenschaftsentwicklung der Aufsatz von Nathan Sivin in Wolfgang Schluchter (Hg.), *Max Webers Studie über Konfuzianismus und Taoismus*, S. 342 ff.

46 Dazu der Versuch bei Collins, a.a.O., den ich aber nicht für voll gelungen halte. Vgl. meine Einleitung in: Wolfgang Schluchter (Hg.), *Max Webers Sicht des okzidentalen Christentums. Interpretation und Kritik*, Frankfurt 1988.

47 Vgl. Max Weber, *Wirtschaftsgeschichte*, S. 239 (im Original gesperrt). Ferner WuG, S. 94 sowie RS 1, S. 4-9.

48 Max Weber, *Wirtschaftsgeschichte*, S. 239.

49 Vgl. Max Weber, WuG, S. 139. Hier gibt es Ähnlichkeiten mit Marx. Die Kategorie des Erwerbskapitals führt unter diesen Bedingungen gleichsam noch ein »antediluvianisches Dasein«. Das heißt freilich nicht, daß Webers Erklärung der Entstehung des modernen Gewerbekapitalismus mit Marxens Erklärung der ursprünglichen Akkumulation identisch sei.

50 Max Weber, *Wirtschaftsgeschichte*, S. 270.

51 Vgl. Max Weber, RS 1, S. 12, wo vor allem auf die inneren Widerstände, Obstruktionen abgestellt ist. In WuG geht es aber auch ständig um äußere Widerstände, vor allem um die, die eine ›Struktur‹ einer anderen bietet. Vgl. zum Beispiel die Verhältnisbestimmungen von politischer Herrschaft und Wirtschaft in der neuen Fassung der Herrschaftssoziologie.

52 Die Protestantismusstudie enthält noch keine Analyse der Kirchenverfassungen. Dazu bieten die Sektenaufsätze von 1906 eine erste Annäherung. Weber hat sie bekanntlich für den 1. Band der *Gesammelten Aufsätze zur Religionssoziologie* um- und ausgearbeitet und über einen Einschub auf S. 128 mit der gleichfalls überarbeiteten Protestantismusstudie verzahnt (»Wo trotz andersartiger Glaubensfundamentierung dennoch die gleiche asketische Konsequenz auftrat, war dies regelmäßig Folge der Kirchen*verfassung*, von der in anderm Zusammenhang zu reden ist«. Es folgt der Hinweis auf den Sektenaufsatz). Man muß also das Verhältnis innerlich – äußerlich, das übrigens in meiner Sicht einen Kantischen Hintergrund hat, zunächst bereichsspezifisch analysieren. Zum Verhältnis von Motiv und Institution die instruktive Bemerkung in WL, S. 188f.

53 Der Begriff vorkapitalistisch wird besonders in der *Wirtschaftsgeschichte* verwendet.

54 Weber definiert im Objektivitätsaufsatz: »Zweck ist für *unsere* Betrachtung die Vorstellung eines *Erfolges*, welche *Ursache* einer Handlung wird«. Vgl. WL, S. 183. Das ist eine Definition ganz im ›Geiste‹ Kants. Weber unterscheidet ferner zwischen Zweck und Wert, Regeln der Weltklugheit und sittlichen Normen, Zweck-Maximen und Norm-Maximen, Erwartungsorientierung und Wertorientierung bereits im Stammler-Aufsatz, also in jenem Text, der am Beginn der Ausarbeitung seiner Handlungstheorie steht. Er stellt damit, ganz im Sinne eines historisch gewendeten Kant, die Weichen

für die spätere Unterscheidung in Zweck- und Wertrationalität. Die Bedeutung dieses Kantischen Hintergrunds, der es Weber erlaubt, den Utilitarismus der Wirtschaftstheorie in der Handlungstheorie zu überwinden, verkennen in meiner Sicht sowohl Jürgen Habermas wie Gregor Schöllgen. Beide reduzieren Webers Handlungstheorie auf Erfolgsorientierung bzw. auf Arbeit und werfen ihm vor, er assimiliere Verständigungsorientierung an Erfolgsorientierung, Produktion an Praxis. Das wäre richtig, wenn Weber im Rahmen der nationalökonomischen Handlungstheorie geblieben wäre. Diesen hatte er aber spätestens im Übergang zu seiner zweiten Phase gesprengt. Gerade die »Protestantische Ethik« demonstriert am Beispiel einer religions*geschichtlichen* Analyse die forschungsstrategischen Konsequenzen dieser ›Sprengung‹. Sie ist ein einziges Plädoyer dafür, daß man das Entstehen von Gesinnungen, selbst von Wirtschaftsgesinnungen nicht im Rahmen einer utilitaristischen Handlungstheorie erfassen kann. Vgl. zur Kritik an Webers angeblich zu engem Handlungsbegriff Jürgen Habermas, *Theorie des kommunikativen Handelns*, 2 Bände, Frankfurt 1981, bes. »Erste Zwischenbetrachtung«, und Gregor Schöllgen, *Handlungsfreiheit und Zweckrationalität. Max Weber und die Tradition der praktischen Philosophie*, Tübingen 1985, etwa S. 41, 108 ff. Zu Webers frühem Ansatz seiner nichtutilitaristischen Handlungstheorie vgl. WL, S. 328 ff., insb. 334 ff.

55 Zu diesem Begriff, der eng mit Webers Persönlichkeitsbegriff zusammenhängt, s. Wolfgang Schluchter, »›Der Kampf der Götter‹ – Von der Religionskritik zur Religionssoziologie«, in: ders., *Religion und Lebensführung*.

56 Vgl. W. Schluchter, »Weltflüchtiges Erlösungsstreben und organische Sozialethik«, in: ders. (Hg.), *Max Webers Studie über Hinduismus und Buddhismus*, dort insb. »1. Die ›Zwischenbetrachtung‹«.

57 Max Weber, RS 1, S. 15.

58 Ebd., S. 82.

59 Ebd.

60 Ebd., S. 37.

61 Ebd., S. 38. Das suchte Weber schon in seiner Studie über die ostelbischen Landarbeiter zu zeigen.

62 Ebd., S. 40, Fn. (Einfügung 1920, um die ursprüngliche Position gegenüber den Einwänden von Sombart und Brentano zu verdeutlichen).

63 Ebd., S. 111, Fn. (Einfügung 1920). Weber bildet den Begriff wohl in Analogie zu »Problemverschlingung«, der bei den Neukantianern immer wieder auftaucht.

64 Ebd., S. 111 f., Fn. 4 (in dieser Passage sind die entscheidenden Punkte alt).

65 Ebd., S. 124 f.

66 Ebd., S. 114.

67 Dazu Max Weber, PE II, S. 317. Das hat interessante Konsequenzen für die Auswahl der Quellen. Man braucht erstens Quellen, an denen sich die dogmatischen Verankerungen zeigen lassen, zweitens solche, an denen man die psychischen Probleme der Gläubigen sichtbar machen kann. Weber verwandte nur in der »Protestantischen Ethik« beide Arten von Quellen. Bei den anderen Kulturreligionen begnügte er sich dagegen weitgehend mit der Demonstration ihrer dogmatischen Verankerung.

68 Max Weber, RS I, S. 252.

69 Ebd., S. 125.

70 Max Weber, WuG, S. 348.

71 Max Weber, RS I, S. 110 (Einfügung 1920).

72 Ebd., S. 105.

73 Max Weber, WuG, S. 348.

74 Max Weber, RS I, S. 101.

75 Zu diesen Interessen vgl. Max Weber, *Wirtschaftsgeschichte*, S. 16. Er unterscheidet dort wirtschaftliche, magische und religiöse, politische sowie ständische Interessen. Sie lassen sich aus einer Kombination von materiellen und ideellen Interessen mit inneren und äußeren Interessen entwickeln. Daraus ergeben sich übrigens auch die wichtigsten Kulturgebiete: die wirtschaftliche Lebensordnung, die religiöse Lebensordnung, die politisch-rechtliche Lebensordnung und die soziale Lebensordnung. Vgl. meinen Systematisierungsversuch in: *Die Entwicklung des okzidentalen Rationalismus*, S. 43 f., den ich heute etwas anders fassen würde. Modifikationen bereits in Wolfgang Schluchter, »Gesellschaft und Kultur – Überlegungen zu einer Theorie institutioneller Differenzierung«, in: ders. (Hg.), *Verhalten, Handeln und System. Talcott Parsons' Beitrag zur Entwicklung der Sozialwissenschaften*, Frankfurt 1980, S. 106 ff., in revidierter Fassung in: *Rationalism, Religion, and Domination. A Weberian Perspective*, Berkeley: University of California Press 1988, Kap. 2.

76 Daran sieht man übrigens, wie unsinnig es ist, die sogenannte Protestantismusthese an die Prädestinationstheorie zu binden. Ein Beispiel dafür ist Collins.

77 Max Weber, WuG, S. 346.

78 Ebd., S. 314.

79 Ebd., S. 315.

80 Ebd., S. 273. An anderer Stelle habe ich vorgeschlagen, Mohammed eher als einen ethischen Heiland denn als einen ethischen Propheten zu bestimmen. Das weicht von Webers Einordnung ab. Vgl. Wolfgang Schluchter, »Weltflüchtiges Erlösungsstreben und organische Sozialethik«, S. 67. Mein Vorschlag rechtfertigt sich damit, daß auch der Islam, wie das Christentum, ursprünglich eine personal-charis-

matische Bewegung ist, wobei dies hier durch den politischen Charakter noch verstärkt wird. Dazu später mehr.

81 Max Weber, RS I, S. 94.

82 Max Weber, WuG, S. 317.

83 Ebd., S. 375.

84 F. Ulrich, *Die Vorherbestimmungslehre im Islam und Christentum. Eine religionsgeschichtliche Parallele*, Gütersloh 1912. Hinweise darauf bei Weber in RS I, S. 102 f., Fn. 2 und S. 128, Fn., beides Einfügungen 1920. Es ist nicht klar, ob Weber diese Dissertation bereits bei Abfassung der ersten Fassung von WuG kannte. Die Argumentation auf S. 346 ff. schließt dies jedenfalls nicht aus. Zum Prädestinationsgedanken im Islam vgl. auch den Beitrag von Rudolph Peters in diesem Band.

85 Max Weber, RS I, S. 92, Fn. 1.

86 F. Ulrich, *Vorherbestimmungslehre*, S. 57.

87 Ebd., S. 67 f.

88 Max Weber, WuG, S. 375.

89 F. Ulrich, *Vorherbestimmungslehre*, S. 14.

90 Max Weber, WuG, S. 347.

91 Ebd., S. 346.

92 Weber führt dies beim Laienkatholizismus auf das Institut der Beichte und im Luthertum auf die gefühlsmäßige Wendung der Religion zurück.

93 Vgl. F. Ulrich, *Vorherbestimmungslehre*, S. 126 ff.

94 Max Weber, WuG, S. 346.

95 Ebd., S. 347.

96 Vgl. F. Ulrich, *Vorherbestimmungslehre*, S. 47. Zur Kargheit der islamischen Vision unter anderem John A. Hall, *Powers and Liberties. The Causes and Consequences of the Rise of the West*, Berkeley: The University of California Press 1985, S. 84, dessen Bemerkungen zu Weber allerdings ein äußerst beschränktes Verständnis von dessen Ansatz spiegeln. Zu den Glaubensgrundlagen des Islams allgemein Bassam Tibi, *Der Islam und das Problem der kulturellen Bewältigung des sozialen Wandels*, Frankfurt 1985, bes. Kap. I und II.

97 Max Weber, WuG, S. 347.

98 Max Weber, RS I, S. 102 f., Fn. 2.

99 Max Weber, WuG, S. 347.

100 In diesem Sinne hält Weber tatsächlich nur das Judentum und den asketischen Protestantismus für erfolgreiche antimagische Religionen. Offensichtlich sind islamische Reformbewegungen auch durch Abkehr von magischen Volkspraktiken inspiriert. Vgl. den Beitrag von Barbara Metcalf in diesem Band.

101 Max Weber, WuG, S. 347.

102 Ebd., S. 375.

103 Ebd., S. 288.
104 Ebd., S. 376.
105 Max Weber, RS I, S. 240.
106 Auch dauerhafte Weltablehnung muß natürlich nicht zu Weltbeherrschung führen, wie die Analyse der indischen Kulturreligionen zeigt. Vor allem das Fehlen des Bewährungsgedankens und die erste entscheidende Trägerschicht treiben den Islam in Webers Sicht zu aktivem, innerweltlichem, politischem Handeln und machen ihn damit zu einer ›politischen‹ Religion, die zu Weltanpassung tendiert. Vgl. dazu RS II, S. 220 f., wo der Islam zusammen mit dem Konfuzianismus dem Buddhismus als einer radikal weltablehnenden Erlösungsreligion gegenübergestellt wird, die zu Weltflucht führt. Webers Sicht ist freilich schon für den frühen Islam zu vereinfacht. Vgl. die Beiträge von Ira Lapidus und Nehemia Levtzion in diesem Band.
107 Max Weber, WuG, S. 347.
108 Vgl. etwa John A. Hall, *Powers and Liberties*, S. 85 ff., bes. 96, ferner Ernest Gellner, *Leben im Islam. Religion als Gesellschaftsordnung*, Stuttgart 1985.
109 Max Weber, RS I, S. 125.
110 Ebd., S. 12.
111 So repräsentiert zum Beispiel soziale Ehre ein äußeres ideelles Interesse. Vgl. auch Anm. 75.
112 Die Standardisierung sollte dem Titel der ersten Fassung von WuG folgen, der strenggenommen heißt: Die wirtschaftliche Ordnung und die wirtschaftlichen Mächte in ihrem Verhältnis zu den übrigen gesellschaftlichen Ordnungen und Mächten. Vgl. dazu Wolfgang Schluchter, »›Wirtschaft und Gesellschaft‹ – Das Ende eines Mythos«, in: ders., *Religion und Lebensführung*.
113 Auf die Notwendigkeit der Unterscheidung von Antrieb und Anreiz hat Reinhard Bendix aufmerksam gemacht. Der ganze Begriffsapparat spiegelt das transformierte Kantische Erbe.
114 Es fällt mir deshalb schwer, das Problem ernst zu nehmen, das Wilhelm Hennis umtreibt: Ob denn die Persönlichkeit *vor* die Lebensordnung oder die Lebensordnung *vor* die Persönlichkeit gehört. Diese Frage muß natürlich auftreten, wenn man dabei von einem Prioritätsverhältnis ausgeht. Doch dies tut weder Weber noch die moderne Soziologie. Es handelt sich vielmehr um ein Korrelationsverhältnis, und da ist es prinzipiell gleichgültig, ob der von Weber im Herbst 1917 gehaltene Vortrag auf Burg Lauenstein unter dem Titel »Die Persönlichkeit und die Lebensordnungen« stand, wie Marianne Weber berichtet, oder unter dem Titel »Die Lebensordnungen und die Persönlichkeit«, wie ein Teilnehmer, Ferdinand Tönnies, am 29. September 1917 in sein Notizbuch schrieb. Daß Webers ganzer Ansatz auf einer nicht bloß empirischen Persönlichkeitstheorie grün-

det, die sich mit einer Werttheorie verbindet, ist unbestreitbar. Das ist spätestens seit Dieter Henrichs Dissertation bekannt, und zuvor hatte dies bereits Karl Löwith in seinem Aufsatz über Weber und Marx nahegelegt. Doch für die Webersche ›Soziologie‹, insbesondere für die Religionssoziologie, stehen Persönlichkeit und Lebensordnung in einer korrelativen Beziehung. Diese kann, technisch gesprochen, alle Werte von + 1 bis – 1 annehmen (Begünstigung, Indifferenz, Obstruktion). Hennis schreibt in seiner Rezension des ersten Bandes der Max Weber-Gesamtausgabe (Band I/15, herausgegeben von Wolfgang J. Mommsen in Zusammenarbeit mit Gangolf Hübinger): »Wer weiß, welches Gewicht das Wort ›Persönlichkeit‹ in der Generation Webers hatte, deren Sprache ja durch Goethe und Nietzsche zutiefst geprägt war, kann sich schlicht nicht vorstellen, daß Weber die Sache andersherum hätte aufzäumen können. Aber ein moderner Soziologe kann nicht nur, er muß. Es ist fast so etwas wie eine Existenzfrage der zur Vorherrschaft gekommenen Art von Soziologie, den ›Lebensordnungen‹ (vulgo der ›Gesellschaft‹) den Vortritt vor dem ›Menschen‹ zu lassen. Die entscheidende Frage jeder Weber-Interpretation kann nur sein, ob das auch für die Webersche ›Soziologie‹ gilt.« Natürlich gilt es nicht für sie, aber das Gegenteil gilt für sie eben auch nicht. (Übrigens: Ist dies ein Sprachproblem oder ein theoretisches Problem, und warum wird ausgerechnet dem Historiker Mommsen hier Manipulation im Sinne der modernen Soziologie unterstellt?) Zum Zitat vgl. Wilhelm Hennis, »Im ›langen Schatten‹ einer Edition. Zum ersten Band der Max Weber-Gesamtausgabe«, in: FAZ, Nr. 207, 1984, S. 10. Zur philosophischen Seite der Persönlichkeitstheorie, die man in meiner Sicht wiederum auf dem Hintergrund von Kant lesen muß, Dieter Henrich, *Die Einheit der Wissenschaftslehre Max Webers*, Tübingen 1952, bes. »II. Die Grundlagen der Ethik«, und zur ›philosophischen‹ Idee des Menschen bei Weber (und Marx) Karl Löwith, »Max Weber und Karl Marx«, in: ders., *Gesammelte Abhandlungen. Zur Kritik der geschichtlichen Existenz*, Stuttgart 1960, S. 1 ff., bes. 30 ff. und 65 f. Vgl. auch meinen Versuch »›Der Kampf der Götter‹ – Von der Religionskritik zur Religionssoziologie«, in: *Religion und Lebensführung*. Interessant auch, sofern man vom verfehlten Ausgangspunkt absieht und die polemischen Untertöne streicht, die offenbar davon ablenken sollen, daß ansonsten meist offene Türen eingerannt werden, Wilhelm Hennis, *Max Webers Fragestellung*, S. 59 ff. (Max Webers Thema).

115 Weber schreibt am 26. April 1920 an Rickert, als die »Soziologischen Grundbegriffe« der zweiten Fassung von WuG offenbar bereits in Druck waren, man könne aus dem Grundbegriff des subjektiv gemeinten Sinns (mit den vier Sinnorientierungen) und aus dem

Grundbegriff der Ordnung (mit der Vorstellung von ihrer Geltung) nahezu alles entwickeln. Er definiert also seine Soziologie als eine Handlungs- und Ordnungstheorie auf der Basis der Scheidung von theoretischer Wertbeziehung und praktischer Wertung. Wie die veröffentlichte Fassung dieser Grundbegriffe zeigt, hält er tatsächlich am Konzept der theoretischen Wertbeziehung fest. Vgl. WuG, S. 8.

116 Das wird besonders in der anglo-amerikanischen Diskussion häufig übersehen. Vgl. Anm. 12.

117 Max Weber, RS 1, S. 205 f.

118 Ebd., S. 128.

119 Ebd., S. 207 ff.

120 Ebd., S. 121.

121 Ebd., S. 234.

122 Ebd., S. 128.

123 Max Weber, WuG, S. 268.

124 Ebd., S. 730 und auch RS 1, S. 233 ff.

125 Max Weber, WuG, S. 708.

126 Max Weber, RS 1, S. 538.

127 Patricia Crone, *Slaves on Horses. The Evolution of the Islamic Polity*, Cambridge: Cambridge University Press 1980, S. 62.

128 Max Weber, WuG, S. 348. Weber verweist auf die Wahlverwandtschaft zwischen dem Strukturprinzip der Demokratie und dem der Sekte sowie auf den Beitrag der Sekten des asketischen Protestantismus für die Ausbildung eines Begriffs von Gewissensfreiheit, der auch die Gewissensfreiheit des anderen einschließt. Ebd., S. 732 ff.

129 Vgl. Ignaz Goldziher, *Vorlesungen*, bes. »1. Muhammed und der Islam«, ferner Max Weber, WuG, S. 375.

130 Dazu Patricia Crone, *Slaves on Horses*, S. 13 f.

131 Carl Heinrich Becker, *Islamstudien*, S. 353.

132 Patricia Crone, *Slaves on Horses*, S. 8.

133 Ebd., S. 10.

134 Ebd., S. 15.

135 Julius Wellhausen, *Das arabische Reich*, S. 5.

136 Julius Wellhausen, *Reste arabischen Heidentums*, S. 92 ff.

137 Julius Wellhausen, *Das arabische Reich*, S. [illegible]

138 W. Montgomery Watt, *Muhammad: Prophet und Statesman*, Oxford: Oxford University Press, 1964, S. 96.

139 Julius Wellhausen, *Das arabische Reich*, S. 9.

140 Max Weber, WuG, S. 754.

141 Julius Wellhausen, *Das arabische Reich*, S. 9.

142 Vgl. ebd., S. 12 und Carl Heinrich Becker, *Islamstudien*, S. 347.

143 Das darf man freilich nicht so verstehen, als sei dies eine Art Regression gewesen. Vgl. dazu den Beitrag von Nehemia Levtzion in die-

sem Band, der zeigt, daß der Islam zunächst durchaus partikularistisch war, weil er einen *arabischen* Monotheismus formulierte, der sich erst unter den Abbasiden zum Universalismus fortentwickelte, was dann wesentlich zum Diffusionserfolg des Islams beitrug.

144 Vgl. Julius Wellhausen, *Reste arabischen Heidentums*, S. 101 ff.

145 Die Familie war angeblich mit kultischen Funktionen betraut.

146 Dazu Julius Wellhausen, *Reste arabischen Heidentums*, S. 68. ff.

147 Ich bilde diesen Begriff in Anlehnung an Reinhard Bendix, der von Referenzgesellschaften, von Bezugsgesellschaften, spricht. Vgl. sein Buch: *Könige oder Volk. Machtausübung und Herrschaftsmandat*, Zwei Teile, Frankfurt 1980, bes. Zweiter Teil, S. 75 ff.

148 Carl Heinrich Becker, *Islamstudien*, S. 343 und 347.

149 Der Islam restituierte diese Stiftung – so die Konstruktion – und reinigte sie zugleich von den Abweichungen, die sie im Judentum und im Christentum erfahren hatte.

150 So John A. Hall, *Powers and Liberties*, S. 85.

151 Max Weber, WuG, S. 681 f.

152 Ebd., S. 289.

153 Ebd., S. 708 und 289.

154 Ebd., S. 289. Aus dieser Formulierung kann man übrigens schließen, daß Weber nicht behauptet, der Islam sei ausschließlich eine Kriegerreligion. In dem Maße, wie andere Trägerschichten in den Vordergrund treten, treten unter Umständen auch die erlösungsreligiösen Elemente wieder in den Vordergrund. Tatsächlich nahm Weber auch in bezug auf das Weltverhältnis des Islams keine eindeutige Einordnung vor. Vgl. mein Schema in »Weltflüchtiges Erlösungsstreben und organische Sozialethik«, in: Wolfgang Schluchter (Hg.), *Max Webers Studie über Hinduismus und Buddhismus*, S. 40.

155 Vgl. dazu ausführlicher Wolfgang Schluchter, *Die Entwicklung des okzidentalen Rationalismus*, S. 122 ff., bes. 176 ff.

156 Max Weber, WuG, S. 595. Weber folgte hier offensichtlich Becker, der als Scheidejahr 833 angibt.

157 Vgl. das dem Aufsatz vorangestellte Motto. Ferner die Formulierungen in WuG, S. 131, 138, 151. Zum islamischen Patrimonialismus auch die Aufsätze von Maxime Rodinson, Peter Hardy, Richard M. Eaton und Shmuel N. Eisenstadt in diesem Band.

158 Vgl. etwa ebd., S. 598 und 635.

159 Ebd., S. 632.

160 Ebd., S. 642.

161 Ebd., S. 151 und 133 f. Dies deshalb, weil völlige Traditionsungebundenheit praktisch nicht vorkommen kann.

162 Ebd., S. 635 f.

163 Ebd., S. 658.

164 Ebd.

165 Ebd., S. 659.
166 Dazu detaillierter meine Einleitung in: Wolfgang Schluchter (Hg.), *Max Webers Sicht des okzidentalen Christentums*, sowie die dort abgedruckten Beiträge, insbesondere die von Gianfranco Poggi und Stefan Breuer. Zuvor schon Wolfgang Schluchter, *Die Entwicklung des okzidentalen Rationalismus,* S. 204 ff., bes. 221 ff. Bei Weber vgl. WuG, S. 619 ff., bes. 621.
167 Ebd., S. 480 f.
168 So der Titel des bereits zitierten Buches von Patricia Crone.
169 Außer dem Buch von Crone vgl. Daniel Pipes, *Slave Soldiers and Islam. The Genesis of a Military System*, New Haven and London: Yale University Press 1981.
170 Vgl. ebd., S. XXIII.
171 Max Weber, WuG, S. 595.
172 Ebd., S. 621.
173 Vgl. Carl Heinrich Becker, *Islamstudien*, bes. S. 243.
174 Max Weber, WuG, S. 595.
175 Ebd., S. 652.
176 Max Weber, »Agrarstatistische und sozialpolitische Betrachtungen zur Fideikommißfrage in Preußen«, in: *Gesammelte Aufsätze zur Soziologie und Sozialpolitik*, Tübingen 1924, S. 323 ff., bes. III sowie meine Studie »Der autoritär verfaßte Kapitalismus. Max Webers Kritik am Kaiserreich«, in: *Rationalismus der Weltbeherrschung*, S. 134 ff., bes. 159 ff. Weber äußert sogar die Vermutung, das Institut stamme aus dem Islam und sei über Spanien nach Europa gelangt.
177 Carl Heinrich Becker, *Islamstudien*, S. 240 (im Original gesperrt).
178 Max Weber, WuG, S. 658.
179 Carl Heinrich Becker, *Islamstudien*, S. 236.
180 Weber verweist auf das Osmanische Reich mit dem Institut der Knabenaushebung. Vgl. WuG, S. 596. Dazu auch Perry Anderson, *Die Entstehung des absolutistischen Staates*, Frankfurt 1979, Kap. 7.
181 Max Weber, WuG, S. 635. Weber unterscheidet in der alten Fassung der Herrschaftssoziologie noch zwischen präbendalem, gefolgschaftlichem und lehensmäßigem Feudalismus und schränkt den lehensmäßigen Feudalismus auf den Okzident ein.
182 Ebd., S. 651.
183 Max Weber, *Wirtschaftsgeschichte*, S. 239.
184 Zur Unterscheidung von Haushalts- und Erwerbsprinzip und zu den damit zusammenhängenden wirtschaftssoziologischen Grundbegriffen mein Versuch in: *Rationalismus der Weltbeherrschung*, S. 136 ff., revidiert in: *Rationalism, Religion, and Domination*, Kap. 10.
185 Vgl. Max Weber, WuG, S. 658 ff. und 661.
186 Ebd., S. 138 und 151.
187 Ebd., S. 139.

188 Dazu auch John A. Hall, *Powers and Liberties*, S. 97.
189 Max Weber, WuG, S. 747.
190 Es sei wieder auf die Einleitung zum Band *Max Webers Sicht des okzidentalen Christentums* verwiesen, ferner auf die ausgezeichnete Dissertation von Song-U Chon, *Max Webers Stadtkonzeption. Eine Studie zur Entwicklung des okzidentalen Bürgertums*, Göttingen 1985. Vgl. auch Klaus Schreiner, »Die mittelalterliche Stadt in Webers Analyse und die Deutung des okzidentalen Rationalismus«, in: Jürgen Kocka (Hg.), *Max Weber, der Historiker*, S. 119 ff., dort auch weitere Literatur.
191 Max Weber, WuG, S. 740.
192 Ebd., S. 812.
193 Ebd., S. 819. Weber erwähnt das sizilianische Reich unter Dionysos, den attischen Bund, das karthagische Reich und das römisch-italienische Reich.
194 Ebd., S. 750.
195 Weber denkt in erster Linie an den italienischen Popolo und wohl auch an Köln.
196 Vgl. dazu auch Webers Vortrag über Staatssoziologie in Wien. Bericht der *Neuen Freien Presse* vom 26. Oktober 1917, S. 10 (Nr. 19102), demzufolge Weber ausführte, daß der vierte Legitimitätsgedanke (neben dem traditionalen, dem rational-legalen und dem charismatischen) der demokratische sei, sein »spezifischer Träger aber das *soziologische Gebilde der okzidentalen Stadt*«.
197 Max Weber, WuG, S. 804.
198 Eine besonders prägnante Stelle in RS II, S. 39 f.
199 Weber verweist auf die Formel »Stadtluft macht frei«. Dazu vor allem Heinrich Mitteis, »Über den Rechtsgrund des Satzes ›Stadtluft macht frei‹«, in: Carl Haase (Hg.), *Die Stadt des Mittelalters*, 3 Bände, Zweiter Band, Darmstadt 1976, S. 182 ff., der insbesondere auf den Unterschied in der Rechtsstellung von antikem Sklaven und mittelalterlichem Unfreien verweist und auch darauf, daß die Vorstellung von einem herrenlosen Sklaven eine dem deutschen Recht unvollziehbare Vorstellung gewesen sei. Ebd., S. 193 f. Es gibt also auch graduelle Freiheit auf dem Lande.
200 Vgl. Christian Snouck Hurgronje, *Mekka*, 1. Band: *Die Stadt und ihre Herren*, Den Haag 1888 und Max Weber, WuG, S. 747 f.
201 Ebd., S. 747.
202 Ebd., S. 595.
203 Ebd., S. 812.
204 Ebd., S. 758.
205 Vgl. dazu RS I, S. 3 in Verbindung mit WuG, S. 661.
206 Ebd., S. 480.
207 Ebd., S. 151 in Verbindung mit S. 139.

208 Max Weber, RS 1, S. 3.

209 Ein Versuch, aus Weber eine Erziehungs- und Bildungssoziologie herauszulesen, bei Volker Lenhart, »Allgemeine und fachliche Bildung bei Max Weber«, in: *Zeitschrift für Pädagogik*, 32 (1986), S. 529 ff.

210 Max Weber, WuG, S. 480.

211 Ebd., S. 459.

212 Ebd., S. 475.

213 Ebd., S. 460.

214 Ebd., S. 474 und, allgemeiner, S. 460.

215 Ebd., S. 475.

216 Ebd., S. 475 f. Zur Hijal-Literatur und zu ihrer Bedeutung für die wechselseitige Anpassung von Gewohnheitsrecht und Schari'a Joseph Schacht, »Zur soziologischen Betrachtung des islamischen Rechts«, in: *Der Islam*, 22 (1935), S. 207 ff., bes. 218. Ich benutze Schacht, um Webers Darstellung teilweise zu korrigieren.

217 Max Weber, WuG, S. 474.

218 Dazu John A. Hall, *Powers and Liberties*, S. 88, der überhaupt den Gegensatz von Ulema und politischer Herrschaft in den Mittelpunkt stellt. Zu diesem Problem auch die Beiträge von Robinson und Gellner in diesem Band.

219 Dazu Joseph Schacht, »Islamisches Recht«, S. 222 und Max Weber, WuG, S. 476. Schacht spricht von einer Kombination aus Personalprinzip (Muslim) und Territorialprinzip (Islamland).

220 Max Weber, WuG, S. 476.

221 Ebd., S. 477. Die Unterscheidung zwischen rechtsimmanenten und rechtstranszendenten Verhältnissen sowie die Sphärenabgrenzungen innerhalb der rechtsimmanenten Verhältnisse sind zentral für Webers Rechtssoziologie, desgleichen die Unterscheidung zwischen formal und formell sowie material und materiell. Wenn man dies nicht sieht, wird Webers Rechtssoziologie tatsächlich ein ›unverständlicher‹ Text. Das zeigt der Beitrag von Patricia Crone in diesem Band. Dazu später mehr. Eine Analyse der Rechtssoziologie unter Berücksichtigung dieser Unterscheidungen habe ich versucht in: *Die Entwicklung des okzidentalen Rationalismus*, S. 122 ff. In diesem Zusammenhang interessant S. Breuer und H. Treiber (Hg.), *Zur Rechtssoziologie Max Webers. Interpretation, Kritik, Weiterentwicklung*, Opladen 1984.

222 Dazu Max Weber, WuG, S. 665, der nur von theokratischer Kadi-Justiz spricht. Schacht weist auf die Notwendigkeit der Differenzierung hin. Für Weber ist Kadi-Justiz bekanntlich kein Begriff, der auf den Islam beschränkt wäre.

223 Max Weber, WuG, S. 476.

224 Joseph Schacht, »Islamisches Recht«, S. 222.

225 Max Weber, WuG, S. 480.
226 Ebd.
227 Ebd., S. 460.
228 Ebd., S. 461.
229 J. Schacht, »Islamisches Recht«, S. 236. Wenn Patricia Crone bemerkt, solche für die Entwicklung des rationalen Kapitalismus wichtigen Rechtsinstitute seien im Islam deshalb nicht aufgetaucht, weil sie einfach vergessen worden seien, so halte ich dies für kein sonderlich überzeugendes Argument. Vgl. ihren Beitrag in diesem Band.
230 Max Weber, WuG, S. 349. Es gibt also Parallelen zwischen Christentum und Islam in der Behandlung des Wuchers. Die Einstellung einer Religion dazu ist als solche unerheblich. Sie ist nur interessant als Indikator für das Vorhandensein eines Dualismus von Binnen- und Außenmoral, der in jeder traditionalen Wirtschaftsethik in irgendeiner Form auftaucht.
231 Joseph Schacht, »Islamisches Recht«, S. 237 f.
232 Maxime Rodinson, *Islam und Kapitalismus*, Frankfurt 1986 und Bryan S. Turner, *Weber and Islam. A Critical Study*, London and Boston: Routledge & Kegan Paul 1974. Vgl. Ferner Maxime Rodinsons Beitrag in diesem Band, der aber im Vergleich zum Buch eine etwas andere Linie verfolgt.
233 Maxime Rodinson, *Islam und Kapitalismus*, S. 26 ff., bes. 32.
234 Ebd., S. 146 ff.
235 Ebd., S. 160 f.
236 Vgl. ebd., S. 17.
237 Ebd., S. 115.
238 Vgl. ebd., S. 140.
239 Rodinson scheint die ganze Lehre von der objektiven Möglichkeit und adäquaten Verursachung, überhaupt Webers methodologische Schriften nicht zu kennen.
240 Auf dieses Problem haben besonders Gerhard Wagner und Heinz Zipprian hingewiesen. Vgl. ihren Aufsatz »Methodologie und Ontologie – Zum Problem der kausalen Erklärung bei Max Weber«, in: *Zeitschrift für Soziologie*, 14 (1985), S. 115 ff. Es entsteht, so die Hauptthese, durch den Anschluß an Rickert.
241 Vgl. dazu Wolfgang Schluchter, »Weltflüchtiges Erlösungsstreben und organische Sozialethik«, in: ders. (Hg.), *Max Webers Studie über Hinduismus und Buddhismus*, S. 35 ff.
242 Maxime Rodinson, *Islam und Kapitalismus*, S. 181.
243 Karl-Marx-Ausgabe, hg. von Hans-Joachim Lieber, Band II, Darmstadt 1971, S. 55.
244 Vgl. Maxime Rodinson, *Islam und Kapitalismus*, S. xxx.
245 Bryan S. Turner, *Weber and Islam*, S. 8 f.
246 Ebd., S. 20 f.

247 Dazu die Einleitungen zu den beiden Bänden *Max Webers Studie über Konfuzianismus und Taoismus* und *Max Webers Studie über Hinduismus und Buddhismus.*

248 Bryan S. Turner, *Weber and Islam*, S. 75.

249 Ebd., S. 172.

250 Max Weber, PE II, S. 325.

251 Webers ›Lehre‹ von der Veralltäglichung des Charismas ist allerdings durchaus ambivalent. Das wird nicht immer klar genug gesehen. Vgl. meine Versuche, diese Ambivalenz aufzudecken und zu beheben, in meiner Einleitung zu Wolfgang Schluchter (Hg.), *Max Webers Sicht des antiken Christentums*, S. 39-45 und ders., »Umbildungen des Charismas. Überlegungen zu Max Webers Herrschaftssoziologie«, in: *Religion und Lebensführung.*

252 Vgl. Stephen P. Blake, »The Patrimonial-Bureaucratic Empire of the Mughals«, in: *Journal of Asian Studies,* XXXIX (1979), S. 77 ff.

253 Ebd., S. 94.

254 Vgl. dazu insbesondere Gary G. Hamilton, »Patriarchalism in Imperial China and Western Europe. A Revision of Webers's Sociology of Domination«, in: *Theory and Society*, 13 (1984), S. 393 ff.

255 Max Weber, WL, S. 194.

256 Max Weber, WuG, S. 28. Es ist freilich eine schwierige Frage im Rahmen der Weberschen Methodologie, an welcher Stelle genetische Begriffe in Klassenbegriffe umschlagen. Weber selber spricht von genetischen Gattungsbegriffen, die von reinen Gattungsbegriffen zu unterscheiden sind. Absolut historische Begriffe, relativ historische Begriffe, genetische Gattungsbegriffe und reine Gattungsbegriffe gehen offenbar fließend ineinander über, obgleich die Gesichtspunkte der historischen Begriffsbildung von denen der rein klassifikatorischen Begriffsbildung verschieden sind. Die hier interessierenden Fälle hat Weber im Meyer-Aufsatz diskutiert. Vgl. WL, S. 241-245. Die soziologischen Grundbegriffe und damit auch die Klassenbegriffe Kirche und Sekte lassen sich als genetische Gattungsbegriffe verstehen. Deshalb sind auch sie nicht völlig ›kulturneutral‹.

257 Vgl. dazu meine Einleitung zu Wolfgang Schluchter (Hg.), *Max Webers Sicht des antiken Christentums*, S. 23.

258 Max Weber, WuG, S. 28.

259 Ebd., S. 30.

260 Ebd.

261 Von den drei Kriterien, die genannt werden, Mitgliedschaft, Herrschaftsstruktur und politischer Charakter, ist das dritte zweifelhaft und das zweite unplausibel, weil nicht jede Sekte demokratisch ist. Man darf die Unterscheidung in Priesterschaft und Laienschaft nicht mit der Unterscheidung in Hierarchie, besser: Bürokratie, und unmittelbare demokratische Verwaltung identifizieren. Es kann eine

demokratische Verwaltung mit Priestern geben, so wie es eine bürokratische Verwaltung ohne Priester geben kann.

262 Daß genetische Begriffe letztlich Realexplikationen sind, hat insbesondere Dieter Henrich betont. Vgl. Dieter Henrich, *Die Einheit der Wissenschaftslehre Max Webers*, S. 83 ff.

263 Weber betont in dem Eröffnungssatz zum 1. Band der *Gesammelten Aufsätze zur Religionssoziologie*, der Sohn der modernen europäischen Kulturwelt werde universalgeschichtliche Probleme »unvermeidlicher- und berechtigterweise unter der Fragestellung behandeln: welche Verkettung von Umständen hat dazu geführt, daß gerade auf dem Boden des Okzidents, und nur hier, Kulturerscheinungen auftraten, welche doch – wie wenigstens wir uns gern vorstellen – in einer Entwicklungsrichtung von *universeller* Bedeutung und Gültigkeit lagen?« Daran sind zwei Behauptungen bemerkenswert: 1. daß dies unvermeidlich und berechtigt sei (Wertbeziehung!); 2. daß wir es nicht bei der theoretischen Wertbeziehung belassen, sondern gerne in die praktische Wertung hinübergleiten (universelle Bedeutung und *Gültigkeit*), daß dies aber eine ›Anmaßung‹ ist (»wie wenigstens wir uns gern vorstellen«), und den Übergang vom heuristischen zum normativen Eurozentrismus markiert.

264 Max Weber, WL, S. 194 f.

265 Ebd., S. 195, 275, 191.

266 Aus der Vielzahl der Versuche seien erwähnt: Stephen Kalberg, »Max Weber's Types of Rationality: Cornerstones for the Analysis of Rationalization Processes in History«, in: *American Journal of Sociology*, 85 (1981), S. 1145 ff.; Donald N. Levine, »Rationality and Freedom: Weber and Beyond«, in *Sociological Inquiry*, 51 (1981), S. 5 ff.; Jürgen Habermas, *Theorie des kommunikativen Handelns*, 2 Bände, Frankfurt 1981, S. 239 ff.; Roger Brubaker, *The Limits of Rationality. An Essay on the Social and Moral Thought of Max Weber*, London 1984. Meine eigenen Versuche vor allem in den Einleitungen zu Wolfgang Schluchter (Hg.), *Max Webers Studie über Konfuzianismus und Taoismus* und ders. (Hg.), *Max Webers Studie über Hinduismus und Buddhismus*.

267 Dazu Max Weber, WL, S. 195.

268 Dazu Wolfgang Schluchter, *Die Entwicklung des okzidentalen Rationalismus*, S. 145.

269 Ebd., Kap. 5.

270 Max Weber, WL, S. 208.

Vergleich von frühem Judentum, frühem Christentum, frühem Islam und asketischem Protestantismus (Calvinismus) (nach der älteren Fassung von *Wirtschaft und Gesellschaft*)

Den Religionen ist dies gemeinsam: Sie sind Erlösungsreligionen, Offenbarungsreligionen, ethische Religionen, monotheistische und theozentrische Religionen sowie Buchreligionen mit mehr oder weniger stark ausgeprägten aktivistischen und antimagischen Tendenzen.

A. Religiöse Ideen

	frühes Judentum	frühes Christentum	früher Islam	Calvinismus
1. Träger der ›Offenbarung‹	ethische Propheten als Heils- u. insbes. Unheilspropheten mit politischen Absichten (vorexilische Prophetie)	ethische Propheten als Heilspropheten ohne politische Absichten (Johannes und Jesus)	ein ethischer Prophet mit politischer Absicht (Mohammed)	Rückgriff auf alttestamentliche Prophetie
2. Träger der Systematisierung der ›Offenbarung‹	Priester, dann Schrift- und Rechtsgelehrte Prototyp: Rabbinen	Theologen und Bischöfe Prototyp: Kirchenväter	Rechts- und Religionsgelehrte (Juristen u. Theologen) Prototyp: Ulema	Theologen Prototyp: Reformatoren
3. Religiöser ›Kanon‹	Thora und interpretierende Tradition sowie ergänzende mündliche Tradition, später fixiert (Talmud) relativ geschlossen	Altes und vor allem Neues Testament und interpretierende Tradition sowie ergänzende kirchliche Tradition (Konzilien etc.) relativ offen	Koran und interpretierende Tradition sowie ergänzende mündliche Tradition, später fixiert (Sunna) geschlossen	Altes und Neues Testament geschlossen
4. Gottesbegriff	Jahwe als überweltlicher ›zorniger‹ Gott Allmacht	Gott als gnädiger und gütiger himmlischer Vater Allgüte und Allgnade	Allah als überweltlicher ›großer‹ Gott Allmacht und Allgröße	Doppelter Gott: Gott des Alten und des Neuen Testaments Allmacht und Allgüte
5. Gott-Mensch-Beziehung	Vertrags-(Bundes-)beziehung (zweiseitig)	Gnaden- und Liebesbeziehung (zweiseitig)	Unterwerfungsbeziehung (einseitig)	Bewährungsbeziehung (einseitig)
6. Theodizee	messianische Eschatologie	Theodizee des Leidens	Vorsehung als Prädetermination	Vorsehung als Prädestination

B. Strukturierung religiöser Interessen

	frühes Judentum	frühes Christentum	früher Islam	Calvinismus
1. Heilsmittel und Heilswege	keine Askese Wissen (Studium) und rituell-kultische Handlungen ohne magische Bedeutung Magiefeindschaft	außerweltliche Askese Glauben und rituell-kultische Handlungen mit magischer Bedeutung (Sakramente) Magiebefangenheit (sublimierte Magie)	keine Askese Glauben und Wissen (Erkennen) sowie rituell-kultische Handlungen ohne magische Bedeutung Magieindifferenz	innerweltliche Askese Glauben und rituell-kultische Handlungen ohne magische Bedeutung radikalisierte Magiefeindschaft
2. Heilsziele und Heilsgüter	Kommen des diesseitigen Gottesreiches und kollektive Erlösung wegen gegenwärtigen kollektiven Leidens ›Vergeltung‹	individuelle Erlösung im Jenseits wegen Gottes Güte und Gnade ›Vergebung‹	individuelles Glück im Jenseits (Paradies) wegen Glauben und Tapferkeit ›Verehrung‹	individuelle Erlösung im Jenseits wegen Gottes freiem Entschluß ›Erwählung‹
3. certitudo salutis	strikte Befolgung des religiösen Gesetzes Handeln als Realgrund der Erlösung strenge Reziprozität	Befolgung der göttlichen Gebote aus Glauben und Vertrauen Handeln als Ausdruck der zugesagten Erlösung gemilderte Reziprozität	strikte Befolgung des religiösen Gesetzes Handeln als Realgrund des Glücks strenge Reziprozität	strikte Befolgung der göttlichen Gebote zum Ruhme Gottes Handeln als Erkenntnisgrund der Erlösung keine Reziprozität
4. religiös-ethische Orientierung	›heiliges Recht‹ Legalitätsprinzip gesetzesethisch	›heilige Gesinnung‹ Moralitätsprinzip gesinnungsethisch (liebesethisch)	›heiliges Recht‹ Legalitätsprinzip gesetzesethisch	›heilige Gesinnung‹ Moralitätsprinzip gesinnungsethisch (pflichtenethisch)
5. Reichweite der religiösen Botschaft	religiöse Merkmale verknüpft mit ethnischen – ethnische Schichtung Dualismus von auserwähltem Volk und übrigen Völkern schwacher Missionierungsdrang nichtreligiöser Partikularismus	keine Verknüpfung von religiösen mit nichtreligiösen Merkmalen – religiöse Schichtung Dualismus von Gläubigen und Ungläubigen starker Missionierungsdrang religiöser Universalismus	religiöse Merkmale verknüpft mit Schichtungsmerkmalen – Ständeschichtung Dualismus von Gläubigen (Eroberern) und Ungläubigen (Eroberten), Haus des Islams und Haus des Kriegs starker Eroberungsdrang mit Massenkonversion als Folge nichtreligiöser Partikularismus	keine Verknüpfung von religiösen mit nichtreligiösen Merkmalen – religiöse Schichtung Dualismus von Erwählten (electi) und Verdammten (reprobati) schwacher Missionierungsdrang religiöser Partikularismus

C. Religiöse Organisation

	frühes Judentum	frühes Christentum	früher Islam	Calvinismus
1. Innenverhältnis: Hierokratische Gewalt	Gemeinde mit Predigt, Gebet, Gesang, Schriftlesung und -interpretation unter religiöser Leitung, aber ohne Priester	Kirche als Gnadenanstalt mit Priestern als Gnadenspendern Orden als kirchlich anerkannte religiöse Sonderorganisationen (›Sekte‹)	Gemeinschaft (umma) auf der Basis der fünf Säulen (Bekenntnis zu Allah und Mohammed, fünfmaliges tägliches Gebet, Fasten, Almosen und Pilgerfahrt) unter Leitung von Rechts- und Religionsgelehrten sowie religiösen Führern (Imam, Mullah) zu öffentlichem Gebet u. Predigt	Kirche als Zuchtanstalt mit Priestern als Verkündigern des Wortes (der Heiligen Schrift) und Verwaltern der göttlichen Staatsraison Kirche als ›Sekte‹
2. Außenverhältnis: Verhältnis der hierokratischen zur politischen Gewalt	bei politischer Selbständigkeit getrennt, aber mit Tendenz zu Theokratie, bei Unselbständigkeit nach außen abgeschlossener konfessioneller Verband (Pariareligiosität)	getrennt, mit Tendenz zur Theokratie	vereint, alle Funktionen als Ausdruck des einen religiösen Gesetzes, aber Tendenz zur Trennung (Kalifat und Sultanat)	theokratisch, mit Tendenz zur Trennung
D. Trägerschichten				
	stadtsässige plebejische Schichten	stadtsässige plebejische Schichten	militärische Herrenschichten	städtische Gewerbetreibende und Kaufleute
E. Resultat				
1. religiös bedingtes Weltverhältnis	Weltindifferenz	Schwanken zwischen Weltindifferenz und Weltüberwindung	Schwanken zwischen Weltbeherrschung (als Welteroberung) und Weltanpassung	Weltbeherrschung
2. religiöses Lebensideal	der gesetzeskundige Schriftgelehrte, ›Intellektuelle‹	der Glaubensvirtuose	der ›Held‹, besonders der Kriegsheld	der erfolgreiche Berufs- und Fachmensch

Ira M. Lapidus
Die Institutionalisierung der frühislamischen Gesellschaften

Einleitung

Webers Erbe stellt für das Studium der islamischen Kultur eine besondere Herausforderung dar. Der Islam war keine der Weltreligionen, die er eingehender untersuchte. In Turners Buch[1] wurde bereits dargestellt, daß Webers Bemerkungen über den Islam begrenzt und verstreut sind. Seine Ansicht vom Islam als einer Kriegerreligion, von der *qadi*-Justiz oder vom Patrimonialismus ist nicht eigentlich falsch, sie ist vielmehr inadäquat entwickelt und für sich allein eine irreführende Karikatur der islamischen Gesellschaft und Religion. Statt zu versuchen, die islamischen Gesellschaften von Webers Standpunkt aus zu bewerten oder Weber von unserem heutigen Wissensstand aus zu kritisieren, sollten wir seine eigenen Auffassungen umgehen und uns das außerordentliche Repertoire an Begriffen und Idealtypen zunutze machen, das er für seine vergleichende Untersuchung der Kulturen entwickelte, um unser eigenes Bild von der islamischen Kultur anhand Webers Vorgehensweise zu gewinnen. Für jemanden, der islamische Gesellschaften untersucht, bestehen Webers wichtige Beiträge nicht in seinen Bemerkungen zum Islam, sondern in den Begriffen für die Formen der politischen Herrschaft und Legitimation, in seinen Untersuchungen zum Charisma, zur patrimonialen und bürokratischen Verwaltung, in seiner Religionssoziologie und in den Begriffen der innerweltlichen oder außerweltlichen religiösen Orientierung sowie ihrer Verbindung mit verschiedenen Ständen. Ich habe sicherlich nicht alle wichtigen Begriffe erwähnt, und absichtlich ließ ich Webers große vergleichende Untersuchung, warum sich der Kapitalismus in Europa, nicht aber in nicht-europäischen Gesellschaften entwickelte, aus. Dieser Aspekt seines Werks lieferte große Erkenntnisse über Europa. Dennoch hielte ich es für irreführend, würde man das Studium der nichteuropäischen Gesellschaften daran orientieren. Diese Gesellschaften müssen auf ihre eigenen Institutionen und auf ihr eigenes Ethos hin untersucht werden, und nicht nur unter dem Blickwinkel ihrer Unterschiede zu den kapitalistischen oder westlichen Gesellschaften. Ich möchte also versuchen, Webers Vergleich von islamischen und westlichen Gesellschaften zu vermeiden, und stattdessen sein Repertoire an Begriffen für eine Analyse der frühislamischen Gesellschaften nutzen.

Zunächst möchte ich kurz die Grenzen meines Themas bestimmen. Mit Institutionalisierung des Islams meine ich die Transformation der Gesellschaften im Nahen und Mittleren Osten durch eine religiöse Idee – eine religiöse Idee, die so aufgefaßt wird, und auch nur so aufgefaßt werden kann, daß sie in einer bestimmten historischen Situation wirksam wird. Institutionalisierung ist der Prozeß, durch den die von bestimmten Eliten repräsentierte religiöse Vision die religiösen Glaubensinhalte, die kommunale Organisation, die politischen Regimes – bis hin zur Identität von Gesellschaften – gestaltet. Mit dieser Definition möchte ich drei miteinander in Beziehung stehende Faktoren betonen: die Ideen, die Eliten, die für sie eintreten, und die soziopolitischen Strukturen, in die sie eingebettet werden.

Aus diesem Blickwinkel vollzog sich die frühe Institutionalisierung der islamischen Gesellschaften in mehreren aufeinanderfolgenden Phasen und an verschiedenen geographischen Schauplätzen über einen langen Zeitraum. Die erste Phase war natürlich die Entstehung der arabisch muslimischen Gemeinschaft unter Muhammads prophetischer Autorität; die zweite die Entstehung einer den Nahen und Mittleren Osten umfassenden islamischen Gesellschaft in den von den Arabern eroberten Regionen. In dieser zweiten Phase vollzog sich die Institutionalisierung des Islams in zwei historischen Unterperioden – in der Zeit des Kalifenreichs bis etwa zur Mitte des zehnten Jahrhunderts und in der Seldschuken- oder Sultanatszeit bis etwa 1200. (Es handelt sich insofern um »frühe« Institutionalisierung, weil sie der späteren Rekonstruktion der islamischen Gesellschaften zwischen dem 13. und dem 20. Jahrhundert vorausging.)

Arabischer Islam

Die erste Phase in der Institutionalisierung des Islams ist natürlich die Schaffung einer muslimischen Gemeinschaft in Mekka und Medina unter der Ägide des Propheten Muhammad. Dies bedeutet die Ausbildung einer umfassenden, religiös definierten Gemeinschaft, die in einer Stammesgesellschaft als integrierende Kraft wirkt. Der Prophet und seine Jünger sind die Eliten, die eine segmentäre Gesellschaft dahingehend transformieren, daß sie der Vermittlung zwischen Verwandtschaftsgruppen, der Wirtschaftsregulierung, der Staatsbildung und der Moralreform dient, während die grundlegenden Verwandtschaftsstrukturen bestehen bleiben. Die Koexistenz von segmentärer und religiöser Organisation führte zu einem komplexen Wertesystem. Auf der prophetischen oder visionären Ebene enthielt der Koran im Prinzip die Vorstellung von einer transzendenten Realität, die im Widerspruch zu den Werten der Stammeskultur stand. Der Erweiterung der Stammesgruppen und der *aretē* der Krieger stellte er eine auf religiöse Bruderschaft und persönliche Demut, Bescheidenheit und Selbstbeschränkung gegründete Gemeinschaft gegenüber. Und doch blieben die grundlegenden Familien- und Stammesstrukturen der arabischen Völker Teil der islamischen Gesellschaften; heidnische Tugenden konnten beibehalten werden, indem sie mit einer neuen Bedeutung versehen wurden; und die Identität der Beduinen lebte neben islamischen Loyalitäten weiter fort. Das Ethos der ersten islamischen Gesellschaft in Arabien war also bereits eine komplexe Verbindung von religiöser Transzendenz, Modifikation der irdischen Realität und Übernahme der nicht-islamischen arabischen Beduinenkultur. Damit entwikkelte sich die islamische Mission in ihrer ersten Gestalt zu einem Modell dafür, wie radikale religiöse Werte und sektiererische Impulse tatsächlich in Verwandtschafts- und Stammesgesellschaften funktionieren können.[2]

Islamische Gesellschaften im Nahen und Mittleren Osten

Die Ausbildung einer muslimischen Gemeinschaft in Arabien führte zu den arabischen Eroberungen und damit zur zweiten

Phase in der Institutionalisierung des Islams – zur Ausbildung der islamischen Gesellschaften im weiten Raum des Nahen und Mittleren Ostens. In dieser Phase entstand ein prototypischer islamischer Staat, differenzierte sich die muslimische Gemeinschaft intern in eine Vielzahl von religiös-politischen Eliten und Verbänden sowie Glaubensgemeinschaften, verbunden mit einer Vervielfältigung der Orientierung gegenüber der irdischen Realität. Diese Institutionalisierung vollzog sich nicht im Kontext von Hirten- oder Oasengesellschaften, sondern von Gesellschaften, die landwirtschaftlich, kommerziell, städtisch, monotheistisch und imperial bestimmt waren. Der Einfachheit halber kann man annehmen, daß die Gesellschaften im Nahen und Mittleren Osten am Vorabend der islamischen Epoche auf verschiedenen Ebenen organisiert waren. Sie bestanden aus zahllosen Teil-, Verwandtschafts-, Stammes- und Dorfgemeinschaften auf lokaler Ebene. Sie wurden durch ökonomische Tauschbeziehungen und durch die großen religiösen Gemeinschaften, die jüdischen, christlichen oder zoroastrischen, zusammengehalten. Das weiträumige ökonomische und religiöse Netzwerk aber stand unter dem Schirm des Sassanidenreichs und des byzantinischen Reichs.

In diese Gesellschaften wurde die islamische Prophetenvision und -gemeinschaft durch zwei uneinheitliche Eliten hineingetragen – durch die Kalifen und das Kalifat als Institution und durch die *ulama*, die islamischen religiösen Gelehrten, sowie die Sufi-Heiligen. Beide Eliten versuchten, die islamischen Werte und Identitäten einer bereits komplexen Kultur anzusinnen und sie nach ihrem eigenen Ethos und nach ihren Interessen umzugestalten. So versuchten die auf der Staatsebene agierenden Kalifen die vorhandenen Reichsinstitutionen in das umzuwandeln, was wir islamische Staaten nennen. Die *ulama* (religiöse Gelehrte) und die Sufis, die auf die Masse der Bevölkerung einwirkten, versuchten islamische kommunale oder sektenartige Verbände zu bilden und die islamischen Symbole und Identitäten in bestehende Kollektiveinrichtungen zu integrieren. Mir geht es nun darum, die Institutionalisierung des Islams auf der Ebene des Staates und auf der Ebene der religiösen Vereinigungen zu umreißen. Dabei behandle ich die Institutionalisierung des Islams als einen komplexen Prozeß, an dem eine Mehrzahl islamischer Sozialstrukturen, islamischer Identitäten und islamischer Orientierungen beteiligt ist. Es sollte von Beginn an klar sein, daß der Islam keine »Kriegerreligion« ist; ja, daß er überhaupt nicht eine einzige Religion in einem einzigen Milieu ist, sondern daß es sich dabei um eine Weltkultur handelt, die ein breites Spektrum von religiösen Ansichten und sozialen Ethiken repräsentiert.

Der islamische Staat

Die Institutionalisierung des Islams auf der Staatsebene – die islamische Staatsbildung im Nahen und Mittleren Osten – war das Werk der Kalifen, die Symbole für die Identität der muslimischen *umma* darstellten und als die Träger der muslimischen Zielvorstellung galten, die Welt im Namen der Wahrheit umzugestalten. Vom späten neunten bis zum elften Jahrhundert entwickelte sich eine Theorie, wonach die Qualitäten einer Person und die Methode ihrer Auswahl für ein Amt charismatisch sein mußten, so daß die Kalifen als die idealen Personen galten, um die muslimische *umma* zu leiten. In der Praxis freilich veränderten die Kalifen die Welt nicht; sie waren Führer von Eroberungsarmeen, Erben imperialer Verwaltung, Häupter privilegierter Aristokratien. Sie förderten eine Hofkultur, die ihrem Regime eine islamische Identität gab, allerdings eine aus byzantinischen und sassanidischen Reichsvorstellungen abgeleitete Version des Islams, die die patrimoniale Autorität der Kalifen und die Legitimität der herrschenden Eliten in den Vordergrund stellte. Die poetischen Aspekte der arabischen höfischen Kultur lieferten eine ethnisch patrimoniale Idee von politischer Führung; Kunst und Architektur verbreiteten byzantinische und sassanidische Symbole des Königtums; und hellenistische Philosophen lieferten eine universale Rechtfertigung für die imperiale Herrschaft. So stand das Kalifat zwar in der idealen Nachfolge des Propheten und war deshalb eine die Welt transzendierende und transformierende Institution, es akzeptierte aber auch die politische und ökonomische Ordnung der Gesellschaften im Nahen und Mittleren Osten, übernahm die irdische Macht und brachte eine dem Genuß und der Legitimation dieser Macht gewidmete Kultur hervor. Während das Kalifat den Reichsinstitutionen und höfischen Kulturen des Nahen und Mittleren Ostens eine ausgeprägte islamische Identität verlieh, setzte es auch ein vor-islamisches Reichsethos fort.[3]

Ein derartiger Glanz mußte vergehen. Mitte des zehnten Jahrhunderts war das Kalifenreich zerstört. Der Nahe und Mittlere Osten wurde von türkischen Nomadenkriegern und von Sklavengenerälen erobert, die vom zehnten Jahrhundert an die Provinzen regierten. Auch diese Staaten entwickelten eine komplexe Identität. Auf der einen Seite waren sie muslimisch, denn sie wurden durch islamische Symbole legitimiert, wie Ernennung der Herrscher durch die Kalifen, und sie erhielten die Justiz aufrecht, förderten die islamische Gelehrsamkeit und führten den *jihad*. Aber im Unterschied zu dem Kalifat fehlte den Staaten der türkischen Nomaden und der Militärsklaven die innere muslimische Legitimität. Nach dem Charisma des Propheten und dem veralltäglichten Charisma der Kalifen hing die Autorität der Sultane jetzt mehr davon ab, sich dem Islam äußerlich anzuschließen als ihn innerlich zu bewahren. Und obgleich die Sultanate in der Theorie muslimisch waren, folgten sie doch im Grunde den türkischen patrimonialen Vorstellungen von Macht, die entweder die persönliche Knechtschaft der Sklaven, Klienten und Gefolgsleute den Herrschern gegenüber oder die Stammesbasis der Staatsautorität oder beides betonten, ferner persischen Vorstellungen von der Monarchie als einem mythischen Gebilde mit kosmologischer Bedeutung. So erfüllten das Kalifat und später die Sultanate zwar islamische Funktionen und basierten auf islamischen Identitäten, aber diese wurden von einem nicht-islamischen Erbe an politischen Institutionen und Legitimationssymbolen und von einem nicht-islamischen persischen und türkischen politischen Ethos und Konzept vom Zweck der Regierung begleitet.

Islamische religiöse Gemeinschaften

Auf einer zweiten Ebene erfuhr der Islam eine Institutionalisierung in Gestalt religiöser Gemeinschaften in den städtischen Zentren, die von arabischen Eroberern gegründet und besiedelt worden waren, diesmal nicht unter der Führung der Kalifen oder in Form eines Staatsregimes, sondern unter der Führung von charismatischen religiösen Führern. Diese können die Familie oder die Gefährten des Propheten und ihre Nachkommen sein, die muslimischen Gelehrten wie die *qurra'* (Rezitatoren des Koran), die *ulama* (muslimische Rechtsgelehrte) und Sufi-Asketen.

Muslimische religiöse Eliten entstammen den kleinen Gemeinschaften, die durch die Lehren Muhammads inspiriert und seiner Person ergeben waren. Während sich viele arabische Führer am Krieg und an der Verwaltung beteiligten, wurden Muhammads Gefährten die Träger seiner religiösen Botschaft in den riesigen, von den Arabern eroberten Regionen des Nahen und Mittleren Ostens. Sie konnten für sich auch nicht-arabische Konvertiten gewinnen, die sich religiösen Studien und Praktiken widmeten. Die ersten Anhänger Muhammads lassen sich im wesentlichen in zwei Richtungen einteilen. Die einen tendierten dazu, das Vermächtnis des Propheten als eine Lehre vom korrekten muslimischen Verhalten in rituellen, familiären, kommerziellen Angelegenheiten, ja überhaupt in allen Lebenslagen zu begreifen. Diese Orientierung führte vor allem zu intellektueller religiöser Gelehrsamkeit, denn das Hauptanliegen lautete, die Lehren des Korans und das Vermächtnis des Propheten zu »kennen«. Jene Muslime, die hauptsächlich die Exegese des Korans, die Sammlung von *hadith* (Geschichten um die Aussprüche und Handlungen des Propheten) und Gesetzesstudien betrieben, nennen wir die *ulama* (Pl.) – religiöse Gelehrte. Die religiöse Autorität eines *'alim* (Sing.) beruhte einfach auf seiner Kenntnis der religiösen Lehren und auf seiner Erfahrung mit dem Versuch, sie in der Gemeinde anzuwenden.

Die zweite Gruppe entfernte sich von den religiösen Ritualen und sozialen Praktiken und stellte die Pflege der inneren moralischen und religiösen Qualitäten in den Mittelpunkt, die den einzelnen der spirituellen Qualität Muhammads und damit dem göttlichen Wesen näherbringen. Diese Tendenz wurde zum Teil von den Theologen und Philosophen repräsentiert, die nach rationaler Einsicht in die religiösen Wahrheiten suchten und die dabei hofften, ihre Seelen in Übereinstimmung mit der Wahrheit umzugestalten. Noch wichtiger waren die ersten Asketen, Gnostiker und schließlich Mystiker, die durch Weltverzicht, durch Armut, Frömmigkeit und geistliche Übungen die Seele von dieser Welt abzuwenden und dem göttlichen Wesen zuzuwenden suchten. Solche Männer wurden Sufis genannt. Auch sie hatten religiöse Autorität, die aber nicht auf Wissen, sondern auf geistliche Erfahrung und Gottesnähe gegründet war.

Die Spaltung zwischen kenntnisreichen Gelehrten und spirituellen Sufis wurde von den Muslimen überbrückt, die beides zu verbinden suchten. Die Reihe der großen religiösen Lehrer von Hasan al-Basra (gest. 728) über al-Junayd (gest. 911) bis zu al-Ghazzali (gest. 1111) repräsentiert diese Synthese, die schließlich zur eigentlichen islamischen religiösen Orientierung geworden ist. Im allgemeinen lag die muslimische religiöse Autorität bei denen, die das Wissen der *ulama* um die richtige Praxis mit der Unmittelbarkeit und persönlichen Spiritualität der Sufis vereinen konnten. Doch sind die individuellen Unterschiede bei der Umarbeitung der religiösen Überlieferung nahezu endlos. Das Spektrum der muslimischen religiösen Lehrer reicht von Legalismus, Intellektualität und Gelehrsamkeit bis zu extremer, sogar antinomistischer Spiritualität.

Die Autorität der einzelnen Gelehrten und Sufis wurde außerdem noch durch eine kettenartige Tradition des Wissens verstärkt. Die Gelehrten einer jeden Generation, die ihr Wissen von einer Kette von Vorgängern, die bis auf den Propheten zurückging, erhalten hatten, gaben es an ihre Nachfolger weiter. Obgleich das religiöse Wissen in Büchern festgehalten war, vollzog sich seine Weitergabe mündlich. Die Texte mußten von einem Meister vermittelt werden, der ihnen erst ihre spirituelle Bedeutung gab. Ähnlich wurden auch die geistlichen Exerzitien der Sufis von Generation zu Generation weitergegeben, und auch sie galten als Teil der Überlieferungskette, die bis auf Muhammad zurückreichte. Die muslimische religiöse Autorität beruhte also auf der Kombination von erworbenem persönlichem Wissen oder geistlicher Einsicht und direktem persönlichen Kontakt mit dem Propheten über die Generationen hinweg. In spätislamischen Zeiten gab es eine Tendenz, die religiösen Einsichten und religiösen Leistungen mit biologischer Abstammung von Muhammad gleichzusetzen. Dadurch wurde die behauptete biologische Abstammung ihrerseits zur Grundlage religiöser Autorität.

Im siebten und achten Jahrhundert konnten die heiligen Männer Gruppen von Jüngern, Schülern und Anhängern gewinnen und auf diese Weise zahllose religiöse Vereinigungen bilden, darunter schi'itische und charidschitische Sekten, sunnitische Rechtsschulen und Sufi-Jüngerschaften. Die meisten dieser Gruppen entwickelten kleine, oft esoterische Kulte. Manche brachten es zu einer Massenanhängerschaft. In Frontstellung gegen die Kalifen behaupteten sie alle, die prophetische Tradition und die wahre Lehre des Islams zu verkörpern. Die Shi'a und die Charidschiten begehrten zunächst gewaltsam gegen das Kalifat auf, doch im neunten Jahrhundert hatten die Zwölfer-Shi'a und viele Charidschiten den weltverändernden politischen Ambitionen zugunsten von lokalen Gemeindeanliegen und einem frommen persönlichen Leben abgeschworen, zugunsten eines Lebens, das in einer Atmosphäre der Trauer um verlorene Hoffnungen und messianische Träume gelebt wurde. Sie gaben ihre Versuche, die Welt zu verändern, auf und zogen sich auf ein frommes Dasein innerhalb der Welt zurück. Selbst die Sunniten, die im Prinzip das Kalifat unterstützten, kehrten dem öffentlichen Leben den Rücken und konzentrierten sich auf das engere Gemeindeleben und die persönliche Frömmigkeit; anders dagegen die Hanbaliten, die offen die religiöse Autorität der Kalifen bestritten, was das Aufkommen einer sektiererischen Gemeinschaft innerhalb der sunnitischen Gruppierung bedeutete. Aufgrund der sektenartigen Form der islamischen Organisation und aufgrund ihrer Opposition gegen das Kalifat wurden im 9. Jahrhundert die muslimischen Städte zu Gesellschaften von religiösen Zellen, die von den islamischen Staaten verschieden waren. Ich habe an anderer Stelle ausgeführt und möchte dies noch einmal betonen: Seit die islamischen Gesellschaften ein charakteristisches Aussehen besitzen, gilt das zwar nicht kulturell, wohl aber faktisch anerkannte Prinzip der Trennung von Staat und religiösen Institutionen.

In der späteren Sultanats- oder Seldschuken-Zeit wurden diese frühislamischen religiösen Vereinigungen nahezu überall zur Grundlage der Gemeindeorganisation im Nahen und Mittleren Osten. Bis zum neunten Jahrhundert blieb der Islam die Religion der arabischen Völker und der assimilierten städtischen Gruppen, doch zwischen dem neunten und dem zwölften Jahrhundert konvertierten im Nahen und Mittleren Osten die Völker massenweise zum Islam. Dafür sind eine Reihe miteinander zusammenhängender Entwicklungen verantwortlich, die auf das Auseinanderbrechen des Abbasidenreichs im zehnten Jahrhundert zurückgehen. Mit der Auflösung des Reichs war nicht nur der Zusammenbruch des Staates und seine Ersetzung durch neue, fremde Militäreliten verbunden, sondern auch der Ruin der landbesitzenden und in der Verwaltung tätigen Klassen und ihre Ersetzung durch muslimische religiöse Führer, die die entwurzelten Massen bekehrten und für soziale und ökonomische Führung sorgten wie auch für eine Gemeindeorganisation, die auf den in der Kalifenzeit entstandenen religiösen Vereinigungen beruhte. In der Zeit vom zehnten bis zum dreizehnten Jahrhundert begannen sich die Massen mit den sunnitischen Rechtsschulen, den Sufi-Bruderschaften, den Shi'a-Vereinigungen und anderen muslimischen Gruppen zu identifizieren.

Es gab zwei Typen von Muslim-Vereinigungen. Der erste Typ war eine religiöse Vereinigung, die gleichsam quer zu den bestehenden Gemeinschaften stand; der zweite Typ knüpfte an schon vorher bestehende Organisationen an und gab ihnen eine islamische Identität. Die Rechtsschulen und die Sufi-Bruderschaften waren muslimische Vereinigungen im ersten Sinn. Die Rechtsschulen waren Vereinigungen von Gelehrten, Lehrern und Schülern, die den Gesetzeswerken anhingen, die sich in den Diskussionen unter den Rechtsgelehrten im achten und neunten Jahrhundert entwickelt hatten. Mit Hilfe dieser Rechtsschulen organisierten die *ulama* die höhere Bildung, bildete sie Lehrer und Gerichtsbeamte aus; aus den Rechtsschulen kamen Rechtsberater, Notare und Richter. Die Studenten betrachteten sich als die persönlichen Jünger und loyalen Klienten ihrer Meister. Die Gemeinden, in denen die Schulen ansässig waren, stellten Patrone und Förderer, besonders aus den Klassen der Kaufleute und Handwerker.

Ein anderer Typ der muslimischen religiösen Vereinigung gründete sich auf den Sufismus. Der Sufismus war gemeinschaftsbildend; die Sufis versammelten Jünger um sich und lebten manchmal in gemeinsamen Wohnstätten, *khanaqas* genannt, zusammen. *Tariqat* oder Bruderschaften bildeten sich, als im zwölften und dreizehnten Jahrhundert die Sufi-Meister begannen, sich als die Nachkommen früherer Lehrer zu verstehen. Diejenigen, die vom selben Lehrer kamen, betrachteten sich als die Bewahrer einer gemeinsamen geistigen Disziplin und als Angehörige einer sehr viel umfassenderen religiösen Bewegung, die dieselbe höhere Autorität akzeptierte. Solche Formationen dehnten sich über eine Region, manchmal auch über die ganze muslimische Welt aus. Damit dienten die Rechtsschulen und die Sufi-Bruderschaften als konfessionelle Einheiten, die in der Lage waren, über die Grenzen der bestehenden Gemeindestrukturen hinweg Individuen zu rekrutieren und die kleineren Einheiten der Familie, des Clans oder des Wohnorts auf der Grundlage der Treue zum muslimischen Gesetz und zu den von *ulama* und Sufis errichteten Normen des religiösen Verhaltens zu vereinigen. Die muslimischen religiösen Vereinigungen konnten sich aber auch aus den bestehenden Einheiten herausbilden. In einer städtischen Umgebung wurden die Rechtsschulen, die Sufi-Bruderschaften oder die Shi'a-Sekten oft mit einer bestimmten Nachbarschaft, beruflichen oder ethnischen Minderheit gleichgesetzt. Wie wir gleich sehen werden, war diese Verschmelzung von islamischen und nichtislamischen Einheiten in ländlichen Gesellschaften sogar noch wichtiger.[4]

Das Ethos der Sunniten

Diese islamischen religiösen Vereinigungen vertraten gänzlich andere religiöse Orientierungen als die politischen Eliten. Die muslimischen religiösen Orientierungen variierten in einem Spektrum, das von außerweltlichen ekstatischen und kontemplativen Formen des Sufismus bis zu einem sehr weltlichen, an der Familie oder am Geschäft orientierten Ethos reichte. Doch gab es eine breite synthetische Mitte, die ich die Sunni-Shari'a-Sufi-Position nennen möchte. Diese Position wurde durch die hanafitische und shafi'itische Rechtsschule, die asharitsche und maturidische Theologie-Schule und die »nüchterne« Sufi-Tradition von al-Junayd (gest. 911) und al-Ghazzali (gest. 1111) repräsentiert. Sie versuchte, die politische Idee vom Kalifat als der Grundlage einer idealen muslimischen Gemeinschaft, die rechtliche Idee von der getreuen Erfüllung der Lehren der Shari'a und die moralische Idee vom Glauben an den begrenzten Gebrauch der Vernunft für ein Verständnis der religiösen Wahrheiten mit der Praxis der ethischen und meditativen Übungen der Sufis zu verbinden. Es war der Versuch, korrekte äußere Formen des sozialen und rituellen Verhaltens mit innerer emotionaler und spiritueller Bewußtheit zu kombinieren.

Sunniten mit dieser Orientierung hatten eine nuancierte Haltung zu weltlichen Angelegenheiten. Sie akzeptierten die vorhandenen Bereiche als legitim, da Ordnung in der Gesellschaft sein muß, und entwickelten Routineverfahren der Zusammenarbeit mit den etablierten Staaten. Politischer Gehorsam wurde nachdrücklich betont. Die *ulama* reservierten für sich selbst eine Beraterrolle und das Recht, die Herrscher zu erziehen, zu ermahnen und moralisch zu unterweisen, und sie erwarteten, daß die Staaten ihnen die Kontrolle über die Rechtsverwaltung übertrugen und die muslimischen Bildungseinrichtungen und die Wohltätigkeit förderten. Innerhalb dieses Rahmens jedoch nahmen die Sunniten an der Politik weniger Anteil als an Gemeindeangelegenheiten. Auch hier akzeptierten sie die bestehenden Clan-, Verwandtschafts-, Stammes- oder Klientel-Strukturen der Gesellschaften im Nahen und Mittleren Osten und die Realitäten des Wirtschaftslebens. Sie akzeptierten die Ungleichheit bei Reichtum und Vermögen und hielten die soziale und ökonomische Gerechtigkeit für eine Frage des individuellen Verhaltens. Ihre Aufgabe war es, die öffentliche Moral hochzuhalten, die Shari'a bei Familien- und geschäftlichen Angelegenheiten anzuwenden, zu erziehen, zu heilen und in örtlichen Konflikten zu vermitteln.

Doch wurde die Weltbejahung durch eine distanzierte Haltung und die Weigerung, sich auf die Welt einzulassen, in die sie verstrickt waren, modifiziert. Während wenig oder kein Impuls da war, die Institutionen zu verändern, gab es einen tiefen Zwiespalt über die Beteiligung an ihnen. Während viele *ulama* und Sufis die Verantwortung der politischen Macht akzeptierten, Ämter innehatten, Land und Eigentum akkumulierten und als Sprecher für die Bedürfnisse ihrer Leute auftraten, gab es auch eine tiefe Gefühlsrichtung, die derartigen Beteiligungen ablehnend gegenüberstand. Die Gefährten der Fürsten wurden als moralisch korrupt angesehen; in der Regel lehnten *ulama* und Sufis offizielle Stellungen ab und wiesen königliche Geschenke zurück. Nichtteilnahme wurde als Zeichen der Frömmigkeit gewertet. Zur Weigerung, der Welt, wie sie ist, die moralische Zustimmung zu geben, gesellte sich das Verlangen nach der Wiederherstellung des wahren Kalifats und eine Sehnsucht nach dem Kommen des *mahdi* (Messias). In diesem Verlangen kam der Rückzug aus der aktuellen Welt zum Ausdruck, es diente aber auch dazu, die Dinge, wie sie waren, zu bestätigen.

Bei den Hanbaliten wurde eine aktivere Haltung kultiviert. Sie suchten moralische Standards durchzusetzen, den Alkohol und die Prostitution zu unterdrücken und rivalisierende Sekten zu attackieren. Sie riefen muslimische Freiwillige für den heiligen Krieg zusammen und versuchten gelegentlich (besonders im zehnten und elften Jahrhundert) die politische Macht des Kalifats wiederherzustellen. Mit diesem Aktivismus wollten sie aber hauptsächlich die bestehenden Regimes dazu drängen, die muslimische Moral hochzuhalten, und sie wollten damit nicht eigentlich die politische Ordnung verändern. Mithin akzeptierten alle Sunniten die Welt, wie sie war. Aber sie verweigerten ihr doch zugleich ihre uneingeschränkte Beteiligung und Zustimmung, indem sie sich nicht direkt in Politik hineinziehen ließen, indem sie aktiv für die Verbesserung der öffentlichen Moral auftraten und indem sie sich nostalgischen Reflexionen und eschatologischen Sehnsüchten überließen. Darin schlägt sich, wie man sofort spürt, das Ethos von Intellektuellen nieder.

Der Hauptgrund für diese komplexe Orientierung ist darin zu sehen, daß die muslimischen religiösen Vereinigungen zwar teilweise, doch niemals völlig, von anderen sozio-politischen Institutionen getrennt waren. In der Haltung der Sunniten spiegelt sich eine transzendente religiöse Vision, die in sektiererische, religiöse und kommunale Vereinigungen eingebettet war. Doch bestanden diese innerhalb des politischen Rahmens von Kalifen- oder Sultansregimes und waren mit parochialen Verwandtschafts-, Dorf- und anderen Solidaritäten verschränkt. Daher konnte die Spannung zwischen religiösen und anderen Engagements nicht absolut sein, und die komplexen Beziehungen zwischen ihnen mußten sich in nuancierten Formen der Akzeptanz, Distanzierung und Ablehnung äußern.[5]

Islamische Symbole und ländliche Gesellschaften

Die dritte und letzte Ebene der Institutionalisierung des Islams betrifft die ländliche Umgebung. Die muslimische religiöse Führung und die muslimischen Symbole wurden hier dazu genutzt, die in Gruppen gespaltene Bevölkerung in einheitlicheren religiös-politischen Bewegungen zusammenzuführen. Die nordafrikanischen Berber wurden vom siebten bis zum dreizehnten Jahrhundert unter dem Charidschismus, dem Shiʿismus, dem sunnitischen Reformismus und dem späten Sufismus zu religiösen Eroberungsbewegungen wie denen der Fatimiden, der Almoraviden und der Almohaden und zu Berberstaaten vereinigt. Charidschiten im östlichen Arabien, Qarmatis im fruchtbaren Halbmond und Safavis im westlichen Iran sind weitere Beispiele dafür, wie die muslimischen religiösen Führer und Symbole zur Grund-

lage der Vereinheitlichung auf dem Land wurden – auf der Suche nach der stets entfliehenden gerechten islamischen Gesellschaft.
Belege für den Beginn einer weitverbreiteten Übernahme einer islamischen Identität durch die ländlichen Gesellschaften gibt es in der Hochachtung der Sufis und der Verehrung der Schreine. Die Lehrgrundlage für die Verehrung der Sufis als Vermittler zwischen den Menschen und Gott war vor dem dreizehnten Jahrhundert festgelegt worden. Heiligenanbetung und Verehrung von Schreinen waren gängige Praktiken, und Aberglaube war ein Teil des Volksislams. Aus späteren Epochen wissen wir, daß man die Sufis allgemein für Heilige hielt und als Mittler zwischen der materiellen und der spirituellen Welt und als Wundertäter und Segensspender verehrte. Auf dieser Grundlage hatten Sufis und *ulama* in ländlichen Gesellschaften die Funktion, bei Streitfällen zu vermitteln, die Auswahl der Häuptlinge zu erleichtern, den Fernhandel zu organisieren, die Jugendlichen zu unterrichten, die Kranken zu heilen, Amulette zu liefern, bei Beschneidungen, Hochzeiten und Begräbnissen zu amtieren, Feste zu zelebrieren, weiße Magie auszuführen und auf andere Art die prekäre Verbindung der menschlichen Wesen mit den Geistern und dem Göttlichen aufrechtzuerhalten. Dieser Typus des Sufismus führte zur Verehrung von Grab oder Schrein, Jüngern und Nachkommen des heiligen Mannes und zu einem religiösen Leben mit Opferdarbietungen und kommunalen Festen um die Gräber der Heiligen, in denen islamische und nicht-islamische Symbole und Praktiken verschmolzen. Später wurden Schreine dann mit Eigentum ausgestattet und von den Nachkommen der Heiligen und von Sufi-Bruderschaften verwaltet; in ihnen hatten all jene, die am Grab anbeteten und daran glaubten, daß der Heilige Wunder wirken könnte, ein Gemeinschaftszentrum. Der Schrein-Sufismus war eher eine Religion des magischen Schutzes vor den willkürlichen Kräften der Natur und des Erwerbs von göttlichen Wohltaten als eine Religion der ethischen oder emotionalen Selbstkultivierung.[6]
Der Islam führte also nicht notwendigerweise zu einer zu kollektivem Handeln fähigen organisierten Vereinigung, sondern diente den verschiedenen Völkern, die ihre eigenen nichtislamischen verwandtschaftlichen, territorialen, linguistischen, ethnischen und anderen Strukturen bewahrten, als eine gemeinsame Identität. Diese ländliche Form des muslimischen Glaubens und Ver-

haltens unterschied sich grundlegend sowohl von den höfischen wie den städtischen Formen des Islams und konstituierte eine dritte Ebene der Institutionalisierung der muslimischen Gesellschaften im Nahen und Mittleren Osten. Auch wenn die imperiale Kultur, der Sunni-Shari'a-Sufismus und der Schrein-Sufismus alle Islam genannt werden, repräsentieren sie doch grundlegend verschiedene Konzepte des religiösen Lebens.

Schluß

Wenn wir nun auf den Gesamtprozeß der institutionellen Formation einer islamischen Gesellschaft im Nahen und Mittleren Osten zurückblicken, beginnen wir wie Weber mit einem charismatischen Führer und einer visionären Bewegung, die in die Glaubensvorstellungen, Praktiken, Identitäten und Organisationen nicht nur der arabischen, sondern aller Völker vom Atlas bis zum Pamir umgesetzt wurde. Die Institutionalisierung vollzog sich in Gesellschaften, die bereits ein festgefügtes System von lokalen, wirtschaftlichen, religiösen und staatlichen Institutionen hatten. Sie bedeutete die Transformation dieser Institutionen. Der Islam diente teilweise der Identitätsstiftung von Staatseliten und der Legitimierung der muslimischen Reiche sowie zahlreicher der auf das Kalifat folgenden Staaten. Er nahm die Gestalt städtischer Sekten und religiöser Gemeinschaften an, die auf besondere religiöse Glaubensinhalte, religiöse Praktiken, Verehrung von besonderen Personen und die Anwendung des Kommunalrechts verpflichtet waren. Er drang in Verwandtschaftsgruppen und andere Gruppen ein und formte daraus politische Bewegungen oder ganze Völker dadurch, daß sie die heilige Herrschaft, den Glauben und seine Symbole anerkannten. Ich möchte betonen, daß ich von Ebenen oder Typen von Institutionen spreche und daß es für jede Ebene zahlreiche Beispiele von Staaten, religiösen Vereinigungen und lokalen Gemeinschaften gibt. Diese vom Islam geprägten Einheiten und ihre Beziehungen untereinander ergeben an jedem beliebigen Ort das System einer islamischen Gesellschaft. Dieses skizzenhafte Modell der frühislamischen Gesellschaften im Nahen und Mittleren Osten liefert auch ein Paradigma für die spätere Entwicklung der muslimischen Gesellschaften. Die Begriffe des muslimischen Staats, der muslimischen religiösen Vereinigung und der muslimischen Identität, bezogen auf lokale oder segmentäre Gruppen, sind Idealtypen, die sich in verschiedenen Abwandlungen und Kombinationen dazu verwenden lassen, muslimische Gesellschaften in aufeinanderfolgenden Epochen und in anderen Teilen der Welt zu analysieren. Von Weber selbst ist also zu lernen, wie man über seine eigenen dilettantischen Begriffe vom islamischen Ethos und von der islamischen Gesellschaft hinausgehen und ein komplexeres Modell aufbauen kann.

Anmerkungen

1 B. S. Turner, *Weber and Islam,* London 1974. Zu einer vollständigen Darstellung der in diesem Aufsatz vorgetragenen Ansichten siehe I. M. Lapidus, *Cambridge History of Islamic Societies,* erscheint demnächst.

2 Siehe I. M. Lapidus, »The Arab Conquest and the Formation of Islamic Society«, in: *Studies on the First Century of Islamic Society,* hg. von G. H. A. Juynboll, Carbondale, Il. 1982, S. 49-72; I. Shahid, »Pre-Islamic Arabia«, in: *Cambridge History of Islam,* 1, hg. von P. M. Holt, A. K. S. Lambton und B. Lewis, Cambridge 1970, S. 3-29. Die beste moderne Biographie des Propheten, in der die soziale und politische Matrix der Prophetie betont wird, ist W. M. Watt, *Muhammad at Mecca,* Oxford 1965, und *Muhammad at Medina,* Oxford 1962.

3 Zum frühen Kalifat siehe M. G. S. Hodgson, *The Venture of Islam,* 1, Chicago 1974. Eine ähnliche Schilderung der kulturellen Orientierung erscheint in I. M. Lapidus, »Islamic Sectarianism and the Potential for Reconstruction in Islamic Societies«, in: *Reconstruction in Axial Age Societies,* hg. von S. N. Eisenstadt, Jerusalem, erscheint demnächst.

4 Zur frühen Entwicklung der muslimischen Gesellschaft, zur Bildung der Rechtsschulen und anderer religiöser Vereinigungen, siehe I. M. Lapidus, »The Separation of State and Religion in the Development of Early Islamic Society«, in: *International Journal of Middle East Studies,* 6 (1975), S. 363-385; »The Evolution of Muslim Urban Society«, in: *Comparative Studies in Society and History,* 5 (1983), S. 21-50; »Muslim Cities and Islamic Societies«, in: *Middle Eastern Cities,* hg. von I. M. Lapidus, Berkeley 1969, S. 47-79; »Ayyubid Religious Policy and the Development of the Schools of Law in Cairo«, in: *Colloque International sur l'Histoire du Caire,* Kairo 1973, S. 279-286; und *Muslim Cities in the Later Middle Ages,* Cambridge 1967; 2. Aufl., Cambridge 1984.

5 Ähnliches steht auch in »Islamic Sectarianism ...«.

6 Die wissenschaftliche Behandlung der Sozialgeschichte des Schiismus und der Schrein-Verehrung hat noch kaum begonnen. Zur Einführung siehe J. S. Trimingham, *The Sufi Orders in Islam*, Oxford 1971.

Nehemia Levtzion
Aspekte der Islamisierung: Eine kritische Würdigung der Beobachtungen Max Webers

Max Weber hat über den Islam keine vollständige Monographie geschrieben, er verweist aber in seiner vergleichenden Untersuchung der Weltreligionen oft auf den Islam. Vieles, was er dazu sagt, ist für die heutigen Islamwissenschaftler nicht akzeptabel. Doch lassen sich manche seiner Beobachtungen über Islamisierung so modifizieren, daß sie die neuere Forschung berücksichtigen, und sie bleiben, so umformuliert, in seinem Begriffsrahmen durchaus funktional.[1]

Fünf Punkte werden im vorliegenden Aufsatz behandelt: Islamischer Universalismus und der Zweck des Heiligen Kriegs, Konversion in einem muslimischen Staat, die Rolle von Sufismus und Magie, Kleriker und Krieger sowie die Rolle der Krieger in Reformbewegungen. Diese Punkte stellen kaum eine zusammenhängende Studie über Islamisierung dar, aber sie können doch als Brennpunkte für eine Neubewertung von Webers Islamverständnis dienen.

1. Der islamische Universalismus und der Zweck des Heiligen Kriegs

Nach Weber ist der alte Islam »eben keine universalistische Erlösungsreligion«, weil er zwar

»die gewaltsame Propaganda der wahren Prophetie zur Pflicht macht«, dazu aber auf »den Universalismus der Bekehrung bewußt verzichtete und die Unterjochung wie die Unterwerfung der Glaubensfremden ... nicht aber die Erlösung der Unterworfenen als Ziel kennt.«[2] Und weiter: »Das religiöse Gebot des heiligen Krieges galt nicht in erster Linie Bekehrungszwecken.«[3]

Nun stammt freilich die Vorstellung des *jihād,* des heiligen Kriegs, wie E. Tyan schreibt, »aus dem fundamentalen Prinzip der Universalität des Islams: Diese Religion sollte zusammen mit der weltlichen Macht, die sie impliziert, das ganze Universum umfassen.«[4] Bis dieses letzte Ziel erreicht ist, bleibt die Welt in zwei Teile geteilt: *dār al-Islām,* das Land des Islams, und *dār al-hārb,* »das Land des Krieges«, gegen das der *jihād* geführt wird. Eine aufgezwungene islamische Regierung reichte aus, um den Status eines Landes von *dār al-hārb* nach *dār al-Islām* zu verändern, selbst wenn die Bevölkerung jenes Landes überwiegend oder sogar völlig nichtmuslimisch war. Mit anderen Worten, in der Praxis wie in der Theorie war das erste Ziel der militärischen Eroberung eher politisch als missionarisch, eher territoriale Expansion als Konversion.[5]

Die *sharīʿa* erkennt die Existenz nicht-muslimischer Bevölkerungen innerhalb eines muslimischen Staats an. Diese sind die *dhimmīs,* Mitglieder der anderen Offenbarungsreligionen, denen die Muslime Gastfreundschaft und Schutz gewährten, unter der Bedingung, daß sie sich der politischen Herrschaft des Islams unterwarfen und die Personensteuer *(jizya)* zahlten. Im Fortbestehen dieser Gemeinschaften sah Weber eine Negation des islamischen Universalismus. Dafür nennt er eher ökonomische als religiöse Motive: »... im Gegenteil war ihre Schonung schon im Interesse der Finanzen geboten... Der islamische Glaubenskrieg... war eine wesentlich an feudalen Renteninteressen orientierte Unternehmung zur grundherrlichen Landnahme.«[6]

Die gesetzlichen Vorschriften, die den Status der Nicht-Muslime in einem muslimischen Staat regulierten, waren das Ergebnis eines komplexen historischen Prozesses. Der Islam war ursprünglich als Monotheismus für die Araber eingeführt worden, die als einzige unter den Völkern Westasiens im siebten Jahrhundert noch polytheistisch geblieben waren. Mit anderen Worten: Seit seinen Anfängen erkannte der Islam die Gültigkeit der anderen Offenbarungsreligionen oder »Buchreligionen« an und gestand deren Anhängern ihre eigenen Erlösungswege zu. Für die Araber war der Universalismus des Islams dazu bestimmt, Stammesdenken und -rivalität zu überwinden und religiöse Bruderschaften anstelle der Blutsverwandtschaft zu setzen. In diesem Zusammenhang bedeutete also islamischer Universalismus, daß alle Araber Muslime werden mußten, und nur die heidnischen Araber wurden vor die Alternative Islam oder Schwert gestellt. Andere konnten sich unterwerfen und die *jizya* zahlen. Als arabische

Eroberer über die Halbinsel hinaus vordrangen, übten sie einigen Druck aus, um christliche Araber zu bekehren, nicht aber die Nicht-Araber. Eine Zeitlang wurden Araber, die Christen blieben, besser behandelt als Nicht-Araber, die freiwillig zum Islam konvertiert waren. Tatsächlich war eine der ersten Krisen im Islam der Konflikt zwischen arabischem Partikularismus und islamischem Universalismus. So sah Weber diesen Konflikt:

»Das ursprünglich religiös gebotene Bekehrungsinteresse des Islam fand seine Schranken an dem Interesse der erobernden Kriegerschicht: daß eine nicht islamische und daher minderberechtigte Bevölkerung dabliebe, welcher die für den Unterhalt der vollberechtigten Gläubigen erforderlichen Abgaben und Lasten auferlegt werden konnten.«[7]

Weber beschreibt die Position der arabischen Stammeskrieger, die die Sache des arabischen Partikularismus verteidigten. Doch hat »das Bekehrungsinteresse des Islam« die fromme Opposition geleitet, die religiös Gesinnten, die die in der Botschaft des Propheten enthaltene Idee des islamischen Universalismus zum Ausdruck brachten. Sie bestanden darauf, daß ein Angehöriger eines eroberten Volkes, der den Islam annahm, von allen den Nicht-Muslimen auferlegten Benachteiligungen befreit sein sollte. Alle Muslime sollten gleich behandelt werden. Dieses Programm hatte auch fiskalische Konsequenzen, denn die Steuerbefreiung der Konvertiten verminderte die Einnahmen der Schatzkammer, die ja die Zuwendungen an die arabischen Krieger zu zahlen hatte. Daher wurden die Interessen der Krieger zur *raison d'état*, und es war offizielle Politik während der frühen Umayyaden-Zeit, von der Konversion zum Islam abzuhalten.

Eine Wende in dieser offiziellen Politik wird dem frommen Kalifen ʿUmar b. ʿAbd al-ʿAzīz (717-720) zugeschrieben. Er vertrat das Prinzip der Gleichheit aller Muslime, Araber wie Nicht-Araber, und versuchte das Besteuerungssystem entsprechend abzuändern. Auch den nicht-arabischen Muslimen, die an den Eroberungskriegen teilgenommen hatten, wurde ein Anteil der Beute gegeben. Obwohl dieser Prozeß bereits im zweiten Teil der Umayyaden-Zeit in Gang war, triumphierte der islamische Universalismus über den arabischen Partikularismus erst mit dem Aufstieg der ʿAbbasiden endgültig.

In der Frühzeit mußten nicht-arabische Konvertiten einem der arabischen Stämme angeschlossen werden; von daher stammt der Ausdruck *mawālī* (»Klient«). In der späteren Umayyaden-Zeit und mehr noch unter den 'Abbasiden mußten Konvertiten keine arabische Affiliation mehr suchen. Vielmehr verloren die Stammesaraber allmählich ihre privilegierte Position als Krieger des Islams. Die ʿAbbasiden rekrutierten Krieger aus anderen ethnischen Gruppen, vor allem Türken, und schufen so ein stehendes Heer für den muslimischen Staat.

Webers Beobachtungen zur Rolle der arabischen Stammeskrieger bei der Gestaltung des Islams sind nur für eine kurze Zeitspanne nach der Eroberung zutreffend. In seiner Sicht hat der Einfluß der Krieger dahingehend gewirkt, daß das »Bekehrungsinteresse des Islâm« abnahm, und »diejenigen religiösen Elemente des alten Islâm, welche den Charakter einer ethischen Erlösungsreligion darstellten«, zurücktraten.[8] Doch brachte die Zeit nach der Eroberung weniger eine Rückentwicklung einer fortgeschritteneren ethischen universalistischen Religion, wie dies Weber impliziert, als vielmehr eine Entfaltung des Universalismusbegriffs im Islam. Das beschleunigte den Islamisierungsprozeß zunächst innerhalb des Herrschaftsbereiches des expandierenden muslimischen Staates und später auch jenseits seiner Grenzen.

2. Konversion im muslimischen Staat

Die militärische Eroberung allein erreichte die Konversion zum Islam noch nicht. Konversion war ein langer Prozeß, der unter der durch militärische Eroberung aufgezwungenen muslimischen politischen Herrschaft stattfand. Die Islamisierung wurde durch die Schaffung einer islamischen Umwelt und die Entwicklung von muslimischen Institutionen innerhalb eines muslimischen Staates bewirkt.

In Syrien und Ägypten hatte die politische Herrschaft über eine andere Religion im Lauf der Jahre eine Schwächung dieser eroberten religiösen Gemeinschaft zur Folge. Allmählich schlichen sich Zweifel ein und die intellektuellen Ressourcen schwanden. Den Kirchen wurde ein Großteil ihrer ökonomischen Ausstattung weggenommen, womit sie die Möglichkeit, Gemeindedienste zu unterhalten, verloren. Ärmere Mitglieder gerieten in die Versuchung, Hilfe bei den muslimischen Wohlfahrtsinstitutionen zu suchen, die vom muslimischen Staat unterstützt wurden.

Die islamische Toleranz gegenüber den »Buchreligionen«, die ursprünglich auf Christen und Juden beschränkt war, erweiterte sich auf den Zoroastrismus und auf den Hinduismus. Angesichts der zahlenmäßigen Überlegenheit der eroberten Bevölkerung hatten die Eroberer auch tatsächlich keine Alternative. Eine liberale Politik trug dazu bei, die muslimische Herrschaft zu konsolidieren und die Verwaltung aufrechtzuerhalten. Nicht-Muslime leisteten in Wirtschaft und Bürokratie nützliche Dienste.

Als die im vorigen Abschnitt erwähnte Krise gelöst war und sich die Unterscheidung von Arabern und Nicht-Arabern innerhalb der muslimischen Gemeinschaft verwischte, trat die zwischen Muslimen und Nicht-Muslimen mehr in den Vordergrund. Diskriminierende Regelungen, die ʿUmar b. ʿAbd al-ʿAziz zugeschrieben werden, betonten die Minderwertigkeit von Nicht-Muslimen und förderten, wenn sie strikt angewandt wurden, die Konversion. Aber die meisten muslimischen Herrscher verfolgten ganz pragmatisch eine liberale Politik. Die Situation änderte sich allmählich, als der Anteil der Muslime an der jeweiligen Bevölkerung wuchs, und die *ʿulamāʾ* auf breitere Unterstützung im Volk rechnen konnten. Für die *ʿulamā* war eine liberale Politik ein Affront gegen den Islam, ganz besonders, wenn Nicht-Muslime in Regierungsämter berufen wurden, in denen sie Herrschaft über Gläubige ausüben konnten.

Untersuchungen zur Konversion der Kopten in Ägypten zeigen, daß die drastischste numerische Verringerung der Kopten – durch Konversion – unter den Mameluken im dreizehnten und vierzehnten Jahrhundert stattfand.[9] Unter den Mameluken setzte sich ein Prozeß fort, der unter den Seldschuken begonnen hatte, und den Weber als die Schaffung von »islamischen Kriegerlehen« bezeichnete.[10] Der Aufstieg einer Militärelite von fremder (türkischer) Herkunft beförderte »die Feudalisierung der Wirtschaft« durch »die Anweisung auf die Steuererträgnisse von Land und Untertanen.« Das Militär gewann die ausschließliche Kontrolle über das Land, das wegen des Niedergangs und der Stagnation der »Verkehrswirtschaft im Orient« zur wichtigsten ökonomischen Einnahmequelle wurde.[11] Für Weber stellte das Mamelukenregime ein Modell des patrimonialen Staats dar.

Als dem Land und der Bevölkerung Ägyptens Fremde betonten die Mameluken die islamische Religion als die wichtigste Verbindung mit ihren Untertanen. Ihre Rolle als die Verteidiger des Islams wurde noch wichtiger, nachdem es ihnen gelungen war, die Reste der Kreuzritterherrschaft über Syrien und Palästina zu beseitigen und den Vorstoß der Mongolen aufzuhalten. Sie brauchten die *ʿulamāʾ*, Träger und Exponenten des Islams, um ihre Herrschaft zu legitimieren und als Bindeglied zwischen ihnen und der örtlichen Bevölkerung. Weil sie alle ökonomischen Grundlagen des Landes an sich gebracht hatten, konnten nur sie allein die religiösen Institutionen unterstützen, und dies taten sie sehr großzügig. Sie stifteten *waqfs*, bauten Moscheen, gründeten und finanzierten *madrasas* als Gelehrtenschulen und *khanāqahs* als Gästehäuser für Sufis. Die *ʿulamāʾ* wurden immer abhängiger von den Herrschern, aber auch immer einflußreicher. Absolventen der *madrasas* erhielten nicht nur einträgliche religiöse Posten, sondern auch zivile Verwaltungsämter. Hier stießen sie mit den Kopten zusammen, die seit langem in der Bürokratie beschäftigt waren. Die Konkurrenz um diese Ämter verstärkte noch den religiösen Eifer. Die *ʿulamāʾ* benutzten ihren Einfluß auf die Mamelukenherrscher, um auf strikte Anwendung der diskriminierenden Regelungen und auf Entfernung der Kopten aus den Ämtern zu dringen. Sie machten auch in der Öffentlichkeit Stimmung gegen die Kopten. Periodische öffentliche Verfolgungen und Ausschreitungen der Bevölkerung führten zu Konversionswellen und auch zu Todesopfern unter den Kopten.

So erreichten unter einem Regime, das Weber für ein Modell des Patrimonialstaats hält, religiöser Fanatismus und Intoleranz einen Höhepunkt, und die Bedingungen für die Nicht-Muslime wurden schwieriger. Dies könnte in Beziehung zum Niedergang des Handels stehen. Während des neunten und zehnten Jahrhunderts, als dieser in den Kernländern des Islams blühte, spielten die Nicht-Muslime, oft in Partnerschaft mit muslimischen Kaufleuten, eine prominente Rolle in der Ökonomie. Gleichzeitig war dies eine Zeit gesteigerter religiöser wie weltlicher Gelehrsamkeit und Wissenschaft, von denen Nicht-Muslime nicht ausgeschlossen waren. Teil der Bourgeoisie waren auch die Sekretäre *(kuttāb)* in der Kalifenbürokratie. Sie bestand zunehmend aus Muslimen, aber Nicht-Muslime wurden weiterhin beschäftigt. All dies veränderte sich allmählich im Zuge der Militarisierung und Feudalisierung der politischen Herrschaft und der Ökonomie. Die Militärherrscher betrachteten religiösen Konformismus als wesentlich, um ein stabiles sozio-politisches System zu erhalten, und sie kooperierten mit den *ʿulamāʾ*, um potentiell gefährlichen religiösen Bewegungen ihre Aktionsmöglichkeiten zu beschneiden. Der Druck der sunnitischen Orthodoxie erstickte das intellektuelle Leben. Die *ʿulamāʾ*, von den Militärherrschern kooptiert, wurden zu unangefochtenen Führern der zivilen Bevölkerung. Sie pflegten ein öffentliches muslimisches Solidaritätsgefühl, das auch in einer verbreiteten Feindseligkeit gegenüber Nicht-Muslimen Ausdruck fand.

3. Die Rolle von Sufismus und Magie

Bis zum zehnten Jahrhundert fanden Konversionen zum Islam nur innerhalb der Grenzen der muslimischen Staaten statt, und selbst dort drang der Islam nicht tief in die unteren Schichten der lokalen Bevölkerung ein. Nur die heterodoxen Sekten – Charidschiten, Schiiten und Ismailiten – befaßten sich aktiv mit Mission *(daʿwa)*. Sie bauten eine weitverzweigte Missionstätigkeit auf, die ohne Unterstützung durch den Staat (mit dem sie in Streit lagen) und über seine Grenzen hinaus wirkte. Sie arbeiteten unter Nicht-Arabern und erreichten die Unterschichten in den Städten. Sie konnten Konvertiten in den Agrar- und Stammesgesellschaften an der ethnischen, politischen und geographischen Peripherie des Islams wie Nordafrika, Sistan, Sind, Daylam und Tabaristan gewinnen.

In dieser Hinsicht gingen die heterodoxen Sekten den Sufis voran, die nach dem zehnten Jahrhundert den Islam über die Grenzen der muslimischen Staaten in die Steppen Zentralasiens und in andere Gegenden trugen. Sufis spielten auch eine wichtige Rolle bei der Ausbreitung des Islams in Ländern unter muslimischer Herrschaft, besonders in solchen, die nach dem zehnten Jahrhundert von den Türken erobert wurden, wie Anatolien und Indien. Allgemeiner gesagt, trugen die Sufis die religiöse Erfahrung von der städtischen Elite zu den Massen und verwandelten nominelle Zugehörigkeit in aktive Teilnahme am Islam.

Weber hatte eine äußerst beschränkte Sicht von der »Derwisch-Religiosität, ... diese(r) teils orgiastische(n), teils mystische(n), stets aber außeralltägliche(n) und irrationale(n) Religiosität«, weil er nur die populärsten unorthodoxen Formen des Sufismus kannte. Er betont jedoch, die Derwisch-Religiosität sei »durch ihre große Einfachheit propagandistisch (wirksam)« gewesen.[12]

Hilfreich für die Islamisierung durch die muslimischen Kleriker war auch deren weitherzige Haltung. Sie waren zumindest zeitweise durchaus bereit, sich den Sitten und Glaubensvorstellungen anderer Völker anzupassen. Bei dieser Art Islamisierung lag die Betonung nicht so sehr auf der Veränderung der Glaubensinhalte und Praktiken, als vielmehr auf der Veränderung der religiösen Identität. Was zuvor im Namen der früheren Religion praktiziert worden war, wurde danach im Namen des Islams vollzogen. Es dauerte Generationen, bevor sich die Einwirkung des Islams in Lehren und Ritualen zeigte.

Dies wird besonders deutlich an der Rolle der Derwische in den Dörfern Anatoliens, der sogenannten *Babas.* Sie waren wirklich die alten türkischen Schamanen Zentralasiens, die sich einen islamischen Anstrich zugelegt hatten. Sie deuteten Träume, ließen es regnen, heilten Krankheiten und gewährleisteten Fruchtbarkeit:

> In den ländlichen Bezirken [Anatoliens] wurde die konfessionelle Kluft zwischen schlecht unterwiesenen Christen und schlecht unterwiesenen Muslimen immer schmaler und leichter zu überbrücken, als der »Islam der Babas«, ein schon durch die Toleranz gegenüber heidnisch-türkischen Glaubensvorstellungen und Sitten verwässerter Islam, durch die Übernahme der christlichen (und vor-christlichen) heiligen Gräber, Quellen, Bäume etc. als populäre Kultzentren – und durch die Hinzunahme von christlichen Festen, Heiligen und sogar Ritualen – noch weiter verwässert wurde.[13]

Weber sah, wie wichtig die Magie für die Islamisierung Afrikas war:

> Die Propaganda des Islâm in Afrika beruht vornehmlich auf der vom alten Islâm verworfenen Unterschicht massiver Magie, durch die er alle andere Religiosität unterbietet.[14]

In vielen Berichten, der älteste geht bis auf al-Bakrī im elften Jahrhundert zurück, wird geschildert, wie ein muslimischer Kleriker einen afrikanischen Herrscher durch eine Demonstration der Omnipotenz Allahs für sich gewinnen konnte. Gebete zu Allah retteten den Staat vor einer Dürre oder brachten einen Sieg im Krieg, nachdem die lokalen Priester versagt hatten. Die erste Werbung des Islams erfolgte noch im Wettbewerb mit der traditionalen Religion und deren Vertretern. Diese wurden jedoch keineswegs ausgeschaltet, und Herrscher, die muslimische Kleriker beschäftigten, wandten sich auch weiterhin an traditionale Priester. Die muslimischen Kleriker führten mit der Verwendung des geschriebenen Wortes kompliziertere Verfahren ein, aber sie waren doch innerhalb desselben geistig-kulturellen Bereichs tätig wie die traditionalen Priester, wenn sie übernatürliche Hilfe heranzogen. Muslimische Kleriker stellten Amulette her und führten andere magisch-rituelle Tätigkeiten durch, um die Häuptlinge zu beschützen.

Während des langen Prozesses der Islamisierung in Afrika standen eher die rituellen als die rechtlichen Aspekte des Islams im Vordergrund. Das geschriebene Wort war weit wichtiger wegen seiner magischen Qualitäten als wegen der Botschaft, die es überbrachte. Der Koran wurde einfach zu einem heiligen Gegenstand und nicht zur Quelle der Gesetzgebung.

Bei Weber wird »der vorwiegend ritualistische Charakter der religiösen Pflichten« im Islam, »verbunden mit großer Einfachheit der hierher gehörigen Ansprüche«, erwähnt.[15] Wir haben oben gezeigt, wie die Betonung der rituellen Aspekte des Islams die Islamisierung erleichterte, und wir werden uns jetzt mit dem zweiten Teil des Zitats befassen, der Einfachheit der religiösen Ansprüche.

Beim ersten Zusammentreffen mit anderen Gesellschaften zeigte sich der Islam oft nicht in all seiner Stärke (und prophetischen Exklusivität). Seine Repräsentanten, die Kleriker, betonten die Gemeinsamkeiten mit den lokalen Religionen und verwendeten Gebete, Amulette und andere Zaubermittel. Auch waren die Anforderungen an die neuen Muslime zunächst minimal. Vom praktischen wie vom theologischen Gesichtspunkt aus reichte es, wenn einer bezeugte, es gebe keinen Gott außer Allah und Mohammed sei sein Prophet, um ein Muslim zu werden. Damit war der Konvertit in den Glauben aufgenommen, der weiterführende Prozeß der Islamisierung, die stärkere Bindung an den Islam, fand dann innerhalb, nicht außerhalb des Islams statt.

4. Kleriker und Krieger

Weber betonte, wie wir schon gesehen haben, den martialischen Charakter des Islams als einer Religion der Krieger. Aber in Afrika breitete sich der Islam ohne Krieger und ohne Unterstützung durch einen Staat aus. Hier, wie in Teilen Indonesiens, hat man es nicht mit der Konversion zum Islam unter muslimischer politischer Herrschaft (die durch militärische Eroberung zustande kam) zu tun, sondern mit seinem allmählichen Eindringen in die Religion der politisch herrschenden Gesellschaft.

Es gibt im westafrikanischen Islam einen Gegensatz zwischen Klerikern und Kriegern. Die Kleriker, die keine Waffen trugen, politische Konkurrenz vermieden und Friedensstifter waren, standen auf der anderen Seite als die Krieger, die die politische Herrschaft innehatten, Blut vergossen und Alkohol tranken. Dies paßt zu dem, was Weber über die Haltung der Krieger zur Religion sagt:

Der Lebensführung des Kriegers ist weder der Gedanke einer gütigen Vorsehung, noch derjenige systematischer ethischer Anforderungen eines überweltlichen Gottes wahlverwandt. Begriffe wie »Sünde«, »Erlösung«, religiöse »Demut« pflegen dem Würdegefühl aller politisch herrschenden Schichten, vor allem aber des Kriegeradels, nicht nur fern zu liegen, sondern es direkt zu verletzen... die Chancen und Abenteuer des Diesseits erfüllen sein [des Kriegers] Leben derart, daß er etwas anderes als den Schutz gegen böse Zauber und zeremonielle, dem ständischen Würdegefühl adäquate und zu Bestandteilen der Konvention werdende Riten, allenfalls priesterliche Gebete für Sieg... von einer Religiosität nicht verlangt...[16]

Afrikanische Kriegerhäuptlinge brauchten die Dienste der muslimischen Kleriker für die Herstellung von Amuletten, für Gebete um den Sieg und für die Durchführung der mit dem Häuptlingstum verbundenen Rituale. Kriegerhäuptlinge führten deshalb an ihren Höfen den Islam ein, wurden selber aber nicht Muslime. In Westafrika stellten die Häuptlinge eine besondere religiöse Kategorie zwischen Muslimen und Ungläubigen dar. Als während einer Woge islamischer Militanz in den Wolof-Staaten des Senegal Kleriker ihre Häuptlinge aufforderten zu konvertieren, weigerten sie sich, weil ihrem Verständnis nach die Konversion eines Kriegerhäuptlings diesen in einen Marabout/Kleriker verwandelt und seinem politischen und kriegerischen Wesen die Männlichkeit genommen hätte; mit Webers oben zitierten Worten: es mußte »das Würdegefühl... direkt... verletzen.«

Webers Behauptung, daß der ideale Persönlichkeitstyp in der Religion des Islams nicht der gelehrte Schreiber (Literat), sondern der Krieger war, ist gewiß für Afrika, aber auch für andere Teile der muslimischen Welt kaum haltbar.[17] In Westafrika galt als idealer Persönlichkeitstyp der Kleriker, der Politik und Krieg vermied. Mit fortschreitender Islamisierung und mit der Entwicklung der muslimischen Ausbildung machte der Kleriker dem Gelehrten und der ritualistische dem rechtlichen Aspekt des Islams Platz. Dieser Prozeß ließ im achtzehnten und neunzehnten Jahrhundert Reformbewegungen entstehen, die revolutionär und militant waren. Sie wurden von gebildeten Gelehrten angeführt, ihre physische Macht hing aber von der Rekrutierung kriegerischer Hirten, der Fulbe, ab.

5. Die Rolle der Krieger in den Reformbewegungen

Max Weber schrieb: »Der Kriegsadel und alle feudalen Mächte pflegen nicht leicht Träger einer rationalen religiösen Ethik zu werden.«[18] Aber er beobachtete auch, daß die Krieger manchmal eine bedeutende Rolle in den Reformbewegungen spielten:

> Zeiten starker prophetischer oder reformatorischer religiöser Erregung reißen allerdings auch und oft gerade den Adel in die Bahn der prophetischen ethischen Religiosität ... Mit ritterlichem Standesgefühl vereinbar ist die prophetische Religiosität naturgemäß da, wo sie ihre Verheißungen dem *Glaubenskämpfer* spendet.[19]

In diesem Zusammenhang ist Ibn Chaldūns Einsicht in das Wesen der arabischen Nomaden und Krieger relevant:

> ... wegen ihrer Wildheit sind die Araber von allen Nationen am wenigsten bereit, sich einander unterzuordnen ... wenn aber durch Prophetie oder Heiligkeit Religion (unter ihnen) herrscht, entwickeln sie doch einen beschränkenden Einfluß in sich ... Es fällt ihnen dann leicht, sich unterzuordnen und einig zu sein ... Wenn unter ihnen ein Prophet oder Heiliger auftritt, der sie dazu auffordert, Gottes Gebote zu erfüllen, der sie von schändlichen Eigenschaften befreit, der sie veranlaßt, statt dessen lobenswerte anzunehmen, der sie dazu bringt, all ihre Stärke zu konzentrieren, um die Wahrheit durchzusetzen, dann werden sie ganz einig und gelangen zu Überlegenheit und königlicher Autorität.[20]

Das einleuchtendste Beispiel dafür ist bestimmt der Fall des Propheten Muhammad, der die Beduinen mobilisierte. Man könnte aber auch auf Ibn Yasin verweisen, der im elften Jahrhundert die Lamtuna-Nomaden für die Almoravidenbewegung mobilisierte, und auf Uthman dan Fadio, der zu Beginn des neunzehnten Jahrhunderts die Fulbe-Hirtenvölker zum *jihād* führte. Auffällig ist, daß in allen diesen Bewegungen der religiöse Führer ein seßhaftes

Mitglied derselben ethnischen und kulturellen Gruppe war wie die nomadischen Krieger. Die segmentierte Gesellschaft wurde unter einer charismatischen Führung zusammengeschlossen, die einen anderen Charakter hatte als die martialische Führerschaft der Häuptlinge in den beteiligten Segmenten. Häuptlinge, die sich nie einem Gleichrangigen untergeordnet hätten, akzeptierten die charismatische Führung des Propheten oder unter anderen Umständen die eines Heiligen oder Gelehrten.
In keinem dieser Fälle waren die Krieger die Träger der Ideologie der Bewegungen, sondern nur die militärische Kraft, die zu ihrem politischen Erfolg beitrug. In allen diesen Fällen haben die militärischen Aktionen der Krieger zur Schaffung von Staaten geführt, die sich der Verwirklichung der durch die Führung artikulierten Ideale verpflichtet fühlten. War der Staat einmal etabliert, beendeten die Krieger ihre Aufgabe, und innerhalb kurzer Zeit verschwanden sie aus dem Zentrum. Viele kehrten zu ihrem Stammesleben an der Peripherie des Staates zurück und zeigten wenig oder kein Interesse an der religiös-politischen Dynamik des Staates.

Schluß

Wir begannen unsere Erörterung der Weberschen Beobachtungen zum Islam mit der Behauptung vom Universalismus des Islams. Wir vertraten die Ansicht, daß es nicht so sehr einen Rückschritt von einer ursprünglich missionarischen Religion, sondern vielmehr einen Fortschritt vom arabischen Partikularismus zum islamischen Universalismus gab. Als Test für den islamischen Universalismus galt nicht nur das einzigartige Phänomen der sich über physische und kulturelle Schranken ausbreitenden Religion des Islams, sondern auch der Umstand, daß der Islam trotz seiner Adaptation an unterschiedliche Kulturbereiche ein gewisses Maß an Einheitlichkeit beibehielt. Der Koran, die *ḥadīth,* die theologische und juristische Literatur, die alle auf arabisch geschrieben sind, bildeten den soliden, standhaften Kern des Islams, der von lokalen Einflüssen auf Glaubensinhalte, Sitten und Rituale nicht berührt wurde. Diese Schriften enthielten die Botschaft des islamischen Universalismus, dessen Träger die lokalen Gelehrten waren, die Mitglieder der weltweiten Gemeinschaft der muslimischen gebildeten Elite. Die Verbreitung dieser Botschaft durch ein weitgespanntes Bildungsnetz und mit Hilfe von Handel und Pilgerfahrten trug dazu bei, die parochialen Aspekte des Islams an der Peripherie zu reduzieren und beförderte das Entstehen von Reformbewegungen.

Weber hat vermutet, daß die »Derwisch-Religion« oder der Sufismus mit daran beteiligt war, die Entwicklung des Islams als einer ethischen Erlösungsreligion zu verhindern. Wie zu sehen war, spielte der Sufismus eine wichtige Rolle bei der Ausbreitung des Islams. Neuere Forschungen haben Licht auf die Entwicklung eines Sufismus mit aktivistischem Stil geworfen, von dem zuweilen als »Neo-Sufismus« gesprochen wird. Dieser machte sich sowohl von den populär-ekstatischen Praktiken wie von den philosophisch-spekulativen Traditionen des frühen Sufismus los. Am Ende des achtzehnten Jahrhunderts war dieser Neo-Sufismus zu einem wichtigen Vehikel für Sozialreformen und Mobilisierung geworden.[21]

Der Neo-Sufismus bedeutete einen radikalen Neubeginn, denn der Sufismus hatte als der Weg der Frommen, sich aus der Politik zurückzuziehen, gegolten. Die Reformbewegungen dagegen betonten den politischen Inhalt des Islams und den Staat als den notwendigen Rahmen, um das wahre islamische Leben mittels Anwendung der *sharīʿa* durchzusetzen. Deshalb haben erfolgreiche Reformbewegungen zur Bildung von Staaten geführt.

Wir haben schon erwähnt, daß die Krieger, die für die Sache der Reformbewegungen kämpften, ihre Aufgabe als beendet ansahen, wenn der Staat etabliert war. Daher muß eine der wichtigen Beobachtungen Webers zum Islam umformuliert werden: Anstelle der Rolle der Krieger und des martialischen Charakters des Islams sollte die zentrale Stellung des Staates und der politische Charakter des Islams im Mittelpunkt stehen.

Anmerkungen

1 Ein kühner Versuch, »Webers unbeendete Analyse des Verhältnisses von islamischer Gesellschaft und rationalem Kapitalismus« neu zu durchdenken, ist Bryan S. Turner, *Weber and Islam. A Critical Study*, London 1974, (das Zitat steht auf S. 75). Ich möchte mich nur mit den

Feststellungen Webers beschäftigen, die in Beziehung mit dem Prozeß der Islamisierung stehen. Ich habe ausführliche Referenzen auf Studien zur Islamisierung unterlassen, verweise aber auf die Bibliographie in Nehemia Levtzion (Hg.), *Conversion to Islam*, New York 1979, S. 247-265. Siehe auch meine Einleitung »Toward a Comparative Study of Islamization«, *ibid.*, S. 1-23.

2 Max Weber, *Wirtschaft und Gesellschaft*, 5. rev. Aufl., Studienausgabe, hg. von Johannes Winckelmann, Tübingen 1972, S. 358.

3 Ebd., S. 375.

4 Edward Tyan, »Djihād«, *Encyclopaedia of Islam*, 2nd ed. II, S. 238.

5 G. E. von Grunebaum, »The first expansion of Islam: factors of thrust and containment«, in: *Diogenes*, 53 (1961), S. 65-66.

6 Weber, *Wirtschaft und Gesellschaft*, S. 289.

7 Ebd., S. 204.

8 Ebd., S. 204, 289.

9 E. Ashtor, *A History of the Jews in Egypt and Syria*. Jerusalem 1944, passim. D. C. Little, »Coptic conversion to Islam under the Bahri Mamluks, 692-755/1293-1354«, in: *Bulletin SOAS*, 39 (1976), S. 552-569.

10 Weber, *Wirtschaft und Gesellschaft*, S. 629.

11 Ebd., S. 587.

12 Ebd., S. 376.

13 V. L. Menage, »The Islamization of Anatolia«, in: *Conversion to Islam*, S. 66.

14 Weber, *Wirtschaft und Gesellschaft*, S. 285.

15 Ebd., S. 376.

16 Ebd., S. 288.

17 Ebd., S. 376.

18 Ebd., S. 288.

19 Ebd., S. 288.

20 Ibn Khaldūn, *The Muqaddima*, Arabic text, Beirut, S. 151; übersetzt von F. Rosenthal, Princeton 1958, I, S. 305-306.

21 Fazlur Rahman, *Islam*, New York 1968, S. 253; John O. Voll, »Hadith scholars and tariqahs: an ulama group in the 18th century Haramayn and their impact in the Islamic world«, in: *Journal of Asian and African Studies*, 15 (1980), S. 264-73.

Richard M. Eaton
Islamisierung im spätmittelalterlichen Bengalen

In manchen Schriften Max Webers, in denen er über den Islam spricht, spiegelt sich die für die damalige Zeit typische Denkweise, aber auch sein eigenes Bemühen, die treibenden Kräfte hinter der Entstehung des europäischen Kapitalismus zu identifizieren. Weber hatte daher die Tendenz, im Gegensatz zu der Dynamik, die er in den durch die protestantische Ethik beeinflußten europäischen Gesellschaften sah, die muslimischen Gesellschaften als stabil, wenn nicht als statisch zu sehen. Seine Charakterisierung des Islams als eine »Kriegerreligion« stand außerdem noch in Einklang mit einem sehr alten Strang des westlichen Denkens, das den Islam als eine fundamental militante Ideologie ansah.[1] Seine Vorstellung, diese Religion fördere sexuelle Freiheit oder sinnliches Vergnügen, folgte einem ähnlichen europäischen Denkschema.[2] Bei anderen Aspekten der islamischen Geschichte war Weber gelegentlich inkorrekt, wie zum Beispiel bei seiner Behauptung, der Sufismus stamme aus Indien oder der frühe Islam kenne nicht das Streben nach Erlösung oder Mystik.[3]

Während Webers spezifische Kommentare zum Islam in mancher Hinsicht problematisch sind, trifft doch auch zu, daß man aus seinen allgemeineren Formulierungen über die Dynamik der gesellschaftlichen Prozesse brauchbare Einsichten in die Entwicklung der islamischen Institutionen gewinnen kann. Dies gilt in besonderer Weise für das Thema dieses Aufsatzes, die Islamisierung, das heißt den Prozeß, durch den die islamischen Gesellschaften aus nicht-islamischen hervorgegangen und gewachsen sind und sich im Lauf der Zeit unterschiedlich entwickelt haben. Ich möchte im folgenden drei Schlüsselbegriffe, die Weber in allgemeiner Form entfaltet hat, analysieren und ihre Brauchbarkeit für die Erklärung der Islamisierung in einem besonderen Teil der islamischen Welt, in Südasien, überprüfen. Der erste Begriff ist der des Patrimonialstaates, der zweite der der Veralltäglichung der charismatischen Herrschaft, der dritte der der Rationalisierung des Pantheons, mit der Überlegenheit höherer über niedrigere Götter, was für den Islam natürlich den Triumph Allahs über niedrigere übermenschliche Wesen bedeutet.

Für Weber wie für die meisten Orientalisten seiner Zeit bedeutete Islam im Grunde genommen Naher und Mittlerer Osten; Südasien war für ihn im wesentlichen eine Welt des Hinduismus und Buddhismus, was sich auch an dem Band *Hinduismus und Buddhismus* zeigt.[4] Dennoch besitzt es als Region die größte Konzentration von Muslimen in der Welt und wäre schon aus diesem Grund ein geeignetes Gebiet, um den Prozeß der Islamisierung zu untersuchen. Innerhalb von Südasien bietet sich Bengalen mit seiner Bevölkerung von mehr als hundert Millionen Muslimen als ein besonders triftiger Fall der Islamisierung an.
Das Wachstum der bengalischen muslimischen Bevölkerung, das sich zwischen 1300 und 1800 allmählich vollzog, hat den Islamwissenschaftlern wie den Südasienforschern Rätsel aufgegeben. Islamwissenschaftler, die daran gewöhnt waren, den Islam als eine wesentlich städtische Religion zu sehen – und zu ihnen gehörte auch Weber –, stellt das gesamte Phänomen vor Schwierigkeiten, da der Islam in Bengalen ganz überwiegend eine Religion der bäuerlichen Landbewohner ist. Südasienforscher dagegen begegnen Problemen ganz anderer Art. Sie haben im allgemeinen die Islamisierung Bengalens damit erklärt, daß ein Teil der Hindus der niedrigen Kasten ihrer Stellung in einer Gesellschaft entkommen wollte, die von mächtigen Brahmanen und anderen rituell dominanten Kasten rigoros nach den Grundsätzen der Kastenordnung gegliedert worden war. Max Weber selbst hat diese Grundposition eingenommen.[5] Die Schwierigkeit liegt aber darin, daß wir in Ostbengalen eine Gesellschaft vor uns haben, die historisch weder nach Kasten noch nach Verwandtschaftsgruppen differenziert und der politischen Herrschaft der Hindus nur einhundert Jahre ausgesetzt war, bevor im dreizehnten Jahrhundert die indo-turkische Eroberung Bengalens stattfand. Wenn aber die Bevölkerung, die die Sümpfe und Wälder Ostbengalens bewohnte, niemals in ein streng geschichtetes Kastensystem integriert war, dann stellt sich die Frage nach der Preisgabe einer ungleichen Hinduordnung zugunsten einer gleichen islamischen Ordnung erst gar nicht.
Was wissen wir über die Chronologie und den Verlauf der Islamisierung im mittelalterlichen Bengalen? Verstreute Hinweise von Reisenden lassen vermuten, daß in Bengalen schon ziemlich bald nach der Eroberung des Deltas durch das Khalajī Haus der Indo-Turken im frühen dreizehnten Jahrhundert eine muslimische Ge-

meinschaft zu wachsen begann. 1345 nahm Ibn Battuta einen beträchtlichen Umweg auf sich, um einen berühmten Sūfī, Shāh Jalāl, aufzusuchen, der im äußersten Osten der Region Sylhet wohnte und der nach Aussage des berühmten Weltreisenden für die Konversion der dortigen Bevölkerung zum Islam verantwortlich war.[6] Aus chinesischen und portugiesischen Reiseberichten, die im fünfzehnten und frühen sechzehnten Jahrhundert aufgezeichnet wurden, geht klar hervor, daß die Hauptstadt des unabhängigen Sultans von Bengalen, Gaur, zu jener Zeit weitgehend muslimisch war.[7] 1518 schrieb Duarte Barbosa, daß »die Heiden aus dieser Gegend täglich zu Mohren werden, um so die Gunst ihrer Herrscher zu gewinnen«, eine Feststellung, die manchmal als Beweis herhalten soll, daß der Islam damals nur der Nutznießer der sich in Bengalen vollziehenden politischen Veränderungen war.[8] Aber Barbosa bezieht sich nur auf die Hauptstadt, nicht auf das Land, und ganz gewiß nicht auf die ausgedehnten Dschungelgebiete in Ostbengalen, wo die Islamisierung am dramatischsten verlief.

Erst aus dem späten sechzehnten Jahrhundert haben wir solide Belege für die Existenz einer muslimischen Bauernbevölkerung in Bengalen, und bezeichnenderweise beziehen sie sich nur auf den östlichen Teil des Deltas. 1567 beobachtete der europäische Reisende Caesar Frederick, daß die gesamte Bevölkerung einer großen Insel im südöstlichen Delta, Sondwip-Insel, muslimisch war.[9] Bald danach, 1599, reiste ein Jesuitenmissionar bis in die Gegend des heutigen Dhaka, wo er eine fast gänzlich muslimische Bevölkerung antraf.[10] Und 1628/29 bemerkte ein Augustinermönch, daß Konversionen zum Islam seit der Mogul-Eroberung im späten sechzehnten Jahrhundert stattfanden, obgleich der Großteil der Provinz immer noch aus Nicht-Muslimen bestand.[11] 1638 findet sich der Hinweis eines Mogul-Gouverneurs von Bengalen, daß die »Massen« der Muslime den südöstlichen Distrikt von Noakhali bewohnten.[12] [illegible] berichtet dann *'Alamgīr-nāma*, eine persische Chronik aus Kaiser Aurangzebs Regierungszeit, die meisten Bauern von Ghoraghat in Nordbengalen seien Muslime.[13]

Das Aufkommen einer bäuerlichen muslimischen Bevölkerung trifft mit zwei anderen wichtigen Entwicklungen dieser Periode zusammen, einer ökologischen und einer politischen. Im Zusammenhang mit der ersten sollte man daran denken, daß vor der

Jahrtausendwende der Ganges direkt durch den Westkorridor Bengalens floß und damit das Gedeihen einer stabilen Agrargesellschaft mit einem ausgeprägten Hindu-Sozialsystem möglich machte. Aber seit dem zwölften Jahrhundert begann der große Fluß nach der Versandung seiner älteren Arme sich weiter östlich neue Kanäle zu suchen, bis er sich schließlich im sechzehnten Jahrhundert mit dem Padma vereinte, nun durch das Zentrum Ostbengalens floß und weit im Osten seiner ursprünglichen Arme in die Bucht von Bengalen mündete.[14] Als Folge davon verfiel nicht nur die agrarische Hindugesellschaft im Westen, sondern der »neue« Ganges machte auch den aktiven Teil des bengalischen Deltas, der jetzt im Osten lag, fruchtbar und für den intensiveren Reisanbau geeignet. Seit dem sechzehnten Jahrhundert also wurde Ostbengalen zum Schauplatz der sich verschiebenden ökonomischen Grenze, indem weite Gebiete des wilden Dschungels in Reisfelder umgewandelt wurden.
Der Zeitpunkt dieser ökologischen Entwicklungen spielt eine große Rolle, da sich die abschließende Flußverlagerung ungefähr gleichzeitig mit der politischen Integration Bengalens in das Mogulreich ereignete, nachdem der Kaiser Akbar die Provinz 1576 erobert hatte. Und in diesem Zusammenhang wird der erste der drei Weberschen Begriffe, die ich behandeln möchte, relevant.

1. Das Mogulreich als Patrimonialstaat

Bekanntlich beschrieb Weber das islamische Gemeinwesen als einen Patrimonialstaat, als ein Gebilde also, in dem das Heer, die *ʿulamā*, die Bürokratie und die Kaufleute letztlich alle von einem kaiserlichen Haushalt abhingen, dessen finanzielle und politische Strukturen wiederum auf Eroberungen und der Einbeziehung neuer Länder beruhten.[15] In einer neueren Untersuchung, die sich auf den Charakter des kaiserlichen Haushalts konzentriert, wird behauptet, das Mogulreich habe dem patrimonialen Modell entsprochen.[16] Hier ist jedoch besonders interessant der expansive Charakter des Mogulstaates, der durch die Bedürfnisse des Kaisers bestimmt war, sich eine immer breitere Basis für Abgaben zu schaffen, um den sich erweiternden Adel zu versorgen, der mittels Steuerpacht bezahlt wurde *(jāgīr)*. Zwischen 1576 und 1765 läßt sich der expansive Aspekt des Mogulreiches am ausgeprägtesten in Ostbengalen feststellen. Hier beanspruchten die kaiserlichen Behörden das letztliche Eigentumsrecht über neues Land, das durch die gleichzeitige Verlegung der Herrschafts- und der Reisgrenze in ihren politischen und ökologischen Einflußbereich geriet.

Nur wenige nordindische Muslime hatten sich in der Zeit zwischen 1204 und 1576 in Bengalen niedergelassen, denn in jener Zeit war die Provinz, die damals von unabhängigen Dynastien indo-turkischer Sultane regiert wurde, politisch von Nordindien isoliert. Aber nach 1576, als Bengalen dem Mogulindien eingegliedert wurde, war die Provinz neuen Einwanderungswellen ausgesetzt. Und da die großen Veränderungen im bengalischen Flußsystem, die den Lauf des Ganges in das östliche Delta verlagerten, mit der politischen Integration Bengalens nach Nordindien zusammentrafen, waren die Kolonisten und Pioniere, die vom sechzehnten bis zum achtzehnten Jahrhundert nach Ostbengalen zogen, gewöhnlich nicht westbengalische Hindus, sondern nordindische Muslime: Abenteurer, Ṣūfīs, *qāḍīs,* Verwaltungsbeamte etc. Viele dieser binnenländischen Neuankömmlinge ließen sich in der neuen Provinzhauptstadt Dhaka nieder. Tatsächlich findet sich in einem zeitgenössischen Bericht der Hinweis, daß die meisten Regierungsbeamte und Notabeln, die um 1630 in der Stadt lebten, Fremde seien, deren Vorfahren oder die selbst aus Gegenden wie Kaschmir, Mashhad, Teheran, Badakshān, Māzandarān oder Gīlān stammten.[17]

Der Zustrom der Nordinder verdrängte eine ältere Elite, die Afghanen, als die letzte herrschende Klasse des selbständigen Bengalen und vertrieb viele in entferntere Regionen Ost- und Südbengalens, wo sie sich als Kolonisten und Lokalmagnaten wieder festsetzten.[18] So wurde die Provinzhauptstadt Dhaka zu einer Mogul-Stadt, während auf dem Land das Siedlungsmuster gemischt war. Manche Siedler waren auf das Land abgedrängte Afghanen, andere Nordinder, oft die Klientele von Patronen in Dhaka, die ihrerseits zur Klientele des patrimonialen Mogulhauses in Delhi gehörten. Kurz, diese Landsiedler bildeten genau die Art Klein- oder »*qaṣba*-Adel«, die C. A. Bayly neuerdings für das Nordindien des 18. und 19. Jahrhunderts beschrieben hat: kleinstädtische Eliten, die zwischen den Ackerbauern und dem Staat standen und deren kollektive Solidarität sich aus Bildung, agrarischer Abhängigkeit und Treue zum Islam formte.[19]

Diese Kolonisten, die gewöhnlich eine hochrangige Abstammung von außerhalb Bengalens geltend machten, hielten sich selber gern für *ashrāf* oder »ehrenwert«, und ein Aspekt ihrer *ashrāf*-Identität zeigte sich in der Weigerung, den Pflug anzufassen. Die Ausübung von landwirtschaftlichen Tätigkeiten war einfach unter ihrer Würde und Selbstachtung.[20] Andererseits übernahm die große Masse der muslimischen Ackerbauern, die den Hauptteil der konvertierten Bevölkerung ausmachten, bereitwillig die Bodenbestellung. Aus ihrer Sicht konnten sie sogar dadurch ihre Identität als Muslime am wirksamsten zum Ausdruck bringen.[21] Diese Situation läßt also vermuten, daß es eine *subjektive* Verbindung in der Vorstellung der bengalischen muslimischen Ackerbauern zwischen Landwirtschaft und Religion gab, was wiederum auf die Möglichkeit hinweist, daß die agrarische und die religiöse Integration Teile eines einzigen historischen Prozesses waren.

Grundlegend wichtig dafür war die politische und ökonomische Expansion der Mogulmacht in das Deltagebiet. Als die Moguln 1612 ihre Provinzhauptstadt in der neuen Stadt Dhaka im Herzen des östlichen Deltas errichteten, brachten sie ihre Provinzregierung in die bestmögliche Position, um die Ressourcen einer sich entwickelnden Grenzzone auszubeuten.[22] In dieser Hinsicht zeigt sich ihr Erfolg deutlich am dramatischen Zuwachs bei der Forderung nach Landabgaben in Ostbengalen im siebzehnten und achtzehnten Jahrhundert. Zwischen 1595, kurz nach Akbars Eroberung, und 1659 wuchsen diese Forderungen für Südostbengalen um 117% und für Nordostbengalen um 95%, während sie im Südwesten nur um 54% stiegen und im Nordwesten tatsächlich sogar um 13% zurückgingen.[23] Da die Landabgabeforderungen nach der geschätzten Reisproduktion berechnet wurden, zeigen diese Zahlen eindeutig, daß in Ostbengalen, dem jüngeren, aktiven Teil des Deltas, ein nennenswertes Wirtschaftswachstum stattfand, im Vergleich zu einem Niedergang im Westen, dem älteren und ökologisch moribunden Teil. Auch der Verfall der zentralen Reichsmaschinerie der Moguln im achtzehnten Jahrhundert blockierte den fortschreitenden Prozeß der Urbarmachung von Land an den äußersten Grenzen des Reiches nicht. Selbst während Palastrevolutionen und Fremdinvasionen das zerbröckelnde Reich in seinem Zentrum in Delhi erschütterten, verdoppelten sich tatsächlich die von den *Provinz*gewalten der Moguln in Bengalens südwestlicher Region von Chittagong eingezogenen Abgaben zwischen 1713 und 1760.[24]

Der patrimoniale Charakter des Mogulreiches scheint also an der östlichen, expandierenden Grenze Bengalens am deutlichsten. Hier gab es riesige unberührte Landstriche, die noch nicht von einer fest ansässigen agrarischen Bevölkerung mit dem dazugehörenden Stab von festsitzenden Beamten bevölkert waren. Folglich hatten die Moguln in diesen Regionen freie Hand, eine neue Gesellschaft zu formen, die sich auf die entschlossene Ausbeutung der natürlichen Ressourcen des unberührten Landes gründete. Im Gegensatz dazu waren die Moguln in den älteren Teilen des Reiches, im oberen Gangesgebiet, gezwungen, sich mit fest etablierten Hindu-Beamten und -Führern, die eine schon bestehende Hindu-Agrargesellschaft beherrschten, zu einigen. Dieser Gegensatz zwischen dem älteren Kerngebiet des Reiches und seiner unberührten Peripherie erwies sich als maßgebend für den Verlauf der Islamisierung im mittelalterlichen Indien, der sich nämlich an der Peripherie sehr viel dramatischer vollzog als im Kerngebiet. Der patrimoniale Charakter des Mogulreiches trug also zur Islamisierung Bengalens nicht in direkter, sondern in indirekter Weise bei, insofern er die *ökonomische* Expansion des Staates begünstigte. Und gerade diese ökonomische Expansion der Moguln in das östliche Delta bildete die materielle, in diesem Fall landwirtschaftliche Basis für das Wachstum einer muslimischen bäuerlichen Gemeinschaft in dieser Region.

2. Die Veralltäglichung des Charismas

Webers zweite in diesem Zusammenhang relevante Theorie findet sich in seiner Analyse der Veralltäglichung der charismatischen Herrschaft. Untersucht man die noch vorhandenen Daten über die Besiedlung der bengalischen Reichsgrenze näher, dann zeigt sich, wie wichtig hier charismatische muslimische heilige Männer waren, die anscheinend die Pioniere begleiteten oder, was häufiger vorkam, selbst diese Pioniere waren. Aus Weberscher Perspektive ist eine Untersuchung dieser heiligen Männer, in ihrer Umgebung als Ṣūfīs berühmt, besonders interessant. Erstens deshalb, weil die Ortsbevölkerung häufig ihre Konversion zum Islam ihrem Wirken zuschrieb, zweitens deshalb, weil die unmittel-

baren Nachkommen oder Nachfolger dieser heiligen Männer in der örtlichen Gesellschaft eine Rolle spielten und auf diese Weise eine beständige lokale Herrschaft sicherten.
Bei näherem Blick auf die Geschichte der örtlichen bengalischen Ṣūfīs zeigt sich, daß zwar nur sehr wenige eine gesamtindische Reputation als herausragende Mystiker hatten, viele aber mit dem Prozeß der Waldrodungen und der Landneugewinnung verbunden wurden und werden, daneben aber auch noch mit der Integration der Ortsgemeinschaften in den Islam. Zum Beispiel hat nach einer Ortschronik des siebzehnten Jahrhunderts aus Midnapur um das Jahr 1650 ein Mogulbeamter *(faujdār)* einen heiligen Mann namens Khondkār Shāh ʿAlā aufgefordert, er möge doch ein Pferd von der Morgendämmerung bis zum Mittag frei laufen lassen und das dadurch abgesteckte Dschungelgebiet sei auf Lebenszeit seines, wo er »herrschen« und den Islam verkündigen könne. Der Heilige soll der Überlieferung nach dann mit Hilfe der Dorfbevölkerung den Wald gerodet haben, bevor er sich mit seiner Familie niederließ. Nachdem er die Ortsbevölkerung zum Islam bekehrt hatte, wurde der Mann von diesen Leuten als ihr *pir* verehrt.
Im südlichen Zentralbengalen, inmitten des Sundar ban-Dschungels gegenüber der Bay von Bengalen, finden wir den Schrein von Khān Jahān ʿAlī, einem lokalen Helden, der 1459 starb. Obgleich sein Epitaph ihn nur in militärische Zusammenhänge stellt, kam der Volksüberlieferung zufolge Khān Jahān mit einer großen Anhängerschaft in den Dschungel, machte ein weites Gebiet urbar, baute Straßen und bekehrte die örtliche Bevölkerung zum Islam.[26] Auch jüngst gesammelte mündliche Überlieferungen weisen in dieselbe Richtung wie diese lokalen geschriebenen Geschichten. So soll ein gewisser Mihr ʿAlī in der frühen Mogulzeit in die Wälder von Jessore, auch in die Sundarbans, gekommen sein, wo er der örtlichen Bevölkerung half, den Dschungel zu roden und Ackerbau durchzuführen.[27] Auch ein gewisser Shāh Saiyid Nāṣir al'Dīn soll im siebzehnten Jahrhundert aus dem Mittleren Osten nach Habiganj in das Gebiet von Sylhet gekommen sein, wo er die örtliche Bevölkerung einer dichten Dschungelregion lehrte, wie man den Dschungel rodet und Reis anbaut. Er lehrte sie aber auch die Grundbegriffe des Islams.[28]
Man beachte, daß in allen Berichten die »örtliche Bevölkerung«, die dann zur muslimischen Bauernschaft wurde, selbst nicht aus

Kolonisten bestand, sondern aus einheimischen Waldbewohnern, deren wirtschaftliches und religiöses Leben nach ihren eigenen Überlieferungen durch den Kontakt mit den Außenstehenden umgewandelt wurde. Der charakteristischste dieser »Außenstehenden«, der in diesen Überlieferungen auftaucht, ist, wie wir gesehen haben, die vielschichtige Figur des Heiligen/Entwicklungshelfers, eine Figur, deren ökonomische Rolle und deren Beziehung zu den ersten Ackerbauern noch deutlicher hervortritt, wenn man die relevanten britischen Steuerakten durchsieht.

Das Ortslexikon für den Noakhali Distrikt verzeichnet, daß ein gewisser Pīr ʿUmār Shāh, der Ortsheilige des *pargana* Ambarabad, der nach ihm benannt wurde, zu Beginn des achtzehnten Jahrhunderts aus dem Iran in die Dschungel von Noakhali kam und »dort in seinem Boot lebte, Wunder wirkte und viele bekehrte, die die Wüstungen dann allmählich urbar machten.«[29] Das Gebiet, das von ihm und seinen Anhängern gerodet wurde, war etwa 175 Quadratmeilen groß, und 1734 machten die Mogulbehörden in Bengalen dieses Gebiet zu einem selbständigen *pargana*, der die territoriale Grundeinheit der Mogulverwaltung war. Dreißig Jahre später ging die Kontrolle über die Steuereinziehung von den Moguln auf die Briten über, und die Briten beschrieben dieses Gebiet als unberührten Wald, der unlängst gerodet worden sei und von einer Anzahl kleiner *jangal-burī ta ʿluqdārs*, d.h. »Dschungel-Roder« genannter Ackerbauern, erstmalig landwirtschaftlich genutzt würde. Diese *taʿluqdars* behaupteten von sich, daß sie ursprünglich unabhängig von jeder Regierungsautorität gewesen seien, daß sie aber später die Mogulbehörden in Bengalen gebeten hätten, einen Einzieher oder *zamindar* zu ernennen, der die Einziehung der dem Staat geschuldeten Abgaben organisieren sollte. Für diesen Zweck räumten die *taʿluqdars* dem Einzieher eine Vergütung in Höhe der Abgaben aus einigen ihrer Dörfer in dem *pargana* ein. Interessant dabei ist, daß die ersten beiden ernannten *zamindars* die Söhne Shāh ʿUmārs, des ursprünglichen *pir*, waren, nach dem man den *pargana* benannt hatte. Dieser hatte die Ortsbevölkerung erstmalig zum Islam bekehrt und sie für das Vorhaben der Dschungelrodung organisiert.[30]

Analysiert man die in dieser Darstellung mitgeteilten Informationen, so scheint es, daß der ursprüngliche *pīr*, der mit diesem Prozeß verbunden ist, Pīr ʿUmār Shāh, den Kontakt mit den

Waldbewohnern des Noakhali Gebietes vor 1734 hergestellt haben muß, denn zu diesem Zeitpunkt machten die Mogulbehörden die Region zu einem *pargana,* der per definitionem ein Distrikt ist, der Abgaben leisten kann. Klar ist auch, daß die Waldbewohner, die jetzt Ackerbauern waren und sich selber *jangal-burī ta ͑luqdārs* nannten, vor der Umwandlung des Dschungelgebiets in einen *pargana* unabhängig von Regierungsgewalt gewesen waren. Doch obwohl sie in der Version der *ta ͑lūqdārs* von der Regierung »verlangt« hatten, ihnen einen übergeordneten Abgaben-Einzieher oder *zamindar* zu geben, scheint es doch wahrscheinlicher, daß 1734 die Mogulgewalt so stark geworden war, daß sich die *ta ͑lūqdārs* mit dieser Autorität einigen mußten. Sie taten dies so, daß die Söhne des heiligen Mannes ihre Einzieher wurden, dem sie sowohl die Organisation ihrer Dschungelrodung wie ihre Islamisierung zuschrieben. Mit anderen Worten: Als der Staat diese Waldbewohner in seinen Kreis eingliederte, veralltäglichte sich die charismatische Autorität des *pīr* zu der bürokratischen Autorität der Söhne des *pīr,* die jetzt regierungsamtliche Einzieher oder *zamindars* waren.

Ein ähnliches Bild ergibt sich auch aus den Dorfunterlagen *(mauḍa ͑)* der Regierung, die um 1900 gesammelt wurden und im Dokumentenraum der Bezirkssteuerstelle aufbewahrt sind. Typisch ist die folgende knappe Darstellung eines Dorfes im Distrikt Barisal: »Die Mohammedaner verdanken ihren Ursprung direkt oder indirekt einem Kazi, der einer der ersten Siedler dieses Dorfes war. Diese Mohammedaner haben taluqs.«[31] Im Dhaka-Distrikt lesen wir von einem Dorf, das im frühen achtzehnten Jahrhundert noch nicht in die Rentenrolle der Regierung aufgenommen war und einmal von einem muslimischen heiligen Mann namens Ḥaḍrat Daner Mau besucht wurde. Dieser Mann hatte ein solches Charisma, daß die Einwohner aus Verehrung für den »guten und allseits beliebten Mann der Religion« ihm regelmäßige Unterstützung in Form einer *nadhrāna* gaben, also einer Gabe, womit ein muslimischer Heiliger oder Schrein aus frommer Verehrung ausgestattet wird. Im Lauf der Zeit wurden diese frommen Gaben zu einer festen Summe von 118 Rupien. Und noch später, als die Mogulverwaltung das Dorf in ihre Rentenrolle einbezog, wurde aus dieser Zahl von 118 Rupien die von seiten des Dorfes der Regierung geschuldete feste Rente. Gleichzeitig wurde Ḥaḍrat Daner Mau, der hier in Frage stehende heilige Mann, zum *zamindar* des Dorfes ernannt, also zu einem Beamten des Staates, der nun mit der Einziehung der Abgaben beauftragt war.[32]

Auch ein anderer wichtiger Quellentyp wirft Licht auf diesen Prozeß: die persischen Dokumente über die Beziehungen zwischen den Provinz- oder Distriktsbeamten der Zentralregierung und ihren Einkommensagenten auf der lokalen Ebene. In diesen Dokumenten wird die systematische Übertragung von unberührtem Dschungelgebiet aus der königlichen Domäne auf Mitglieder eines wiederum muslimischen Landadels bestätigt – auf Personen also, die die Errichtung von Moscheen oder Schreinen für *pīrs* förderten. Diese Schenkungen waren nicht *waqf*-Schenkungen, also ausdrücklich den muslimischen Institutionen gegebenes rentenfreies Land. Sie wurden vielmehr direkt an Individuen gegeben, die der Staat als Treuhänder der Moscheen oder Schreine bezeichnete und die dennoch *de facto* und *de jure* zu Grundherren über die ihnen übertragenen Territorien wurden. Und es steht auch fest, daß die Dschungelbewohner, die in den Dokumenten als Abhängige erscheinen, zu Reisbauern und dabei zu wirtschaftlichen und religiösen Klienten dieses neuen Landadels wurden.

Eine dieser Dokumentensammlungen betrifft die Kolonisierung und Besiedlung des Distrikts von Chittagong im südöstlichen Delta gegenüber der Bay durch dschungelrodende *taʿluqdārs* oder Landbesitzer. Diese Dokumente machen ein Muster sichtbar, demzufolge fromme oder heilige Männer, sei es eigenhändig, sei es durch Organisation der Ortsbewohner, Dschungelflächen für die landwirtschaftliche Nutzung erschlossen. Dadurch stabilisierte sich ihre charismatische Herrschaft und veralltäglichte sich bei ihren Nachfolgern, die Eigentumsrechte *(jangal-burī maurūthī)* über das neu gerodete Land beanspruchten und zu wirklichen Grundherren über eine bäuerliche Klasse von Klienten-Pächtern wurden. Ein Fall, der diesen Prozeß anschaulich macht, betrifft die Söhne eines heiligen Mannes namens Shah Luṭf Allah Khondkār, der auch den Sufi-Titel *zubdat al-wāṣilīn* (»der Beste der mit Gott verbundenen«) trug. 1717 wurden seinen Söhnen etwa 109 Morgen Dschungelland zur Bestellung gegeben, an denen sie später erbliche Rechte erwarben *(jangal burī maurūthī)*. Daraufhin wurden sie praktisch zu Grundherren.[33] In einem ähnlichen Fall baute ein gewisser ʿAbd al-Wahhāb Khondkār eine Moschee, an der er selbst der *khaṭīb* oder Prediger war. 1726 erhielt er eine kleine Bodenparzelle für ihren Unterhalt. Nur fünf Jahre später tauchte sein Enkel als Grundherr *(chaudhurī)* der Region auf, und ihm gelang es dann, diesen Besitz auszuweiten, indem er zusätzlich 75 Morgen Land bekam, das zu Gunsten der Moschee ausgegeben wurde.[34] Ähnlich gelang es auch 1723 zwei Anhängern eines heiligen Mannes, Ḥaḍrat Shaha, 25 Morgen Dschungelland für die Errichtung und den Unterhalt eines Schreins zu bekommen, den sie für ihren *pīr* gebaut hatten, und zehn Jahre später erhöhte sich diese Zahl um 16 Morgen, mit denen die zusätzlichen Ausgaben für die Unterstützung der vielen Abhängigen, die dazugekommen waren, bestritten werden sollten.[35]

An diesen Fällen werden verschiedene wichtige Prozesse deutlich. Zunächst: Die ursprüngliche Autorität der Gründer dieser Moscheen und Schreine – ein Ṣūfī, ein Prediger und ein heiliger Mann – war ihrem Wesen nach charismatisch. Aber zur Zeit ihrer Nachfolger und Nachkommen hatte sich diese Autorität stabilisiert und veralltäglicht, und an die Stelle der charismatischen Führer traten die Mitglieder einer ländlichen Kleinadelsklasse, die direkte Unterstützung vom Mogulstaat erhielten. Nach Webers Ansicht ist charismatische Führung notwendigerweise unstabil, und sie hat deshalb die Tendenz, sich entweder in Richtung auf ein patrimoniales oder ein bürokratisches Amt zu veralltäglichen.[36] Bei den vorliegenden Fällen scheint die Veralltäglichung der Autorität eines charismatischen Führers durch die Bemühungen des Patrimonialstaats, des Mogulreiches und seiner Provinzgewalten in der Stadt Chittagong ausgelöst worden zu sein, sich dieser lokalen Autorität zu bemächtigen und sie an sich zu bringen. Ein Weg dazu war, daß das Reich als Bedingung für die Stiftung das Versprechen des Nachfolgers forderte, für das lange Leben des Kaisers und die Stabilität des Staates zu beten. Diese Forderung brachte die Empfänger in der Praxis in eine direkte Klientenbeziehung mit dem Kaiser, und diese Beziehung ist ja das prägende Charakteristikum des Patrimonialstaats. Das andere Verfahren, mit dem sich der Staat die charismatische Autorität dieser Personen aneignete, war die Integration ihrer Nachfolger in das bürokratische System des Reichs als nichtsteuerzahlende Rentenempfänger.

Der andere Prozeß, der sich an diesen Fällen zeigt, ist der der Islamisierung. Die Dokumente beziehen sich erstens auf die neuen Gemeinschaften der von den Moscheen und Schreinen Abhängigen, deren Unterstützung zunächst ein Grund für die Stiftung gewesen war. Zweitens verweisen sie auf neue Gemeinden oder Personengruppen für die Freitagsgebete *(iqāma-i ḥalqa-yi jumʿa)*, die im Zusammenhang mit diesen neuen Dschungelmoscheen entstanden.[37] Und drittens zeigt sich gerade an den Namen der Gründer dieser Institutionen und ihrer Nachfolger eine Vertiefung der islamischen Identität im ländlichen Bengalen. Viele Gründer haben Namen wie Kālī Shāh, Jangal Pīr, Kālā Ghāzī und ähnliche, die eine rein bengalische Herkunft der heiligen Männer vermuten lassen. Ihre Nachfolger und Erben jedoch hatten in der Regel rein arabische Namen. Dieses Muster zeigt sich besonders deutlich um die Mitte des achtzehnten Jahrhunderts, als immer mehr dieser Institutionen durch Ḥājīs und andere Männer mit direkterem Kontakt zu Mekka gegründet wurden. Während Personen mit einer führenden Rolle auf dem Land die ersten waren, die mit dem Islam identifizierte Namen annahmen, behielt die Masse der bengalischen Bauernschaft einheimische Namen wie Chand, Pal, Dutt bis in das zwanzigste Jahrhundert bei.[38] Dieser Umstand sollte uns daran erinnern, daß die Dschungelmoscheen und -schreine zwar als Ursprungskern für die Ausbreitung islamischer Praktiken dienten, die Islamisierung selber sich aber keineswegs plötzlich oder abrupt vollzog.

Aus diesen Dokumenten ergibt sich demnach das Bild einer sich ausbreitenden *ashrāf*-Kultur kleiner Khans, kleiner *mullas* und kleiner *pīrs*, die im frühen achtzehnten Jahrhundert in den ostbengalischen Dschungel vordrangen und das Land mit den Dorfbewohnern in die ökonomische und religiöse Welt des Mogulreiches eingliederten. Gerade der patrimoniale Charakter des Mogulstaates ermutigte, wirtschaftlich gesehen, das Urbarmachen des undurchdringlichen Dschungelgebiets für Reisfelder und, gesellschaftlich gesehen, den Aufstieg von neuen Klassen von Reisbauern, die durch sich erweiternde Pachtketten an den Staat gebunden wurden. Webers Vorstellung von der Veralltäglichung der charismatischen Herrschaft scheint zu erklären, wie heilige Männer oder ihre Nachkommen am unteren Ende dieser Ketten als Abgabenbeamte etabliert wurden. Sie deutet auch an, warum landwirtschaftliche Entwicklung und islamische Frömmigkeit im Denken der heutigen muslimischen Bauernschaft so eng verbunden sind und warum diese Leute gewöhnlich ihre Bekehrung zum

Islam Personen zuschreiben, die ursprünglich nicht nur mit Religion, sondern auch mit der Urbarmachung von Land für den Reisanbau in Verbindung standen. Dennoch muß betont werden, daß dieser Prozeß nicht notwendig seinen Ausgang im achtzehnten Jahrhundert nahm, also in der Zeit, für die wir erste umfangreiche schriftliche Unterlagen haben. Zweifellos war der Prozeß, der in diesen Dokumenten zutage tritt, typisch für die gesamte Periode seit der Eroberung durch die Moguln im sechzehnten Jahrhundert und sogar für eine noch frühere Periode, was der Fall des Khān Jahān ʿAlī aus dem fünfzehnten Jahrhundert, auf den oben hingewiesen wurde, nahelegt.

3. Der Primat und die Identität des höchsten Gottes

Das dritte Webersche Prinzip, das für unsere Analyse der Islamisierung in Bengalen relevant ist, gehört in Webers Diskussion der Kosmologie, speziell des Pantheons und seiner Beziehung zur sozialen Wirklichkeit. »Praktisch aber kam und kommt es darauf an: wer innerhalb des *Alltages* stärker in die Interessen des Einzelnen eingreift, ob der theoretisch ›höchste‹ Gott oder die ›niederen‹ Geister und Dämonen.«[39] In diesem Zusammenhang entwickelte Weber die Vorstellung der »Rationalisierung«, die er als die Kristallisation des Pantheons beschrieb, in der die höchsten Götter den Primat über die niedrigen Geister gewinnen.[40] Ein Hebel für die Förderung der Sache eines einzigen höchsten Gottes ist nach Weber die Bildung von Reichen und die Einbeziehung von kulturell heterogenen Völkern; umgekehrt lagen die Kräfte, die zugunsten der niedrigeren Geister wirkten, durchweg »in den mächtigen ideellen und materiellen Interessen der an den Kulten und Kultstätten der Einzelgötter interessierten Priesterschaften.«[41]

Die religiöse Geographie des mittelalterlichen Bengalen zeigt vor dem Wirksamwerden des islamischen Einflusses ein sehr gemischtes und wechselndes Bild. Im westlichen Delta präsidierte eine fest etablierte brahmanische Priesterschaft einem klar ausgebildeten Hindu Pantheon und einer scharf geschichteten Gesellschaft. Aber je weiter man sich in Richtung auf die Sümpfe und Dschungel des östlichen Deltas bewegte, wo die Waldvölker einer komplexeren Vielfalt von Kulten huldigten, besonders solchen, die wie Manasā oder Chandi um die Macht der bengalischen Manifestationen einer weiblichen Gottheit, d.h. einer Göttin, zentriert waren, desto mehr nahm der Einfluß der Brahmanen ab.[42] In diesem Teil des Deltas, wo das Pantheon weit weniger rationalisiert war als im westlichen Delta mit Brahmanenordnung, hatte der Islam, der die überlegene Macht eines einzigen Gottes, Allahs, feierte, einen sicheren Stand. In der mittelalterlichen bengalischen Literatur läßt sich nachlesen, wie die islamischen Vorstellungen von Identität und Natur der göttlichen Gewalt im Laufe mehrerer Jahrhunderte in das bengalische religiöse Universum eingeführt wurden.

In diesem Prozeß lassen sich verschiedene miteinander in Verbindung stehende Aspekte ausmachen. Zunächst wurden die islamischen übermenschlichen Wesen einfach in das vorhandene, schon dicht gefüllte bengalische Pantheon aufgenommen. So erwähnt zum Beispiel in der Anrufungsformel der Volksballade »Nizam Dacoit«, die wahrscheinlich aus Chittagong aus dem siebzehnten Jahrhundert stammt, der Balladensänger zuallererst die bengalischen Äquivalente für die höchste Gottheit, den Schöpfer und die Inkarnation des Lichts. Danach wird der Prophet Mohammed erwähnt und als eine Lichtgestalt beschrieben, die vor den Augen des Herrn aufleuchtete. Dann, nach einem Lobpreis für die weiblichen Mitglieder der Prophetenfamilie, entbietet der Balladensänger seinen Respekt dem Himalaya, Krischna, Radha, der Mutter Erde, einem lokalen *pīr* und schließlich Rama und Sita.[43] Hier versuchte man nicht, ein übermenschliches Wesen mit einem anderen gleichzusetzen oder auszutauschen; stattdessen wurden die islamischen Manifestationen der übermenschlichen Macht – in diesem Fall der Prophet Mohammed, Licht (zweifellos von Ṣūfī Ursprüngen) und ein lokaler *pīr* – einfach neben allen anderen möglichen Quellen der übermenschlichen Macht, die damals im ländlichen südöstlichen Bengalen »in der Luft lagen«, in die Anrufungsformel mit aufgenommen.

Ein zweiter Aspekt dieses Prozesses war der Versuch, die islamischen übermenschlichen Vermittler und Begriffe nicht bloß in die bengalische Kosmologie aufzunehmen, sondern sie mit lokalen Äquivalenten zu identifizieren. Eine solche Tendenz gab es keineswegs nur in Bengalen. »Ich kenne keine Gesellschaft in Westafrika«, schreibt Jack Goody, »die nicht automatisch ihren eigenen höchsten Gott mit dem Allah der Muslime und dem Jehova der Christen identifiziert. Dies ist kein Umwandlungs-, sondern ein Identifikationsprozeß.«[44] Ebenso identifizierten Muslimdichter, die durch die bengalische Vaishnava-Bewegung, in deren Mittelpunkt die Verehrung von Radha und deren Liebe für Krischna standen, stark beeinflußt waren, auch Radha mit Khudā, dem persischen Wort für Gott.[45] Einer der wichtigsten bengalischen muslimischen Dichter der Vormoderne, Saiyid Sulṭān (gest. um 1648) aus Chittagong stellte solche Paarungen sehr bewußt und explizit zusammen. »Was für uns das göttliche Glühen *[jyoti]* ist«, schrieb er, »heißt in Arabien Nur Mohammad.«[46] In den Gedichten, in denen islamische Mythologie, Geschichte, Mystik und Kosmologie erläutert werden, gebrauchen die muslimischen bengalischen Dichter eine Vielfalt bengalischer Gattungsbegriffe, wenn sie von der islamischen Gottheit sprechen. Saiyid Sulṭān gebraucht Niranjan und Kartā in der Bedeutung »höchster Gott« beziehungsweise »Schöpfer« neben Khudā und Allah.[47] Im siebzehnten Jahrhundert verwendet der Dichter ʿAbd al-Ḥakīm in einem Lobpreis des islamischen Gottes die Ausdrücke Prabhū, was »Herr« bedeutet.[48] Der Dichter Ḥājī Muhammad (gest. um 1620) verwendet in seinen Schriften sowohl Khudā wie Allah,[49] während ʿAlī Rājā, ein esoterischer Dichter des achtzehnten Jahrhunderts aus Chittagong, in seinem Werk den Gattungsbegriff Iśwar (»Gott«) gebraucht.[50]

Asim Roy hat neuerdings darauf aufmerksam gemacht, daß die Menschen, für die diese Literatur geschrieben wurde, die bengalischen Massen, persisch oder arabisch gar nicht verstanden, vielmehr von lokalen Kulten und der klassischen Mythologie wie dem Epos *Mahābhārata* durchdrungen waren. Durch die Einkleidung des Islams in ein bengalisches Gewand versuchten die Dichter ganz bewußt, die Massen zu erreichen.[51] Ein meisterhaftes Beispiel dieser Art Literatur ist Saiyid Sulṭāns episches Gedicht *Nabī-vamsa,* in dem der Autor den Islam nicht als Ersatz oder Aufhebung der früheren Kulte in Bengalen interpretiert, sondern als deren Nachfolge und Vervollkommnung. Daher werden Brahma, Vishnu, Śiva und Krischna als sukzessive Inkarnationen *(avatār)* und Propheten *(nabī)* Gottes dargestellt, jeder mit einem seiner Zeit angemessenen »Buch«. Ihnen folgen dann die hebräischen Propheten, die *tauḥīd,* Monotheismus, verkünden; der Höhepunkt ist schließlich mit Mohammed erreicht. Nach diesem Epos prophezeiten die vier Veden sogar die Ankunft Mohammeds.[52]

Mit diesem Literaturgenre sollte also der Islam von den früheren religiösen Traditionen Ostbengalens nicht abgesondert, sondern gerade mit ihnen *verbunden* werden. Eine Folge dieses Prozesses war die Apotheose vieler lokaler *pīrs*, die in der einheimischen Literatur als die Träger des neuen Kults bestimmt waren. In einem Vers heißt dies so: Die Götter der Hindus haben sich in muslimische *pīrs* verkehrt, sie offenbarten sich und wurden von beiden verehrt.[53]

Eine andere Folge war, daß viele aus der Masse der bengalischen Landbevölkerung auch weiterhin ihre Verehrung den niederen Geistern des früheren Pantheons zollten oder solche Geister in islamischen Begriffen neu definierten. Deshalb können wir auch in der mittelalterlichen Literatur muslimische Ackerbauern als Anhänger des weitverbreiteten und durch und durch bengalischen Kults der Schlangengöttin Manasā finden.[54] Am Beginn des zwanzigsten Jahrhunderts wurde immer noch geschrieben, Unterklassen-Muslime verehrten die als Manasā, Kālī oder Lakshmī erscheinende Göttin.[55] Doch führte der Gebrauch der bengalischen Sprache und religiösen Denkweise bei der Einführung des Islams noch zu einem weiteren Ergebnis: der starken Betonung, die auf die weiblichen Erscheinungsformen der islamischen göttlichen Macht gelegt wurde, worin sich eine alte, volkstümliche bengalische Vision von einer durch weibliche Vermittlung geoffenbarten göttlichen Macht spiegelt. Entsprechend wurde Fāṭima, die Tochter des Propheten, von dem Dichter Saiyid Murtaḍā (gest. 1662) als »Mutter der Welt« angesprochen, und an ihren Namen richtete der Dichter Ḥayāt Maḥmūd sein *Jang-nāma*.[56] Im Laufe mehrerer Jahrhunderte sickerten dann islamische Konzeptionen der göttlichen Macht allmählich in ein religiöses Universum ein, für das außerordentliche Veränderlichkeit typisch war. Dies spiegelt sich auch in der mittelalterlichen *mangal-kavya*-Literatur, in der verschiedene Gottheiten – auch hier wieder hauptsächlich Manifestationen der Göttin – miteinander um die kultische Treue der bengalischen Bevölkerung konkurrieren.

Doch auch wenn der Islam zunächst wie irgendein anderer Kult in der religiösen Atmosphäre Bengalens aussah, einfach wie eine weitere »exotische Blüte«, die sich auf dem fruchtbaren bengalischen Boden entwickelte, erwarb er im Lauf der Zeit doch eine gewisse Rigidität und Stabilität, die ihm Autonomie von den lokaleren Kulten verlieh und ihn später dann in die Lage versetzte, diese ganz zu verdrängen. Doch läßt sich dieser Aspekt des Prozesses nicht allein in sozio-politischen Kategorien erklären, wie dies Weber wohl getan hätte, d.h. mit der Eingliederung Bengalens in das Mogulreich und der Gleichsetzung des Islams mit diesem Reich. Denn im südasiatischen Islam scheint die politische Macht zwar eine notwendige, aber keine hinreichende Variable für Konversionen zum Islam, wie dies durch den relativ geringen Grad der Islamisierung im Kerngebiet der indomuslimischen Macht bezeugt wird.

Entscheidender, besonders an der sich ausweitenden Peripherie des Reichs, war wahrscheinlich ein kognitiver Faktor: Dank seiner Schriftlichkeit konnte der Islam sehr viel leichter bewahrt und vervielfältigt werden als die einheimischen Kulte, die ohne diese Basis in der Regel nur vorübergehend bestanden und weniger festgelegt waren. Dies hatte besonders in Ostbengalen Geltung, dessen einheimische Bevölkerung den literarischen oder sozialen Einflüssen der Brahmanen in sehr viel geringerem Maß ausgesetzt gewesen war als der Westen. Im Osten finden sich zwar lokale Kulte mit Literaturen, in denen diese oder jene Gottheit gepriesen wurde. Aber solche Literaturen wurden nicht bloß als von Menschen stammend verstanden, sie waren auch für den Ablauf der Kulte marginal, d.h., sie hatten nicht-liturgischen Charakter. Dem Islam dagegen gab seine literarische Basis eine strukturelle Strenge, die sich langfristig im Wettbewerb mit den rivalisierenden Kulten als entscheidender Faktor erwies, ein Phänomen, das sich auch im Hinblick auf den Vormarsch von Islam und Christentum im modernen Westafrika feststellen läßt.[57]

Denn der Islam ist vor allem eine Buchreligion. Und dem Koran wird nicht nur ein göttlicher Ursprung zugeschrieben, er ist auch für die islamische Liturgie absolut zentral. Es ist daher besonders bedeutsam, daß sich in Bengalen Papier und Papierherstellungstechnik unmittelbar vor der Eroberung durch die Moguln im sechzehnten Jahrhundert ausbreiteten. Das Papier, das zuerst im dreizehnten Jahrhundert von den Türken in Nordindien eingeführt wurde, ersetzte im fünfzehnten Jahrhundert in Bengalen die Palmblätter, und wahrscheinlich wurden zu jener Zeit erstmals Kopien des Korans am Hof des bengalischen Sultanats eingeführt.[58] 1589 spricht der bengalische Dichter Mukundaram von einer Sektion der muslimischen Gesellschaft, der Kagozia, die die Papiermacher[59] waren, was bedeutet, daß im späten sechzehnten Jahrhundert das Papier in Bengalen schon weite Verbreitung gefunden hatte.

Bei den bengalischen Massen scheint im Mittelalter die früheste Funktion des Korans nicht liturgischen, sondern magischen Charakter gehabt zu haben. Dementsprechend finden sich in einem Gedicht aus der Mitte des siebzehnten Jahrhunderts, das die Göttin Manasā preist, Hinweise darauf, daß der Koran als Zaubermittel zur Abwehr gegen böse Einflüsse verwendet wurde.[60] Zu jener Zeit blühten rivalisierende Kulte von Göttern und Göttinnen, die teils aus dem Hindu-Pantheon stammten, teils rein lokal waren, Seite an Seite mit dem Islam. Doch seit der Mitte des siebzehnten Jahrhunderts scheint sich der Gebrauch des Korans allmählich von der Magie hin zur Liturgie verschoben zu haben, und dadurch sickerte der Inhalt des Buches – vor allem seine Botschaft von der Einheit und Überlegenheit Allahs – hinab zu den Massen. Obgleich sich diese Entwicklung im neunzehnten Jahrhundert unter dem Einfluß der Farā'iḍī-Reformer intensivierte, war es im ganzen doch ein allmählicher Prozeß. Wie sich die Annahme arabischer Personennamen nur langsam vollzog, so brauchte es auch seine Zeit, bis »Allah« als der ausschließliche Name des höchsten Gottes angenommen war. Tatsächlich wurde noch am Anfang des zwanzigsten Jahrhunderts die Feststellung gemacht, daß »Allah« erst in jüngster Zeit die Gottesnamen »Panch Pīr« und »Badar« ersetzt hätte, die die muslimischen Bootsleute des Noakhali Distrikts anriefen.[61] Dies kann als sicheres Zeichen dafür gelten, daß die Islamisierung in Bengalen auf gutem Wege war.

Schluß

Abschließend möchte ich auf ein bemerkenswertes Zusammentreffen dreier sehr verschiedener, aber zusammenhängender Diffusionstypen aufmerksam machen, die im spätmittelalterlichen Bengalen gleichzeitig auftraten – die politische Herrschaft der Moguln, eine vorrückende Reisgrenze und die Technik der Papierherstellung. Einzeln und in Kombination modellierten sie eine vierte Diffusion, die des Islams selbst. Diese Faktoren werden jedoch am besten nicht getrennt behandelt, sondern als

Kräfte, die bei der Integration einer lokalen Gesellschaft in eine Weltkultur zusammenwirkten. Jeder Faktor unterstützte den anderen. Wie wichtig zum Beispiel die Verbreitung der Technik der Papierherstellung für die Stärkung der bürokratischen Herrschaft in Bengalen war, bedarf keiner Erläuterung, und die Ausweitung der politischen Herrschaft der Moguln, die die erforderlichen Führer und Kapitalmittel für die mühsame Aufgabe der Dschungelrodung mit sich brachte, war ebenfalls für das Entstehen einer reisanbauenden bäuerlichen Bevölkerung entscheidend.

Deshalb war das Erstarken des Islams nur ein Aspekt in einer umfassenden Transformation, die im spätmittelalterlichen Bengalen stattfand. Diesem Fall kann man also entnehmen, daß wir unserem Verständnis von Religion schlecht dienen, wenn wir sie als ein Gebilde, losgelöst von größeren sozialen, wirtschaftlichen und auch ökologischen Prozessen, behandeln. Max Weber, unter anderen, hat dies verstanden. Und wenn er auch mit seinen Bemerkungen zum Islam die Islamisierung nicht angemessen beschrieb, so hat er doch einige scharfe analytische Instrumente bereitgestellt, mit denen wir arbeiten können.

Anmerkungen

1 Max Weber, *The Sociology of Religion.* Übers. von Ephraim Fischoff, Boston 1963, S. 132, 203-204, 227, 262-263; Max Weber, *Wirtschaft und Gesellschaft,* Tübingen [5]1972, S. 311, 346-47, 363, 375-76.

2 Ebd., S. 264-265; *Wirtschaft und Gesellschaft,* S. 375-376.

3 Ebd, S. 264-265; *Wirtschaft und Gesellschaft,* S. 375, 376.

4 Max Weber, *Gesammelte Aufsätze zur Religionssoziologie* II, *Hinduismus und Buddhismus,* Tübingen 1921.

5 Ebd., S. 6.

6 Ibn Battuta, *The Rehla of Ibn Battuta.* Übers. von Mahdi Husain, Baroda: Oriental Institute, 1953, S. 238-239.

7 Ma Huan, *Ying-ya Sheng-lan: The Overall Survey of the Ocean's Shores.* Übersetzt von J. V. G. Mills, Cambridge 1970, S. 160. Tome Pires, *The Suma Oriental of Tome Pires,* London 1944, vol. 1, S. 89.

8 Duarte Barbosa, *The Book of Duarte Barbosa.* Übersetzt von M. L. Dames, London 1921, vol. 2, S. 148.

9 Samual Purchas, *Hakluytus Posthumus, or Purchas his Pilgrimes,* 30 Bde., Glasgow 1905, vol. 5, S. 137.

10 H. Hosten, »Jesuit Letters from Bengal, Arakan and Burma (1599-1600)«, in: *Bengal Past and Present* 30 (1925), S. 59.

11 L. Cardon und H. Hosten, »Padre Maistro Fray Seb. Manrique in Bengal (1628-29)«, in: *Bengal Past and Present* 13/1 (1916), S. 10-11.

12 S. H. Askeri, »The Mughal – Magh Relations down to the Time of Islam Khan Mashhadi«, in: *Indian History Congress. Proceedings*, 22nd Session, 1959, S. 210.

13 *ʿĀlamgīr-nāma*. Munshī M. Kāẓim b. Muḥammad Amīn, hg. von Khādim Husain und ʿAbd al-Hai. Calcutta 1868, S. 677.

14 N. D. Bhattacharya, »Changing Courses of the Padma and Human Settlements«, in: *National Geographic Journal of India* 24/1 & 2 (1978), S. 65: S. C. Majmudar, *Rivers of the Bengal Delta*, Calcutta 1942, S. 65-72. W. H. Arden Wood, »Rivers and Man in the Indus-Ganges Alluvial Plain«, in: *Scottish Geographical Magazine* 40/1 (1924), S. 5-10. R. K. Mukerjee, *The Changing Face of Bengal: a Study of Riverine Economy*, Calcutta 1938, S. 9-10, 164-228.

15 S. Max Weber, *The Theory of Social and Economic Organization*. Übers. von A. M. Henderson und Talcott Parsons, New York 1964, S. 347; Max Weber, *Wirtschaft und Gesellschaft*, S. 133-34; Bryan S. Turner, *Weber and Islam: a Critical Study*, London 1974, S. 81-82, 172.

16 Stephen Blake, »The Patrimonial-Bureaucratic Empire of the Mughals«, in: *Journal of Asian Studies* 39/1 (1979), S. 77-94.

17 A. Halim, »An Account of the Celebrities of Bengal of the Early Years of Shahjahan's Reign given by Muhammad Sadiq«, in: *Journal of the Pakistan Historical Society* 1 (1953), S. 355.

18 Jadu-Nath Sarkar, Hg., *The History of Bengal: Muslim Period, 1200-1757*, Patna 1977, S. 187-188.

19 C. A. Bayly, *Rulers, Townsmen, and Bazaars: North Indian Society in the Age of British Expansion, 1770-1870*, Cambridge 1983, S. 192.

20 Risley Collection: »Reports on the Religious and Social Divisions amongst the Mahomedans of Bengal«, India Office Library. European Mss. E 295, vol. 9, S. 88. *Census of India*, 1901. vol. 6 (report), »Muhammadan Castes and Tribes«, S. 439.

21 Der Anthropologe John Thorp hat festgestellt, daß es unter den heute lebenden bengalischen Muslimen auf dem Land den Glauben gibt, daß Gott Adam aus Erde geschaffen hat, damit dieser die Erde behalten und ihr Herr, *mālik*, sein möge. Deshalb übte Adam seine Herrschaft über die Erde dadurch aus, daß er sie bestellte, und alle Menschen, die von Adam abstammten, sollen das Land bestellt haben. Daher ist der Akt der Bodenbestellung nicht lediglich ein Beruf, sondern soviel wie ein Sakrament, insofern er symbolisch den Bauern mit Adam, und dadurch mit Gott verbindet. John P. Thorp, *Masters of Earth: Conceptions of ›Power‹ among Muslims of Rural Bangladesh*, Ph. D. Dissertation, University of Chicago 1978, S. 54.

22 Daß eine solche Ausbeutung im Zentrum der offiziellen Mogul-Ideologie lag, zeigt sich auch am folgenden *farmān* von Kaiser Aurangzeb aus dem Jahr 1668, der anordnete, daß die Mogul-Beamten »Wohlwollen gegenüber den Ackerbauern zeigen sollten, sich nach ihren Lebensumständen erkundigen, und sich selber verständnis- und taktvoll aufführen sollten, so daß die Ackerbauern gern und von ganzem Herzen versuchen, ihren Anbau zu vermehren, und alles pflügbare Land auch wirklich bestellen«. Jadunath Sarkar, »The Revenue Regulations of Aurangzeb«, in: *Journal of the Asiatic Society of Bengal*, N.S. 2/6 (1906), S. 224.

23 Berechnet nach den Daten bei Abū'l Faḍl, *Ā'īn-i Akbarī* (zusammeng. 1595), in: Shireen Moosvi, *Economy of the Mughal Empire: a Statistical Study*, Ph. D. Dissertation, Aligarh Muslim University, 1981, S. 50; und *Dastur-i ʿAmal-i ʿĀlamgīrī* (zusammeng. 1659), British Library, Add. 6599 (Aligarh Muslim University, History Department Rotograph No. 53), fol. 120a-b.

24 Rs. 175, 458 bis Rs. 337, 761. L. S. S. O'Malley, *Eastern Bengal District Gazetteers: Chittagong*, Calcutta 1908, S. 137.

25 Mohendra Nath Karan, *Hijli Masnad-i ʿAlā*, 2. Aufl., Calcutta 1958, S. 62; zitiert in Sultan Jahan Ahmad, *Muslim Society in Midnapur – a Social Study of a Bengal District (1800-1919 A. D.)*, Ph. D. Dissertation, Jadavpur University Calcutta 1982, S. 58.

26 H. Blochmann, »Contributions to the Geography and History of Bengal«, in: *Journal of the Asiatic Society of Bengal* 42/43 (1873), S. 227; L. S. S. O'Malley, *Bengal District Gazetteers: Khulna*, Calcutta 1908, S. 26-27. J. Westland, *A Report on the District of Jessore: its Antiquities, its History, and its Commerce*, Calcutta [2]1870, S. 19-21.

27 Muḥammad Sharīf Ḥusain, Jessore Public Library, May 19, 1982.

28 Muḥammad Badrul Hudā, Noakhali District Collectorate Record Room, June 17, 1982.

29 J. E. Webster, *Eastern Bengal and Assam District Gazetteers: Noakhali*, Allahabad 1911, S. 100-101.

30 W. H. Thompson, *Final Report on the Survey and Settlement Operations in the District of Noakhali*. Calcutta 1919, S. 60-61.

31 Barisal District Collectorate Record Room. Mauza Note Registers. Gaurnadi *thāna*. vol. 1, village R. S. 696.

32 Dhaka District Collectorate Record Room. Mauza Note Registers, Narayanganj *thāna*, vol. 9, No. 4269 (Narayanganj No. 437).

33 Chittagong District Collectorate Record Room. *Qānūn Dā'imer Nathī*, Bundle 44, Case 2792.

34 Ebd., Bundle 51, Case 3321.

35 Ebd., Bundle 56, Case 3626.

36 Weber, *Theory of Social and Economic Organization*, S. 379-380; *Wirtschaft und Gesellschaft*, Tübingen [5]1972, S. 145.

37 Chittagong District Collectorate Record Room, *Qānūn Dā'imer Nathī,* Bundle 62, Case 4005.

38 A. K. Nazmul Kar m, *Changing society in India and Pakistan: a Study in Social Change and Social Stratification,* Dacca 1956, S. 132.

39 Weber, *Sociology of Religion,* S. 20; *Wirtschaft und Gesellschaft,* S. 255.

40 Ebd., S. 22; *WuG,* S. 256.

41 Ebd., S. 23-24; *WuG,* S. 257.

42 Abdul Majid Khan, »Research about Muslim Aristocracy in East Pakistan«, in: P. Bessaignet (Hg.), *Social Research in East Pakistan,* Dacca 1960, S. 21-23; Nihirranjan Ray, »Medieval Bengali Culture«, in: *Visva-Bharati Quarterly* 11/1 (1945), S. 47-52.

43 D. C. Sen (Übers. und Hg.), *Eastern Bengal Ballads,* 3 Bde., Calcutta 1923, 1926, 1928, hier Bd. 2, S. 283-284. Zur Frage der Authentizität und Datierung dieser wichtigen Kategorie der Volksliteratur siehe Dusan Zbavitel, *Bengali Folk-ballads from Mymensingh and the Problem of their Authenticity,* Calcutta 1963, S. 14.

44 Jack Goody, »Religion, Social Chance and the Sociology of Conversion«, in J. Goody (Hg.), *Changing Social Structure in Ghana,* London 1975, S. 103.

45 J. M. Bhattacharya, *Banglar Vaishnava Bhavapanna Musalman* (1962), S. 25-26, zitiert in: J. N. Sarkar, »Glimpses of the communal Relations in Medieval Bengal«, unveröffentlichtes Manuskript, S. 71.

46 Asim Roy, *The Islamic Syncretistic Tradition in Bengal,* Princeton N. J. 1983, S. 127.

47 Md. Enamul Haq, *Muslim Banglā Sāhitya,* 3. Aufl., Dhaka 1968, S. 157, 161, 189, 152; Englische Übersetzung: *Muslim Bengali Literature,* Karachi 1957, S. 120, 122, 40, 117.

48 Ebd., Bengali-Edition, S. 205; Englische Übersetzung in Roy, *Islamic Syncretistic Tradition,* S. 78.

49 Haq, *Muslim Banglā Sāhitya,* S. 165, 167, 168; Englische Edition, S. 124, 125, 126.

50 Roy, *Islamic Syncretistic Tradition,* S. 145.

51 Ebd., S. 68-70.

52 M. R. Tarafdar, *Husain Shahi Bengal, 1494-1538 A. D.: a Socio-political Study,* Dacca 1965, S. 224.

53 Abdul Qadir und Rezaul Karim (Hg.), *Kavyamalancha* (1945), S. 30; zitiert in Sarkar, »Glimpses of the Communal Relations«, S. 115, Anm. *Hindu devata haila Musalmaner pir: Dui kule lai seba haia jahir.*

54 Tarafdar, *Husain Shahi Bengal,* S. 164; Sukumar Sen, *History of Bengali Literature,* New Delhi 1960, S. 52; P. K. Maity, *Historical Studies in the Cult of the Goddess Manasa,* Calcutta 1966, S. 182.

55 Risley Collection, vol. 9, S. 9, 249.

56 Roy, *Islamic Syncretistic Tradition*, S. 94.
57 Goody, »Religion, Social Change and the Sociology of Conversion«, S. 101-105. Siehe auch J. D. Y. Peel, »Syncretism and Religious Change«, in: *Comparative Studies in Society and History* 10 (1967/68), S. 124-125.
58 Jeremiah P. Losty, *The Art of the Book in India*, London: British Library 1982, S. 10-11, 40.
59 Zitiert in J. N. Das Gupta, *Bengal in the Sixteenth Century*, Calcutta 1914, S. 91-92.
60 D. C. Sen, *History of Bengali Language and Literature*, 2. Aufl., Calcutta 1954, S. 674.
61 Risley Collection, vol. 9, S. 417.

Maxime Rodinson
Islamischer Patrimonialismus – ein Hindernis für die Entwicklung des modernen Kapitalismus?

Das Problem, welches mich die Organisatoren des Kolloquiums von Bad Homburg über Max Weber und den Islam zu behandeln baten, ist von größtem Interesse. Es geht darum zu verstehen, ob die Struktur, die Max Weber Patrimonialismus nennt und die er bis zu einem gewissen Grade auch der islamischen Welt zuordnet, ein Hindernis bei der Entwicklung des modernen Kapitalismus darstellte. Auch im Zusammenhang mit dem Islam gilt es, nach einer Antwort auf ein Hauptproblem der Weltgeschichte zu suchen, das Weber und vor ihm schon Marx bewegte, und das unaufhörlich die Geister beschäftigte: Warum hat sich der moderne Kapitalismus (man wird diesen Begriff definieren müssen) in Westeuropa und nirgendwo sonst entwickelt, was dieser Weltregion einen entscheidenden ›Aufschwung‹ und eine deutliche Überlegenheit über andere Regionen verschaffte, die nicht dieselbe Entwicklung durchgemacht haben? Woher rührt dieser einzigartige Charakter der europäischen Entwicklung, und in welcher Verbindung steht sie mit einer kapitalistischen Wirtschaft neuen Typs? Es ist müßig, noch einmal darauf hinzuweisen, daß Strukturen wirtschaftlicher Verhältnisse, die kapitalistisch genannt werden können, seit Jahrtausenden in den verschiedensten Gesellschaften existiert haben, sowohl in jenen, die vom Islam beherrscht waren, als auch in der mediterranen Welt der Antike und im vormodernen Indien und China. Das Problem besteht darin, daß sich in Europa – besonders vom 16. Jahrhundert an – ein Kapitalismus entwickelte, der in erheblichem Umfang und dann vorrangig in die Industrie investierte und der dadurch die industrielle Produktion zu einer unerreichten Blüte führte. Diese Entwicklung löste eine intensive Suche nach Möglichkeiten aus, immer mehr und immer schneller zu produzieren, was die Entdeckung immer perfekterer Produktionsmethoden mit sich brachte.

Es war folgerichtig, nach den Ursachen dafür dadurch zu suchen, daß man die europäische Welt vor Aufkommen des Industriekapitalismus mit den Gesellschaften verglich, die ein ähnliches Niveau der sozialen Komplexität, der Produktions- und Distributionskapazitäten sowie der Zirkulationsdichte der Güter und der technologischen Entwicklung erreicht hatten. An erster Stelle boten sich dafür Indien, China und Japan sowie die mittelalterliche islamische Welt an. Wo lag der entscheidende Unterschied, der divergierende Entwicklungen nach sich zog?

Genau in dieser Richtung forschte Weber. In dem weiten Spektrum der Möglichkeiten verwarf er jene Faktoren, die bis zum 18. Jahrhundert von den meisten geltend gemacht wurden und die der Zeitgeist, weit eher als Denker wie Marx, in Verruf gebracht hatte. Weber entsprach mit mehr Kraft, mit mehr Talent und Kenntnis und auch schneller als andere den Anregungen dieses Geistes. Trotz einiger zweifelnder Sätze wies er eine rein rassenmäßige Kausalerklärung zurück.[1] Trotz des gegenteiligen Eindrucks, den seine »Protestantische Ethik« hinterlassen mag, machte er sich auch keine rein idealistische Auffassung zu eigen, die sich damit begnügt, die ökonomischen und sozialen Entwicklungen aus der Anwendung der Lehre eines innovativen Denkers zu erklären. Vielmehr bestand er darauf, daß die puritanischen Vorstellungen ohne den ideologischen und institutionellen Kontext – Erbe einer langen Tradition, die von der europäischen Gesellschaft der Epoche übernommen worden war – nicht einen solchen Einfluß hätte ausüben können.[2] Aufgrund dieser Analysen jedenfalls, die erheblich nuancierter und subtiler als diejenigen von Marx sind, und aufgrund der Tatsache, daß er dem individuellen Handeln im Gegensatz zu den sozialen Gegebenheiten ein wichtigere Rolle zuerkannte als andere zeitgenössische Soziologen, kann man durchaus von einer soziologischen Perspektive sprechen, die einer gewissen »Entzauberung« des sozialen Denkens Rechnung trägt. Weder von einem puren Psychologismus noch von irgendeinem kausalen Atomismus[3], geschweige denn von Erklärungen vom Typus der »vis dormitiva« kann hier noch die Rede sein. Die Erklärungen müssen zunächst bei soziologischen Faktoren ansetzen.

Man kann die von Turner aufgestellte, gedrängte Liste der Bedingungen für die Entwicklung des modernen, »rationalen« Kapitalismus bei Weber übernehmen.[4] Die notwendigen Bedingungen sind freie Arbeitskraft, rationales Recht sowie autonome Städte mit ihrem Bürgertum. Die hinreichende Bedingung, durch die die auf dieser Grundlage vorhandenen Energien entscheidend geprägt werden, wäre eine innerweltliche, ethische Motivation, d. h. der Anreiz, die Anforderungen des täglichen Lebens – insbesondere das Streben nach Profit – mittels einer asketischen Lebensführung zu bewältigen.

Es ist richtig, daß für Weber das Fehlen dieser Bedingungen moderner kapitalistischer Entwicklung in der islamischen Welt in einem gewissen Zusammenhang steht mit dem Vorherrschen eines Herrschaftstypus, den er Patrimonialismus nennt.

Es wäre müßig, an dieser Stelle noch einmal detailliert Webers Begriff des Patrimonialismus zu definieren, der einen festen Platz in seiner Typologie der Herrschaftsformen einnimmt. Rufen wir uns lediglich in Erinnerung, daß es sich um einen Typus traditionaler Herrschaft handelt, die ihrerseits sowohl der legalen Herrschaft mit rationalem Charakter wie auch der charismatischen Herrschaft gegenübersteht.

In der Typologie von Weber ist der patrimoniale Herrschaftstyp, wie man weiß, nur ein Fall der traditionalen Herrschaft. Es handelt sich stets um eine Legitimität, die sich auf die »Heiligkeit altüberkommener Ordnungen und Herrengewalten« stützt. »Der Herr« wird »kraft traditional überkommener Regel bestimmt.« Verfügt dieser Herr über einen administrativen und militärischen Stab, gerät man in die Nähe persönlicher, dem Inhaber wie irgendein Gut appropriierter Gewalt, die dieser (im Prinzip) abtreten, übertragen oder teilen kann. Das ist Patrimonialismus. Der Herr übt diese patrimoniale Macht prinzipiell traditionskonform aus, jedoch verführt sie ihn leicht dazu, im Widerspruch zur Tradition willkürliche Maßnahmen zu ergreifen. Herrscht Willkür vor, kann man von einer »sultanistischen Herrschaft« oder von »Sultanismus« sprechen. Weber räumt ein, daß der Unterschied »durchaus fließend« ist.[5] Allerdings tendieren beim Sultanismus die der willkürlichen persönlichen Macht entgegentretenden Widerstände gegen Null.

Das »Fließende«, ein Ausdruck, der in den typologischen Entwürfen von Weber häufig auftaucht, muß bei dem zur Debatte stehenden Problem betont werden. Man würde sich sehr irren – und in der Tat haben sich auch viele geirrt –, wollte man diese mehr oder weniger »idealen«, von ihm definierten Typen zu globalen Kategorien erheben, die ganze Gesellschaften umgreifen und das Wirken aller statischen wie dynamischen Phänomene in ihnen bedingen. Dies genau ist die vulgärmarxistische Vorgehensweise, die, ausgehend von Engels, in direkter Linie auf L. H. Morgan zurückgehend, Stufen und Unterstufen definiert.

Dies ist keineswegs die Vorgehensweise von Weber, auch wenn seine Formulierungen gelegentlich in eine solche Vergegenständlichung der Kategorien abgleiten und seine Schüler manchmal eben diesen Weg einschlugen. Max Weber hat in dem Bereich, der uns beschäftigt, eine große Anstrengung unternommen, kategoriale Unterscheidungen zu erstellen zwischen den zahlreichen Legitimationsformen, die entstanden sind, um das Verhältnis zwischen denen, die gehorchen und denen, die sich Gehorsam verschaffen, zu kanonisieren.

Er ist sich jedoch der »gleitenden Übergänge«, der fließenden Trennungslinien zwischen Kategorien, der Überlagerungen, Ausweitungen und Überschneidungen, die jede Untersuchung konkreter Situationen mit sich bringt, wohl bewußt. Er errichtet weder Wälle noch Gräben um die jeweiligen Verhältnisse, die er definiert. Er schränkt auch nicht (oder doch selten) eine gegebene Gesellschaft auf die eine oder andere Kategorie der von ihm festgestellten Verhältnisse ein. Kein Verhältnis in einem bestimmten Bereich steht für ihn in eindeutiger Beziehung zu einer Kategorie, die im Rahmen einer anderen Typologie definiert wurde, etwa ein bestimmter Typ der Herrschaft wie Patrimonialismus zu einem bestimmten Typ der Vergesellschaftung oder religiösen Vergemeinschaftung.

Davon kann man sich für den Patrimonialismus leicht überzeugen, wenn man aufmerksam den 3. und 4. Abschnitt des IX. Kapitels (über die Soziologie der legitimen Herrschaft) im zweiten Teil von *Wirtschaft und Gesellschaft* liest. Rufen wir uns die jeweiligen Titel in Erinnerung: »Patriarchale und patrimoniale Herrschaft« und »Feudalismus, ›Ständestaat‹ und Patrimonialismus«.[6]

Die patrimoniale Herrschaft ist ein »Spezialfall patriarchaler Herrschaftsstruktur« (S. 683). In der detaillierten Analyse ihres Funktionierens bringt Weber zahlreiche Beispiele historischer Gesellschaften der verschiedensten Art, so aus dem alten Nahen und Fernen Orient, aus dem mittelalterlichen Orient und Okzident, aus der mittelmeerischen Antike und aus Rußland.

Für Weber »hat«, wie J. Freund schreibt, »um die Wahrheit zu sagen, ein patrimonialer Staat im idealtypischen Sinn des Begriffs nie existiert«.[7] Auch untersucht Weber sehr nuanciert die Formen, die der Mechanismus der Herrschaft annehmen kann, wenn sie sich vom »reinen Patrimonialismus« entfernt (S. 724): Die mehr oder weniger weitgehend von Beamten, Territorialherren und Militärpersonen übernommene und den Ständen appropriierte Macht führt schließlich zum »Ständestaat«. Die Vergabe von Lehen und Pfründen (»Präbenden« oder »Benefizien«) spielt bei diesem vielgestaltigen Prozeß eine wichtige Rolle. Dennoch bleibt man dabei in mancher Hinsicht immer noch im Umkreis patrimonialer Herrschaft.[8]

Weber betont die feinen Unterschiede: »Das präbendal und feudal abgewandelte, patrimoniale politische Gebilde ist also, alles in allem, im Gegensatz zu dem System von generell durch objektive Ordnungen geregelten ›Behörden‹ mit ihren ebenso geregelten Amtspflichtenkreisen, ein Kosmos oder je nachdem auch ein Chaos durchaus konkret bestimmter subjektiver Gerechtsame und Pflichtigkeiten des Herrn, der Amtsträger und der Beherrschten, die sich gegenseitig kreuzen und beschränken und unter deren Zusammenwirken ein Gemeinschaftshandeln entsteht, das mit modernen publizistischen Kategorien nicht konstruierbar und auf welches der Name ›Staat‹ im heutigen Sinne des Wortes eher noch weniger anwendbar ist als auf rein patrimoniale politische Gebilde. Der Feudalismus stellt den Grenzfall in der Richtung des ›ständischen‹ im Gegensatz zum ›patriarchalen‹ Patrimonialismus dar.« (S. 735)

Mit Hilfe all dieser Nuancierungen kann man daher zur Ansicht gelangen, daß mit der Übernahme einer Vielzahl von Funktionen durch den Souverän sich eine »Renaissance des Patrimonialismus (vollzog), welche für die kontinentalen europäischen politischen Gebilde bis zur Zeit der französischen Revolution herrschend blieb«. (S. 736)

Weiter unten spricht Weber von den verschiedenen Eigenschaften des Patrimonialismus, die seine Haltung zum Privatkapitalismus bestimmen und die sich im großen und ganzen den »Umständen« entsprechend entwickeln. Die hauptsächlichen Umstände, die er erwähnt, sind politischer Art (S. 747). So führte etwa die Konkurrenz mehrerer »politischer Verbände« um die Macht in bestimmten »Patrimonialverbänden« dazu, das Privatkapital zu umwerben und ihm schließlich Privilegien einzuräumen. (S. 748)

In seiner Analyse der mannigfachen Variationen patrimonialer Herrschaftsstruktur bringt Weber unter anderen die islamischen Gesellschaften und Staaten in verschiedenen historischen Perioden zur Sprache. Dabei geht es nicht um eine zwangsläufige Verbindung mit der Religion des Islams. Jedoch schufen kausal komplexe Entwicklungen zu einer gewissen Zeit in vielen islamischen Staaten Institutionen, die – zumindest teilweise – die Entwicklung des Industriekapitalismus hemmten. »Nicht der Islam als Konfession der Individuen hinderte die Industrialisierung: die Tataren sind im russischen Kaukasien oft sehr ›moderne‹ Unternehmer. Sondern die religiös bedingte Struktur der islamischen *Staaten*gebilde, ihres Beamtentums und ihrer Rechtsfindung.« (S. 742)

Aus dieser Passage wird ersichtlich, daß Weber jetzt die »religiös bedingte Struktur« des Staatsbetriebs geltend macht, während man zuvor immer annehmen konnte, daß er die für die Entwicklung eines modernen Kapitalismus günstigen oder ungünstigen Faktoren in politischen Strukturen ausmachte, welche mit der Religion des Islams zwar durch die historische Entwicklung, jedoch nicht durch innere Notwendigkeit verbunden sind.

Dennoch, um es noch einmal zu betonen, handelt es sich nicht um eine totale, notwendige und konstante Verbindung zwischen der Religion und jenen Institutionen, deren Entfaltung die Religion – unter gewissen Umständen – begünstigt haben mochte. Bei dieser Gelegenheit sei daran erinnert, daß Weber die Religionssoziologie oder, wie er sich ausdrückt, die »Typen religiöser Vergemeinschaftung« getrennt von der Herrschaftssoziologie behandelt. Nur gelegentlich, nicht systematisch, bringt er die beiden Typologien miteinander in Verbindung.

In dem Kapitel über die Religionssoziologie in *Wirtschaft und Gesellschaft* sind dem Islam im Rahmen der Beziehungen zwischen den Weltreligionen und der »Welt« (»Die Kulturreligionen und die ›Welt‹«) zwei Seiten gewidmet. Weber verbindet dabei die Ideologie des Islams – besonders seine Ethik – mit der Situation der islamischen Frühzeit, der einer ständisch orientierten Kriegerreligion. Diese Gesinnung der Anfangszeit ist nach Weber auch durch die spätere Herausbildung einer theologisch-juristischen Kasuistik, die Verbreitung einer kleinbürgerlichen »Derwisch-Religiosität« und durch das Eindringen von Heiligenverehrung und Magie nie ganz verschwunden.

Die direkte Anwendung von Begriffen wie »islamischer Patrimonialismus« führt, wie man sieht, zu falschen Vorstellungen. Die Geschichte der islamischen Welt ist für Weber nicht von einem einheitlichen und gleichbleibenden Grundzug gekennzeichnet, der alle Einzelheiten ihrer Struktur und Entwicklung beeinflußte. Eine solche pauschale Schematisierung ist nicht möglich. Ebensowenig ist es möglich, wie ich an anderer Stelle gezeigt habe[9], die islamische Welt auf eine einzige, fest definierte »Produktionsweise« im Sinne der vulgärmarxistischen Fragestellung zu reduzieren. Wir haben es mit einer Welt zu tun, die sich auf verschiedenen Ebenen in unterschiedlichen, teilweise ineinandergreifenden dynamischen Prozessen (ökonomisch, politisch, intellektuell, religiös, kulturell etc.) entfaltet und die gleichzeitig spezifischen, partiell divergierenden Faktoren unterliegt.[10]
Zu diesen dynamischen Prozessen gehört auch die Struktur legitimer Herrschaft oder, einfacher ausgedrückt, die politische Machtstruktur. Es stellt sich nun die Frage, ob die von Weber ausgearbeiteten Kategorien darüber am besten Auskunft geben. Ich neige dazu, in weiten Teilen der von Georges Balandier in seinem ausgezeichneten Buch »Politische Anthropologie« erhobenen Kritik gegen Webers Theorie der »Idealtypen« zuzustimmen. »Sie soll – in verschiedenen Kombinationen – unterschiedliche Kriterien zusammenfassen: das Wesen der Macht, die Art des Machtbesitzes, die Scheidung zwischen privaten und offiziellen Beziehungen, die Stärke der Wirkungsfähigkeit usw. Sie kann die politischen Typen nicht eindeutig kennzeichnen. Sie stellt darüber hinaus – zwischen dem Rationalen und dem Traditionellen, zwischen diesen beiden Begriffen und dem Charismatischen – Gegensätze auf, die zu den Tatsachen in Widerspruch stehen und das Wesen des Politischen verzerren. Wenn auch in ungleicher Stärke, sind die drei Elemente doch immer vorhanden.«[11]
Diese und andere Kritiken müssen allerdings noch abgestuft werden. Die Weberschen Kategorien können dazu beitragen, durchaus reale Formationen und Verhältnisse zu definieren. Selbst Balandier erkennt an, daß der traditionale Staat »eine politische Organisationsform« ist, die »im allgemeinen dem Patrimonialismus, wie Max Weber ihn als Typus definiert hat«, entspricht.[12]
Folgt man Weber ganz genau, so erkennt man, daß die patrimoniale Herrschaftsform viele Gestalten annimmt, und daß sie in einer beträchtlichen Anzahl vormoderner Welten, z. B., wie wir

gesehen haben, in Europa, vertreten ist. Diese Herrschaftsform ist natürlich ebenfalls in den Ländern und bei den Völkern, welche sich zum Islam bekannten und noch bekennen, vertreten. Sie verbindet sich dort mit vielen anderen Merkmalen und bringt, je nach Ort und Zeit, verschiedene Arten hervor. Es ist daher schwierig, ihr einen besonders wirksamen, die anderen Merkmale dominierenden Charakter zuzuschreiben. War nun aber die patrimoniale Herrschaft die Ursache dafür, daß sich bei den islamischen Völkern der moderne Kapitalismus nicht entwickeln konnte[13] – warum hat sie dann seine Entwicklung in Europa nicht verhindert? Andere Faktoren spielen da offensichtlich mit hinein. Und wenn man es sich zur Aufgabe macht, auf das anstehende Problem einzugehen: Sind es dann nicht logischerweise diese Faktoren, die geprüft werden müssen?

Ich halte es an dieser Stelle für angebracht, auf die Behandlung des Begriffs »Patrimonialismus« durch einen jungen türkischen Ökonomen, Ahmet Insel, hinzuweisen. Die Struktur des osmanischen Reiches scheint ihm »Indizien« zu bieten, »die in die Richtung des sultanistischen Patrimonialismus von Max Weber weisen.«[15] »Diese Ordnung«, fügt er hinzu, »ist nicht nur für den osmanischen Staat kennzeichnend. Wir finden sie auch in den islamisch-arabischen und in den aus nomadischen Stammesgesellschaften hervorgegangenen Staaten wieder.«[16] Insel legt jedoch Wert darauf zu zeigen, daß diese mehr oder weniger »patrimonialen« Strukturen sich nach 1920 in der republikanischen Türkei in modernisierter, verwestlichter Form fortgesetzt haben. Die neuen Machteliten wollten, ganz in der Tradition ihrer Vorgänger, von oben durch den Staatsapparat, den sie beherrschten, eine Ökonomie und überhaupt ein soziales Leben neuen Typs installieren. Sie fanden jedoch keine Unterstützung in der Gesellschaft und ließen im übrigen keinerlei gesetzlich anerkannten Freiraum für autonome soziale Aktivitäten zu. Es handelte sich also um eine bürokratische Herrschaft, deren wesentliche Züge zumindest erheblich von denen abwichen, die Weber im Auge hatte, als er sich vom europäischen Modell inspirieren ließ. Wir können jedenfalls für das zur Diskussion stehende Problem festhalten, daß es in der Türkei eine moderne kapitalistische Entwicklung gab, während man gleichzeitig im Rahmen eines tief vom Patrimonialismus durchdrungenen Systems verharrte.

Ohne Zweifel ist vieles an der Kategorie der patrimonialen Herrschaft von Weber beachtenswert. In den islamischen Ländern scheint sich die Macht sehr oft diesem Idealtypus angenähert zu haben, ohne daß die Religion des Propheten viel damit zu tun hatte. Die Verbindung dieses Herrschaftstyps mit anderen Faktoren hat sicher dazu beigetragen, Schranken gegen die Entfaltung des modernen Kapitalismus zu errichten. Es ist jedoch vollkommen unmöglich, darin eine einfache Erklärung dafür zu finden, daß sich diese Wirtschaftsform nicht herausgebildet hat – etwa in der Form folgender Behauptung: Wenn in der Neuzeit der moderne Kapitalismus in der islamischen Welt aufgrund einer inneren Entwicklung nicht auftrat, so ist dafür der »islamische Patrimonialismus« verantwortlich.

Anmerkungen

1 »Die Berufung auf den Volkscharakter ist... überhaupt lediglich das Bekenntnis des Nichtwissens...« (*Gesammelte Aufsätze zur Religionssoziologie*, 1, Tübingen 1920, S. 81). Ich verstehe nicht, wie R. Bendix (*Max Weber. An Intellectual Portrait*, London 1966, S. 65, Anm. 29) diese Behauptung und andere, vergleichbare, für »kryptisch« halten kann. Sie scheint mir vielmehr von bestechender Klarheit zu sein, und R. Bendix selbst interpretiert sie im Verlauf seiner Anmerkung sehr gut in der Form einer exegetischen Hypothese. Es handelt sich offensichtlich um die Sinnlosigkeit von Erklärungen des »obscurum per obscurius«.

2 Gut ausgeführt von R. Bendix, *a.a.O.*, S. 64 ff., 68 f., 79.

3 Z. B. kann ich, trotz des Lobes, das Fernand Braudel als Historiker für seine Arbeiten verdient, in seinen Werken über den Kapitalismus keine Gesamtkonzeption ausmachen, die einen anderen Namen verdiente.

4 Bryan S. Turner, *Weber and Islam. A Critical Study*, London 1974, S. 140. Für das hier behandelte Problem ist die Lektüre von Olivier Carrés scharfsinnigem Artikel »A propos de la sociologie weberienne de l'Islam (B. S. Turner, *Weber and Islam*)«, in: *Le cuisinier et le philosophe, hommage à Maxime Rodinson*, 1982, S. 199-206, interessant.

5 *Wirtschaft und Gesellschaft*, 5. Aufl. (Studienausgabe), hg. von J. Winckelmann, Tübingen 1972, S. 134.

6 Ich folge einfach der oben zitierten Studienausgabe; bei den Zitaten auf S. 514 allerdings der Seitenzählung der 2. Aufl. Sie ist in der Studienausgabe von Winckelmann oben an der Seite zwischen eckige Klammern gesetzt.

7 Julien Freund, *Sociologie de Max Weber,* Paris 1966, S. 211.

8 Bei der Auslegung Weberscher Begriffe halfen mir die Übertragungen von Maurice Weyembergh, *Le volontarisme rationnel de Max Weber,* Bruxelles 1972 (Académie royale de Belgique, Mémoires de la classe des Lettres, collection in-8°, 2ème série, t. 61, fasc. 1).

9 M. Rodinson, *Islam und Kapitalismus,* Frankfurt a. M. 1971.

10 Einen kurzen Abriß dieser vielfältigen dynamischen Prozesse, die in den historischen islamischen Strukturen zutage treten, habe ich in der Einleitung zur amerikanischen Ausgabe der englischen Übersetzung meines Buches über Muhammad, »From Muḥammad to the Political Islam of Today«, in: M. Rodinson, *Muḥammad,* New York 1980, S. XVII-LII, gegeben. Er erscheint auch im Anhang der holländischen Übersetzung (*Mohammad,* Antwerpen 1982, S. 270-301). Ich hoffe, den Text demnächst auf französisch veröffentlichen zu können.

11 G. Balandier, *Politische Anthropologie,* München 1972, S. 61.

12 Ders., *a.a.O.,* S. 164.

13 Die Argumentation von Peter Gran, *Islamic Roots of Capitalism, Egypt 1760-1840,* Austin 1979, muß wegen der Hinweise auf eine relativ frühe Entwicklung des modernen Kapitalismus in Ägypten berücksichtigt werden, auch wenn nicht alle seine Schlußfolgerungen übernommen werden können.

14 Ahmet Insel, *La Turquie entre l'ordre et le développement, éléments d'analyse sur le rôle de l'Etat dans le développement,* Paris 1984.

15 Ders., *a.a.O.,*S. 27.

16 Ders., *a.a.O.,* S. 25.

Peter Hardy
Islamischer Patrimonialismus: Die Mogulherrschaft[1]

Um die Idealtypen Patrimonialherrschaft und Patrimonialstaat zu lokalisieren und zu spezifizieren, zieht Weber in *Wirtschaft und Gesellschaft* Ägypten, China und das mittelalterliche Europa sehr viel deutlicher heran als Gebiete unter muslimischer Herrschaft. Er schränkt seine methodische Behandlung des Patrimonialismus im Islam auf Gebiete unter dem späten Kalifat der 'Abbasiden, unter den Mamelukensultanen und den osmanischen Türken ein, und auch für diese Gebiete macht er eigentlich nicht verständlich, wie sich in ihnen Patrimonialregimes entwickelten. In *Wirtschaft und Gesellschaft* wird Mogulindien kaum erwähnt.[2] Doch hat Weber an anderer Stelle, in den *Gesammelten Aufsätzen zur Religionssoziologie,* unter dem Titel *Hinduismus und Buddhismus*[3] ausführlicher eine »Wirts«-Gesellschaft dargestellt, die muslimische Patrimonialregimes beherbergte, als er dies im Falle des 'abbasidischen Iraks, des mamelukischen Ägyptens oder der osmanischen Türkei tat. In den *Gesammelten Aufsätzen* wird außerdem Webers Überzeugung deutlich, daß in seiner Sicht die Grundzüge der indischen Gesellschaft, die schon vor der muslimischen Eroberung bestanden, in der Periode der Mogulherrschaft überdauerten.[4]

In dem Aufsatz »Die ›Objektivität‹ sozialwissenschaftlicher und sozialpolitischer Erkenntnis« warnt Weber vor der Gefahr, idealtypische Entwicklungskonstruktionen mit wirkenden Kräften in der Geschichte zu verwechseln und die festen Beziehungen zwischen abstrakten Begriffen in den Strom der Ereignisse hineinzuverlegen.[5] Die idealen Konstruktionen und abstrakten Begriffe (»Idealtypen«), wie sie Weber in *Hinduismus und Buddhismus* vorträgt, haben – wie alle Idealtypen – eher heuristischen Wert als empirischen Gehalt. Will man Weber treu bleiben, so läßt sich nur sagen, daß vor der Mogulherrschaft, ja vor jedem muslimischen Regime in der indischen Gesellschaft Formen der politischen Herrschaft auftauchten, die er als patrimonial beschreiben würde.

In Max Webers Sicht existierten im Indien des Altertums wie des Mittelalters politische Treuebeziehungen von begrenzter sozialer Reichweite. Indien war eine Region, in der ständig Krieg herrschte, und die Beteiligten konnten geographisch ausgedehnte, stabile politische Einheiten immer nur kurzfristig bilden. Für Weber ist Indien ausgezeichnet durch Treueverpflichtungen und Beziehungen, die nach dem Prinzip eines Charismas der Geburt, der Verwandtschaft und der Sippen[6] organisiert sind, demzufolge Führer den Anspruch erheben, auf Grund ihrer Abstammung über magische Kräfte und andere außeralltägliche Fähigkeiten zu verfügen. Ein zunächst besonders unter Kriegern verbreitetes Prinzip wurde im Lauf der Zeit auf jene ausgedehnt, die priesterliche, landwirtschaftliche, handwerkliche und gewerbliche Tätigkeiten ausübten. Als sich diejenigen, die militärische und priesterliche Macht innehatten, gemäß ihrem jeweiligen Erbcharisma voneinander abschichteten, folgten bald alle anderen sozialen Gruppen. Die indische Gesellschaft verfestigte sich in einer hierarchischen Form, innerhalb derer endogame Gruppen zumindest teilweise nach dem relativen rituellen Status mit den entsprechenden Abstufungen von Reinheit und Unreinheit geordnet waren. Dieses Kriterium, zusammen mit anderen, bestimmte die sozialen Kreise, innerhalb derer Konnubium und Kommensalität zulässig waren. Weber meint, daß die sozialen Abstände zwischen den Schichten die mögliche Entwicklung einer politischen Gemeinschaft, besonders einer städtischen politischen Gemeinschaft, verhinderten; sie verschafften aber Kriegerkönigen die Gelegenheit, zu teilen und zu herrschen.

Krieg, Politik (als Bündelung der Willenskräfte) und Herrschaft (als Verwaltung und Verteilung der Mittel) wurden unter diesen Umständen zur besonderen Aufgabe eines Berufsstandes, der hohen rituellen Status beanspruchte, nämlich der Kschatriyas. Die Kschatriyas, die in der Regel nach Stämmen, Clans und Familien organisiert waren, rivalisierten um die Kontrolle über das wichtigste Mittel der landwirtschaftlichen Produktion. Erfolgreiche Kriegergruppen teilten ihren Mitgliedern Land zu; diese führten die Landbestellung entweder selbst durch oder setzten andere, die zuweilen aus den eroberten Sippen rekrutiert waren, als »Pächter« ein. Oder Mitglieder der herrschenden Sippen ließen sich in Dörfern nieder und organisierten gemeinsam die Verteilung des Landes untereinander und unter den anderen. Der Häuptling des

Stammes, des Clans oder der Sippe forderte seinen Anteil an der landwirtschaftlichen Produktion des Dorfes. Diesen ließ er von einem Mitglied der herrschenden Sippe im Dorf oder von einem von ihm ernannten dorffremden Agenten einziehen.

Weber behauptet in *Hinduismus und Buddhismus* nicht, daß politische Gebilde in Indien wie zum Beispiel das Maurya- oder das Gupta-Reich, die über Stamm, Clan oder Familie hinausreichende Treuebeziehungen benötigten, deshalb immer schon patrimoniale politische Gebilde sein mußten, d. h. Gebilde, die aus persönlichen Beziehungen zwischen Herren und Dienern, Patronen und Klienten, Wohltätern und Begünstigten aufgebaut sind. Doch erwähnt er in *Hinduismus und Buddhismus* eine Reihe von Merkmalen in indischen Gemeinwesen, die er speziell mit Patrimonialismus verbindet. Manche davon, so schreibt er, bestanden zudem bis in die Mogulzeit fort. So seien die Verwaltungsinteressen der Hindukönige im wesentlichen auf die Aushebung von Heereskräften und auf die Erhebung von Steuern beschränkt gewesen. Patrimonialherrscher hätten, insofern sie in einem Netz von Verwandtschafts- oder Gruppenverpflichtungen operierten, ein Interesse daran gehabt, religiös legitimiert zu werden. Deshalb richtete sich ihr Interesse auf die Brahmanen. Aus ähnlichen Gründen mußten die Patrimonialherrscher vermeiden, mit ihren Ressourcen von potentiell übermächtigen Interessengruppen abhängig zu werden, besonders von solchen, die finanziell unabhängig waren. In Webers Schilderung kooperierten die Patrimonialherrscher im alten Indien mit den Brahmanen, um die Gilden niederzuhalten, und sie schufen königliche Handelsmonopole als Gegengewicht gegen unabhängige Finanzleute.

Schließlich sei, so schreibt Weber, die königliche Verwaltung bürokratisch und patrimonial geworden, allerdings mit nicht festgelegten Sphären der Jurisdiktion, ein Merkmal, das er in *Wirtschaft und Gesellschaft* als charakteristisch für patrimoniale Herrschaft überhaupt ansieht. Charakteristisch sei auch der Einsatz von Beamten aus einer Vielzahl unterschiedlicher Statusgruppen. Dennoch gibt es zwei Merkmale des Idealtypus Patrimonialismus, die Weber speziell bei den Moguln manifestiert sieht, obgleich diese Merkmale, wie er selber andeutet, nicht ohne Vorbilder in der früheren indischen Geschichte waren. Es handelt sich dabei um die »Militärpfründe« und um die Steuerpfründe. Im ersten Fall bevollmächtigte der König einen einzelnen, in seinem Namen

Soldaten auszuheben, und verlieh ihm oder verpachtete ihm in der Regel Landabgaben, die zum Unterhalt jener Soldaten in königlichem Dienst nötig waren; im zweiten Fall gab der König das Recht, Steuern einzuziehen, unter der Bedingung aus, daß der Steuerpächter an ihn eine vereinbarte oder festgelegte Pauschalsumme abführte.[7]

In *Wirtschaft und Gesellschaft* versteht Weber patrimoniale Herrschaft als eine dezentralisierte Form der patriarchalen Herrschaft, die dann entsteht, wenn jüngere Mitglieder des patriarchalen Haushalts, Abhängige wie auch Mitglieder der patriarchalen Familie, sich in einiger Entfernung von diesem Haushalt, aber doch noch unter seiner Kontrolle, ansiedeln. Sicher übertrugen die ersten beiden Mogul-Häuptlinge in Indien, Babur und Humayun, militärische Aufgaben sowie die Aufgabe, in weiten Teilen Nordindiens Abgaben einzuziehen, an Mitglieder ihrer Familien und andere Mitglieder ihres überaus mobilen Haushalts. In der Zeit Akbars gibt, wie P. Blake gezeigt hat, Abu'l Fazl eine Beschreibung des königlichen Haushalts, in der Offiziere, die nah und fern militärische und administrative Funktionen ausübten, als Mitglieder des königlichen Haushalts dargestellt sind. In jenem Bericht unterbleibt auch weitgehend die Unterscheidung zwischen den Finanzen des Haushalts und den Finanzen der »Regierung«.[8] Daß die Gesellschaft der Mogul-Elite einen patriarchalischen Anstrich nie ganz verlor, zeigt sich daran, daß die großen Herren Pflichterfüllung und Interessenverfolgung tatsächlich auf ihren Haushalt hin organisierten. Außerdem war für manche der Mogul-Herren ihre Dienstpflicht für den Kaiser schon in einem einzigen Begriff enthalten: *Khana zadi*, »aus dem Haus gebürtig sein«, was den hingebungsvollen Familiendienst durch Generationen anzeigte.[9]

Im Zentrum von Webers »Idealtypus« des Patrimonialismus steht der direkte, unmittelbar persönliche Charakter der Treuebeziehung und das Fehlen formaler Begrenzungen oder Bedingungen in dieser Beziehung. Wenn ein patrimonialer Dienstmann oder Klient einmal einen Herrn oder Patron anerkannt hat, widmet er alle Zeit und Energie diesem Dienst, und zwar jedem Dienst. Alle anderen weltlichen Loyalitäten, etwa die der Verwandtschaftsgruppe oder der ethnischen Gruppe gegenüber, kommen erst an zweiter Stelle. Inzwischen haben Generationen von Historikern gezeigt[10], wie Akbar und seine Nachfolger diese persönlichen

Loyalitätsbeziehungen durch direkten Verkehr mit unterschiedlichen Leuten bei Hof, auf dem Schlachtfeld, bei der Jagd, in persönlichen Gesprächen pflegten, wie Akbar zu Beginn der Regierungszeit Jahangirs (1605-1627) mit dem sogenannten *mansabdari*-(»Gehaltsempfangsstellen«-)System ein *corps d'elite* schuf, dem Immigranten aus dem Iran und aus Zentralasien sowie indisch-muslimische Hindu-Radschputen angehörten. Die Rekrutierung erweiterte sich im siebzehnten Jahrhundert, so daß nun auch Muslime aus dem Dekkan, Marathas und hochrangige Hindus mit administrativen und finanziellen Fähigkeiten wie Brahmanen und Kayaschtas dazugehörten. Obgleich die Mogul-*mansabdars* (»Gehaltsempfänger«) nach einer bekannten Ständehierarchie eingestuft und nach festgelegten, zum Teil auf militärische Verpflichtungen bezogenen Skalen bezahlt wurden, standen sie nicht unter Vertrag, waren nicht in einer bürokratischen Weise (obgleich es unvermeidlich eine gewisse Spezialisierung gab) auf genau umschriebene Bereiche beschränkt, sondern waren individuell und direkt »Tag und Nacht« dem Kaiser verantwortlich, unabhängig von ihrem jeweiligen Status. John Richards hat darauf hingewiesen, daß die Mogul-Beamten von sich als den *banda-i dargah* (Hofsklaven) sprachen und daß der Mogul-Kaiser das Recht behauptete, die Güter seiner Beamten einzuziehen.[11] Insofern die Mogul-*mansabdars* nach islamischem Recht gewöhnlich Freie waren, haben wir hier beispielhaft einen Grundzug des patrimonialen Modells vor uns.

In vielerlei Hinsicht manifestierten sich im Militärsystem der Moguln die in *Wirtschaft und Gesellschaft* dargestellten patrimonialen Züge. Nach Abu'l Fazls Schilderung in *A'in-i Akbari* war Akbars Herrschaft durchaus in der Lage, Söldnertruppen unter Verwendung eigener Einkünfte auszuheben: einzelne Landsknechte, die schon Pferde besaßen, sozial hochstehende Personen, die direkt durch Beamte des königlichen Haushaltes rekrutiert und direkt aus der königlichen Schatzkammer bezahlt wurden; von den *mansabdars* ausgehobene Kontingente, die entweder direkt aus der Schatzkammer der Moguln oder durch die mit dem Amt des *mansabdars* (den »Militärpfründen« aus *Hinduismus und Buddhismus*) verbundenen Einkünfte bezahlt wurden; Reiter und Infanterie von niederem Rang, die am Anfang zu arm waren, ihre eigenen Reittiere oder Ausrüstungen zu stellen, die von Beamten des königlichen Haushalts rekrutiert und zum größten Teil bar aus der zentralen Schatzkammer bezahlt wurden. Der Mogul-Padischah sollte ein Monopol über die Kontrolle von Artillerie und Elefanten haben.

Die Art, in der die Moguln ihre Dienstleute zur Kontrolle ihres Reiches einsetzten oder einzusetzen versuchten, weist einige jener Strategien auf, von denen Max Weber in *Wirtschaft und Gesellschaft*[12] feststellt, daß mit ihrer Hilfe Patrimonialherrscher versuchten, ihre Staaten gegen den Zerfall zu schützen. Die Moguln verlangten von den *mansabdars* (und anderen), ihnen bei Hof Dienst zu leisten und an Festen und Zeremonien teilzunehmen sowie den Hof nicht ohne Erlaubnis zu verlassen. Wer in die wichtigen »Provinz«- und »Distrikt«-Ämter des Reichs berufen wurde, also die *subadars* und *faudjdars*, hatte diese Ämter nach Gutdünken des Herrn inne und wurde in Abständen ›bewegt‹, sei es durch Beförderung, Versetzung oder Degradierung. Wem eine Pfründe *(djagir)* verliehen war, mit der die Verpflichtungen aus den *mansabdar*-Bestallungen (oder anderen Ämtern) bestritten werden konnten, erhielt seine Ernennung ebenfalls nur nach Gutdünken des Herrn, größtenteils für eine befristete Amtszeit. Die Moguln brachen Jurisdiktionsbereiche auf und suchten die Verantwortlichkeiten so zu organisieren, daß die unteren Ränge ihnen direkt verantwortlich waren und nicht vermittelt über die wichtigen militärischen oder administrativen Mittelstellen in den ›Provinzen‹ mit ihnen kommunizierten. So konnte der wichtigste Finanzbeamte *(diwan)* oder der wichtigste »Truppenmeister« *(bakhshi)* einer Mogulprovinz direkt und nicht vermittelt über den *subadar*, den sogenannten Provinzgouverneur, dem Zentrum berichten, und dies ist in der Praxis auch so geschehen. Auch auf der unteren Herrschaftsebene berichteten zum Beispiel der Heereskommandeur des Bezirks und der geschäftsführende Beamte, der *faudjdar*, und der Finanzbeamte des Bezirks, der *'amalguzar* oder *'amil*, im Bedarfsfall an zentrale Abteilungen, zuweilen sogar dem Kaiser selbst. Die Mogulherrscher suchten die Kontrolle über die Belastung der Untertanen zu behalten, indem sie beispielsweise die Art und Weise, wie die Einkünfte festgelegt und eingezogen wurden, selbst bestimmten. Pfründner oder ihre Agenten durften Steuern und Abgaben nur in Übereinstimmung mit den von den Beamten im Zentrum erlassenen Regeln und Vollmachten einziehen.[13] Die Steuerpacht war in der »Blütezeit« der Mogulherrschaft keineswegs eine beliebte Mogulpraxis, obgleich die *jagirdars* sie mitunter praktizierten. Die Moguln bedienten sich eines patrimonialen Stils, indem sie durch die Ernennung von *waqi'a-i navis* und *sawanih-nigar*, sogenannten Nachrichtenschreibern, systematisch Informationen über das Verhalten ihrer Agenten sammelten. Stephan P. Blake weist außerdem darauf hin, daß die Moguln einen erheblichen Teil ihrer Regierungszeit mit Reisen durch das Land verbrachten. Er zeigt, daß sich Akbar ein Fünftel, Shah Jahan beinahe die Hälfte und Aurangzib etwa zwei Drittel seiner Regierungszeit außerhalb einer festen Hauptstadt aufhielt.[14]

In dem Indien, über das die Moguln die Macht erwarben, zeigten sich einige der sozialen und politischen Eigenschaften, die Weber in *Wirtschaft und Gesellschaft* mit den Formen der patrimonialen Herrschaft verbindet (von denen, gemäß *Hinduismus und Buddhismus*, einige im alten Indien viele Jahrhunderte vor der Mogul-Eroberung existierten). Die Moguln spielten sich als die Herren über ein bewehrtes Land auf: In *A'in-i Akbari* berichtet Abu'l Fazl[15] von über 4 400 000 bewaffneten Männern, Männern unter »*zamindars*« (»Landbesitzern«), die vom Mogul-Regime weder rekrutiert noch bezahlt wurden. Viele davon passen in Webers Kategorie der lokalen Patrimonialherren oder Honoratioren. Man könnte viele dieser *zamindars* als Häupter charismatischer Sippen, Clans und Stämme beschreiben, deren Macht und Einfluß sich in manchen Fällen über kleine Königreiche, in anderen Fällen über eine kleine Ansammlung von Dörfern erstreckte. Nurul Hasan, Irfan Habib, B. R. Grover und Ahsan Raza Khan[16] haben uns gelehrt, wie unterschiedlich Gestalt und Größe von Macht und Privilegien der *zamindars* sein konnten. In zweierlei Hinsicht waren sie aber in der Regel die Rivalen der Patrimonialmacht der Moguln – sie verfügten alle über die Macht, die Bodenprodukte umzuverteilen, und sie alle konnten zumindest einen geringen Zwang auf die übrige Bevölkerung ausüben.

Ein weiteres Charakteristikum war die Existenz einer »Einverständnisgemeinschaft« in Webers Sinn. Sie umfaßte jene, die nicht persönliche Dienstleute, Beamte oder Gefolgsleute des Patrimonialherren waren, und die – wie sehr ihre Freizügigkeit, ihre Berufsausübung und ihr Besitzrecht auch durch Dritte eingeschränkt sein mochten – in dieser Hinsicht nicht der Kontrolle des Herrschers unterstanden, sofern sie nicht etwa gegen bestimmte traditionelle Verpflichtungen (wie Steuern zahlen) verstießen, die außerhalb der Beziehung einer persönlichen Abhängigkeit von dem Patrimonialherrscher lagen. Eine »Einverständnisgemeinschaft« zwischen Herrn und Beherrschten beruht darauf, daß ihre Mitglieder die Herrengewalt für legitim halten, soweit sie traditionell ausgeübt wird (so erklärt es Weber).[17] Prima facie waren im Mogulindien die Elemente einer solchen »Einverständnisgemeinschaft« vorhanden. Meiner Ansicht nach gehörten dazu alle jene, die ohne vorhergehende Verbindung mit den Moguln sich selber freiwillig zum Dienst stellten; alle jene Mitglieder von religiösen Gemeinschaften, Sekten, Orden, die Pensionen oder Schenkungen von den Moguln annahmen, sei es als Geldgabe, sei es als abgabenfreies Land; alle jene muslimischen Juristen und Hindu-*pandits,* die die Moguln im Recht des Islams oder des Hinduismus berieten; alle jene Kaufleute, die von den Moguln Begünstigungen erwarteten; alle jene Geldverleiher, die den Beamten der Moguln Geld liehen, so daß diese ihren fiskalischen und militärischen Verpflichtungen dem Kaiser gegenüber nachkommen konnten; alle jene Kornhändler, die die Ernte der Akkerbauern aufkauften, so daß diese nach dem Verkauf die geforderte Landabgabe bezahlen konnten; alle jene *zamindars,* die den Moguln freiwillig ihre Loyalität anboten, vielleicht um einem anderen *zamindar,* mit dem sie rivalisierten, zuvorzukommen; alle jene Ackerbauern, die ohne Not in der *khalisa* (einem Gebiet, das der direkten Verwaltung durch Beamte der königlichen Finanzabteilung vorbehalten war) in dem Bewußtsein Landabgaben bezahlten, daß diese eher für das Schatzamt des Kaisers als für das seiner Zwischenstellen bestimmt waren.

Weber betont, daß der Patrimonialherrscher in der Regel den offenen Traditionsbruch zumindest gegenüber Gruppen vermied, obgleich seine Herrschaft gegenüber den eigenen Gefolgsleuten und Dienstleuten nicht durch Verträge eingeschränkt war und obgleich alle Regelungen, die er für seine Beziehungen mit seinen Untertanen außerhalb seiner eigenen Klientele festsetzte, ihn nicht banden. In welchem Sinn aber kann man von der Mogulherrschaft sagen, sie habe im Rahmen der für Herrscher traditionellen Normen gehandelt? Das »Oberkommando« des Mogulreiches war dem Glaubensbekenntnis nach vorwiegend muslimisch, die indische Bevölkerung aber vornehmlich nicht-muslimisch; seit der Bildung von Pakistan 1947 haben Historiker[18] und Nicht-Historiker (manche auch schon vor diesem Datum) auf die Hindernisse hingewiesen, die die Religion für gemeinsame politische Traditionen von Muslimen und Nicht-Muslimen darstellen mußte, Hindernisse, deretwegen die Herrschaft durch Anhänger des Islams von den Anhängern anderer Religionen kaum anerkannt werden konnte.

Die Moguln suchten sich mittels vielerlei Verhüllungen so darzustellen (oder wurden von anderen, die ihre Herrschaft unterstützten, so dargestellt), als ob sie in Übereinstimmung mit der überkommenen Tradition herrschten. Ihre auf den Münzen geprägten Namen und andere Münzlegenden sehen aus, als seien sie Muslime und ihre Haupt- und Münzstädte »Wohnsitze des Kalifats«. In den Einleitungen der meisten persischen Geschichten, die in der Mogulzeit in Indien geschrieben wurden, werden die Mogulherrscher als Schatten Gottes und Vertreter Gottes geschildert, in deren Hände die Beförderung des Islams und der Schutz, wenn nicht gar die Durchsetzung des islamischen Rechts gelegt ist. Bewaffneter Widerstand gegen sie von seiten derer, die zu ihnen eine Dienst- und Treuebeziehung eingegangen waren, wurde von Historikern als Verrat und Undankbarkeit angeprangert, und zwar in einer Sprache, die an die erinnert, die der Koran für diejenigen Ungläubigen gebraucht, die sich undankbar gegenüber Gott für die ihnen geschenkten Segnungen erweisen.[19] Die Bereitschaft, einen Herrn anzuerkennen, scheint in der dort verwendeten Sprache zu bedeuten, in eine einseitige, bundartige Beziehung mit ihm einzutreten, in der alle Verpflichtungen vom Untertan zum Herrn und Meister fließen, wie im ersten Bund mit Gott (Koran, VII, 171-172). Gewalt gegen Mogulherrscher (wie gegen ihre Vorgänger, die Sultane von Delhi) wird oft als Schisma geschildert, und zwar in einer Sprache, die an die großen Schismen und Rebellionen denken läßt, von denen eifrige Anhänger später sogar meinten, sie hätten die Existenz der frühen muslimischen Gemeinschaft und die Integrität ihrer religiösen Botschaft bedroht. Dieser Sprachgebrauch sollte ausdrücken, daß die Moguln in einer Linie mit den rechtmäßigen Muslimherrschern standen.

Die Berufung auf muslimische Traditionen der Herrschaft wurde auch auf anderen Ebenen vollzogen. Die Mogulherrscher patronisierten muslimische Gelehrte, Juristen und Mitglieder des Sufi-Ordens. Manchmal wurden die Heere der Moguln als die Heere des Islams beschrieben, und manchmal wurden ihre Gegner als Ungläubige dargestellt. Aurangzib wurde hochgelobt, weil er den

Ungläubigen eine Steuer *(djizya)* auferlegte und weil er die Zerstörung der Tempel genehmigte. Abu'l Fazl pries Akbar in einem wesentlich islamischen Sprachstil als Gestalt mit kosmischer Bedeutung, als Empfänger des göttlichen Lichts, als Besitzer esoterischen Wissens von den göttlichen Realitäten und als personifizierten Ausdruck, wenn nicht gar als Erfüllung vieler ethischer und religiöser Erwartungen der zeitgenössischen islamischen Welt. Akbar und sein Nachfolger Djahangir nahmen für sich den Status eines *Sufi*-Führers *(murshid)* in Anspruch, Shah Djahan den Status eines Erneuerers des Islams in seinem, dem zehnten Jahrhundert nach der Hidschra.[20]

Doch die Moguln kleideten ihre Berufung auf die Tradition auch in Handlungen, die ihnen bei politisch wichtigen Gruppen der nicht-muslimischen Bevölkerung Autorität verschaffen sollten und konnten. Dadurch, daß Akbar Frauen aus den großen Radschputensippen in Radjasthan nahm, erwarb er sich die Verbundenheit und Solidarität, die die Radschputen für Heiratsverwandtschaft empfanden. Norman Ziegler zeigte, daß in der Radschputentradition der Mogul-Kaiser als Kriegerkönig mit Rama, »dem herausragenden Kschatriya Kultur-Heros der Hindu-Radschputen«, gleichgesetzt wurde.[21] Mit ihren Aktionen den *zamindars*, den großen Führern wie auch den Dorfnotabeln gegenüber, handelten die Moguln innerhalb von Traditionen, die auf das alte Indien zurückgingen – insofern sie nämlich einem *zamindar*, der die Oberhoheit des Mogul in gebührender Weise anerkannte, seinen lokalen Status und seine Autorität beließen, und insofern sie Gegner und potentielle Gegner zunächst durch Großzügigkeit und Bestechungen zu überwinden suchten, bevor sie Gewalt anwandten. Die äußeren sichtbaren Zeichen der Größe und Tapferkeit der Moguln entsprachen weitgehend dem traditionell indischen Stil – großartiger Hof, verschwenderische öffentliche Schauspiele bei festlichen Gelegenheiten, ehrfurchterweckende Gebäude und Befestigungen, eindrucksvolle öffentliche Bauwerke wie Brücken und Karawansereien. Schließlich gaben sich die Herrscher auch gern den Anschein, als seien sie »größer als das Leben«, wozu die großen Harems, ihr mannhaftes Betragen auf dem Schlachtfeld und bei der Jagd und ihre verschwenderische Großzügigkeit beitrugen.

Auch andere nicht-muslimische Gruppen konnten sehen, daß die Mogulherrscher sich der Tradition entsprechend verhielten. Förderung erhielten neben den muslimischen Gelehrten auch die Brahmanen, wenn auch wahrscheinlich in geringerem Umfang. Brahmanische Astrologen wurden (ebenso wie muslimische) für Entscheidungen über günstige Zeiten und Tage konsultiert. In der Patrimonialbürokratie der Moguln hatten die Brahmanen und Kayaschtas einen hervorragenden Rang. Pandits berieten die Mogulhöfe über das *dharmasastra*. Obgleich Akbar versucht haben soll, in die Heiratsgebräuche der Hindus einzugreifen und die Selbstverbrennung der Witwen zu verhindern, und obgleich Aurangzib zur Konversion zum Islam ermuntert haben soll, scheinen solche Eingriffe in die Hindu-Gesellschaft von seiten der Könige doch zufällig und unregelmäßig gewesen zu sein, wenn man sich die Mogulherrschaft insgesamt ansieht. Wie die meisten anderen prä-modernen Regime, akzeptierten auch die Mogulregime die sozialen Strukturen, die sie vorfanden. Man hat den Eindruck, als hätten sie aus Indien, so wie es war, das Beste machen wollen. Wenn sich sozialer Wandel einstellte, teilweise als Ergebnis der Fähigkeit der Moguln, durch ihr Abgaben-System Ressourcen vom Land in die Stadt oder von einer Region des Reichs in eine andere, entfernte zu transferieren, dann war dieser Wandel (wie etwa Vermehrung des Sozialprestiges bestimmter Handels- und Geldhandelsgruppen) unbeabsichtigt und ungeplant.

Weber sieht in den Beziehungen zwischen den Patrimonialherrschern und ihren Untertanen drei Stellen, wo die Stränge schwach werden oder reißen konnten, so daß dem Herrscher nichts bleiben mochte, als eine Reihe unbrauchbarer Fäden ohnmächtig in der Hand zu halten. Diese Stränge verbanden den Herrscher mit seinen Pfründnern und Klienten, mit den patrimonialen Lokalherren sowie mit seiner Militärmacht. Insofern diese drei Stränge in ein einziges Seil der Herrschaft geflochten waren, bedeutete das Brüchigwerden eines davon, daß das ganze Seil an Festigkeit einbüßte. Königliche Beamte konnten ihre Lehnsgüter in Erbgüter, ihre Pfründen in Eigentum umwandeln; patrimoniale Lokalherren konnten entweder die Treuebeziehung aufkündigen oder, sofern sie sie noch einhielten, die Untertanen ihres Patrimoniums von der Erfüllung überkommener finanzieller Verpflichtungen dem Patrimonialkönig gegenüber abhalten; das Heer konnte sich verselbständigen und die Anzahl der Soldaten, die der König unter seinem Befehl oder dem seiner loyalen Generäle zusammenzurufen vermochte, stetig abnehmen.

Alle drei Beziehungsstränge zwischen den Moguln und den von ihnen Beherrschten scheinen gegen Ende des siebzehnten und im frühen achtzehnten Jahrhundert brüchig geworden zu sein. 1724 besiegte und tötete der Mogulgouverneur im Dekkan seinen vom Mogulkaiser Muhammad Shah gesandten Nachfolger. Nach 1720 in Bengalen und 1730 in Awadh übernahmen die Mogulgouverneure die effektive Kontrolle über die Finanzen und die Mogulheere in ihren Provinzen, wobei die Verantwortungskanäle zwischen den Finanz- und den Heeresbeamten in jenen Provinzen und dem Zentrum entweder unterbrochen oder vom Provinzgouverneur usurpiert wurden. Moderne Historiker haben die Aufmerksamkeit auf Belege gelenkt, wonach die Vollmachten (Präbenden, *djagirs*) im frühen achtzehnten Jahrhundert immer seltener zurückfielen und immer häufiger auf Söhne oder andere Verwandte übergingen.[22] Man konnte nachweisen, daß vor 1727 der *subahdar* in Bengalen, Murshid Quli Khan, sich mittels Verwandtschaft, Heirat und dankbaren Ernannten eine eigene Klientel schuf. Im frühen achtzehnten Jahrhundert scheinen die Mogulherrscher ihre Herrschaft über die lokalen Honoratioren, *zamindars* jeden Ranges, verloren zu haben, sie ging über an die *zamindars* selbst, an die eindringenden Marathas und an die eigenen unkontrollierten Beamten. In der Nähe der beiden Kaiserstädte Agra und Delhi leisteten die Jat *zamindars* gelegentlich bewaffneten Widerstand und überfielen fremde Gebiete; immer stärker verlagerten *zamindars* in Malwa in den dreißiger Jahren des achtzehnten Jahrhunderts ihre Unterstützung vom Mogul auf den Maratha; in Teilen von Nordindien waren die zentralen Verwaltungsorgane des Mogul nicht in der Lage, die Dorf-*zamindars* vor den Forderungen der lokalen Mogulbeamten oder der Steuerpächter zu schützen.[23] Der nachweisliche Verfall der Militärmacht der Moguln, die Unfähigkeit, die Marathas daran zu hindern, 1740 Malwa, 1750 Gujarat einzunehmen, das Versagen vor der Invasion des Nadir Shah 1739, der beschwerliche Kampf gegen rebellische *zamindars* haben von seiten moderner Historiker ausgeklügelte und ganz unterschiedliche Erklärungen gefunden, die die Aufmerksamkeit stärker auf ökonomische und soziale als auf militärtechnische Faktoren lenkten. Manche Erklärungen würden durchaus in ein Webersches Erklärungsmodell passen.

Professor Satish Chandra faßt seine Überlegungen so zusammen:[24] Zwei Flügel der herrschenden Klassen im Mogulindien konkurrierten um den von den Bauern produzierten landwirtschaftlichen Mehrwert, nämlich die Agenten der Mogulmacht und die *zamindars.* Um ihre Herrschaft über Indien durchzusetzen, brauchten die Moguln einen stetig wachsenden Zustrom von Landabgaben, und um diesen zu erhalten, spielten sie die *zamindars* untereinander und die *zamindars* gegen die Ackerbauern aus. Aber die Klasse der Ackerbauern selber war geteilt – es gab die hochrangigen erblichen »yeomen«, die *khud-kasht* Bauern, die zu den höheren Kasten gehörten, und die Teilpächter der niederen Kaste, die »Bauern-Pächter« und landlosen Arbeiter. Jene versuchten die Erschließung von Neuland oder die Kultivierung von Ödland für sich zu monopolisieren. Die Mogulherrscher hatten durchaus ein Interesse daran, die landwirtschaftliche Produktion auszudehnen, aber sie sahen zugleich darauf, daß die *zamindars* nicht zuviel davon an sich reißen konnten. Die Moguln brauchten eine ausreichende Militärmacht in der Hand des *faudjdar* oder des Bezirkskommandeurs (der auch *mansabdar* und oft *djagirdar* war), um entschlossen und regelmäßig ins Dorfgeschehen eingreifen zu können. Aber schon im frühen siebzehnten Jahrhundert war es für die Pfründner *(djagirdars)* unmöglich, die Abgaben ganz einzuziehen, und dementsprechend mußten ihre militärischen Verpflichtungen als *mansabdars* eingeschränkt werden. Sobald die Militärkontingente der Moguln nicht mehr ausreichten, *zamindars* und hochrangige Landbesteller einzuschüchtern und damit zu gewährleisten, daß die Abgaben vollständig erhoben wurden und der Ackerbau sich ausweitete, bestand die Gefahr, daß das Reich in einen sich beschleunigenden Prozeß des militärischen Niedergangs geriet. Die verworrene Lage, in die der Dekkan in der Zeit Aurangzibs kam, weil es den Moguln nicht gelang, die Maratha-Fürsten entweder niederzuwerfen oder zu versöhnen, die wachsende Rivalität um *djagirs* unter den *mansabdars* (deren Zahl teilweise deshalb anstieg, weil man dadurch die Marathas ans Imperium binden wollte), der Entzug der *djagirs*, weil wegen der Wirren im ländlichen Dekkan die benötigten Kontingente nicht ausgehoben werden konnten, gefolgt von Verzögerungen bei der Ausgabe an andere *mansabdars,* all dies trug dazu bei, die Wirksamkeit und die Moral der zentralen Mogularmeen zu untergraben. Schwache lokale *faudjari* Kontingente konnten widerspenstige *zamindars* nicht davon abhalten, die Bauern zu unterdrücken, zum Schaden der Einkünfte der Moguln: Unterdrückte Bauern waren potentielle Störenfriede. All dies läßt sich mit Weber für die Erklärung verwenden, weshalb in Indien ein Herrscher des patrimonialen Typs nicht in der Lage war, die durch lokale Honoratioren und niedere Patrimonialherren aufgerichtete Barriere zwischen ihm und der Masse seiner politischen Untertanen einzureißen. Darüber hinaus lassen seine Bemerkungen[25] über die Gefahren eines Kampfes um die Nachfolge in orientalischen Patrimonialstaaten, in denen es zwar Erbcharisma, aber keine Primogenitur gab, auch die Einordnung der Nachfolgekriege der Moguln von 1657-58, 1707 und 1712 zu. Diese Kriege machten es zumindest schwieriger, kontinuierlichen militärischen und diplomatischen Druck von oben auf die Honoratioren, die *zamindars* und die anderen Führer des Mogulreiches und der benachbarten Regionen im Dekkan und in Südindien auszuüben.

Es ist kaum eine andere Schlußfolgerung möglich, als daß das Mogulreich in seiner Aufstiegs-, Blüte- und Verfallszeit beispielhaft die wichtigsten Spezifikationen für Webers Idealtyp der patrimonialen Herrschaft verkörpert. Auch die indische Gesellschaft unter der Mogulherrschaft zeigt viele Charakteristika, die die Gesellschaften unter patrimonialer Herrschaft in anderen Teilen Asiens in vormoderner Zeit aufweisen: beispielsweise die fortdauernde Ko-Existenz mehr oder weniger autonomer Gruppen – seien sie ritueller, politischer oder beruflicher Art – neben einem Staat, der sich selber im wesentlichen darauf beschränkt, solche Gruppen nicht zu mächtig oder jedenfalls nicht so widerspenstig werden zu lassen, daß er Gefahr liefe, seine militärische und finanzielle Oberhoheit zu verlieren.

Dennoch war der Mogul-»Staat« in seiner Blütezeit weit mehr als nur der größte der mächtigen »Räuberbarone«, die in Indien ihr Wesen trieben. Weder gelang es ihm, alle Mitglieder der beherrschten Gesellschaft zu entwaffnen oder sie zu Untertanen herabzusetzen, die nur als Arbeitskräfte (im Unterschied zu diplomatischen und militärischen Anhängern oder diplomatischen und militärischen Gegnern) zählen (und sich auch selber so sehen). Noch strebte er danach, die Kontrolle über jene Regeln zu gewinnen, nach denen sich das gesellschaftliche Leben vollzog, oder Gesetze einzuführen, die jene Bereiche betrafen, die die Belange des Herrschers nicht unmittelbar berührten. Aber das Mogulregime befriedete seine Territorien und kontrollierte das System von Steuerabgaben in einem Maße, daß eine für die damalige Zeit großangelegte Expansion des Handels, der Finanzen und der Handwerksbetriebe möglich wurde. Tatsächlich begünstigte das Mogulregime durch den Druck auf die Landbesitzer, ihre Abgaben in bar zu zahlen – und dafür ihre Erträge zu vermarkten –, eine solche Expansion.[26]

Die Patrimonialordnung der politischen Herrschaft umfaßt, wie wir gesehen haben, unterschiedlich geartete Beziehungen und Techniken, diese Beziehungen zu handhaben. Sie sollen gewährleisten, daß ein Herrscher Anhänger und Ressourcen hat, also politische »Güter« auf einem notwendig stark umkämpften Markt, auf dem die Medien des Austauschs Einfluß und Macht sind, unterstützt von der stillen Bankreserve des Zwangs, die alle zusammengenommen die Teilnehmer mit der Kreditwürdigkeit »Autorität« ausstatten. Man könnte nun vermuten, daß auf diesem politischen Markt sich Teilnehmer gegenüberstehen, von denen der eine hat, der andere aber nicht hat, oder daß, was der eine mehr hat, der andere weniger hat und daß das Objekt des größeren oder geringeren Besitzes die Vorrechte sind. Diese »Vorrechte« könnten unterschiedliche Formen annehmen, so die Fähigkeit, materielle Güter und persönliche Dienste, Prestige, Achtung, Gehorsam und Zuneigung zu genießen. Richard B. Barnett definiert Politik als das Verfahren, mit dem Gesellschaften bestimmen, wie diese Vorrechte verteilt werden.[27] Er hat ein Modell aufgestellt für die Begegnung zwischen politischen Systemen, die sich aus selbstbewußten sozialen Gemeinschaften aufbauen, die von administrativen, verwandtschaftlichen oder sprachlichen Netzwerken, die sich über weite Regionen erstrecken, bis zu noch selbstbewußteren kleinen Einheiten reichen, und solchen, die entweder überregional oder überhaupt den oben erwähnten Gesellschaften äußerlich sind. Zwischen den beiden politischen Systemen findet ein Austausch von Ressourcen statt, wobei das örtliche politische System als Gegenleistung für die Bestätigung seines »Existenzrechts« Tribut und Truppen stellen muß, das »Ober-System« aber manches von dem aufgeben muß, was es als Gegenleistung für ein leichteres Leben und die Anerkennung seines hohen Status zu bekommen hoffte. Beobachten läßt sich dann eine Aufteilung der politischen Macht in Päckchen unterschiedlicher Größe und mit unterschiedlichen Mengen desselben Inhalts. Wahrscheinlich kann man dieses Modell am besten das ökonomi-

sche Modell der Politik nennen; sicherlich ließe sich Webers Typisierung des politischen Lebens in einer Patrimonialgesellschaft, das er als eine Begegnung zwischen jüngeren und älteren Mitgliedern derselben politischen Spezies, also zwischen Führern mit unterschiedlich großer Anhängerschaft sieht, im Sinne der Begegnung einer kleinen Firma mit einer großen Firma auf einem offenen Markt verstehen.
Aber dieses Bild von der Politik als einem freien Markt, auf dem Käufer und Verkäufer mit jedem möglichen Trick, darunter auch dem Appell an »Recht«, »Wahrheit« und »Realität«, also an Ideologie und Ethik, den Markt aufzukaufen suchen, ist nicht das Bild, das mogulische Schriftsteller und andere in Indien, einschließlich ihrer schlimmsten Rivalen, der Marathas, vor Augen hatten, wenn sie diese von den Schauplätzen des tatsächlichen Konflikts erhoben. Sie sahen vielmehr eine Realität, in der Politik als eine notwendige Tätigkeit niemals Selbstzweck, sondern Mittel zu anderen Zwecken war. Ihrem Bild nach ist die Gesellschaft organisch, ein Körper, nicht eine Ansammlung; und Herrschaft ist für sie nicht politisch, weil sie universal ist und eine universale Harmonie zum Ausdruck bringt.
Am Anfang von *A'in-i Akbari* schildert Abu'l Fazl Akbar als einen Arzt für den (gesellschaftlichen) Körper oder als die Person (*shakhs*) des Zeitalters, dessen Gleichgewicht und Gesundheit durch die (geeignete) Anpassung der Ränge und Grade erreicht wird. Die Menge (von Akbars Untertanen) setzt sich aus vier Gruppen *(guruh)* zusammen, die mit den vier Elementen verglichen werden, aus denen der Kosmos zusammengesetzt ist – Feuer, Luft, Wasser und Erde. Die Gruppen sind erstens die Krieger, zweitens die Kaufleute und Handwerker, drittens Männer der Feder und viertens die Ackerbauern. Ein Herrscher ist unverzichtbar, der die Gruppen an ihrem Platz hält und die Welt aus seiner Kenntnis der Angelegenheiten und des (wirklichen) Wertes der Menschen zum Blühen bringt. Er bannt die Kräfte der Desintegration und führt das Zeitalter zum Gleichgewicht.[28] Abu'l Fazl porträtiert Akbar als mit einer Einsicht begabt, auf Grund derer er die erworbenen moralischen Charakterzüge eines Menschen so zu verändern vermag, daß dieser, ohne länger durch falschen Ehrgeiz enttäuscht zu sein, jene Funktionen im Leben erfüllt, von denen Akbar, dank seiner Einblicke in die Natur des Menschen, entdeckt hat, daß er sie erfüllen soll. Akbar ist ein

Herrscher von kosmischer Reichweite, weil ihm vom Schöpfer eine einzigartige Gabe verlichen ist und ständig aufs neue verliehen wird. Akbar ist der Empfänger eines göttlichen Lichts, ihm ist die Herrschaft über die Welt der symbolischen Formen und Bedeutungen, der esoterischen und der exoterischen, übertragen. Er ist eine Epiphanie der göttlichen Realitäten, einer, der mit Gott Geheimnisse teilt. Er empfängt die göttliche Inspiration in der Weise eines *sufi* Suchers. Abu'l Fazl beschreibt Akbar vielsagend als einen »Vertrauten des Hauses (oder Hofes) der göttlichen Einheit«.[29] Wenn aber Akbar Zeuge der göttlichen Einheit auf einer kosmischen Ebene ist, dann soll er Zeuge für die göttliche Einheit auf der irdischen Ebene sein. Denn Akbars Funktion ist es, nicht nur das Gleichgewicht zwischen den Menschen hervorzubringen, sondern auch einen Strahl der Einheit und Eintracht in ihre Herzen zu senden, so daß sie zu einem Körper werden. Die Einheit unter den Menschen soll die gesellschaftliche Entsprechung der durch den einen Gott geschaffenen kosmologischen Einheit sein.

Aber die Einheit, die Abu'l Fazl (in seinem einzigen, Akbar gewidmeten Werk, das moderne Editoren in *A'in-i Akbari* und in *Akbar-Nama* unterteilen) porträtiert (wobei Akbar zugleich Bestandteil und Diener ist), erweist sich als eine hierarchische Form der Einheit: Es gibt innerhalb der menschlichen Gesellschaftsordnung hierarchische Beziehungen, und diese gibt es auch zwischen der menschlichen Gesellschaft, Akbar und der kosmischen Realität. Innerhalb der menschlichen Gesellschaft ist die Einheit (wie zwischen Abu'l Fazls vier Gruppen) organisch, das heißt, die vier Gruppen sind untereinander auf Grund ihrer Unterschiede verbunden, auf Grund von Unterschieden, die von Abu'l Fazl als komplementär verstanden werden. Der Ackerbauer braucht den Krieger, der ihm Sicherheit gibt (des Besitzes sowohl wie der Person). Die Beziehung ist aber auch hierarchisch in dem Sinn, den Louis Dumont als integral für einen vollständigen Begriff der Hierarchie ansieht: im Sinn von »Einbegreifen des Gegenteils«.[30] Der Ackerbauer lehnt es (oft) ab, den Krieger zu ernähren und zu unterstützen (wie Abu'l Fazls Darstellung des Regimes einräumt). Auf der Ebene der Getreideversorgung, wo die Begegnung zwischen Krieger und Ackerbauer stattfindet, ist Einheit zwischen den beiden nicht erreichbar – der eine nimmt, der andere gibt –, sofern nicht beide das umfassende Einheitsprinzip anerkennen, das außerhalb dieser unmittelbaren Beziehung steht. Dieses Prinzip besagt, daß sich beide in einer sozialen Ordnung ergänzen, die einem höheren Gut dient als dem materiellen Reichtum und Besitz, nämlich Gerechtigkeit und Wahrheit. Auf einer anderen Ebene könnten Akbar und seine bewaffneten Widersacher, die Radschputen-Führer oder andere muslimische politische Führer in Indien, wie die Afghanen oder die Sultane von Gujarat zum Beispiel, als statusgleich erscheinen, so als ob nichts anderes als Akbars militärischer Erfolg sie voneinander unterschiede. Aber diese Gleichheit ist für Abu'l Fazl bloßer Schein: Geht man von der höheren, transzendenten Ebene aus, dann stehen Akbar und seine Widersacher in einer Hierarchie: Akbars Erfolg ist der eines Herrschers, den Gott als seinen Kalifen des Zeitalters ausersehen hat, er ist sein Schatten auf Erden, eine Epiphanie des göttlichen Handlungsvermögens und eine Metapher für Gott auf Erden *(khuda-yi majazi).*[31]

Gewiß bringt Abu'l Fazl keine Ideologie des freien Wettbewerbs zum Ausdruck, sei es um politische Vorrechte, sei es um materielle Güter. Vielmehr schildert er in *A'in-i Akbari,* daß die erfolgreiche Durchführung vieler sozialer Tätigkeiten von der Existenz und der Anerkennung der Existenz eines charismatischen, göttlich geleiteten Herrschers abhängt. Wirtschaftliche Tätigkeit, Ackerbau und Handel mögen auf Initiative der Bauern und Händler zustande kommen, aber ohne die Aktion des wahren Herrschers, der ein Behältnis der göttlichen Segnungen ist, werden sie vor menschlichem Übelwollen nicht sicher sein. Die Wirtschaftsgesellschaft kann nicht aus eigener Kraft existieren: Sie sollte es auch nicht. Das gänzlich unoriginelle *Tahzib al Akhlaq* aus Aurangzibs Regierungszeit, das in der Tradition des muslimischen ethischen Denkens steht, das bis zum Miskawaih des zehnten Jahrhunderts zurückreicht, beweist, daß nach indo-muslimischem Verständnis das Leben nur dann angemessen orientiert ist, wenn die menschlichen Tätigkeiten durch eine Hierarchie der Ziele, von denen nur das letzte und höchste, die Gottesnähe, ein Ziel an sich ist, geleitet wird. Der Mensch, stellt der anonyme Autor des *Tahzib al-Akhlaq* fest[32], wurde so geschaffen, daß er letztlich zur Vollkommenheit fähig ist. In seinem Gattungswesen vereinigt er diese Fähigkeit zur Vollkommenheit mit einem Verlangen nach Vollkommenheit, so daß er auf die Verwirklichung seiner Potentialität hin handelt. Von Natur aus ist der Mensch für die zivile Gesellschaft geschaffen; tatsächlich kann er sich seinen Unterhalt nicht sichern, ohne in einer Gesellschaft mit ihren beruflichen Spezialisierungen, ihrem Austausch von Gütern und Diensten, ihren kooperativen Tätigkeiten zu leben. Alle geschaffenen Wesen haben einzigartige Eigenheiten oder kennzeichnende Merkmale. Die dem Menschen eigentümliche Qualität ist seine Fähigkeit, zu begreifen, daß diese Welt durch Gott geschaffen ist und daß der Mensch immer in Anerkennung dieses Sachverhalts handeln muß – nicht nur, daß Gott dem Menschen eine Wohnstatt geschaffen hat, sondern auch, daß Gott es nicht dem Menschen überläßt, in dieser Wohnstatt zu leben, wie es ihm gefällt. Der Mensch ist nicht zu seinem Vergnügen und zum Verfolg seines Vorteils um seiner selbst willen in der Welt, er ist auf der Welt, um nach einer Vollkommenheit zu streben, die Gott durch seine Boten geoffenbart hat. Dies darf er nicht durch Preisgabe oder durch Schwächung der Fähigkeiten tun wollen, mit denen ihn Gott ausgestattet hat, sondern er muß diese dazu einsetzen, eine qualitativ abgestufte Reihe von Befriedigungen zu erreichen, Befriedigungen, die seine vom Streben nach stetiger moralischer Reifung geprägte Lebensreise begleiten, bis zur letzten Befriedigung, Gott nah zu sein.

Die meisten großen Weltreligionen bestreiten, daß der Mensch seiner grundlegenden »Natur« nach durch seine sozialen Beziehungen konstituiert ist; selbst wenn man anerkennt, daß die Sozialbeziehungen einen Menschen zum moralischen Wesen machen, insofern nämlich, als er nicht Pflichten gegen andere haben oder die Rechte anderer anerkennen kann, wenn es diese anderen nicht gibt, versuchen doch die meisten religiösen Überlieferungen, diese Rechte und Pflichten so zu definieren, als gäbe es ein »wirkliches Wesen«, das der Mensch hat. Im religiösen und sozialen Kontext Indiens gibt es ein gewisses Minimum, wahrscheinlich wirklich ein sehr minimales Minimum an »geistiger Einigkeit« über die Beziehung des »wirklichen Wesens« des Menschen zu seinem sozialen Wesen. Im Islam begabt Allah den Menschen mit einer Seele – einem »fundamentalen Wesen oder Sein« –, die eine natürliche Neigung hat, zu Gott zurückzukehren. Ob diese Rückreise erfolgreich vollzogen werden kann, hängt davon ab, ob die anderen Fähigkeiten des Menschen, die rationalen, temperamentsabhängigen und sinnlichen, in eine richtige hierarchische Harmonie gestellt werden, mit den rationalen ganz oben und den sinnlichen ganz unten. Sollte das Individuum sich nicht richtig ordnen, kann es in Unglauben verfallen – der Sieg der Sinnlichkeit über die Vernunft. Der Ungläubige, *kafir,* muß einen anderen sozialen Status als der Gläubige haben, der ein besseres Verhältnis zwischen seinen Fähigkeiten und deshalb eine reinere Seele erlangt hat. Für den *kafir,* der Monotheist bleibt, gehört er einer hierarchischen sozialen Welt an. Zwischen ihm und dem Gläubigen, dem Muslim, herrscht Gegnerschaft; aber der, der nach dem muslimischen Gesetz handelt, gewährt dem monotheistischen *kafir* in der Gesellschaft den untergeordneten Status des *zimmi.* Die Beziehung zwischen ihm und dem *zimmi* muß deshalb hierarchisch sein, weil das übergreifende allgemeine Prinzip des Monotheismus, das als höchstes über beiden steht, es so verlangt. Die Natur des Menschen und ihre Verwirklichung findet ihren Ausdruck in einer hierarchischen Ordnung der Gesellschaft. Dazu finden sich Entsprechungen in der Hindu-Tradition. In der Gita[33] wird der Mensch als multidimensionales Wesen gesehen, mit einer zeitlosen Monade, dem Selbst, *jiva,* als Zentrum, einem winzigen Teil des Gottes Krischna, in einem psycho-somatischen Organismus inkorporiert, der eine (individuelle) Seele, ein Ego, einen diskursiven Verstand und Sinne hat. In jedem menschlichen Wesen herrscht ein innerer Krieg zwischen dem Selbst und seinem Verbündeten, der Seele, auf der einen und den übrigen Komponenten der menschlichen Psyche auf der anderen Seite. Entsprechend dem »Gleichgewicht der Kräfte« zwischen den verschiedenen Elementen, die im wesentlichen den Menschen ausmachen (und die eine Hierarchie bilden), wird der Mensch handeln. Der Mensch hat in sich selbst zu kämpfen, um die Elemente, aus denen nach der Gita die ganze Natur besteht, zu »hierarchisieren« – Reinheit, Leidenschaft und Finsternis (die drei *gunas, sattva, rajas* und *tamas*). Ob er Erfolg hat oder Mißlingen erleidet, er wird jedenfalls einen Vorrat an *karma,* an Taten, aufbauen, die über viele Leben zurückreichen. Dieser Vorrat an Taten wird seine zukünftigen Geburten beeinflussen. Aber die Welt, in die er, nach der Gita, geboren ist, ist eine, worin die menschliche Gesellschaft aus vier Klassen, den Brahmanen, den Kriegern, den Bauern und Handwerkern und den Dienern besteht. Bestimmte Tugenden gehören zu jeder Klasse – Tugenden, die nicht gleich, sondern in einer Hierarchie angeordnet sind, wobei jede Tugend (zum Beispiel Selbstbeherrschung bei den Brahmanen, Eifer bei den Kriegern, der Geist des bereitwilligen Dienstes bei den Dienern) in der jeweiligen Klasse hervorragend entwickelt ist, aber den Tugenden in anderen Klassen zugleich widerspricht und sie ergänzt. Es gibt demnach keine universale, einheitliche Tugend für alle Klassen, sondern eine Hierarchie verschiedener Tugenden, wobei das, was auf der einen Ebene gut ist, auf einer anderen Ebene nicht gut ist. Man sollte keine Tugend erstreben oder pflegen, die nicht zur eigenen Klasse oder zum eigenen Pflichtenkodex gehört, sondern vielmehr die Pflichten derjenigen Rangstufe erfüllen, in die man durch den bisherigen Vorrat an Taten gerufen ist oder in die man, nach weiteren Zusätzen zu diesem Vorrat, noch gerufen werden wird.

Inzwischen ist allgemein anerkannt, daß die Quellen, Annahmen, Inhalte, intellektuellen Techniken und sprachlichen Resonanzen der verschiedenen Mogul-Traditionen in Indien ganz unterschiedlich waren. Empathie aber war zumindest nicht unmöglich. Der Wert eines Menschen wurde als verschieden vom Wert eines anderen Menschen gesehen, nicht weil jeder eine andere »Menge« an Wert auf einer identischen Werteskala gehabt hätte, sondern weil der Wert des Menschen zu seinem jeweiligen individuellen Charakter und seiner Fähigkeit in Beziehung stand, und dies war etwas, was von innen kam. Außerdem waren die Beurteilungskriterien jenes Wertes »objektiv« in dem Sinn, daß andere Menschen, die Gesellschaft, diese Kriterien nicht nach Belieben ändern konnten. Niemand würde bestreiten, daß die Konkurrenz um Macht und Mammon zwischen den Menschen legitim ist, aber legitim nur in ihrer eigenen Sphäre, ihrer eigenen Bahn. Bestimmte Konkurrenzformen waren für bestimmte Menschen bestimmt, deren innerer Charakter darin nach bestimmten nichtsozialen Kriterien seinen angemessenen Ausdruck fand. Eine Zitrone ist eine Zitrone und sollte nicht versuchen, eine Mango zu werden.

Aber natürlich versuchten im Lauf der indischen Geschichte viele Zitronen genau dies – und hatten Erfolg damit. Die Erfindung eines vornehmen Stammbaums von oder zu Gunsten von Abenteurern eines niederen Ranges war der Tribut, den Wettbewerb und Individualismus der Hierarchie zollten (wie wahrscheinlich die Nacktheit der Gosai Truppen, *Naga sanyasis,* die in den fünfziger Jahren des achtzehnten Jahrhunderts dem *nawwab* von Awadh dienten[34], eine Hommage war, die der neuartige Krieger an das Ideal der Entsagung jenseits aller weltlichen Hierarchie leistete).

Webers Darstellung der patrimonialen Form der Herrschaft im alten Ägypten, konfuzianischen China und mittelalterlichen Europa legt den Schluß nahe, daß es bei politischen Systemen mit interner Konkurrenz zwischen kämpfenden Führern und ihren Gefolgschaften sowie dem Versuch, Freunde zu gewinnen und diese zu behalten, keineswegs ungewöhnlich ist, dies innerhalb einer Kultur zu tun, die Ganzheit und Harmonie betont und Unterschiede in ein geordnetes Ganzes zwingt. Mit anderen Worten: daß Patrimonialismus selbst ein umfaßtes Element in einer umfassenden Hierarchie ist. Daß dies auch für Indien zutreffen könnte, läßt sich aus der Geschichte des achtzehnten Jahrhunderts ersehen, jenem Jahrhundert, in dem die Mogulregierung faktisch verschwand, der Inhaber des Moguthrones aber als Quelle legitimer Autorität in Indien mehr denn je anerkannt war. Dieses Faktum war lange bekannt und ist erst vor kurzem wieder von C. A. Bayly als Element der Stabilität in einer fluiden politischen Situation interpretiert worden.[35] Nicht nur muslimische Beamte, die in den besten Tagen des Mogulreiches lokale Agenten des Mogul-Patrimonialherrschers gewesen wären, strebten nach der Bekräftigung ihrer lokalen Macht und nach *farmans* vom Mogul, der Mogul-Titel und -Ämter verlieh, auch Maratha-Führer verhielten sich so, und zwar zu einer Zeit, als es ihnen gelang, ganze Landstriche der Kontrolle des Moguls zu entziehen.

1741 akzeptierte Balaji Baji Rao, der Maratha *Peshwa*, den formellen Titel eines stellvertretenden Gouverneurs *(na'ib-subahdar)* von Malwa.[36] 1784, nachdem der Maratha-Führer Sindhia die tatsächliche Herrschaft über Delhi, die Residenz des Moguls, Shan 'Alam, übernommen hatte, verlieh dieser den Titel eines »Agenten mit allen Vollmachten« *(wakil-i mutlaq)* an den damaligen (noch unmündigen) *Peshwa.* Während der Frühphase des Aufstiegs der Marathas legten diese nie, so ist behauptet worden, den Status der *zamindars* ab; selbst als Shivaji bei seiner »Krönung« zum *Chhatrapati* im Jahr 1674 als Protektor des *dharma* und der Götter und Brahmanen auftrat, beanspruchte er nicht, ein universaler Herrscher zu sein. Als die Maratha-Führer in den ersten Jahrzehnten des achtzehnten Jahrhunderts einen Anteil an den Landabgaben der Moguln, die im Dekkan erzielt wurden, beanspruchten, taten sie dies in der Form eines Anspruchs auf *chauth* und *sardeshmukhi*, die, als prozentuale Anteile der Abgaben, den *zamindars* zustanden. Aber *zamindars* waren nur eine Gruppe unter vielen, die Rechte am Bodenertrag beanspruchten, an deren Spitze der Mogulherrscher stand. Der Anspruch wurde so formuliert, als suchten die Marathas tatsächlich bloß Wohltaten und Gerechtigkeit von jemandem, der, auf Grund des ihm von den Marathas selbst zuerkannten Status, dazu verpflichtet war. Der wahre König muß sich an die Gerechtigkeit halten, deren Hüter er auf einer transzendenten Ebene ist. Dieser kann *ex officio* kein Unrecht tun wollen. Wenn ein Unrecht geschieht, dann müssen königliche Agenten, nicht aber der Herrscher selber dafür verantwortlich sein, und Antragsteller wie die Marathas richten bloß die Aufmerksamkeit des Herrschers darauf. Die Marathas erhoben nicht den Anspruch, universale Herrscher zu sein. Maratha-Texte aus dem 18. Jahrhundert beziehen sich auf den Kaiser von Delhi als auf den »Herrn der Erde«, und anscheinend wurden ähnliche Titel noch 1759-60 von den Marathas in ihrer Korrespondenz benutzt, als der Mogul nicht einmal mehr die Stadt Delhi beherrschte.[37] Die Autorität des Moguls ist von der politischen auf eine kosmische Ebene gehoben worden.

Richard Barnett erinnerte daran, daß die Ideologie, die die Realitätswahrnehmung der Menschen oder ihre Argumente für eine Veränderung dieser Realität strukturiert, selber durchaus eine politische Ressource werden kann, »etwa bei dem Erwerb oder der Aufrechterhaltung von politischer Legitimität, der Delegation von Autorität, der Mobilisierung von Unterstützung oder dem Angriff auf einen Gegner. Wer die ›richtigen‹ oder akzeptierten Ansichten von zahlreichen Angelegenheiten hat, ... hat einen zumindest kurzfristigen Vorteil vor jenen, die neues, fremdes oder abweichendes öffentliches Verhalten an den Tag legen.«[38] Für das achtzehnte Jahrhundert in Indien kann man sicher behaupten, daß man im politischen Wettbewerb einen Vorteil gewinnen konnte (den Vorteil zum Beispiel, nicht als destruktiv zu gelten), wenn man öffentlich in Übereinstimmung mit einer Ideologie der Hierarchie handelte. Schließlich besagten die Erwartungen und die Erfahrung aus den nichtpolitischen Lebensbereichen, daß jeder einen Platz in einer Gruppe hatte, die ihrerseits einen Platz in der Gesellschaft hatte. Um des Erfolgs willen muß sich der politische Egoismus als etwas anderes darstellen – aber in dieser Hinsicht ist das achtzehnte Jahrhundert nicht einzigartig.

Warum aber soll in Indien ein nicht-politisches Ideal, nämlich das eines universalen Herrschers, der über eine Gesellschaft in vollkommener politischer Harmonie herrscht, eine politische Kraft sein? Eine Antwort, die darauf gegeben wurde, besagt, daß solch ein Ideal den tatsächlichen Gebrauch von Gewalt legitimiert, wenn der Gewaltanwendende vorgibt, eine universale Herrschaft zu etablieren. Aber die Marathas taten dies nicht, noch tat es der *nawwab* von Awadh und auch nicht der Nizam von Heiderabad, denn sie anerkannten bereits den Mogul als Universalherrscher. Wir müssen die Fakten betrachten und fragen, welche Überlegungen für diejenigen tatsächlich Gewicht hatten, die in Indien im achtzehnten Jahrhundert bestimmte politische Entscheidungen trafen.
Diese banal klingende Schlußfolgerung ist immerhin in der Weberschen Tradition. Er lehnte es ja bekanntlich ab, die soziale und historische Realität durch Verweise auf ein »wirkliches Wesen hinter« den Oberflächenerfahrungen zu erklären. Für Weber kann die soziale und historische Wirklichkeit immer (im Prinzip) in unendlich vielen Weisen beschrieben werden; er glaubt außerdem, daß für die handelnden Menschen die soziale und historische Wirklichkeit wesentlich durch ihre Vorstellungen von ihr konstituiert ist. Neuere Beweise[39], daß die indische historische Wirklichkeit nicht ganz Webers Verständnis von ihr entspricht, hätten ihm die Bestätigung gegeben, daß sein Werk von Indienhistorikern wenigstens als das genommen wird, was es ist: ein Ausdruck einer transzendentalen Imagination, nicht aber ein Ausdruck einer transzendenten Offenbarung.

Anmerkungen

1 In Teilen stützt sich dieser Artikel auf den bahnbrechenden Aufsatz von Stephen P. Blake, »The Patrimonial-Bureaucratic Empire of the Mughals«, in: *Journal of Asian Studies*, 39/1 (November 1979), S. 77-94. Dr. Blake beschränkt sich wohlweislich auf die Behandlung von Institutionen, Bürokratie und Militär der Mogulherrschaft. Insofern sich der vorliegende Aufsatz auf die politische, soziale und ideologische Umgebung konzentriert, in der die Mogulherrschaft ihren Ort hatte, kann er als Ergänzung zu jener Arbeit angesehen werden.

2 Max Weber, *Wirtschaft und Gesellschaft: Grundriß der verstehenden Soziologie,* 5. Aufl., hg. von Johannes Winckelmann, Tübingen 1976, 1. Halbband, S. 151, 152.

3 Max Weber, *Gesammelte Aufsätze zur Religionssoziologie,* Bd. II, *Hinduismus und Buddhismus,* Tübingen 1921, S. 1-133.

4 Z. B. *Hinduismus und Buddhismus,* S. 70.

5 Max Weber, »Die ›Objektivität‹ sozialwissenschaftlicher und sozialpolitischer Erkenntnis«, in: *Gesammelte Aufsätze zur Wissenschaftslehre,* 3. erw. und verb. Aufl., hg. von Johannes Winckelmann, Tübingen 1968, S. 192-196, 203-204.

6 Gentilcharisma (*Hinduismus und Buddhismus,* S. 51-57); das Charisma der Sippe (*Hinduismus und Buddhismus,* S. 57); »Wie das Gentilcharisma die Kaste, trug die Kaste wiederum das Charisma der Sippe« (S. 57).

7 *Hinduismus und Buddhismus,* S. 70, 72, 74-75, 87, 89.

8 »The Patrimonial-Bureaucratic Empire of the Mughals«, S. 83-84.

9 J. F. Richards, »Norms of comportment among Imperial Mughal Officers«, in: *Moral Conduct and Authority: The Place of Adab in South Asian Islam,* hg. von Barbara Daly Metcalf, Berkeley 1984, S. 258-260, 262-263.

10 Z. B. M. Athar Ali, *The Mughal Nobility under Aurangzeb,* Bombay 1966; ders., *The Apparatus of Empire,* Oxford University Press (India) 1984; J. F. Richards, »The Formulation of Imperial Authority under Akbar and Jahangir«, in: *Kingship and Authority in South Asia,* hg. von J. F. Richards, Wisconsin; *South Asian Studies,* University of Wisconsin-Madison Publication Series – Publication No. 3, 1978, S. 252-285.

11 »Norms of Comportment among Imperial Mughal Officers«, S. 264.

12 *Wirtschaft und Gesellschaft,* 2. Halbband, Tübingen 1976, S. 605-607.

13 Irfan Habib, *The Agrarian System of Mughal India,* (1556-1707), London 1963, S. 295; Noman Ahmad Siddiqi, *Land Revenue Administration under the Mughals (1700-1750),* London 1970, S. 112-114.

14 »The Patrimonial-Bureaucratic Empire of the Mughals«, S. 91.

15 Abu'l Fazl, *A'in-i Akbari,* hg. von H. Blochmann, Calcutta: Bibliotheca Indica 1872, vol. I, S. 175.

16 S. Nurul Hasan, »Zamindars under the Mughals«, in: *Land Control and Social Structure in Indian History,* hg. von R. E. Frykenberg, London/Madison 1969, S. 17-31; Irfan Habib, *Agrarian System,* S. 136-189; B. R. Grover, »The Nature of Land Rights in Mughal India«, in: *The Indian Economic and Social History Review* 1/1 (1963), S. 10-15; Ahsan Raza Khan, *Chieftains in the Mughal Empire during the Reign of Akbar,* Simla: Institute of Advanced Study 1977.

17 *Wirtschaft und Gesellschaft,* 2. Halbband, S. 590-591.

18 Z. B. Ishtiaq Husain Qureshi, *The Muslim Community of the Indo-*

Pakistan Subcontinent (610-1947), Den Haag 1962, S. 102-103, 168; R. C. Majumdar (Hg.), *The Delhi Sultanate*, Bombay 1960, Vorwort, S. xxix, Text S. 617-623.

19 P. Hardy, »Force and Violence in Indo-Persian Writing in History and Government in Medieval South Asia«, in: *Islamic Society and Culture: essays in honour of Professor Aziz Ahmad*, hg. von Milton Israel und N. K. Wagle, New Delhi 1983, S. 173-176, 182-183, 188.

20 Zu Darstellungen und Analysen der Ansprüche, die Akbar erhob, siehe Richards, »The Formulation of Imperial Authority under Akbar and Jahangir«, und P. Hardy, »Abu'l Fazl's Portrait of the Perfect Padshah: a political philosophy for Mughal India – or a personal puff for a pal?«, in: *Islam in India: Studies and Commentaries* II, hg. von Christian W. Troll, New Delhi 1985. Zu Ansprüchen, die Jahangir in eigenem Namen erhob, siehe: *Tuzuk-i Jahangiri*, Aligarh 1863-4, S. 30. Zu Ansprüchen, die für Shah Jahan erhoben wurden, siehe z. B. »'Abd al Hamid Lahauri, *Badshah-Nama*, vol. I, Calcutta; Bibliotheca Indica 1867, und Muhammad Salih Kanbo Lahauri, *'Amal-i Salih*, vol. I, Calcutta: Bibliotheca Indica 1923, S. 2; Hamid al-din Khan, *Ahkam-i 'Alamgiri* Calcutta ^{2}1926, S. 1, 5.

21 Norman P. Ziegler, »Some Notes on Rajput Loyalties during the Mughal Period«, in: *Kingship and Authority in South Asia*, S. 235.

22 Noman Ahmad Siddiqi, *Land Revenue Administration*, S. 111-112; Zahir Uddin Malik, *The Reign of Muhammad Shah 1719-1748*, Bombay 1977, S. 324.

23 Noman Ahmad Siddiqi, *Land Revenue Administration*, S. 36-39.

24 Satish Chandra, *Medieval India: Society, the Jagirdari Crisis, and the Village*, Delhi 1982, S. 46-75, u. ö.

25 *Wirtschaft und Gesellschaft*, 2. Halbband, S. 672-673.

26 Tapan Raychaudhuri und Irfan Habib (Hg.), *The Cambridge Economic History of India*, vol. I, *c. 1200-c. 1750*, Cambridge 1982, S. 172-193, 261-307.

27 Richard B. Barnett, *North India Between Empires: Awadh, the Mughals and the British 1720-1801*, Berkeley 1980, S. 6-11.

28 Abu'l Fazl, *A'in-i Akbari*, vol. I, S. 3-4.

29 Abu'l Fazl, *Akbar-Nama*, hg. von Agha Ahmad 'Ali und 'Abd al-Rahim, vol I, Calcutta: Bibliotheca Indica, 1877, S. 4-5.

30 Louis Dumont, *Homo Hierarchicus* (vollst. durchges. engl. Ausgabe), Chicago 1980, *Nachwort: »Towards a Theory of Hierarchy«*, S. 239-245.

31 Abu'l Fazl, *Akbar-Nama*, I, S. 17 (*khilafat-i zaman*); *Akbar-Nama*, vol. III, Calcutta 1883, S. 465 (*zill-ilahi*); vol. I, S. 6, (*mazhar-i qudrat-i ilahi*); vol. III, S. 84, *(khuda-yi majazi)*.

32 *Tahzib al Akhlaq* (Anonymus), Delhi Persian Collection, India Office Library (London), No. 909, fols. 88b, 92b.

33 *The Bhagavad-Gita: with a commentary based on the original sources*, hg. von R. C. Zaehner, Oxford 1979 (Taschenbuchausgabe), S. 11-12, 15-17, 21-23.
34 Richard B. Barnett, *North India Between Empires*, S. 56.
35 *Rulers, Townsmen and Bazaars: North Indian Society in the Age of British Expansion 1770-1870*, Cambridge (England) 1983.
36 Zahir Uddin Malik, *The Reign of Muhammad Shah*, S. 270.
37 André Wink, *Land and Sovereignty in India under the Eighteenth Century Maratha Svarajiya*, Dissertation der Universität Leiden 1984, S. 34-35. Dr. C. A. Bayly hat mir die Gelegenheit vermittelt, Einblick in diese Arbeit zu nehmen.
38 Richard B. Barnett, *North India Between Empires*, S. 7.
39 Z. B. in Bayly, *Rulers, Townsmen and Bazaars*, S. 187-89.

Rudolph Peters
Islamischer Fundamentalismus: Glaube, Handeln, Führung

In der Geschichte des Islams gab es immer wieder Gelehrte und Prediger, die, unter Berufung auf die zentrale Überlieferung ihrer Religion, d. i. das Dogma von der Einheit Gottes und dem Beispiel des Propheten, gegen den religiösen und politischen Status quo stritten. Für dieses Phänomen wird gewöhnlich der Ausdruck Fundamentalismus[1] gebraucht, den ich bald genauer zu definieren versuche. Bei der Behandlung dieses Themas werde ich zwei Aspekte unterscheiden und beide aus einer Weberschen Perspektive erörtern. Ich werde fundamentalistisches Denken untersuchen und es der Hauptströmung des Islams gegenüberstellen, um so einen Idealtypus der fundamentalistischen Lehre zu konstruieren. Dabei ist es mein Ziel, Webers These von der Beziehung zwischen der protestantischen Ethik und der Entstehung des Kapitalismus zu überprüfen. Der islamische Fundamentalismus gehört jedoch nicht nur dem Gebiet des Geistes an. Insofern er auf Handeln ausgerichtet ist, um seine Ideale durchzusetzen, tritt er oft als Bewegung oder Organisation in Erscheinung. Diesen zweiten, institutionellen Aspekt werde ich auf dem Hintergrund von Webers Begriff der charismatischen Führung erörtern. Dabei möchte ich festzustellen versuchen, ob es eine Verknüpfung zwischen fundamentalistischen Bewegungen und charismatischer Führung gibt. Die Antwort kann uns zugleich Auskunft über das innovative Potential solcher Bewegungen geben.
Das empirische Material, das hier untersucht werden soll, stammt hauptsächlich von fundamentalistischen Bewegungen des 18. und 19. Jahrhunderts, so daß das Bild einer rein islamischen, noch nicht von westlichem Denken beeinflußten Tradition entstehen kann.

I

Ein anerkannter Interpret von Webers Studien über die Weltreligionen vertritt die Auffassung, daß sie als eine Reihe von Experimenten betrachtet werden müssen, an denen Weber zeigen wollte, daß der religiöse Faktor bei der Entwicklung des Kapitalismus eine entscheidende Rolle spielte. Nach dieser Interpretation behauptete Weber, daß die sozialen und ökonomischen Voraussetzungen für die Entwicklung des Kapitalismus in vielen Gesellschaften vorhanden waren, er tatsächlich aber nur in einigen entstand, was auf die Unterschiede in den Werten und Einstellungen zurückzuführen sei, die von den verschiedenen Religionen hervorgebracht wurden. Mit den Worten von Talcott Parsons: »In embarking upon comparative studies, Weber attempted to hold the factor of ›economic organization‹ constant and to treat religious orientation as his independent variable.«[2]

Diese idealistische Sicht ist in letzter Zeit unter Beschuß geraten, und zwar von zwei Seiten. Die einen akzeptieren die Interpretation und richten ihre Kritik gegen Weber selbst, die anderen behaupten, Weber müsse anders verstanden werden, und richten ihre Kritik gegen seine Exegeten. In bezug auf den Islam schließt sich Maxime Rodinson in *Islam and Capitalism* dem ersten Lager an. Er zeigt, daß viele Elemente der protestantischen Ethik, die Weber für die Entwicklung des Kapitalismus als entscheidend wichtig ansieht, ihre Parallelen im Islam haben. Nach Rodinsons Argumentation muß folglich die Erklärung für die Tatsache, daß in der islamischen Welt kein Kapitalismus entstand, anderswo gesucht werden.[3] Zu demselben Schluß kommt Bryan Turner in *Weber and Islam.* Doch behauptet er, dies stimme mit Webers Sicht überein: Er sagt, Weber habe die Bedeutung der sozialen und ökonomischen Strukturen in diesem Zusammenhang gewiß erkannt und dementsprechend für die Erklärung, warum der Kapitalismus in der islamischen Welt ausblieb, der patrimonialen Herrschaft und der Struktur der Stadt großes Gewicht beigemessen.[4]

Weber veröffentlichte keine eigenständige, systematische Studie über den Islam, wie er es für das Judentum und die Religionen Indiens und Chinas tat. Aber aus seinen verstreuten Bemerkungen kann man seine Gedanken zum Islam leicht zusammensetzen.[5] In Webers Sicht wurde der Islam als eine weltablehnende, ethische Religion gegründet, die ihren Anhängern Erlösung durch den Glauben verhieß. Ihr Charakter änderte sich jedoch, als Mohammed nach Medina ausgewandert und mit politischer Autorität bekleidet worden war. Aufgrund der Bedeutung des Krieges für die islamische Gemeinschaft und des wachsenden Einflusses der alten herrschenden Familien entwickelte sich der Islam zu einer feudal orientierten Kriegerreligion. Wie für calvinistische Protestanten, so lieferte auch für Muslime die Prädestinationslehre ein starkes Motiv, Gottes Willen auszuführen. Aber im Islam als einer Kriegerreligion führte dies nicht zu innerweltlicher Askese und einem rationalen, methodischen Erlösungsstreben, sondern zu übermäßigem Kampfeseifer. Und später, nach den islamischen Eroberungen, legte die Prädestinationslehre den Grund für den bei den muslimischen Massen weitverbreiteten Fatalismus. Dieser läßt sich zum Teil auch auf das Emporkommen des Derwisch-Mystizismus als der Religion des Kleinbürgertums zurückführen. Diese Art einer orgiastischen und mystischen Religiosität ließ Heiligenverehrung und Magie herein und war daher nicht-innerweltlich und irrational.

Wegen seiner feudalen Orientierung entwickelte sich nach Weber im Islam kein Puritanismus. Die herrschende Kriegerschicht, die bald den Islam dominierte, gab sich weltlichen Freuden, der Sinnlichkeit und dem Luxus hin. Unter ihrem Einfluß wurden die Elemente einer ethischen Erlösungsreligion aus der ersten Mekka-Periode in den Hintergrund gedrängt. Der Islam wandelte sich zu einer Religion der Weltanpassung, und wenn es noch eine Form der Askese gab, dann die der Militärlager und Kasernen. So war der offizielle Islam bald gekennzeichnet durch eine einfache und traditionalistische Ethik, die nur äußerliche und rituelle Forderungen stellte. Deswegen hatte Weber Zweifel, ob man den Islam als eine ethische Erlösungsreligion einstufen könne. Jedenfalls fehlte ihm in seinen Augen eine innerweltliche Askese und ein rationales, methodisches Erlösungsstreben, was er auf seinen Charakter als Kriegerreligion, auf seine feudale Orientierung, die eine Ethik der Weltanpassung zur Folge hatte, und schließlich auf seinen nicht-innerweltlichen und irrationalen Derwisch-Mystizismus zurückführte.

Webers Vorstellungen über den Islam spiegeln den Stand besonders der deutschen Forschung zu Beginn dieses Jahrhunderts wider, die die Enthüllung des ›Wesens‹ oder ›Geistes‹ dieser Religion als eine ihrer Hauptaufgaben betrachtete. Aufgrund größeren Wissens über den Islam, seine Kultur und seine Geschichte schenken heutige Gelehrte der dort vorhandenen Vielfalt mehr Aufmerksamkeit und wagen oft keine weitreichenden Verallgemeinerungen. Daher muß man sich bei der Kritik an Webers Vorstellungen über den Islam davor hüten, seine ausgreifenden und manchmal fast inhaltsleeren Aussagen durch ebenso globale und allgemeine zu ersetzen; man sollte vielmehr beachten, daß es überaus vielfältige religiöse Erfahrungen sind, die unter dem Begriff des Islams zusammengefaßt werden.

Im folgenden werde ich mich auf Webers These über die Beziehung zwischen dem calvinistischen Protestantismus und der Entwicklung des Kapitalismus konzentrieren. Ich möchte versuchen, die Kritik an Webers idealistischer Sicht oder an den idealistischen Interpretationen seiner Schriften zu verfeinern, indem ich zeige, daß eine gewisse Tradition im Islam – nämlich der sunnitische Fundamentalismus des 18. und 19. Jahrhunderts – eine Anzahl auffallender Ähnlichkeiten mit dem Calvinismus des 16. und 17. Jahrhunderts aufweist: Auch jener förderte innerweltliche Askese, Rationalismus und nüchterne Einfachheit des Lebensstils. Ich behaupte nun folgendes: Wenn man annimmt, daß die Religion einen so bedeutenden Einfluß auf das Wirtschaftsleben haben kann, dann sind die Unterschiede, wie sie zwischen dem calvinistischen Protestantismus und dem fundamentalistischen Islam existieren, zu gering, um die enormen Unterschiede in der ökonomischen und sozialen Entwicklung der von diesen Religionsformen beherrschten Regionen zu erklären.

Bevor ich auf diese These weiter eingehe, ist es nötig, ausführlicher darzulegen, was ich unter islamischem, sunnitischem Fundamentalismus verstehe. Ich werde deshalb versuchen, einen Idealtypus des islamischen Fundamentalismus zu konstruieren, der auf dessen Erscheinungsformen im 18. und frühen 19. Jahrhundert beruht.[6]

Das fundamentalistische Denken drehte sich um zwei Begriffspaare, nämlich *sunna* (das normative Beispiel des Propheten) gegen *bid'a* (ungerechtfertigte Neuerung, Abweichung von der *sunna*) und *tawḥīd* (Monotheismus) gegen *shirk* (Polytheismus). Dies sind freilich ziemlich abstrakte Prinzipien. Aber sie fanden ihren Ausdruck in zwei konkreteren Lehren, von denen die eine theoretischer, die andere praktischer Natur ist. Die eine verlangt das Recht auf *idjtihād*, den direkten Rückgriff auf die Quellen des religiösen Wissens, nämlich Koran und *ḥadīth*, um festzustellen, was die *sunna* ist. Dies lief der geltenden Ansicht zuwider, daß nach dem vierten Jahrhundert H. (10. Jahrhundert unserer Zeitrechnung) alle Muslime den Meinungen der großen Juristen der ersten Jahrhunderte zu folgen hätten (*taqlīd*) und kein noch so gebildeter Gelehrter mehr zur Ausübung des *idjtihād* berechtigt sei. Die Fundamentalisten lehnten also den Grundsatz des *taqlīd* ab und beanspruchten das Recht auf *idjtihād* für jeden, der auch nur ein Körnchen religiöser Bildung besaß. Die zweite Lehre besteht in der Ablehnung der Heiligenverehrung und dem Verbot aller Kulte, die damit zuammenhängen. Denn die Fundamentalisten betrachten die Verehrung menschlicher Wesen als dem Grundsatz des *tawḥīd* widersprechend und die sie ausführenden Kulte als *bid'a*. Obwohl diese Lehren schon als Erkennungszeichen für fundamentalistisches Denken betrachtet werden können, müssen wir doch zum besseren Verständnis seiner Struktur die Begriffe *tawḥīd* und *sunna* weiter ausführen.

Mit dem Begriff *tawḥīd* betonen die Fundamentalisten die Existenz des einen, transzendenten Gottes, der über Seiner Schöpfung steht und von ihr getrennt ist und der als einziges Wesen angebetet und verehrt werden darf. Die Menschheit kann von Seiner Existenz und Seinen Geboten nur durch die Offenbarungen wissen, die Er von Zeit zu Zeit Seinen Propheten hinabgesandt hat. Diese Vorstellung vom Göttlichen wird ergänzt durch die Auffassung, daß alle Gläubigen im Grunde gleich sind und sich nur nach dem Grad ihrer Frömmigkeit unterscheiden.

In bezug auf diese Auffassung besteht eine deutliche Spannung zwischen Fundamentalismus und Mystizismus. Die Idee des *waḥdat al-wudjūd* (Einheit der Existenz) von Ibn 'Arabi (gest. 1240 unserer Zeitrechnung), die zu allen Zeiten bei den Mystikern sehr beliebt war, wurde von den Fundamentalisten rundweg verdammt mit der Begründung, daß sie dem Pantheismus Tür und Tor öffne. Denn nach dieser immanenten Auffassung des Göttlichen ist Gott das einzige reale Wesen und deshalb notwendig eins mit dem Universum, einschließlich des Menschen. Darüber hinaus verneinten die fundamentalistischen Autoren die Möglichkeit, unmittelbares, intuitives Wissen über Gott auf dem Wege mystischer Erfahrung (*'ilm ladunī*) zu erlangen, und lehnten auch alle anderen Formen von okkultem Wissen ab, die nicht auf Offenbarung beruhen. Dies bedeutet jedoch nicht, daß Fundamentalismus und Mystizismus gänzlich unvereinbar wären. Es gab fundamentalistische Sufi-Orden, wie wir gleich sehen werden. Ihr höchstes Ziel war jedoch nicht die *unio mystica* mit Gott, sondern Vervollkommnung durch die Vereinigung mit dem Geist des Propheten, die durch Konzentration auf sein Beispiel (*sunna*) und dessen Befolgung erreicht werden sollte. Sie waren ekstatischem Tun abgeneigt und obwohl sie Meditation übten, maßen sie dem Handeln in dieser Welt große Bedeutung bei.[7]

Die Fundamentalisten leugneten nicht, daß Menschen Wunder vollbringen können. Im Einklang mit der orthodoxen Lehre behaupteten sie, die Fähigkeit, Wunder zu wirken (*karamāt*), sei eine Gabe, die den besonders Frommen, um sie zu ehren, von Gott verliehen werde. Sie beharrten jedoch darauf, daß diese Fähigkeit mit dem Tode aufhöre, daß die Toten keine besonderen Kräfte hätten und es nutzlos sei, sich um Gunstbeweise von ihnen zu bemühen oder um ihre Fürsprache bei Gott zu bitten. Die Fundamentalisten verdammten dies typischerweise als Polytheismus (*shirk*), da es bedeutet, einem menschlichen Wesen besondere Kräfte zuzuschreiben und es zwischen Gott und sich selbst zu stellen. Um dies zu verhindern, verboten sie die Errichtung von verzierten Grabsteinen und Mausoleen, das Abhalten von *mūlid-s* (wiederkehrenden Festen zur Erinnerung an die Geburt eines Heiligen) und alle anderen Formen der Totenverehrung.

Die fundamentalistische Gleichheitsidee spiegelt sich in dem Gedanken, daß das Tor des *idjtihād* nicht geschlossen ist. Die herkömmliche Ansicht, nach dem vierten Jahrhundert H. sei niemand mehr zur vollen *idjtihād* berechtigt und *taqlīd* zur Pflicht geworden, wurde allgemein durch den Hinweis auf die außerordentlichen Gaben der Gründer der Rechtsschulen gerechtfertigt – Weber spricht hier richtig von einer »charismatischen rechtsprophetischen Kraft«[8]. Gegen diese Auffassung behaupteten die Fundamentalisten, die Offenbarung sei klar und jedermann mit einem gewissen Maß an Bildung könne Zugang dazu haben und deshalb den *idjtihad* ausüben. Eher weltliche Aspekte dieser Gleichheitsidee entdeckt man in dem von einigen fundamentalistischen Bewegungen durchgesetzten allgemeinen Verbot von übermäßigen Respektsbezeugungen, etwa dem Küssen der Hände oder dem Gebrauch von besonderen Anredeformen wie *sayyidī* (mein Herr) oder *mawlānā* (Euer Gnaden). Manchmal führte die Gleichheitsidee zur Anwendung von Luxusgesetzen im Hinblick auf Kleidung und Schmuck. Dies steigerte den puritanischen Charakter der fundamentalistischen Bewegungen, der sich schon in dem zum allgemeinen islamischen Alkoholverbot noch hinzukommenden Tabakverbot äußerte.

Mit ihrem Bemühen um die *sunna* verfolgten die Fundamentalisten als Hauptziel die Einrichtung einer authentischen islamischen Gemeinschaft. Durch Rückgriff auf die Offenbarung mittels *idjtihād* kann die *sunna* richtig bestimmt und befolgt werden. Umgekehrt kann man jede Übung oder Sitte, die ihr widerspricht, als *bid'a* betrachten und verbieten. Diese Maßnahmen sollen die islamische Einheit wiederherstellen. Dies war ein weiteres Bemühen der Fundamentalisten, in dessen Licht auch andere ihrer Lehren gesehen werden müssen. So spiegelt ihr Widerspruch gegen die gewöhnlich regional begrenzten Heiligenkulte ihre Aversion gegen lokale Aufsplitterung, wie auch ihre Ablehnung des *taqlīd* das Bestreben offenbart, die Bedeutung der Rechtsschulen aufzuheben oder wenigstens zu verringern, da sie die Teilung des Islams erhalten.

Die bisher erwähnten Punkte sind diejenigen, mit denen sich die fundamentalistischen Autoren befaßten. Zu anderen Lehren, wie denen über die Prädestination oder die Eigenschaften Gottes, schwiegen sie allgemein. In diesen Fällen können wir annehmen, daß sich ihre Ansichten mit der gängigen orthodoxen Meinung deckten. In Absehung von subtilen dogmatischen Kontroversen läßt sich die herrschende Auffassung zur Prädestination wie folgt zusammenfassen: Gott hat alle Handlungen im voraus beschlossen und alle Menschen entweder für das Paradies oder die Hölle vorherbestimmt. Jene werden von ihm zu guten Werken geführt, diese zu bösen Taten. Ein Ausspruch des Propheten Mohammed erläutert diesen Punkt sehr klar und betont auch, daß der Mensch sich trotzdem bemühen muß, gut zu handeln: Then the Apostle of God said: »There is no living soul for which God has not appointed its place in Paradise or Hell, and the decision of happy or unhappy has already been taken.« Then a man said: »O Apostle of God, shall we not then leave all to what has been decided for us and give up works?« Mohammed answered: »Whosoever belongs to the people of happiness will come to the work of people of happiness, and whosoever belongs to the people of unhappiness will come to the works of the people of unhappiness.« Then he said: »Perform works, for everyone is guided: the people of happiness are guided to the works of the people of happiness, and the people of unhappiness are guided to the works of the people of unhappiness.« Thereupon he recited: »›As for him who gives and is godfearing and confirms the reward most fair, We shall surely ease him to the Easing. But as for him who is a miser, and self-sufficient, and cries lies to the reward most fair, We shall surely ease him to the Hardship.‹ [Koran 92:8].«[9]

Die fundamentalistische Lehre, wie sie oben in ihren typischen Zügen dargestellt wurde, ist nicht sehr verschieden von der Hauptströmung des Islams. So betrachtet denn auch Ernest Gellner die meisten der hier erwähnten Elemente – strenger Monotheismus, Betonung der Offenbarung in der Schrift, Gleichheitsidee und Puritanismus – als zur zentralen Überlieferung des Islams gehörig; anders verhalte es sich mit dem (katholischen) Christentum.[10] Was den Fundamentalismus von anderen Formen des Islams unterscheidet, betrifft nicht so sehr die Lehre – obwohl es auch verbissene Debatten über spezielle Lehrinhalte gegeben hat –, als vielmehr die Einstellung. Der Fundamentalismus beklagte, daß die islamische Gesellschaft von *sunna* und *tawḥīd* in Richtung auf *bid'a* und *shirk* abgewichen sei, und trachtete, diese Situation umzukehren. Fundamentalistische Bewegungen sind deshalb typischerweise missionarisch, getragen von der Berufung, sich auszubreiten und ihren Auftrag auszuführen. Sie fühlen sich verpflichtet, die Welt zu verändern und sie mit ihren auf *sunna* und *tawḥīd* beruhenden Idealen in Übereinstimmung zu bringen. Je nach der Radikalität der verschiedenen Bewegungen wird dieser Aktivismus entweder mit den Worten des Koran »Ihr gebietet, was recht ist, verbietet, was verwerflich ist, und glaubt an Gott« (*al-amr bi-l-ma'rūf wa-l-nahy 'an al-munkar*, vgl. Koran 3, 110) oder als ›heiliger Krieg‹ (*djihad*) bezeichnet.

Wir wollen nun untersuchen, inwieweit dieser islamische Fundamentalismus dem calvinistischen Protestantismus ähnelt, und insbesondere jene Züge der Lehre und der Einstellung betrachten, für die Weber eine Beziehung zur Entwicklung des Kapitalismus in Westeuropa annahm. Dies sind also die Prädestinationslehre, die innerweltliche Askese, der Rationalismus und der Puritanismus.

Im calvinistischen Protestantismus wird Gott als ein entrücktes, transzendentes Wesen gesehen, das handelt, wie es Ihm beliebt, und dessen Ratschlüsse durch absichtsvolles menschliches Handeln wie magisches Wirken oder die Fürsprache von Priestern oder Heiligen nicht beeinflußt werden können. Seine Handlungen sind menschlichen Maßstäben von Gerechtigkeit entzogen, und der Mensch ist deshalb unfähig, sie zu verstehen. Ebensowenig kann der Mensch wissen, was Gott in Seiner unendlichen Weisheit im Hinblick auf sein Schicksal nach dem Tode verfügt hat, d. h. im Hinblick auf seine Erlösung oder Verdammung. Man ist auserwählt oder nicht, und kein Sterblicher kann die Motive für Sein Urteil ergründen. Dennoch muß jeder Gläubige so handeln, als wüßte er, daß er erwählt und erlöst ist, und sich bemühen, nach den Vorschriften seiner Religion zu leben und seinem Beruf, seiner Verantwortlichkeit in dieser Welt, nachzukommen.

Wenn wir dies mit dem fundamentalistischen Islam vergleichen, stoßen wir auf eine Reihe von Ähnlichkeiten und auf einige Unterschiede. Die Vorstellung von Gott als einem unerreichbaren, transzendenten Wesen, jeder Magie und Fürsprache verschlossen, ist sehr ähnlich, ebenso die Vorstellung, daß seine Ratschlüsse das menschliche Fassungsvermögen übersteigen. Der orthodoxe, sunnitische Islam lehnte die Ansicht der Mu'taziliten ab, Gott könne keine Ungerechtigkeit begehen und deshalb müßten seine Ratschlüsse in bezug auf Belohnung oder Bestrafung der Menschen in der zukünftigen Welt gerecht sein. Er setzte das Argument dagegen, daß diese Ansicht eine unzulässige Einschränkung seiner Allmacht bedeuten würde. Diese Gedanken wurden jedoch nicht bis in ihre letzten Konsequenzen verfolgt wie im protestantischen Calvinismus. Es galt die Meinung, Gott habe alle Ereignisse im voraus bestimmt, eben auch das menschliche Verhalten und das Schicksal jedes einzelnen im Jenseits, und es gebe eine klare, für Menschen verständliche Beziehung zwischen ihren Handlungen und ihrem Gang ins Paradies oder zur Hölle. Am Tage des Jüngsten Gerichts werden jedes einzelnen Taten gewogen, und je nach dem Ergebnis, das Gott natürlich schon jetzt bekannt ist, wird er belohnt oder bestraft. Gläubige, die Sünden begangen haben, werden nicht ewig in der Hölle bleiben, und in Seiner Güte kann er sogar Sünder direkt ins Paradies schicken.

Im calvinistischen Protestantismus kann der Mensch nicht wissen, ob er auserwählt ist oder nicht, ebensowenig kann er dies durch gute Werke oder Sünden beeinflussen. Jedoch ist ihm aufgegeben, so zu handeln, als ob er erwählt wäre, und sich nicht untätig seinem Schicksal zu überlassen. Hier können wir einen deutlichen Unterschied in den Lehren feststellen. Denn trotz der Prädestinationslehre behaupteten muslimische Theologen, daß es einen gewissen Spielraum für den freien Willen und für menschliche Verantwortung gebe. Ibn Taymiyya (gest. 1328 unserer Zeitrechnung), ein Religionsgelehrter, der bei späteren fundamentalistischen Bewegungen sehr populär wurde, hat dies mit den folgenden, etwas zweideutigen Worten ausgedrückt: The belief in predestination (*qadar*) has two levels, each of which contains two things. The first level is the belief that God, through His uncreated knowledge which is His pre-existent and eternal attribute, knows what [His] creatures will do, that He knows all their pious deeds and sins, their possessions, and the moments of their deaths; and [secondly] that God has recorded the destinies of the created beings. (...) God has said: »Didst thou not know that God knows all that is in heaven and earth? Surely that is in a Book; surely that for God is an easy matter.« (K 22:70) and: »No affliction befalls in the earth or in yourselves, but it is in a Book, before We create it.« (K 57:22) (...) When He creates the body of an embryo, before the entrance of the soul in it, He sends an angel to it, who is entrusted with four words and to whom is said: »Record his possessions, the moment of his death, his deeds, and whether he will be happy or unhappy [i.e. saved or damned]. (...) The second level is related to God's effective will and His omnipotence. It is the belief that what God wills, occurs and what He does not will, does not occur, that nothing moves or is at rest in heavens or on earth except through God's will, (...) and [secondly] that men act in reality, whereas God creates their deeds. Men have the power and the will to perform acts, but God has created them [the men], their power and their will, just as He has said: »[It is naught but a reminder unto all beings,] for whosoever of you who would go straight; but will you shall not, unless God wills, the Lord of all Beings.« (K 81:29)[11]

Auch ohne daß wir allzu tief in die theologischen Folgerungen aus Ibn Taymiyyas Position eindringen – die in dieser Hinsicht der Hauptströmung des Islams sehr nahestand –, wird deutlich, daß er versucht, zwei im Grunde unversöhnliche Dogmen zu versöhnen: Prädestination und *liberum arbitrium*. Da in Ibn Taymiyyas Perspektive der muslimische Gläubige seiner Erlösung ziemlich sicher sein kann, solange er die Gesetze und ethischen Vorschriften seiner Religion befolgt, leidet er nicht unter der tiefen Angst, die für den calvinistischen Gläubigen so charakteristisch ist, weil dieser die Ungewißheit über sein jenseitiges Schicksal aushalten muß. Dennoch sind die praktischen Konsequenzen beider Lehren für das Leben in dieser Welt sehr ähnlich: Der Muslim wird sich bemühen, die Gebote seiner Religion zu befolgen, da dies der einzige Weg zur Erlösung ist, der Calvinist wird dasselbe tun, weil ihm aufgetragen ist, zu handeln, als ob er erlöst wäre. So ist in beiden Fällen das Ergebnis ein aktives ethisches Verhalten in dieser Welt.[12]

Dies ist aufs engste verbunden mit einem zweiten Zug, den Weber dem calvinistischen Protestantismus zuschreibt und für die Entwicklung des Kapitalismus als besonders wichtig ansieht: die innerweltliche Askese. Mit diesem Begriff bezeichnet er eine Einstellung zur Erlösung, die durch ein methodisches Vorgehen zur Erreichung dieses Ziels gekennzeichnet ist, während die Erlösung als das Geschenk eines aktiven ethischen Verhaltens betrachtet wird, das man in dem Bewußtsein ausführt, daß Gott dieses Verhalten lenkt, d. h. der Handelnde das Werkzeug Gottes ist. Diese Askese ist innerweltlich, wenn das aktive ethische Verhalten innerhalb oder gegen die Weltordnung stattfinden muß. Die Welt wird dann eine Aufgabe in dem Sinne, daß sie gemäß den asketischen Idealen umgeformt werden soll. Dies kennzeichnet weitgehend auch die islamischen fundamentalistischen Bewegungen. Wie in der Hauptströmung des Islams, so wurde auch hier die Erlösung als das Geschenk eines ethischen Verhaltens (zusätzlich zu rituellem und gesetzestreuem Verhalten) gesehen, das in dem Bewußtsein von Gottes Führung ausgeübt wird. Aber der Fundamentalismus unterschied sich von der Hauptströmung des Islams dadurch, daß er die Welt nach seinen auf *sunna* und *tawḥīd* gegründeten Idealen verändern wollte. Man könnte sogar sagen, daß die fundamentalistischen Bewegungen zwei Arten von Erlösung verfolgten: die individuelle Erlösung im Jenseits, die an die Befolgung der religiösen Gebote gebunden ist, und die kollektive Erlösung in dieser Welt, die sich aus der Organisation einer Gemeinschaft nach den islamischen Idealen ergeben wird. Dem liegt die Idee zugrunde, daß Gott einer solchen Gemeinschaft Wohlstand und Stärke verleihen wird. Deshalb entstehen fundamentalistische Bewegungen oft aus einem verbreiteten Gefühl des Unbehagens in einer Gesellschaft, die sich selbst als moralisch und, als Folge davon, auch als politisch und ökonomisch im Niedergang befindlich begreift.

Die nächste Frage, die wir stellen müssen, ist, ob dieses auf Erlösung zielende Handeln als rational und methodisch beschrieben werden kann. Dies ist ein entscheidender Punkt, denn in Webers Sicht ist die Entstehung des kapitalistischen Geistes eng mit Rationalismus und methodischem Verhalten verbunden. Rationalität und methodisches Vorgehen bei der Erreichung der Erlösung bedeuten – wie im calvinistischen Protestantismus – das Fehlen von Fürsprache und Magie allgemein. Man kann nicht durch die Fürsprache von Personen (z. B. heiligen Männern) oder Institutionen (der Kirche), sondern nur durch Gott und/oder durch eigenes Verhalten, d. h. die Befolgung der ethischen und rituellen Regeln der Religion, gerettet werden. Dies trifft auf den fundamentalistischen Islam voll zu, der die Heiligenkulte heftig angreift und magische Praktiken verbietet.

Ein zweites Element im fundamentalistischen Islam, das dazu beitrug, seinen Anhängern rationales Denken einzuprägen, ist das Beharren auf der Authentizität der zu befolgenden religiösen Normen. Das führt zu einer andauernden Beschäftigung mit der Offenbarung in Form des *idjtihād*, d. i. des Studiums, der rationalen Interpretation und Erörterung der relevanten Texte. Dazu ist von Bedeutung, daß fundamentalistische Autoren mit Nachdruck vertraten, dies sei nicht die ausschließliche Domäne hochqualifizierter Spezialisten, sondern jeder, der auch nur eine minimale Kenntnis der Offenbarung und der propädeutischen Wissenschaften besitze, sei dazu berechtigt.

Der Fundamentalismus war jedoch nicht nur eine Sache des Studiums und des theoretischen Interesses an der Offenbarung. Die verbürgten Normen waren nicht nur im Ritual, sondern auch im täglichen Leben zu befolgen, da das islamische Recht alle Arten weltlicher Betätigung abdeckt. So waren die Fundamentalisten unaufhörlich bemüht, nach den verbürgten Geboten der *sunna* zu leben. Gleichzeitig mußte ihre Art des Islams ausgebreitet werden, was zu ständiger Predigt und Diskussion zwang, also eine überaus rationale Aufgabe bedeutete.

Weber teilte offenbar die im 19. Jahrhundert übliche falsche Auffassung, daß der Islam eine Religion ist, die Sinnlichkeit und

Hedonismus anregt. Diese Ansicht wurde gewöhnlich unter Berufung auf das islamische Recht vorgebracht, das, so mochte es scheinen, einem Mann erlaubte, seine Lust fast schrankenlos zu befriedigen, dadurch daß er bis zu vier Frauen und eine unbegrenzte Zahl von Konkubinen nehmen durfte, und das ihm gleichzeitig die Freiheit gab, sie nach Belieben zu verstoßen. Das war natürlich eine Übertreibung und eine Verzerrung der Wirklichkeit. Interessanterweise wird heute gewöhnlich der restriktive Charakter des islamischen Sexualkodex betont, was nur beweist, daß das im Westen vorherrschende Bild des Islams sich mehr unter dem Einfluß von Entwicklungen in der westlichen Gesellschaft verändert denn als Ergebnis von Wandlungen in der islamischen Gesellschaft selbst.

Weber übersah im Islam die mächtige Tradition der Frömmigkeit und Askese (*zuhd*) und die puritanischen Gesetze, wie das Verbot von Alkohol (das von den Fundamentalisten auch auf Tabak ausgedehnt wurde), von Musik und Tanz, der Darstellung von Lebewesen, des Gebrauchs von goldenen Tellern und Bechern, des Tragens von Seide und Schmuck bei den Männern und verschwenderischer Hochzeits- und Beschneidungsfeiern. Es ist zuzugeben, daß diese Gesetze oft toter Buchstabe blieben, aber die Fundamentalisten maßen ihnen großen Wert bei und versuchten, sie durchzusetzen. Dies hing nicht nur mit ihrer Achtung für die *sunna* zusammen, sondern auch mit ihrer Befürchtung, das Zurschaustellen von Reichtum könne zur Anbetung menschlicher Wesen führen. Nüchterne Einfachheit ist also ein ausgeprägter Zug des fundamentalistischen Lebensstils. Wenn sich auch der Fundamentalismus nicht gänzlich der calvinistischen Ansicht anschließt, daß alles Fleischliche verderblich sei, so ist er gewiß auch nicht eine Form von Religion, die Vergnügen, Luxus und die ungezügelte Befriedigung sexueller Begierden zugesteht.

Die Schlußfolgerung muß sein, daß man all jene für den calvinistischen Protestantismus charakteristischen Lehren und Einstellungen, die Weber als folgenreich für die Entwicklung des Kapitalismus ansah, auch im fundamentalistischen Islam entdecken kann. Sie kamen zwar nicht in genau derselben Form oder demselben Maße vor, aber diese Ähnlichkeiten und Parallelen wecken doch ernste Zweifel an der Bedeutung des religiösen Faktors für die Erklärung der Tatsache, daß sich der Kapitalismus in Nordwesteuropa und nicht in anderen Teilen der Welt entwickelte.

II

In diesem Abschnitt möchte ich untersuchen, ob es eine Verknüpfung zwischen Fundamentalismus und charismatischer Führung gibt. Weber maß diesem Begriff große Bedeutung bei, denn er sah charismatische Führung als ein Mittel zur Erzielung eines Durchbruchs, eines plötzlichen Übergangs in der Gesellschaft an. Ein charismatischer Führer ist Webers Typologie zufolge ein Führer, der in den Augen seiner Anhänger außeralltägliche Eigenschaften besitzt und eine gegen den Status quo gerichtete Sendung hat. Seine Autorität leitet sich nicht von Gesetz oder Tradition her, sondern von dem Beweis seiner außeralltäglichen Eigenschaften und dem Glauben seiner Anhänger an seine ungewöhnlichen Kräfte. Auf ihrer Seite findet man ein hohes Maß an Verpflichtung und die Internalisierung der Werte, die die Sendung des Führers ihnen brachte.
Durch die Untersuchung der Beziehung zwischen Fundamentalismus und charismatischer Führung werden wir Einsicht in die Wirkungsweise des Fundamentalismus und fundamentalistischer Bewegungen und in ihre mögliche Funktion als Katalysator für Wandel gewinnen.
A priori erscheint es sinnvoll, Fundamentalismus und charismatische Führung zu verknüpfen. Der Fundamentalismus will eine Sendung ausbreiten, die dem religiösen Status quo widerspricht, und er erregt in der Regel den Zorn der etablierten religiösen Mächte. Charismatische Führung wäre gewiß ein Vorzug oder sogar eine notwendige Bedingung für die Durchsetzung einer solchen Sendung. Auf der anderen Seite jedoch stellt sich der Bruch mit dem Status quo, den die fundamentalistischen Bewegungen tatsächlich vollziehen, am Ende oft weniger dramatisch dar als angekündigt: Trotz ihres Anspruchs auf *idjtihād* bieten sie keine radikal neuartigen Interpretationen der *sharī'a*. Zudem schließt die fundamentalistische Idee bestimmte Typen von charismatischer Führung aus, etwa die des Propheten, die auf direktem Kontakt zu Gott beruht, oder die des ekstatischen Thaumaturgen, der seine Autorität ständig durch Wundertaten beweist: Die Führer fundamentalistischer Bewegungen sind eher Reformer und Prediger als Propheten oder Heilige. Sie bevorzugen einen nüchterneren Führungsstil. Wenn dieser doch einmal charismatisch wird, dann sind die außerordentlichen Eigenschaften

des Führers seine Frömmigkeit, seine Gelehrsamkeit oder sein Mut.

Obwohl die fundamentalistischen Bewegungen sehr ähnliche Lehren propagierten, unterschieden sie sich doch bei der Ausbreitung ihrer Sendung nach der Art ihres Handelns und ihrer Organisation. Diese waren weitgehend abhängig von dem institutionellen Rahmen, den sie für ihr Wirken wählten: die *madrasa*, die Moschee, den Sufi-Orden (*tarīqa*) oder den Staat. Es gibt natürlich auch Überschneidungen in dem Sinne, daß diese Bewegungen gewöhnlich auf mehreren verschiedenen Schauplätzen agierten. Aber es ist im allgemeinen nicht schwierig zu bestimmen, welches für die jeweilige Bewegung der wichtigste Rahmen war. Dieser institutionelle Rahmen ist nun für unsere Erörterung relevant, weil er bis zu einem gewissen Grad den Spielraum für die charismatische Führung bestimmt.

Obwohl gute Lehrer Charisma haben, kann man kaum von charismatischer Führung sprechen, wenn fundamentalistische Bewegungen innerhalb der Mauern der *madrasa* blieben. Der indische Fundamentalist Shāh Walī Allāh (1703-1762) und sein jemenitischer Kollege Muḥammad b. ʿAlī al-Shawkānī (1760-1832) versuchten, ihre fundamentalistischen Ideale durch Lehren und Schreiben, d. h. die Weitergabe ihrer Ideen an ihre Schüler, zu verwirklichen. Nur gelegentlich gingen sie darüber hinaus: Shāh Walī Allāh schrieb von Zeit zu Zeit Briefe mit Ratschlägen an die Herrscher, und al-Shawkānī betätigte sich eine Zeitlang als Sekretär des Imam vom Jemen und als oberster *qāḍī* des Landes. Jedoch gründeten sie niemals wirkliche Organisationen, dessen Führer sie gewesen wären.

Für einen Prediger ist Charisma ebenfalls eine gute Sache. Ein anonymer türkischer *softa* (Prediger) begann während des *Ramaḍān* 1123 (Okt. 1711) in der al-Mu'ayyad Moschee in Kairo vor einer hauptsächlich türkischen Zuhörerschaft zu predigen und wetterte ein paar Tage lang gegen Heiligenverehrung, die Errichtung von Grabmälern und die ekstatischen Praktiken der Sufis, bis er sein Publikum so aufgewiegelt hatte, daß es die Derwische angriff, die in der Nähe der Moschee ihre *dhikr*-s abhielten. Dieser *softa* besaß ohne Zweifel großes Charisma. Unmittelbar nach diesem Ereignis aber zog er sich in den Hintergrund zurück und war nicht bereit, die Rolle des Führers der aufgebrachten Menge zu übernehmen. Als diese an den folgenden Tagen zur Besprechung der Sache den obersten *qāḍī* und den Gouverneur zwingen wollte, die *'ulamā* der Azhar herzurufen, die ein *fatwā* gegen den Prediger unterzeichnet hatten, hielt er sich von dem Geschehen fern. Es dauerte nur ein paar Tage, bis die Behörden die Ordnung wiederhergestellt hatten.[13] Obwohl es natürlich durchaus denkbar ist, daß sich Prediger zu Volksführern entwikkeln, spielte charismatische Führung in diesem Falle ebensowenig eine Rolle wie in dem vorher erwähnten des indischen und des jemenitischen Gelehrten.

Der dritte Rahmen, den eine fundamentalistische Bewegung für ihre Aktionen wählen kann, ist der des Staates. Das war der Fall bei den Wahhabitenbewegungen, die von dem Nadjdī-Gelehrten Muḥammad b. 'Abd al-Wahhāb (1703-1787) gegründet und von der Āl Sa'ūd Dynastie kleiner arabischer Häuptlinge unterstützt wurden.[14] Muḥammad b. 'Abd al-Wahhāb begann seine Laufbahn als Lehrer und Prediger mit einer fundamentalistischen Anschauung. Von Anfang an war er überzeugt, daß seine einzige Chance zur Umsetzung seiner Ideen in die Praxis darin lag, sich mit einem weltlichen Führer zu verbünden, so daß seine Sendung mit der Hilfe eines Staates verbreitet und durchgesetzt werden könnte. Nachdem ein kurzlebiges Bündnis mit dem Herrscher von 'Uyayna in einem Fiasko geendet hatte, das ihn zur Flucht zwang, wurde er von dem Häuptling von al-Dir'iyya, Muḥammad b. Sa'ūd, wohlwollend aufgenommen. Von dem Augenblick an war der Erfolg auf seiner Seite. Als der Sa'ūdī-Staat sich allmählich ausdehnte und Gestalt annahm, wurde der wahhabitische Fundamentalismus eine feste Einrichtung.

Ich habe den Eindruck, daß in diesem Fall charismatische Führung fast völlig fehlte. Die Führer der Bewegungen schienen sich mehr auf das Schwert als auf persönliches Charisma zu verlassen. Muḥammad b. 'Abd al-Wahhāb z. B. zwang die Einwohner von Dir'iyya, seine Vorlesungen zu besuchen, indem er die Fernbleibenden bestrafte. Man findet keinen Anhaltspunkt dafür, daß es Gruppen von ergebenen Anhängern gab, die die Hauptstütze der Bewegung gebildet hätten. Tatsächlich beruhte die Stärke des Staates in erster Linie auf dem Aufgebot an Beduinen, die unter Zwang ausgehoben wurden, indem man diejenigen, die nicht erschienen oder desertierten, streng bestrafte und jene, die mitmachten, durch ihren rechtmäßigen Anteil an der Beute belohnte. Ihre Teilnahme entsprang also kaum religiöser Begeisterung.

Daß diese Bewegung trotz fehlender charismatischer Führung erfolgreich war, beweist nur, daß sie nicht einen radikalen Bruch mit der Vergangenheit darstellte. Zwar gab es einige religiöse Neuerungen, aber auf der politischen Ebene unterschied sich der Sa'ūdī-Staat nicht sehr von den Häuptlingsherrschaften der Umgebung. Abgesehen von einigen organisatorischen Anpassungen, die durch Gebietserweiterung notwendig wurden, und einigen Steuerreformen, die die Übereinstimmung mit der *sharī'a* herstellen sollten, blieb die Regierung des Staates dieselbe.
Daß charismatische Führung bei der Errichtung des Sa'ūdī-Wahhābī-Staates von keinerlei Bedeutung war, heißt nicht, daß politische fundamentalistische Bewegungen und diese Form der Führung nicht zusammen auftreten können. In der Periode, die wir betrachten, d. h. im 18. und zu Beginn des 19. Jahrhunderts, finden wir zwar keine Beispiele für diese Kombination; aber in heutiger Zeit kommt es oft vor, daß fundamentalistische Bewegungen, die den Staat, d. h. den politischen Bereich, zum Schauplatz ihrer Aktivitäten erkoren, charismatische Führer als Oberhaupt haben. Man denke an Abū al-A'lā al-Mawdūdī, den Führer der Djamā'at-i Islāmī auf dem indischen Subkontinent; Ḥasan al-Bannā und Sayyīd Quṭb, die Führer der ägyptischen Muslimbrüder; und Shukrī Muṣṭafā, den Führer der al-Takfīr wa-l-Hidjra Gruppe, ebenfalls in Ägypten. Der Unterschied zwischen diesen und der Wahhabitenbewegung liegt, glaube ich, in der Einstellung zu der bestehenden Herrschaftsform. Die Wahhabiten erkannten diese ohne weiteres an, denn man setzte voraus, daß sie auf der *sharī'a* gegründet sei, und sie bestanden nur darauf, daß das islamische Recht, wie sie es interpretierten, besser durchgesetzt werde. Gegenwärtige fundamentalistische Bewegungen dagegen lehnen die bestehenden Herrschaftsformen mit der Begründung ab, im größten Teil der muslimischen Welt sei die *sharī'a* nicht das Fundament des Staates und seines Rechtssystems. Deshalb wollen sie den Staat umstürzen und einen neuen errichten, der gemäß den Grundsätzen des Korans und der *sunna* regiert wird. Die Kluft zwischen dem Status quo und ihren Zielen ist demnach beträchtlich, was bedeutet, daß charismatische Führung nun eine Voraussetzung für den Erfolg bildet.
Wenn wir ins 18. und 19. Jahrhundert zurückgehen, so entdecken wir, daß charismatische Führung nur in solchen fundamentalistischen Bewegungen eine Rolle spielte, die zuerst als Sufi-Orden

(*ṭarīqa*) organisiert waren. Sowohl auf die indische Ṭarīqa-yi Muḥammadī, gegründet von Sayyid Aḥmad Brēlwī (1786-1831)[15], wie auf den nordafrikanischen Sanūsiyya-Orden, gegründet von Muḥammad b. ʻAlī al-Sanūsī (1787-1859)[16], trifft dies zu. Diese Organisationen vereinigten in sich zwei Grundideen: die des Fundamentalismus und die der Sufi *ṭarīqa*. Dies spiegelt sich auch in der Natur des Charismas beider Führer wider. Einerseits leitete es sich von Frömmigkeit und Gelehrsamkeit her, was für den Fundamentalismus typisch ist, andererseits beruhte es auf der Abstammung von dem Propheten, was im Sufismus gebräuchlich ist, aber zu der fundamentalistischen Gleichheitsidee im Gegensatz steht.

Wie in mystischen Orden üblich, hatten diese Organisationen zwei Arten von Mitgliedern: eine kleine Gruppe von voll Eingeweihten (*ikhwān* oder *khulafā'* genannt) und eine viel größere Gruppe von angeschlossenen Laien. Die erstgenannten bildeten, in Webers Sprache, die »charismatische Aristokratie«. Typisch für sie war, daß sie sich von ihrem Alltagsleben und ihrer Umgebung getrennt hatten, um dem Führer zu folgen. Dies bedeutet allerdings nicht, daß sie die »Welt« verließen. Obwohl sie in den Anfangsstadien dieser Bewegungen gewöhnlich von den Gaben an ihren Führer lebten, nahmen sie allmählich dann doch Arbeit und Gewerbe auf, um für ihren Lebensunterhalt zu sorgen. Bei den angeschlossenen Laien lief es darauf hinaus, daß sie Teilzeitmitglieder waren, die von Zeit zu Zeit an den religiösen Aktivitäten des Ordens teilnahmen und ihn durch Geschenke unterstützten.

Diese zwei Gruppen von Anhängern hatten verschiedene Vorstellungen von dem Charisma des Führers, was sich im Falle der Sanūsiyya besonders deutlich zeigt. Für die *ikhwān* gründete dieses Charisma auf der Frömmigkeit, Gelehrsamkeit und wahrscheinlich auf der Bewunderung für die organisatorischen Fähigkeiten des Führers. In den Augen der Masse seiner Anhänger dagegen leitete sich sein Charisma von seiner *baraka* her, von gottgegebenen übernatürlichen Kräften, die teilweise mit seiner Abstammung von dem Propheten zusammenhingen. Das bedeutet also, daß in der Beziehung zwischen dem Führer und den *ikhwān* die Ideen des Fundamentalismus vorherrschten, während in der Beziehung zwischen dem Führer und den angeschlossenen Laien die Grundidee des Sufismus den Ton angab.

Ein kritischer Augenblick im Leben einer Bewegung mit charismatischer Führung ist der Tod des Führers. Weber beschreibt zwei Wege, auf denen dieses Problem gewöhnlich gelöst wurde: erstens Nachfolgerdesignation entweder vor seinem Tod durch den Führer selbst oder durch die charismatische Gemeinschaft; zweitens Vererbung, wobei das Charisma als abstammungsbedingt angesehen wird. Nach dem Tod von Aḥmad Brēlwī wurde ein Nachfolger designiert.[17] Aber weder er noch seine unmittelbaren Nachfolger konnten die anfängliche Kraft der Bewegung wiederherstellen. Es dauerte fast ein Jahrzehnt, bevor neue Führer von Format auftauchten. Im Falle der Sanūsiyya gab es mehr Kontinuität. Als ihr Führer 1859 starb, regte sich kaum Widerstand gegen seinen 16jährigen Sohn Muḥammad al-Mahdī als Nachfolger. Daß er gerade diesen Namen trug, mag seine Anerkennung erleichtert haben, denn man glaubte weithin, daß er wirklich der erwartete *mahdī* sei. Es gibt sogar Anzeichen dafür, daß sein Vater ihm diesen Namen in der vollen Absicht gegeben hatte, seine Nachfolge zu sichern.

Das unvermeidliche Schicksal von charismatischen Bewegungen ist Veralltäglichung und, im Regelfall, die Rückkehr zu der vorangegangenen Herrschaftsform. Nur in Ausnahmefällen gelingt es dem Charismatiker, einen wirklichen Durchbruch zu erzielen, den Übergang zu einer neuen Herrschaftsform zuwege zu bringen. Bei keiner der beiden Bewegungen können wir diesen Übergang beobachten, denn beide kehrten schließlich zu der schon bestehenden Herrschaftsform, dem Patrimonialismus, zuruck.

Die Sanūsiyya begann als missionarischer Sufi-Orden, dessen Kern aus seinem Gründer und einer Gruppe ergebener und hochmotivierter Anhänger bestand. Sie reisten herum, um ihre Botschaft zu verbreiten. Dabei lebten sie von Gaben der ihnen Wohlgesinnten, verschmähten aber auch körperliche Arbeit beim Bau von Moscheen und religiösen Zentren (*zāwiya*) nicht, um ihre Sendung auszubreiten. Veralltäglichung setzte ein, so vermute ich, als die Sanūsiyya sich in der Cyrenaika niederzulassen begann. Die Bewegung war nun straffer organisiert, und die Rechte und Pflichten der *ikhwān* waren festgelegt. Eine wichtige Stufe in diesem Prozeß war die Errichtung der Djaghbūb Universität zu ihrer Ausbildung.

Ähnliches ereignete sich auf örtlicher Ebene in dem Verhältnis zwischen den *ikhwān* in ihren religiösen Zentren und den Stäm-

men der Umgebung. Ursprünglich wurden die Sanūsi-Missionare von den Beduinen akzeptiert, weil sie in deren Wahrnehmung auf einer Stufe mit der wohlbekannten Figur des wandernden Heiligen standen, der gewöhnlich nur einige Zeit bei einem Stamm blieb, lehrte, Streitigkeiten schlichtete und Talismane schrieb. Die *ikhwān* begannen mit ähnlichen Aufgaben. Aber sie zogen nach einiger Zeit nicht weiter, sondern blieben und begannen, religiöse Zentren zu bauen. Im Laufe der Zeit festigte sich die ökonomische Beziehung zwischen Stamm und Zentrum, und die Wohltätigkeit entwickelte sich zur Pflicht. Dank ihrer überlegenen Organisation in einem Land, das ein politisches Vakuum bildete, begann die Sanūsiyya mehr und mehr die Funktionen eines Staates auszuüben. Nach innen nahm sie die Merkmale patrimonialer Herrschaft an. Bestimmte Familien wurden zur Leitung bestimmter religiöser Zentren berechtigt, und die Mitglieder der Sanūsī-Familie erhielten das Recht auf die Einkünfte aus bestimmten frommen Stiftungen (*waqf*-s) und Zentren. All dies wurde durch Handel ökonomisch abgesichert, denn die Sanūsiyya beherrschte durch geschickte Standortwahl für die Zentren einen Großteil des Transsahara-Handels in dem Gebiet. Das Endstadium der Veralltäglichung setzte ein, als zu Beginn dieses Jahrhunderts die Franzosen und später die Italiener in das Gebiet der Sanūsiyya eindrangen. Von da an wurde ihre Organisation noch straffer und kam einem Staat noch näher.
Bei der Ṭarīqa-yi Muḥammadī setzte die Veralltäglichung erst nach dem Tod ihres Gründers ein. 1826 war er mit einer Schar ergebener Anhänger in das bergige nordwestliche Grenzland gezogen, um die Sikhs zu bekämpfen, um einen Staat nach eigener Vorstellung zu erproben und zu gestalten und schließlich, um gegen die Briten Krieg zu führen. Es gab keine Zentralgewalt in dem Gebiet, das in eine große Zahl kleiner Stammesfürstentümer aufgesplittert war. Anfangs brachte er es fertig, mit den örtlichen Stämmen Bündnisse einzugehen, aber dies erwies sich als von kurzer Dauer. Sie sahen wahrscheinlich in der Bewegung nur einen weiteren Stamm, der in der Gegend Fuß zu fassen versuchte. Zudem entfremdete sich Sayyid Aḥmad Brēlwī seinen Verbündeten, indem er auf der Anwendung der *sharīʿa* und auf der Forderung bestand, ihm die islamischen Steuern zu zahlen. Im Gegensatz zu der Sanūsiyya war er nicht imstande, seine Bewegung in dem Gebiet als eine über den Stämmen stehende

Macht zu etablieren. Schließlich führte dieser Zustand zu seiner Niederlage und seinem Tod in der Schlacht von Balakot 1831.
Nach einigen Jahren, in denen nur Verwirrung herrschte, traten aus den Reihen der Anhänger zwei neue Führer, die Brüder Wilāyat ʿAlī und ʿInāyat ʿAlī, hervor, und es gelang ihnen, wieder eine Anhängerorganisation aufzubauen, die in ganz Indien tätig war. Es gibt keine Anhaltspunkte dafür, ihre Führer als charismatisch einzustufen. Wie es scheint, waren sie nur begabte Verwaltungsleute und fähige Befehlshaber. 1849 kehrten sie in das nordwestliche Grenzland zurück. Wegen einer besseren finanziellen Ausstattung dank ihrer reibungslos funktionierenden Anhängerorganisation waren sie in der Lage, sich eine Anzahl von Stämmen in dem Gebiet zu unterwerfen. So schufen sie einen kleinen Staat nach dem Vorbild anderer Kleinfürstentümer und des Mogulreiches. Auch hier brachte die Veralltäglichung einer ursprünglich charismatischen Bewegung die Rückkehr zur patrimonialen Herrschaft. Wilāyat ʿAlī ließ sich einen Palast bauen, richtete einen Hof ein und nahm den Titel eines *amīr* an. Die unterworfenen Stämme zwang er zur Zahlung von Tributen und der islamischen Steuern und konnte so eine Berufsarmee mit festen Gehältern und militärischem Drill und einen Beamtenstab unterhalten. Nach dem Vorbild der Moguln erhielten hohe Amtsträger und Armeebefehlshaber Lehen (*djagīr*-s).
Nachdem er so ein politisches Gemeinwesen, das aus ganz Indien unterstützt wurde, organisiert hatte, begann Wilāyat ʿAlī 1852, die Briten zu bekämpfen. Obwohl seine Armee mehrmals über britische Expeditionsstreitkräfte siegreich blieb, war sie wegen der technischen und militärischen Überlegenheit der Briten am Ende doch kein ebenbürtiger Gegner. Die endgültige Niederlage kam 1863, als die Briten eine große Streitmacht entsandten, um der ständigen Belästigung ihrer Stützpunkte ein Ende zu setzen. Danach dauerte es noch eine geraume Weile, die Anhängerorganisation aufzurollen, die einen ständigen Strom von Geld und frischen Rekruten zur Stärkung des Staates geschickt hatte.
Wie wir oben gesehen haben, kann man die fundamentalistischen Bewegungen des 18. und frühen 19. Jahrhunderts nach dem institutionellen Rahmen, den sie für ihr Wirken wählten, in zwei Kategorien aufteilen. Die einen blieben innerhalb der Mauern von *madrasa*-s und Moscheen, wo Lehrer und Prediger die fundamentalistische Botschaft zu verbreiten suchten, ohne wirkliche

Organisationen zu schaffen. Obwohl Charisma bei der Vermittlung von Ideen und der Überzeugung von Menschen sehr wirkungsvoll sein kann, sollten wir doch in diesen Fällen nicht von charismatischer Führung sprechen, da diese Lehrer und Prediger nicht als Führer von organisierten Gruppen handelten.

Die anderen Bewegungen hatten sehr wohl einen Führer und waren entweder als Staat (die Wahhabitenbewegung) oder als Sufi-Orden (die Ṭarīqa-yi Muḥammadī und die Sanūsiyya) organisiert. Daß am Ursprung des Wahhabismus keinerlei Form von charismatischer Führung stand, mag zufällig sein. Aber die Tatsache, daß auch ohne sie der Wahhabismus ein Erfolg zu werden vermochte, könnte als Zeichen für das Fehlen von Innovation gewertet werden. Als Staat hob er sich kaum von den Fürstentümern der Umgebung ab. Und die religiösen Reformen, die er einführte, waren nicht so drastisch, daß man sie als einen Bruch mit der bestehenden Ordnung bezeichnen könnte.

Dagegen ist charismatische Führung in der Ṭarīqa-yi Muḥammadī und der Sanūsiyya nicht zufällig. Sie folgt aus der Grundidee des Sufi-Ordens, der durch emotionale Abhängigkeit der Anhänger von dem Führer (*shaykh*), durch ihre innere Bindung und seine straffe Aufsicht über die Organisation gekennzeichnet ist. All dies beruht auf dem Charisma des Führers, das sich von seinen außeralltäglichen Eigenschaften wie übermäßiger Frömmigkeit, magischen Kräften und der Abstammung von dem Propheten herleitet. Wenn Sufi-Orden in die Politik eintreten, können sie sehr wirkungsvolle Organisationen sein, wie wir im Falle der Ṭarīqa-yi Muḥammadī und der Sanūsiyya bemerkt haben.

Das Schicksal charismatischer Führung ist letztlich ihre Veralltäglichung. Dies ereignete sich auch im Falle der beiden oben genannten Organisationen. Ebenso wie die Wahhabitenbewegungen wandelten sie sich schließlich zu Staaten, die sich nicht sehr von anderen in derselben Gegend unterschieden. Daraus müssen wir den Schluß ziehen, daß die fundamentalistischen Bewegungen des 18. und frühen 19. Jahrhunderts keine politischen Innovationen zuwege brachten, obwohl einige Voraussetzungen dafür – eine Ideologie des Wandels und charismatische Führung – vorhanden waren. Was fehlte, waren Veränderungen auf der sozialen und ökonomischen Ebene, die neue Herrschaftsformen erfordert hätten.

* Hier möchte ich Dr. Charles E. Butterworth dafür danken, daß er den ersten Entwurf dieses Beitrags las. Seine anregenden Bemerkungen und kritischen Einwände, von denen wir viele auf unserer denkwürdigen Wüstenwanderung vom Nil zum Roten Meer diskutieren konnten, haben mir sehr geholfen, meine Gedanken zu formulieren.

1 Fundamentalismus, *revivalism* und *intégrisme* sind Ausdrücke, die ursprünglich für Tendenzen im Christentum geprägt wurden und deshalb bei der Anwendung auf den Islam ungenau sind. Wenn das Hauptunterscheidungsmerkmal des christlichen Fundamentalismus seine Berufung auf die Schrift und seine Ablehnung historischer Bibelkritik ist, so wären danach die meisten Muslime *mutatis mutandis* Fundamentalisten. Wie ich gleich erklären werde, hat der muslimische Fundamentalismus andere Merkmale. Wenn ich trotzdem diesen ungenauen Ausdruck gebrauche, so deshalb, weil er mehr als der moderne arabische Ausdruck *salafī* das *droit de cité* erlangt zu haben scheint.

2 In der Einleitung zu dem Kapitel über Religion aus Webers *Wirtschaft und Gesellschaft:* Max Weber, *The Sociology of Religion,* übersetzt von Ephraim Fischoff, eingeleitet von T. Parsons, Boston 1963, S. XXI f.

3 M. Rodinson, *Islam and Capitalism,* übers. von Brian Pearce, London: Allen Lane, 1974, Kap. 4.

4 Bryan S. Turner, *Weber and Islam: a critical study,* London: Routledge and Kegan Paul 1974, Kap. 1.

5 Max Weber, *Wirtschaft und Gesellschaft,* Studienausgabe, hg. von J. Winckelmann, Köln und Berlin 1964, S. 372, 412, 445 und 480-483.

6 Wegen allgemeiner Literatur über den Fundamentalismus des 18. und frühen 19. Jahrhunderts siehe: Derek Hopwood, »A Pattern of Revival Movements in Islam«, in: *Islamic Quarterly,* 15 (1971), S. 149-158; John Voll, »The Sudanese Mahdi, Frontier Fundamentalist«, in: *International Journal of Middle East Studies,* 10 (1979), S. 145-166; John Obert Voll, *Islam, Continuity and Change in the Modern World,* Boulder, Co. / Essex: Westview Press / Longman 1982, Kap. 3 und 4; Rudolph Peters, »*Idjtihād* and *Taqlīd* in 18th and 19th Century Islam«, in: *Die Welt des Islams,* 20 (1980), S. 132-145; Rudolph Peters, »Erneuerungsbewegungen im 18. und in der ersten Hälfte des 19. Jahrhunderts«, in: Werner Ende und Udo Steinbach (Hg.), *Der Islam in der Gegenwart,* München 1984, S. 91-105. Für die Erforschung des islamischen Fundamentalismus stellt es ein Problem dar, daß die verfügbaren Texte ausschließlich rechtlicher oder theologischer Natur sind. Meines Wissens existieren keine Predigtsammlungen, die uns eine bessere Einsicht in die ethischen Auffassungen des Fundamentalismus vermitteln könnten.

7 Vgl. J. Spencer Trimingham, *The Sufi Orders in Islam*, London: O.U.P. 1971, Kap. 4; Voll, *Islam*, S. 36f., 55.

8 Weber, *WuG*, S. 607.

9 *Saḥīḥ* Muslim, al-Qāhira, Maktabat Ṣubayḥ, n.d., Bd. VIII, S. 46f. Engl. Übers. in: W. Montgomery Watt, »Free Will and Predestination in early Islam«, in: *Moslem World*, 36 (1946), S. 131f.

10 Vgl. Ernest Gellner, »A Pendulum Swing Theory of Islam«, in: Roland Robertson (Hg.), *Sociology of Religion*, New York: Penguin Books, 1969, S. 127-138; Ernest Gellner, »The Unknown Apollo of Biskra: the Social Base of Algerian Puritanism«, in: E. Gellner, *Muslim Society*, Cambridge: C.U.P. 1981, S. 149-173.

11 Ibn Taymiyya, »Al-Risāla al-Wāsiṭiyya«, in: Ibn Taymiyya, *Madjmū'at al-Rasā'il al-Kubrā*, al-Qāhira: Maktabat Ṣubayḥ 1375/1966, Bd. II, S. 404-405.

12 Die Behauptung, der Islam sei im Grunde eine ritualistische und legalistische Religion, kann angesichts der reichen ethischen Komponente von Koran, *ḥadīth* und *sharī'a* nicht aufrechterhalten werden. Das fundamentalistische Interesse an der *sunna* diente teilweise der Suche nach authentischen ethischen Lehren.

13 Siehe Barbara Flemming, »Die vorwahhabitische Fitna im osmanischen Kairo, 1711«, in: *Ismail Hakki Uzunçarşılı Armağanı*, Ankara: Türk Tarih Kurumu Basımevi 1975, S. 55-65; und Aḥmad Shalabī b. 'Abd al-Ghanī, *Awḍaḥ al-Ishārāt fīman Tawallā Miṣr al-Qāhira min al-Wuzarā' wa-l-Bāshāt*, hg. von 'Abd al-Raḥīm 'Abd al-Raḥmān 'Abd al-Raḥīm, al-Qāhira: Maktabat al-Khāndjī 1978, S. 251-255.

14 Zur wahhabitischen Bewegung siehe: 'Abd al-Raḥīm 'Abd al-Raḥmān 'Abd al-Raḥīm, *Al-Dawla al-Sa'ūdiyya al-Ūlā, 1745-1818/1158-1222*, al-Qāhira: Ma'had al-Buḥūth wa-l-Dirāsāt al-'Arabiyya 1969; R. W. van Diffelen, *De Geloofsleer der Wahhabieten*, Leiden 1927; Ḥusayn Khalaf al-Shaykh Khaz'al, *Tarīkh al-Djazīra al-'Arabiyya fī 'Aṣr al-Shaykh Muḥammad b. 'Abd al-Wahhāb*, 3. Aufl., Bayrūt: Dār al-Hilāl 1972; H. Laoust, *Essai sur les doctrines sociales et politiques de Taki-d-Din Ahmad b. Taimiya*, Le Caire: IFAO 1939, S. 506-540; H. St. John Philby, *Sa'udi Arabia*, Beirut: Librairie du Liban, Lebanon Bookshop 1968; George Rentz, *Muhammad ibn 'Abd al-Wahhab (1703/4-1792) and the Beginnings of the Unitarian Empire in Arabia*, University of California, Berkeley 1948 (unveröffentl. Diss.).

15 Zu der indischen Ṭarīqa-yi Muḥammadī siehe: Qeyamuddin Ahmad, *The Wahhabi Movement in India*, Calcutta: Mukhopadhyay 1966; Muhammad Abdul Bari, »The Politics of Sayyid Ahmad Barelwi«, in: *Islamic Culture*, 31 (1957), S. 156-164; Muhammad Abdul Bari, »*A Nineteenth Century Muslim Reform Movement in India*«, in: *Arabic and Islamic Studies in Honour of H.A.R. Gibb*, 1965, S. 84-102; »Notice of the Peculiar Tenets Held by the Followers of Sayed Ahmed,

Taken Chiefly from the Sirat-ul-Mustaqim, a Treatise of the Sect Written by Maulvi Muhammad Isma'il«, in: *Journal of the Asiatic Society of Bengal*, 1 (1832), S. 479-498; E. Rehatsek, »The History of the Wahhabys in Arabia and India«, in: *Journal of the Asiatic Society of Bombay*, 14 (1878-1880), S. 274-401; Saiyid Athar Abbas Rizvi, *Shah 'Abd al-'Aziz: Puritanism, Sectarian Polemics and Jihad*, Canberra: Ma'rifat Publ. House 1982, S. 471-541; Shah Isma'il, »Taqwiyat al-Iman. Ins Englische übers. von Shahamat Ali«, in: *Journal of the Royal Asiatic Society*, 13 (1852), S. 310-372.

16 Zu der Sanūsiyya siehe: Helmut Klopfer, *Aspekte der Bewegung des Muhammad b. 'Ali al-Sanusi*, Wiesbaden 1967; E. E. Evans-Pritchard, *The Sanusi of Cyrenaica*, London etc.: O.U.P. 1949; Nicola A. Ziadeh, *Sanusiyah: A Study of a Revivalist Movement in Islam*, Leiden: E.J. Brill 1958.

17 Ich konnte nicht feststellen, ob Sayyid Aḥmad Brēlwī bei seinem Tod Nachkommen hinterließ.

Barbara D. Metcalf
Islamische Reformbewegungen

Ist Weber für das Studium der heutigen muslimischen Reformbewegungen von Bedeutung?[1] Die meisten Gelehrten, die solche Bewegungen erforschen, übernehmen Webers Problematik, indem sie die Beziehung zwischen religiösem Wandel und dem ökonomischen und sozialen Leben in den Mittelpunkt stellen. Einige haben sogar ausdrücklich in Webers Werk und insbesondere in der *Protestantischen Ethik* ein Modell für das Verständnis der religiösen und sozialen Veränderungen gesehen, mit denen sie sich beschäftigten.

In meinen Bemerkungen möchte ich eine der neueren muslimischen Reformbewegungen als Beispiel bringen. Dann werde ich eine Interpretation der nach meiner Auffassung charakteristischen Merkmale der islamischen Reformbewegungen allgemein anbieten und dabei auch einiges zur Anwendung einer Weberschen Analyse sagen, indem ich andeute, welche seiner Perspektiven für die Untersuchung islamischer Reformen besonders fruchtbar und relevant sind.

Lassen Sie mich also mit einem Beispiel für eine reformistische Lehre beginnen. Die im folgenden zitierte Stelle wurde von einem *'alim* geschrieben, der seine Jünger darin unterweist, wie sie mit ihrem eigenen niedrigeren Selbst vernünftig reden sollen:

»Oh Self, you must realize that your life in this world is that of a trader: your stock in trade is your life and your profit is always to seek its welfare, namely salvation in the afterlife. If not, you have failed in your trade, and lost your capital as well ... What lack of reason to consider equivalent a few days comfort on earth and eternity of comfort in heaven.«

Die nordindische Deobandi-Bewegung im 19. Jahrhundert, aus der dieser Text hervorging, ist eine der vielen reformistischen oder skripturalistischen Bewegungen, die sich in den letzten zwei Jahrhunderten in der muslimischen Welt ausgebreitet haben. Der Text ist *The Jewelry of Paradise* von Maulana Ashraf 'Ali Thanawi[2], ein Beispiel für die neuerdings vielbeachtete bodenständige religiöse Literatur der damaligen Zeit. Die Metapher dieses Titels unterstreicht die Aussage des Zitats: Es soll den Leser an die Bedeutung des kommenden Lebens im Gegensatz zu einem ungezügelten Leben in dieser Welt erinnern. Dieses Buch war speziell für Frauen geschrieben, wurde aber auch von Männern viel gelesen. Es macht ein aktives und kraftvolles Leben zur Pflicht und rät insbesondere den Frauen, ihren Haushalt effizient zu handhaben, sorgfältig Buch zu führen, jeden Monat etwas zu sparen und im ganzen klug und ordentlich zu wirtschaften. Frauen sollten Geschäfte vermeiden, die durch Statusrücksichten kompliziert und nicht in gradliniger und rationaler Weise betrieben werden können. Das Buch mahnt seine Leser – Mitglieder der vornehmen Schichten, schreibkundig, mit Landbesitz, oft Geschäftsleute oder Staatsdiener –, früh am Tag aufzustehen, mit ihren eigenen Händen zu arbeiten und Müßiggang zu meiden. Frauen sollten Fertigkeiten besitzen, mit denen sie sich selbst durchzubringen vermögen, so daß sie auch für eine Zeit vorsorgen, wo sie verwitwet oder verarmt sein könnten. Ein Abschnitt des Textes legitimiert die Arbeit durch das Leben der Propheten, die selbst ein Vorbild für Handarbeit gegeben haben – sie waren Hirten, Schäfer, Archenbauer und Zimmerleute. Muhammad selbst war Händler. Geld müsse rechtmäßig, durch gegen jedermann ehrliches Geschäftsgebaren verdient werden, denn selbst ein kleiner Anteil »verbotenen« Reichtums könne das Ganze verderben.

Das Buch breitet das Ideal eines nüchternen, einfachen und verantwortungsvollen Lebens aus – mit Pflichten gegen einen selbst, seine Mitmenschen und Gott. Kinder sollten nicht in die Luft geworfen oder an das Schaukeln gewöhnt werden; man sollte sie ermutigen – ein revolutionärer Gedanke –, allein zu schlafen. Sie sollten einfach gekleidet sein. Sie dürften keine Anhänglichkeit an irgendjemanden entwickeln. Man müsse sie zu diszipliniertem und regelmäßigem Lernen anhalten. Die Seele jedes Menschen, ob jung oder alt, müsse systematisch erzogen werden – fort von den Lastern der Habgier, des Neides und des Zorns, hin zu einem Leben in Tugend. Niemand sollte sich gutes Essen und Trinken zur Gewohnheit machen. Das Buch spricht sich gegen zeremonielle Bräuche bei freudigen oder traurigen Ereignissen aus, denn diese werden als Gelegenheiten zu endloser Sünde, Ausgaben, sozialer Vermischung, Klatsch und Protzerei gesehen. Immer wieder warnt der Autor den Leser vor der Sündhaftigkeit des Schuldenmachens zu einem solchen Zweck.

»Almighty God has declared, ›Do not waste wealth. Without doubt Almighty God does not love those who waste wealth.‹ And in another place He declared, ›Those who waste wealth are the brothers of Satan and Satan is ungrateful to His God.‹«

Wieviel besser sei es doch, einem jungvermählten Paar zum Einstieg ins Geschäftsleben zu verhelfen oder ihnen Land zu kaufen, als sein Vermögen für Festmähler und Gesellschaften zu verschwenden!

Für die meisten Menschen in dieser Kultur ist Reichtum ein Zeichen von Tugend und ein Mittel, religiös auferlegte Verpflichtungen zu erfüllen. Armut ist wahrscheinlich die Folge von Sünde. »Wahrscheinlich«, weil es immer auch möglich ist, daß Gott jemanden, den er besonders liebt, prüfen will oder daß ein Heiliger ein mittelloses Leben gewählt hat. Ein Abschnitt des Buches zählt »weltliche Verluste als Folge von Sünde« auf, darunter Schwierigkeiten in eigenen Angelegenheiten, eine schlechte Ernte und ein kurzes Leben. Parallel dazu zählt ein anderer Abschnitt »weltliche Gewinne als Folge von Gehorsam« auf: Obenan steht eine Steigerung des Lebensunterhalts, ergänzt durch die Verheißung von Ehre und Achtung und eines um so größeren Zuwachses an Reichtum nach vorübergehenden Rückschlägen. Lebenspendender Regen wird nur den Gerechten versprochen.[3]

Hier haben wir eine Gemeinschaft von Gläubigen, in der jedem individuelle Verantwortung auferlegt ist und er von den Gebildeten und Weisen zu einem, wie man es nicht anders nennen kann, gottgefälligen, rechtschaffenen und nüchternen Leben angeleitet wird. Diese Gemeinschaft hat sich von der allgemeinen religiösen Übung entfernt, bei der die Gläubigen sich auf vermittelnde Kräfte verlassen, auf Heilige und ihre segenspendenden Gräber, die Pilgerfahrt und die gebräuchlichen Versöhnungs- und Fürsprachezeremonien. Es ist eine banale Feststellung, daß diese Lehren weitaus wahrscheinlicher von einem städtischen Muslim angenommen werden, der mit Bildung, Handel und Gewerbe und Staatsdienst in Berührung kommt, als von einem auf dem Lande lebenden ohne Bildung, der sein Leben durch Landwirtschaft fristet.

Die Lebensregeln Benjamin Franklins und praktische Beobachtungen über den weltlichen Erfolg der Protestanten stehen am Anfang von Max Webers Studie über die protestantische Ethik. Kein Wunder also, daß moderne islamische Bewegungen ergiebigen Stoff für die Suche nach dem sogenannten »Analogon« zur protestantischen Ethik lieferten und daß über Muslime von der Art der Deobandis Bücher mit Titeln wie *Muslim Puritans*[4] erschienen. Bei vielen Forschern findet sich die ausdrückliche Annahme, daß eine natürliche Affinität zwischen dem reformistischen Islam und dem modernen Wirtschaftsleben besteht. Dies bringt uns auf zwei Fragen: Erklärt diese Affinität wirklich die Reformbewegungen? und: Wird die Analogie Webers Vorgehensweise in bezug auf die protestantische Ethik gerecht?

Zur Beantwortung der ersten Frage ist es wichtig, die Bewegungen im einzelnen zu untersuchen. Eine solche Untersuchung wird zeigen, daß sie in sehr verschiedenen sozio-ökonomischen Kontexten vorkommen, nicht nur unter Verhältnissen des modernen Kapitalismus. Die Annahme, daß die Reformbewegungen eine Antwort auf die modernen ökonomischen Bedingungen darstellen, ist jedoch nicht überraschend. Einige sind in der Tat mit den modernen ökonomischen Veränderungen verbunden. Darüber hinaus haben die Lehren des reformistischen Islams tatsächlich ein puritanisches Aussehen, und ihre Sprache ist oft die von Handel und Gewerbe. Das liegt zum Teil daran, daß der frühe Islam in einer städtischen, von wachsendem Handel und zunehmender ökonomischer Verflechtung gekennzeichneten Gesellschaft Gestalt annahm und die Reformbewegungen zu den Lehren jener Tage zurückzukehren versuchen. Der Islam ist in seinen Ursprüngen eine rationale und gesetzesbewußte Religion, und die reformistischen Lehren nehmen die ursprüngliche Sprache und Ausdrucksweise wieder auf, ganz gleich, ob die Bewegung im Kontext einer spezifisch ökonomischen Entwicklung oder irgendeiner anderen sozialen und kulturellen Krise entsteht.[5] Es gibt durchaus Übereinstimmungen zwischen den Bewegungen, aber sie liegen nicht in ihrem sozialen Ursprung oder ihrer soziologischen Form.

Außenstehende Beobachter mögen die Bewegungen als Wiederbelebung des Früheren, als freiwillige Sozialreform, als intellektuelle Erneuerung der Lehre, als Neo-Sufismus, als primären Widerstand oder nationalistische Revolte beschreiben, aus der Perspektive der Beteiligten hingegen werden sie keineswegs durch ihre soziologische Form oder ihr Milieu definiert, sondern allein durch ihre Lehren. Die Beteiligten blicken hinter die äußeren Formen, auf die Substanz. Sie bezeichnen das mit dem arabischen

Wort *tajdid* – was auf »Erneuerung« der authentischen Glaubenslehren hindeutet. Dieselbe religiöse Orientierung kann also mit verschiedenen sozialen Gruppen verbunden sein und viele verschiedene praktische Ausdrucksformen finden.

Drei gemeinsame Merkmale definieren die Reformbewegungen trotz ihrer offensichtlichen Verschiedenheit. Das eine besteht darin, daß die Führer aus den klassischen Akademien oder den nüchternen Sufibruderschaften kommen. Hierin liegt ein Unterschied zu den »fundamentalistischen« oder »Islamstaat«-Bewegungen des 20. Jahrhunderts, die oft von weltlich Erzogenen beherrscht werden. Das zweite Merkmal besteht darin, daß alle diese Bewegungen eine Ungerechtigkeit in der Welt zu beseitigen suchen. Das dritte schließlich besteht darin, daß sich die sunnitischen Bewegungen von der Zeit des Ibn Taymiyya an auf die Irrtümer konzentrieren, die sich durch falschen Sufismus und Nachahmung der Shi'a eingeschlichen und den wahren Glauben entstellt haben. Sie wollen zu den grundlegenden Quellen des Glaubens zurückkehren. Sie sehen sich selbst im Bild der ersten großen Reformbewegung, der des Propheten. Dieser erblickte eine Welt, in der die Herrscher ungerecht waren, die Reichen und Korrupten die Armen unterdrückten und die Menschen nach falschen Werten lebten. Seine Sendung war es, den geraden Pfad des Islams zu weisen.

Wenn man diese Bewegungen von innen heraus versteht, so erkennt man, daß sie nicht nur westliche Wertfiguren nachbilden.[6] Ebensowenig lassen sie sich allein auf ökonomische Probleme, koloniale Unterdrückung oder modernen politischen und ökonomischen Wandel zurückführen. Gewiß sind die Reformbewegungen erst in der modernen Zeit zu einem bedeutenden Trend geworden, aber tatsächlich traten sie schon während der ganzen muslimischen Geschichte auf und stellen ein ursprünglich angelegtes Reformprogramm dar.

Die Bewegungen zeigen Ähnlichkeiten in der Lehre, aber sie entstehen in sehr verschiedenen sozialen und ökonomischen Kontexten. William Roff hat sich z. B. vier Bewegungen des späten 18. und frühen 19. Jahrhunderts angesehen, die man oft als »wahhabitisch« bezeichnet.[7] Der Name deutet darauf hin, daß die Bewegungen von der Nejdi-Reform des 'Abdu'l-Wahhab ausgingen. Roff behauptet jedoch, die Verbindung zwischen ihnen sei zufällig und sie seien unter sehr verschiedenen Umständen entstanden:

Die Nejdi-Bewegung war mit segmentären Stammesverbänden in Arabien verbunden, die sich untereinander bekriegten; die Padri-Bewegung auf Sumatra entwickelte sich in der Händlerschicht, die sich gerade neuen Erwerbsmöglichkeiten hingegeben hatte und nun mit der Einführung des Kaffeeanbaus neue Formen sozialer Differenzierung erlebte; die Fara'izi-Bewegung faßte bei Webern und Bauern in Bengalen Fuß in einer Situation, als die muslimische Herrschaft beseitigt wurde und sich der wirtschaftliche Wohlstand verschob; und der Fulani jihad erhob sich in Westafrika, wo durch verstärkte Sklavenjagd und höheres Bevölkerungswachstum neue innere Konflikte und Wanderungen auftraten. Trotz der verschiedenen Kontexte, in denen ihre Bewegungen standen, hatten die Führer doch die gleiche geistige Orientierung, nämlich die damals im Hijaz herrschende, wo viele von ihnen im Laufe ihrer Pilgerfahrt studiert und gewohnt hatten. Die Ähnlichkeit ihrer Lehren beruhte jedoch noch weit mehr auf dem weitverbreiteten Modell islamischer Reform. Sie alle erkannten die Welt als verkehrt und sahen die Ursache für die vorhandenen Probleme, gleich welcher Art, in der mangelnden Treue zu den ursprünglichen Lehren des Islams.

Obwohl drei der Bewegungen auf dem expandierenden wirtschaftlichen und politischen Schauplatz des westlichen Kolonialismus stattfanden, kann man doch nicht behaupten, die reformistischen Lehren seien eine Anpassung an die kapitalistische Wirtschaft. Im Falle Bengalens z. B. scheint der Verlust der politischen Macht der Muslime von ausschlaggebender Bedeutung. Sowohl in Bengalen wie auf Sumatra deutete man die Krise in dem Sinne, wie der Prophet das Mekka seiner Zeit gesehen hatte: Die Neureichen, seien es die von dem Permanent Settlement profitierenden Landpächter (Zamindare), die zu neuem Wohlstand kommenden einheimischen Agenten ausländischer Niederlassungen oder die durch den Kaffee reichgewordenen Händler und Transporteure – sie alle legten einen rohen Individualismus und eine Mißachtung für die moralischen Grundlagen der Gesellschaft an den Tag. Die Reaktion darauf waren moralische und religiöse Bewegungen.

Die Behauptung, es bestehe eine Verbindung zwischen ökonomischer Situation und der Annahme reformistischer Grundsätze, wurde am besten an der Padri-Bewegung demonstriert, über die Christine Dobbin[8] in der letzten Zeit Arbeiten vorgelegt hat.

Unter der Führung von Reformern in den *surau* (Schulen der Bruderschaften) förderte dic Bewegung Lehren, die in den neuerdings prosperierenden Kaffeegebieten deutlich funktional waren. Sie gaben »guidelines of broader range and applicability, and providing more easily enforceable sanctions, than those of traditional adat [customary practice] ... moreover Islamic law paid greater attention than did adat to the rights of the individual as opposed to the lineage ...« Nachdem sie für jedes Gebiet einen positiven Zusammenhang zwischen Kaffeeanbau und Padri-Anhängerschaft gezeigt hat, schließt Dobbin mit einer ausgezeichneten Formulierung der Position, daß die materielle Basis, zumindest in diesem Fall, die Ausbreitung des reformistischen Islams bestimmte:

»... it can be seen that those engaging in a network of market relations far wider than the earlier exchange relationships among a group of villages required a mutually acceptable code of conduct which would facilitate business transactions and assist ›mutual recognition‹. Islam and its legal system were at hand to provide the foundation of such a moral community, enabling commercial networks to function on the basis of both trust and law.«[9]

Die Frage, ob der reformistische Islam regelmäßig in solchen Gesellschaften zur Wirkung kommt, die auf eine umfassendere Struktur, auf eine größere ökonomische, soziale und politische Integration zustreben, bildet für die moderne Zeit ein zentrales Thema. Meine eigene Studie über die Deobandi-*'ulama*, die als erste die *madrasa*-Erziehung bürokratisierten und formalisierten, um dadurch ihre Lehren besser durchzusetzen, ergab, daß der Kern der Anhängerschaft aus Staatsdienern und Händlern bestand, für die örtlich begrenzte Kulte und Zeremonien immer weniger Bedeutung hatten.[10] Jedoch ist eine Ausdehnung der Wirtschaftstätigkeit noch nicht identisch mit der Entwicklung einer kapitalistischen Wirtschaft oder einer kapitalistischen Mentalität

Andere Fälle zeigen deutlich, daß sich die Reformen nicht auf Zeiten ökonomischen Wandels beschränken und daß sie nicht »ein religiös gefärbter Ausdruck bürgerlicher Interessen« sind. In seiner Studie über die Muhammadiya, eine 1912 gegründete Freiwilligenvereinigung, greift Mitsuo Nakamura offen Geertz' Behauptung einer »Wahlverwandtschaft« zwischen Islam und Geschäft in Indonesien an.[11] In der Gegend im südlichen Zentraljava, die Nakamura untersuchte, breitete sich die Muhammadiya in einer Zeit wachsenden Wohlstands in solchen Schichten aus, die schon lange Händler, aber nicht reformiert gewesen waren. Nicht weniger stark war sie jedoch auch später, in Jahrzehnten wirtschaftlichen Niedergangs, denn nun diente sie als Quelle der Selbstachtung und der Solidarität. Bei dieser Analyse betrachtet sich Nakamura als Weberianer, der erkennt, daß eine religiöse Bewegung Begleiterscheinungen und Folgen weit über ihre Entstehungsgruppen hinaus hat. Er betont »the generative, formative and transformative aspects of religion«, die sie vom ökonomischen Kontext unabhängig machen.[12] Meine eigene Arbeit über die Deobandi erhärtet dies, denn auch hier setzte ein Vorgang ein, der gänzlich außerhalb der Erfahrung und der Erwartungen der Gründer lag: Ihre Lehren wurden zum Zeichen für einen Elitestatus und deshalb von sozialen Aufsteigern bereitwillig angenommen.

Obwohl es also Beweise dafür gibt, daß eine enge Verbindung zwischen Reformbewegungen und ökonomischer Situation nicht besteht, haben doch in den letzten Jahrzehnten viele Forscher aus dem Westen und der Dritten Welt ihr Augenmerk ausschließlich auf den ökonomischen Kontext religiöser Bewegungen gerichtet. Die herausragende Stellung dieses Themas bildet schon für sich ein interessantes Kapitel in der Geistesgeschichte der nichtwestlichen Welt. Detlef Kantowsky hat dargelegt, daß es in Indien eine Sache des imperialistischen Interesses und des Nationalstolzes wurde, in den kulturellen Traditionen Südasiens ein ureigenes Potential für eine kapitalistische Entwicklung zu entdecken; und dort begann denn auch die Suche nach »funktionalen Äquivalenten« zur protestantischen Ethik bei den wirtschaftlich erfolgreichen Jains, Parsen und anderen.[13] In Südostasien hatte man, beginnend bei den Holländern, ein ähnliches Interesse zu zeigen, daß sich eine kapitalistische Mentalität aus eigenen Voraussetzungen und nicht nur in Nachahmung des Westens entwickeln könnte.[14] Entwicklungsspezialisten dachten sogar an eine Manipulation der kulturellen Tradition, um so das passende Ethos hervorzuheben.[15]

Der Eifer, Verbindungen zwischen Religion und Wirtschaft zu finden, ist lobenswert, sofern er von dem vereinfachenden Idealismus wegführt, der Kultur verdinglicht und von ihrem Kontext abstrahiert. Aber er führt in die Irre, wenn er den Blick dafür verstellt, daß Ideen, wie Weber sagen würde, zu »ideellen Interessen« werden und diese Interessen einer Vielzahl von Zwecken über die bloß ökonomischen hinaus dienen. So wird die leichtfertige Verknüpfung von religiöser Reform mit kapitalistischem, ökonomischem Wandel weder dem Phänomen noch den so oft beschworenen Theorien Webers gerecht.

Trotz gewisser offensichtlicher Ähnlichkeiten zwischen den Lehren der islamischen Reform und denen des europäischen Puritanismus muß man doch auch erwähnen, daß sie sich in einer Dimension unterscheiden, die für Webers Gedankengang zentral ist. Nur in Ausnahmefällen läßt die islamische Reform die Art von psychologischer Spannung entstehen, die anhaltendes rationalisiertes Handeln in der politischen oder gar der ökonomischen Sphäre erzeugt. In den meisten Fällen aber scheint der islamische Reformismus weit mehr Gewißheit als der Calvinismus zu bieten, und zwar in dem Punkt, daß menschliches Handeln, sei es ethisch oder rituell, Einfluß auf die Erringung der göttlichen Gunst hat; daher entsteht weitaus weniger Angst um das Heil. Die oben erwähnte Schrift *The Jewelry of Paradise* z. B. gibt auf Hunderten von Seiten eine Einführung in die korrekten Ritual- und Gesetzesregeln in der Überzeugung, daß deren Befolgung zur höchsten Belohnung führt. Die Calvinisten hatten ein solches Hilfsmittel nicht. Darüber hinaus besteht auch in vielen Fällen nur eine relativ geringe Spannung zwischen der Reformbewegung und der größeren Gesellschaft, und jene wird als ein legitimer Ausdruck religiöser Orientierung anerkannt.

Wie macht man also beim Studium der islamischen Reform den rechten Gebrauch von der »Weberthese«? Im Gegensatz zu vielen, die sich auf ihn berufen, unternimmt Weber mehr als nur eine Korrelation zwischen reformistischen religiösen Glaubenslehren und der modernen kapitalistischen Gesellschaft aufzustellen: Sein Ansatz erfordert mehr als eine bloße Beschreibung der materiellen sozialen und ökonomischen Verhältnisse, die den Kontext für die Glaubensreform abgeben.[16] Bei seiner Erklärung des modernen ökonomischen Wandels stellt Weber vielmehr zwei Schritte fest: Zuerst wird ein Geist oder eine Mentalität erzeugt, dann bestimmt er den Einfluß, den diese Mentalität unter besonderen ökonomischen und politischen Umständen auf die Richtung der ökonomischen Entwicklung nimmt. Wenn zutrifft, was ein Kritiker kürzlich behauptete, daß »tautological leanings with respect to the effects and status of the spirit of capitalism«[17] in den Arbeiten der Webernachfolger und sogar in seinen eigenen Schriften auszumachen sind, so stellt Weber doch die Lehre an die erste Stelle. Der Schlüssel zum Geist des Kapitalismus – dessen Elemente ethische Handlungsweise, rationale Mittelverwendung und die Pflicht zur Vermehrung des Kapitals sind – findet sich im Calvinismus, in der frostigen und unbarmherzigen Lehre von der göttlichen Erwählung. Die Kirche umfaßt sowohl die Geretteten wie die Verdammten: Mitgliedschaft allein besagt nichts über den Gnadenstand der Seele. Keine Werke können den seit Ewigkeit feststehenden Ratschluß ändern. Von dem Gläubigen wird jedoch verlangt, seine Erwählung dadurch zu beweisen, daß er sich so verhält, als ob er gerettet wäre. Jede andere Orientierung würde den einzigen Zweck seines Lebens verraten: Wirken zum Ruhme Gottes. Arbeit ist sein Beruf, die Zeit soll eingeteilt werden, er soll in äußerster Einfachheit leben. Da weltlicher Erfolg das äußere Zeichen dieses disziplinierten und heiligen Lebens ist, können Almosen und Wohltätigkeit nur als eine Verzerrung dieser rein zu erhaltenden Beziehung zwischen Verhalten und weltlichem Schicksal betrachtet werden. Die Lehre und ihre psychologische Erzwingung sind kunstvoll verknüpft.

Während die Prädestinationslehre von Johannes Calvin aufgestellt wurde, erlangte sie ihre Bedeutung als Antrieb zu rationalem und ethischem Gewinnstreben, gepaart mit puritanischem Konsumstil, erst in den Predigten der englischen Geistlichkeit des 17. Jahrhunderts. Bis zum 18. Jahrhundert hatten die kapitalistische Akkumulation und die ihr zugrundeliegenden Werte ein Eigenleben gewonnen. Schriften wie die von Benjamin Franklin enthalten keine Hinweise mehr auf ihren vermutlichen Ursprung in der Theologie von Genf. Webers These handelt von den psychologischen Konsequenzen gewisser Lehren und ihren Auswirkungen auf das Alltagsverhalten. Die Lehre ist die Quelle der kapitalistischen Mentalität, nicht ihre Rationalisierung, obwohl Weber grundsätzlich auch daran interessiert war, wie der asketische Protestantismus seinerseits von sozialen Bedingungen beeinflußt sein könnte.

Was wir nach meiner Meinung von Weber lernen können, ist zweierlei.[18] Das erste ist, daß wir uns Kausalfragen zuwenden und uns nicht mit Kongruenzen zufriedengeben sollten. Keine Aufgabe ist schwerer. Wir alle tasten, um mit James Clifford zu sprechen, nach einem »multiply motivated model« und begnügen uns doch oft mit einer Collage.

Das zweite, was wir von Weber lernen können, hat er selbst aus der deutschen Historischen Schule mitbekommen und so offensichtlich in der *Protestantischen Ethik* bewiesen: seine Vorliebe für konkrete Phänomene. Trotz seiner Zweifel lernte Weber, auf der Suche nach einem Schlüssel für das psychologische Verständnis von Einstellungen und Verhalten, theologische Details und Nuancen zu beherrschen, wie es nur wenigen von uns jemals gelingt. Wenn wir den Phänomenen, die wir studieren, gerecht werden wollen, müssen wir bereit sein, tief in eine Kultur einzudringen, was Sozialwissenschaftler, die oft nur an den groben und generalisierbaren Zügen interessiert sind, selten fertigbringen. Wir können uns nicht damit begnügen, zu sagen, daß unser javanischer Informant den Qur'an zitierte: Wir müssen auch Kapitel und Vers wissen und warum er gerade jene Worte zitierte. Peacock – der uns hier wegen seiner ausdrücklichen weberianischen Haltung interessiert – ist in dieser Hinsicht seinem Meister nicht treu geblieben. Er verwendet nur einen Teil von Weber – den Zusammenhang von reformiertem Glauben und psychologischer Rationalisierung – und vernachlässigt das Gesamtbild. Er begreift die Religion nicht in ihrer Eigenständigkeit und läßt sich verwirren durch die Stellung des Rituals im Leben der Muhammadiya.

Abschließend läßt sich sagen, daß von Webers Werk die Aufforderung ausgeht, beim Studium bestimmter Fälle alle uns zu Gebote stehende Sensibilität nicht nur den Kontexten, sondern auch den Texten zuzuwenden, da sie im Alltagsleben eine Rolle spielen. Wir mögen mit vielem, was Weber direkt zum Islam geschrieben hat, nicht einverstanden sein. Wir mögen uns gegen eine einseitige oder gar irreführende Verwendung seines Ansatzes wehren, als deren Konsequenz manche Forscher dort Modernisierung oder gar eine puritanische Ethik entdecken, wo für die Handelnden selbst nur Islam vorhanden ist. Und doch können wir aus Webers Werk immer noch Nutzen ziehen und dort vieles finden, was für unsere eigene Arbeit am skripturalistischen Islam anregend und wegweisend sein kann.

Anmerkungen

Ich danke Ira Lapidus und Guenther Roth für ihre gedankenreichen Kommentare zu einem ersten Entwurf dieses Aufsatzes.

1 Ich gebrauche den Ausdruck reformistisch für jene Bewegungen, die nach Geertz oft auch »scripturalist« genannt werden. Clifford Geertz, *Islam Observed,* New Haven: Yale University Press 1968. In meiner Erörterung lasse ich die oft damit zusammengeworfenen Bewegungen außer Betracht, die häufig »fundamentalistisch« genannt werden. Obwohl die fundamentalistischen Bewegungen wichtige Merkmale mit den reformistischen gemeinsam haben, da sie auch zu den grundlegenden Quellen des Glaubens zurückkehren, ist es nützlich, jenen Ausdruck für die Bewegungen des 20. Jahrhunderts zu reservieren, die 1. die Herrschaft über den modernen Nationalstaat anstreben, 2. sich selbst in Absetzung von anderen, als westlich empfundenen Ideologien als eigenes System definieren und 3. typischerweise von weltlich Erzogenen geführt werden.

2 Maulana Ashraf 'Ali Thanawi, *Bihishti Zewar.* Die erste gedruckte Ausgabe dieses Werks befindet sich in der British Library, wo es mit der Jahresangabe 1906 katalogisiert ist, obwohl die einzelnen Abschnitte in verschiedenen Jahren um diese Zeit gedruckt wurden. Es ist an vielen Orten neu gedruckt und aus dem ursprünglichen Urdu in andere Sprachen übersetzt worden. Das Zitat stammt aus Buch VII.

3 Buch X behandelt besonders Haushaltsführung und Kinderaufzucht. Es enthält auch die Beschreibung der Propheten als Arbeiter. Buch V widmet sich ganz den Fragen von Handel und Gewerbe, einem Gebiet, auf dem sowohl von Frauen wie von Männern verantwortungsvolles Handeln erwartet wird. Buch I bringt die Liste der weltlichen Gewinne und Kosten, die mit wahrem bzw. falschem Glauben verbunden sind. Ich habe an anderer Stelle zwei Kapitel im einzelnen untersucht: Buch VII, über die Bildung des moralischen Charakters, in »The Making of a Muslim Lady: Maulana Thanawi's *Bihishti Zewar*«, in: Milton Israel und N. K. Wagle (Hg.), *Islamic Society and Culture: Essays in Honour of Professor Aziz Ahmad,* Delhi: Manohar 1983, S. 17-38; und Buch VI, über die Reformierung der geübten Bräuche, in »Islam and Custom in Nineteenth Century India«, in: Richard Martin (Hg.), *Contributions to Asian Studies* XVII/10, *Islam in Local Environments,* Leiden: Brill 1982, S. 62-78.

4 James Peacock, *Muslim Puritans: Reformist Psychology in Southeast Asian Islam,* Berkeley und Los Angeles: University of California Press 1978. Die Suche nach einem Analogon würde zu Weber selbst nicht passen. Sein Interesse richtete sich auf die Entstehung kultureller Traditionen und ihre Institutionalisierung, wobei jede in ihrer eigenen

Bedeutung gesehen wurde (Guenther Roth in einem persönlichen Gespräch am 6. Nov. 1984).

5 Ruth T. McVey, »Islam Explained: A Review Article«, in: *Pacific Affairs*, Sommer 1982 (?), S. 262-287, S. 279.

6 Diese irrtümliche Interpretation gibt z. B. Bryan S. Turner, *Weber and Islam: A Critical Survey*, London: Routledge and Kegan Paul 1974, in einem Kapitel über islamische Reform, S. 137-150.

7 William R. Roff, »Islamic Movements: One or Many?«, ein Entwurf, der auf der Tagung »Multiple Voices« des Social Science Research Council, New York, 25.-27. Mai 1984 vorgetragen wurde.

8 Christine Dobbin, »Economic Change in Minangkabau as a Factor in the Rise of the Padri Movement, 1784-1830«, in: *Indonesia*, 23 (1977), S. 1-38; »Islamic Revivalism in Minangkabau at the Turn of the Nineteenth Century«, in: *Modern Asian Studies*, 8 (1974), S. 319-56. Auch *Islamic Revivalism in a Changing Peasant Economy: Central Sumatra, 1784-1847*, London: Curzon Press 1983.

9 Dobbin, »Economic Change in Minangkabau«, S. 38.

10 *Islamic Revival in British India: The Deobandi Ulama, 1860-1900*, Princeton: Princeton University Press 1982, bes. Kap. VI.

11 Mitsuo Nakamura, »The Crescent Arises over the Banyan Tree: A Study of the Muhammadijah Movement in a Central Javanese Town«, unveröffentl. Diss., Cornell University, 1976, S. 98. Diese Diss. ist kürzlich bei der University of Gadjah Mada Press erschienen und wird in den USA von der Ohio University Press vertrieben.

12 Nakamura, »The Crescent Arises«, S. 23.

13 Detlef Kantowsky, »Max Weber on India and Indian Interpretations of Weber«, Vortrag auf der Seventh European Conference on Modern South Asian Studies, SOAS, London, 7.-11. Juli 1981.

14 Siehe z. B. Syed Hussein Alatas, »The Weber Thesis and South East Asia«, in: *Archives de sociologie des religions*, 15 (Jan.-Juni 1963), S. 21-34.

15 Es ist eine falsche Auffassung von Weber, ihn als unkritischen Apostel der Industrialisierung zu sehen; wenn jemand ihre Grenzen erkannte, dann er. Kantowsky schlägt vor, das Konstrukt »Entwicklung« als Theodizee zu betrachten, als ein Mittel, Leiden und Entbehrung in der Welt zu rechtfertigen. Auf diese Weise erscheinen die »Unterentwickelten« nicht nur als arm, sondern auch als moralisch unzulänglich. Er zitiert dazu Webers Einsicht, daß die Glücklichen die Überzeugung brauchen, sie verdienten das Glück, das sie genießen. (Kantowsky, »Max Weber on India«, S. 39.)

16 Alatas z. B. verlegt den Ursprung von Ideologien in die örtlichen materiellen Verhältnisse. Dazu stellt er die wandernden indischen Muslime mit ihrem unternehmerischen Verhalten den ortsgebundenen malaiischen Muslimen gegenüber. Damit bietet er einen hübschen Kon-

trast zu Weber, der gegenüber Kritikern ganz ungerührt blieb, die zu bedenken gaben, daß soziale Marginalität für das protestantische Verhalten entscheidender gewesen sei als die Theologie, und er führte Beispiele vertriebener Katholiken an, die kein ökonomisch rationales Verhalten zeigten (»The Weber Thesis and South East Asia«, S. 33). Peacock weicht auf andere Weise von seinem angenommenen Modell ab, und bei der Erörterung von Geschäft und reformistischem Glauben schreibt er, er »habe keine Idee, was zuerst komme«. *Muslim Puritans*, S. 94.

17 Gordon Marshall, *In Search of the Spirit of Capitalism: An Essay on Max Weber's Protestant Ethic Thesis*, New York: Columbia University Press 1982, S. 40.

18 Diese Lehre ziehe ich aus der *Protestantischen Ethik*. Wie Prof. Roth bemerkt, hatte sich Weber sehr wohl einem kausalen Pluralismus und dem Studium konkreter Ursachen im Gegensatz zu evolutionären Gesetzen verschrieben. Aber seine Hauptwerke sind vergleichend und phänomenologisch, nicht kausal angelegt, und dieser Ansatz ist bezeichnender für sein Werk.

Francis Robinson
Säkularisierung im Islam*

Seit mehr als hundert Jahren schien die islamische Welt – sieht man von der ›Erneuerung‹ in jüngster Zeit ab – einem ähnlichen Weg der Säkularisierung zu folgen, wie ihn die westliche christliche Welt einige Jahrhunderte früher eingeschlagen hatte. Das heilige Gesetz verschwand immer mehr aus dem öffentlichen Leben; das religiöse Wissen verlor in der Erziehung immer mehr an Boden; es gab immer mehr Muslime, die zwar kulturell dem Islam angehörten, sonst aber ganz rationale Überlegungen über ihr Leben anstellten, ganz in derselben Weise, wie es im säkularen Westen geprägte Christen tun würden. Max Weber hat gezeigt, wie die Entwicklung der Rationalität und Rationalisierung innerhalb des Christentums die säkulare Welt hervorbrachte. Der vorliegende Aufsatz versucht zu erkunden, wie weit Webers Theorie der Säkularisierung, die von der spezifischen Erfahrung Westeuropas abgeleitet ist, zu einer Interpretation dieses Prozesses in islamischen Gesellschaften und vielleicht auch zu einer Vorstellung darüber beitragen kann, wie die Säkularisierung in einer islamischen Umgebung zu messen wäre.[1]

Nach Weber ist der Prozeß der Säkularisierung eine dem Westen eigentümliche Entwicklung, mit den Wurzeln tief im antiken Judentum und dem Stamm im Protestantismus und im wachsenden Kapitalismus. Im Zentrum dieses Prozesses liegen die Begriffe Rationalität und Rationalisierung. Wir sehen das Wachsen der Rationalität in der zunehmenden Fähigkeit des Menschen, alle Aspekte des Lebens zu berechnen und zu kontrollieren, ohne sich auf traditionale Normen oder charismatische Verzückung zu berufen. Mit dem Eindringen der Bürokratien in Wirtschaft und Staat nahmen die persönliche Initiative und die Tragfähigkeit traditionaler Loyalitäten ab, und die sozialen Beziehungen wurden immer unpersönlicher. Als rationale Rechtssysteme, in denen Juristen das Recht machen, immer häufiger übernommen wurden, traten die Macht der geheiligten Traditionen und alle Formen der Willkür im Recht zurück, und die Menschen begannen ihre Aussichten genauer zu bedenken. Die Gesellschaft glich immer mehr einer Maschine, der Mensch einem Rädchen in dieser Maschine, und seine Handlungen ließen sich immer rationaler berechnen. Im Menschen wuchs das Gefühl der Herrschaft über sein eigenes Leben.[2] Von dort ergaben sich wesentliche Konsequenzen für sein religiöses Verständnis.

Da gibt es die berühmte »Entzauberung der Welt«; Weber übernimmt diesen Begriff von Schiller, der wörtlich »die Austreibung der Magie aus den Dingen« bedeutet. Der Mensch wohnt nicht mehr in einem großen verzauberten Garten. Um in dieser und der nächsten Welt Orientierung zu finden und Sicherheit zu gewinnen, braucht er nicht länger die Geister zu verehren oder herbeizuzwingen, er muß das Heil nicht mehr durch ritualistische, idolatrische oder sakramentale Verfahren suchen.[3] Er verliert das Gefühl der Vorsehung im Leben. »Es war einmal«, so erklärt Owen Chadwick in einem Überblick über die Säkularisierung des europäischen Geistes, »der Wald verhext, und Kobolde und Elfengeister wohnten in den Baumstämmen und zwischen den Baumwurzeln. Aber jetzt wird der Wald von der Forstverwaltung bewirtschaftet, und auch romantische Menschen, die vielleicht noch immer einen Kobold im Untergrund sich bewegen hören und eine Schönheit hinter einem Busch ahnen, wissen, wann eine subjektive Erfahrung subjektiv ist.«[4]

In enger Verbindung mit der Entzauberung steht eine Fragmentierung des Weltverständnisses des Menschen. Die Entwicklung der Wissenschaften zeigt ihm, daß die Welt aus natürlichen und kulturellen Prozessen besteht; er lernt, daß sein religiöses Verständnis partiell, sogar subjektiv ist. Das Entstehen einer funktional differenzierten Gesellschaft führt dazu, daß die Religion mehr und mehr aus dem öffentlichen Leben hinausgedrängt wird; sie wird aus dem Bereich des wirtschaftlichen, politischen, ja sogar sozialen Verhaltens abgeschoben in die fernen Nischen des Privatlebens, wo sie bloß noch die Funktion hat, die Beziehung des einzelnen Menschen zum Heiligen zu interpretieren und zu organisieren. So ist die einheitliche Vision, in der die gesamte menschliche Erfahrung durch die christliche Offenbarung verstanden wurde, durch eine fragmentierte Vision ersetzt. Es gibt nicht mehr das eine Wertesystem, das das öffentliche und das private Leben umfaßt und von den Bürgern für ihr individuelles Leben geteilt wird.[5]

Dies ist der Gang der Säkularisierung bei Weber. Von seiner Soziologie der großen Religionen aus führt er uns den Weg der

Entzauberung, der in der Soziologie der Intellektuellen kulminiert, bei denen sozusagen jeder Mensch sein eigener Gott ist.[6] Doch sollte man nicht vergessen, daß Webers Theorie nur eine mögliche Perspektive für die Säkularisierung im Westen anbietet. Sie erklärt nicht, so Turners Einwand, die amerikanische Einwanderungsgeschichte, die religiöse Erneuerung und die Säkularisierung theologischer Inhalte, und sie erklärt auch nicht den osteuropäischen Weg einer Säkularisierung von oben.[7] Auch kann sie jene Erben Comtes und Durkheims nicht überzeugen, die die Religion tiefverwurzelt in der Menschheit sehen und in dem Konsensus, der die menschliche Gesellschaft konstituiert. Sie argwöhnen, daß jene, die von Säkularisierung sprechen, von einem Goldenen Zeitalter in der Vergangenheit ausgehen, das mit einer über-säkularisierten Gegenwart verglichen wird. Sie glauben, daß damit eine beständige Interaktion zwischen der christlichen Offenbarung und der westlichen Zivilisation ignoriert wird, eine noch andauernde Gestaltungs- und Wandlungsfähigkeit der christlichen Botschaft durch das Leben, den Geist, die Gesellschaften und die Institutionen des westlichen Menschen.[8]
Nachdem diese Vorbehalte genannt sind, wollen wir untersuchen, was Webers Theorie für die Säkularisierung in der islamischen Welt ergibt. Unsere Belege stammen hauptsächlich aus der islamischen Welt Südasiens, obgleich wir, wo dies angemessen ist, auch Parallelen und Vergleiche zu anderen Regionen ziehen. Wir übernehmen dabei einen Vorschlag von Peter Berger. Bei der Erkundung der Weberschen Perspektiven von Entzauberung und Fragmentierung machen wir Gebrauch von Bergers Unterscheidung zwischen struktureller Säkularisierung, dem Auszug der Religion aus den gesellschaftlichen Institutionen und dessen Konsequenzen, und der subjektiven Säkularisierung, dem Auszug der religiösen Sicht aus dem Bewußtsein des Menschen und dessen Konsequenzen.[9]
Betrachten wir zuerst die strukturelle Säkularisierung, die Vertreibung des Islams aus Recht, Wissen und Macht in Britisch Indien. Beim Recht können wir feststellen, daß in dem Jahrhundert nach 1770 das islamische Straf- und Zivilrecht vom britischen zunächst eingeschränkt, dann direkt verdrängt wurde. 1870 mußten die Muslime von Britisch Indien feststellen, daß ihr islamisches Recht, die *shari'a*, für nichts anderes mehr Geltung hatte als für das Personenrecht, das heißt für Rechtsfragen in Zusammen-

hang mit Heirat, Scheidung und Erbschaften. Außerdem entfernte sich dieses Recht zunehmend von den islamischen Verfahrensregeln, indem die islamische Lehre von der strikten Treue zu etablierten Autoritäten durch die englische Lehre von der Billigkeit und den bindenden Präzedenzfällen verdrängt wurde. Die von Weber so genannte *qadi*-Justiz wurde also durch die Verfahren des anglo-muhammedanischen Rechts eingeschränkt.[10] In mindestens zweifachem Sinn läßt sich dabei Fragmentierung feststellen. Es gab die Fragmentierung zwischen dem öffentlichen und dem privaten Bereich. Der öffentliche Bereich wurde von einem aus dem Westen stammenden, der private Bereich von einem aus islamischen Quellen stammenden Recht beherrscht. Es gab aber auch die Fragmentierung zwischen der Welt der britischen Gerichte, ob sie nun die britischen Codes des öffentlichen Rechts oder das anglo-muhammedanische Personenrecht anwandten, und der Welt der *'ulama*, die sich bemühte, eine möglichst vollständige Anleitung nach der *shari'a* zu geben. Unterhalb der britischen Justizeinrichtungen unterhielt die *'ulama* ein begrenztes System der islamischen Rechtsanleitung, das durch Institutionen wie die Dar al-Ifta der Deoband-Schule und die Amir-i Shari'at-Organisation von Phulwari Sharif, Bihar repräsentiert wurde.[11]

Im Bereich der Bildung wurde ein völlig neues System errichtet, das dem Islam nicht verpflichtet war. Das dort gelehrte Wissen war ein Wissen, das die Menschen zur Arbeit in der modernen Bürokratie befähigte; es war kein Wissen, das das Wirken der Offenbarung Gottes durch Muhammed in der Welt förderte. Die herausragenden Errungenschaften in dem neuen System zielten auf westliche Gelehrsamkeit und Wissenschaft, wie sie gewöhnlich an englischen Universitäten erreicht wurden, nicht auf *tafsir* oder *fiqh*, für die Kairo oder an-Najaf die Maßstäbe setzten. Die Unterweisung in islamischem Wissen wurde mehr und mehr als nachrangig erachtet und für Gesellschaft und Staat als immer weniger relevant. Auch hier läßt sich eine Fragmentierung feststellen. Es gab die Unterschiede zwischen den amtlichen Bildungseinrichtungen, die westliches Wissen in einer anglisierten Umgebung lehrten, und muslimischen Institutionen wie Aligarh College, die das westliche Wissen in einen muslimischen kulturellen Rahmen einbinden wollten. Es gab den noch größeren Unterschied zwischen diesen Colleges, die eine wachsende Flut von behosten Graduierten entließen, die im großen und ganzen in westlichen Begriffen denken und den Zwecken der westlichen Zivilisationen dienen konnten, und den islamischen *madrasas*, die einen vergleichsweise immer spärlicheren Strom von beturbanten Graduierten entließen, die die Welt nur durch ein religiöses Prisma sehen und dem Islam mit Eifer dienen konnten.[12]

Im Bereich der Macht blieb, nachdem die Briten im Jahrzehnt nach 1860 die muslimischen Richter oder *qadis* abgeschafft hatten, als einzige Verbindung zwischen Islam und Macht das anglomuhammedanische Recht. Dennoch konnte sich eine Verbindung zwischen Muslimen und Macht entwickeln. Als die Briten zwischen 1909 und 1947 langsam die Macht an die Inder abgaben, verfestigte sich in dem politischen Rahmen, den jene für Indien gestalten wollten, auf jeder Ebene eine eigene muslimische politische Identität. Muslime konnten gesonderte Wählerschaften bilden; ihnen wurde eine bestimmte Anzahl von Sitzen garantiert; und schließlich bekamen sie einen eigenen islamischen Staat, Pakistan. Wir scheinen in Indien in der ersten Hälfte des zwanzigsten Jahrhunderts den einigermaßen paradoxen Prozeß beobachten zu können, der auch im viktorianischen England stattfand, daß nämlich die Entzauberung der Bildung und anderer Institutionen rasch voranschreitet und die politische Bedeutung der Religion dennoch groß bleibt.[13] Natürlich läßt sich im Gefolge der Entzauberung auch Fragmentierung feststellen. Es gab innerhalb des Kolonialstaats die Entwicklung eines weltlichen und kommunalen Rahmens der Politik. Bedeutender aber war das Entstehen eines fundamentalen Unterschiedes zwischen solchen Muslimen, für die Freiheit der Rückzug der Briten und die Übernahme des Kolonialstaats und seiner Gesetze entweder in einem säkularen Indien oder in einem muslimischen Pakistan bedeutete, und solchen Muslimen, für die die einzig wirkliche Form der Freiheit in der Durchsetzung der *shari'a*, der wahren Verbindung zwischen dem heiligen Gesetz und der Maschinerie des modernen Staats, bestand.[14]

Deshalb zeigt sich in Britisch Indien eine gemäßigte strukturelle Säkularisierung; der Islam war aus Recht, Bildung und Macht unterschiedlich stark herausgelöst. Mit dem Begriff des strukturellen Dualismus läßt sich die Situation vielleicht am besten verstehen. Einerseits gab es das sich entwickelnde Gefüge eines modernen Kolonialstaats, dem zugegebenermaßen die Muslime einige ihrer Präferenzen aufgezwungen hatten. Andererseits gab es die wenigen verbliebenen islamischen Institutionen in Recht und Bildung sowie die politische Vision, die dort gepflegt wurde. Dagegen war in der Türkei zwischen Tanzimat und dem Tod des Atatürk eine völlige Herauslösung des Islams aus den Gefügen von Recht, Bildung und Macht erreicht worden. Beim Iran bis zur Abdankung von Riza Shah 1941 oder bei Ägypten bis zur Revolution der Freien Offiziere im Jahr 1952 muß man eher von strukturellem Dualismus wie bei Britisch Indien sprechen. Um die Mitte des zwanzigsten Jahrhunderts war dies tatsächlich das Muster in den meisten Teilen der islamischen Welt.[15]

Wir kommen nun zur subjektiven Säkularisierung, der Herauslösung der religiösen Vision aus dem Bewußtsein der Menschen. Auch hier sieht es so aus, als hätte Weber recht. Mit dem Aufkommen eines protestantischen oder puritanischen Islams scheinen Entzauberungsprozesse verbunden zu sein. Die unmittelbaren Ursprünge dafür liegen in der großen Erneuerungs- und Reformbewegung, die im achtzehnten und neunzehnten Jahrhundert die islamische Welt erfaßte.[16] Barbara Metcalf analysiert in ihrer Studie zu Umfeld und Entstehen der Deoband-Schule in der zweiten Hälfte des neunzehnten Jahrhunderts eine dieser Manifestationen in Indien. Sie notiert die Zunahme einer Praxis, die sich fester auf den Koran, die Hadiths und die *shari'a* gründete. Es ist ein Islam der Schrift, rationalisiert in dem Sinn, daß er die Religion selbst-bewußt macht, systematisiert und auf abstrakte Prinzipien bezieht. Es treten Gruppen von Muslimen auf, die zwar in der Mehrheit Heilige und islamische Mystik nicht verwerfen, sich selber aber zunehmend im Gehorsam einer religiösen Praxis sehen, die sich von der der Sufi-Schreine unterscheidet. Tatsächlich definieren sie ihren Islam sogar häufig gegen die parochialen Formen der Schreine. Ihr Islam hat eine universale Form, an der Muslime in ganz Indien, ja sogar überall in der muslimischen Welt teilhaben können. Darüber hinaus ist dessen Wachstum und Entwicklung – wie beim Aufkommen des europäischen Protestantismus – eng mit dem Einsatz der Druckerzeugnisse zur Verbreitung des religiösen Wissens verwoben.[17]

So bildete sich unter den Formen des indischen Islams auch eine puritanische Form, die in ihrer extremen Ausprägung der Ahl-i Hadiths nur noch den Koran und die Hadiths anerkannte. Die puritanischen Muslime verzichteten auf das große Netz der Heiligen und Ahnen, durch die man früher einmal in die Nähe Gottes gelangte. Sie lebten nicht mehr in einer Welt voller heiliger Wesen und Kräfte. Gott war völlig transzendent, und für ein Leben in dieser Welt, das in der nächsten günstig beurteilt werden sollte, gab es keinen Trost und keine Anleitung außer der Offenbarung Gottes durch Mohammed. Für diese Muslime mußte die Welt zunehmend zu einem kalten, öden, entzauberten Ort werden. Für das protestantische Christentum hat man diesen Prozeß oft als wegweisend für die Säkularisierung angesehen. Nachdem erst die Verbindung zwischen Mensch und Gott auf Sein Wort beschränkt war, wurde der Glaube an Gott abhängig von der Glaubwürdigkeit dieses Wortes. Wurde diese Glaubwürdigkeit unterminiert, waren der Säkularisierung alle Schleusen geöffnet.

Damit soll nicht behauptet werden, daß wir für den Islam dasselbe Ergebnis erwarten, sondern nur, daß es Ähnlichkeiten im eingeschlagenen Weg gibt. Hier gilt es nur festzuhalten, daß ein puritanischer Islam nicht nur in Indien aufkam, sondern auch in anderen Teilen der islamischen Welt. Am nächsten kommt dem indischen puritanischen Islam vermutlich die Muhammadiyah Indonesiens, schon weniger nahe die Salafiyah Nordafrikas, deren erklärtes Ideal eines gegen den Islam der Heiligen gerichteten, reformierten Islams Ernest Gellner in seinem etwas irreführend betitelten Aufsatz »Der unbekannte Apoll von Biskra« im Zusammenhang mit der Urbanisierung Algeriens untersucht hat.[18]

So wie man im Prozeß der subjektiven Säkularisierung Entzauberung ausmachen kann, so läßt sich auch Fragmentierung und ein sich verschärfender Konflikt der Weltsichten feststellen. Gerade das Auftauchen des neuen, puritanischen Islams in den Städten und *qasbahs* Indiens im neunzehnten Jahrhundert führte zu einem tiefen Konflikt mit jenen, für die die Welt immer noch verzaubert war; es führte zu endlosen Auseinandersetzungen darüber, wie man sich bei jenen Schreinen verhalten solle, die Deobandis und Barelvis aus Indien nach Pakistan und in die Städte von Mittel- und Nordbritannien gebracht hatten.[19] Es führte auch zu dem oft nicht weniger erbitterten Konflikt, der unter den Reformsekten selber in Briefen, Artikeln, Zeitungen und Debatten ausgefochten wurde. Dann gab es noch den Konflikt zwischen verschiedenen traditionalistischen Gruppen und den sogenannten islamischen Modernisten. Diese wuchsen aus demselben

Stamm wie die puritanischen Traditionalisten, bemühten sich aber, Elemente des westlichen Wissens und Verstehens innerhalb eines islamischen Rahmens festzuhalten. Ihre Geschichte beginnt mit den großen theologischen und historiographischen Leistungen von Sayyid Ahmad Khan und der Aligarh-Bewegung. Dann durchläuft sie die Krisen der panislamischen und der Khilafat-Bewegung, bis sie einerseits zu Abul Kalam Azad und der Genesis der Idee eines Hindu-muslimischen indischen Nationalismus als politischem Gegenstück zu einem weiterbestehenden islamischen Universalismus und andererseits zu Muhammad Iqbal und der Genesis der Idee eines islamischen Staates Pakistan als der realistischen Antwort auf das politische Scheitern eines islamischen Universalismus kommt.[20] Am Ende dieser Linie steht Fazlur Rahman, der kreativste pakistanische Denker, der einst Leiter des nach der Verfassung seines Landes gegründeten Islamischen Forschungsinstituts war und jetzt im Exil an den Ufern des Lake Michigan lebt.[21]

Alle diese Denker, die Traditionalisten wie die Modernisten, verstanden die Welt in einem islamischen Rahmen. Ihre Sicht der Weltgeschichte war durch den Islam bestimmt, ihr Ausgangspunkt der Koran. Es gab aber auch jene, die mit ihren Visionen den Islam als ein allumfassendes moralisches, gesellschaftliches und politisches System herausforderten – Menschen, deren Verständnis der Welt entschieden säkular in einem westlichen Sinn war. Dann gab es jene, die, wie K. M. Ashraf und Sajjad Zaheer und andere Anhänger der Progressive Writers Movement der dreißiger und vierziger Jahre dieses Jahrhunderts, eine primär sozialistische Einstellung zum Fortschritt vertraten.[22] Es gab aber auch – in Indien wie in Pakistan – jene, die für eine nationalistische Sicht von Vergangenheit und Zukunft eintraten; die treffendste Vision ist wahrscheinlich die von Zulfiqar 'Ali Bhutto, wonach es schon fünftausend Jahre pakistanischer Geschichte gibt.[23] Für diese Gruppe war der Islam nicht mehr eine Erklärung vom Anfang und Ende der Dinge, sondern nur eine andere Form der Kultur.

Dieser Prozeß von Fragmentierung und Konflikt, vom Aufkommen vielfältiger Stränge des gegensätzlichen Denkens unter den Muslimen, worunter schließlich sogar solche waren, die den Islam als eine totale Ideologie in Frage stellten, läßt sich in der Welt außerhalb Südasiens sogar noch ausgeprägter feststellen. Sowohl der Nationalismus von Atatürk wie der von Riza Shah Pahlavi waren selbstsicherer und weiter entwickelt. Auch der Sozialismus des Ägyptens von Nasser und des Iraks der Baathpartei sind durchdachter und besser verwirklicht. Aber hier war der Islam natürlich auch nur von außen, durch westliche Herrschaft, bedroht, ganz anders als in Südasien, wo die Muslime sich vor einer zangenartigen Gefahr fürchteten: westliche Herrschaft von außen und Hindu-Herrschaft von innen.

Man kann also innerhalb der islamischen Welt viele Belege für eine zunehmende Säkularisierung entlang der Linien finden, die Weber im christlichen Europa nachzeichnete. Entzauberung und Fragmentierung finden im Strukturellen statt; sie vollziehen sich aber auch im Subjektiven. Unter beinahe jedem westlichen Gesichtspunkt finden sich eine Fülle von Zeichen für Säkularisierung. Und doch muß man innehalten und darüber nachdenken, wieviel Gewicht wir diesem Befund beimessen sollen. Diese Säkularisierung war die Folge einer Übertragung von Kapital und Macht des Westens in die islamische Welt seit 1800. Die ständige Entzauberung und Fragmentierung der Strukturen von Recht, Bildung und Macht waren entweder die direkte Folge der Einwirkung des westlichen Imperialismus, wie in Britisch Indien, oder, wie in der Türkei oder im Iran, das Ergebnis gezielter Versuche, die europäischen Formen und Institutionen nachzuahmen, um damit den Staat so stark zu machen, daß die Fremden draußen gehalten werden konnten. Diese Prozesse wurden den muslimischen Gesellschaften alle aufgezwungen oder von oben auferlegt; sie waren nicht die Folge neuer ökonomischer und sozialer Formationen innerhalb dieser Gesellschaften. Wir könnten sogar ähnlich argumentieren, wenn wir uns mit jenen Muslimen befassen, die für weltliche Visionen eintraten, mit denen sie die alles umfassende Vision des Islams ablehnten. Daß sie für diese Ideologien überhaupt eintreten konnten, scheint im wesentlichen damit zusammenzuhängen, daß sie in dem Geflecht von westlichem, ökonomischem Einfluß, Macht und Denken gefangen waren. Sie nahmen den westlichen Säkularismus auf, aber sie entwickelten keinen islamischen.

Manche mögen dieser Überlegung vielleicht widersprechen und auf jene Prozesse des religiösen Wandels in der neueren islamischen Geschichte verweisen, die einem Vergleich mit ähnlichen Prozessen in der christlichen Geschichte standhalten. Wir denken dabei an die Entwicklung eines muslimischen Puritanismus aus der inneren Dynamik der islamischen Kultur heraus, der modernistische Aspekte zeigte, als er in Kontakt mit dem Westen kam. Sicher gehören dazu Aspekte der Rationalisierung, Aspekte einer Weberschen Entzauberung und Fragmentierung. Aber all dies unterminiert offenbar die islamische Weltsicht noch nicht von innen heraus. Diese Prozesse verweisen eher auf Aspekte eines religiösen Wandels, auf eine Reduktion des Sufi-Elements im Islam und auf eine stärkere Betonung des Rechts. Sie lassen sich ebensosehr als Ansporn für die Suche nach einem neuen Verhältnis zwischen Offenbarung und Geschichte wie als deutliche Manifestation der Säkularisierung in einer islamischen Umgebung verstehen. Dies könnte weitgehend daran liegen, daß die Muslime den Sinn des westlichen Wissens auf dem Hintergrund einer überwältigenden westlichen Macht bedacht haben, wodurch es besonders schwierig wurde, ihre eigene Welt zu erkunden und deren Umwälzung zu riskieren. Wahrscheinlich ist dazu auch mehr Zeit nötig. Andererseits könnte es aber auch sein, daß eine Theorie der Säkularisierung, die von der Erfahrung der christlichen Welt abgeleitet ist, nur mit Einschränkungen etwas über den religiösen Wandel in der islamischen Welt auszusagen vermag.

Von der Untersuchung, welches Potential Webers Theorie der Säkularisierung im islamischen Kontext hat, kommen wir nun zum Problem der Säkularisierung in islamischen Kategorien, praktisch also dazu, das Problem, wie Weber dies vielleicht getan hätte, in den Kategorien einer einzigartigen »Entwicklungsgeschichte« des Islams zu bedenken, das heißt in den Kategorien einer Entwicklung des Islams als einer Form der Rationalisierung von Weltsichten.[24] Wir gehen von der Position aus, daß der Islam anders auf die Welt ausgerichtet ist als das Christentum und daß deshalb auch sein Entwicklungsmuster anders ist. Wie Weber vermutet, hat der Islam ein besonderes Interesse an dieser Welt.[25] Er befaßt sich mehr mit der Frage, wie sich die Menschen verhalten, als mit dem, was sie glauben. Tatsächlich ist alles, was sie glauben müssen, in dem einen Satz der *shahada,* des Glaubensbekenntnisses, enthalten. Die meisten grundlegenden Rituale des Islams konzentrieren sich auf die Bildung und Unterstützung der Gemeinde der Gläubigen auf Erden. Es soll gemeinsame Gebete, gemeinsames Fasten, Almosen zum Unterhalt der Gemeinde, Pilgerfahrten zur Bekräftigung der Gemeinde geben. Tatsächlich hat das Leben eines Muslim seine vorrangige Bedeutung als Leben in der Gemeinschaft, jener besten Gemeinschaft, wie der Koran erklärt, die für Menschen errichtet ist.[26] Die primäre Funktion der Gemeinschaft ist es, jene Macht zu erhalten, die die *shari'a* durchsetzen will. Dies ist idealiter, wenn auch vielleicht nicht ganz in der Wirklichkeit, die Quintessenz des Korans und des Lebens des Propheten, die Anweisung für jeden Aspekt des menschlichen Lebens anbietet. Idealiter und gewiß auch in der Wirklichkeit ist dies die Verfassung der muslimischen Gemeinschaft, wie sie Gibb beschreibt, die »für all das steht, wofür die Verfassung der Vereinigten Staaten von Amerika steht, und für mehr.«[27] Sie umfaßt sowohl die Verhaltensmuster, um deren Verwirklichung sich der Muslim in seinem Leben bemühen soll, wie auch die Verhaltensmuster, die ihm der Staat auferlegen soll. Eine muslimische Gesellschaft ist insoweit islamisch, wie sie die *shari'a* befolgt. Ein muslimischer Staat ist insoweit islamisch, wie er die *shari'a* unterstützt. Hier haben wir den Maßstab, das Kriterium für die Säkularisierung in islamischen Gesellschaften und Staaten: Sind sie islamisch in dem Maß, in dem die *shari'a* befolgt und angewandt wird, dann sind sie säkular in dem Maß, in dem sie nicht befolgt und angewandt wird.

Wir wollen nun sehen, was man lernen kann, wenn man dieses Kriterium im Falle Südasiens anwendet. Wir haben bereits festgestellt, daß um 1870 der Geltungsbereich der *shari'a* in Britisch Indien auf das Personenrecht reduziert worden war, und das in der verstümmelten anglo-muhammedanischen Form. Trotzdem gab es bis zur Mitte des zwanzigsten Jahrhunderts wichtige Entwicklungen bei ihrer Ausgestaltung und Durchführung. Während der gesamten Geschichte des Islams in Südasien wie in anderen muslimischen Gesellschaften hatte die *shari'a* das Gewohnheitsrecht derer toleriert, die neu und auch nicht ganz so neu ins islamische Milieu eintraten. Aber mit dem Shari'at Application Akt von 1937 kam die Tolerierung dieser Gewohnheitsrechte fast völlig zu einem Ende. Soweit ihr persönliches Leben betroffen war, lebten die indischen Muslime allein unter der *shari'a*.[28] In der Vergangenheit war die Reichweite des Staates, vor allem in ländlichen Gemeinschaften, immer begrenzt gewesen, ebenso seine Fähigkeit, das Gesetz anzuwenden. Aber die überlegene Maschinerie des Kolonialstaats und später der Nationalstaaten Indien und Pakistan vermochte die *shari'a* dem Leben eines jeden

Muslim sehr viel näherzubringen. Mitte des zwanzigsten Jahrhunderts war das muslimische Personenrecht, das Gebiet, wo der Koran besonders explizit ist, wo die Muslime das Gefühl haben, daß, in Andersons treffender Formulierung, die *shari'a* am Tun und Lassen ihres Lebens aufs innigste beteiligt ist[29], so umfassend zur Anwendung gekommen wie nie zuvor in Südasien. Dieses Phänomen war aber nicht auf Südasien beschränkt. Ähnliche Entwicklungen lassen sich beispielsweise auch in Malaysia und Indonesien und sogar in Saudi-Arabien feststellen.[30]

Wenn wir nun untersuchen wollen, wie die *shari'a* befolgt worden ist, dann scheint es, als ob bis zum achtzehnten Jahrhundert zwar viele wußten, daß sie Muslime sind, wenige aber, wie man sich als Muslim zu verhalten hat. Islamisches Wissen, also das Wissen, was ein Muslim tun und lassen soll, war schwer zu bekommen.[31] Wie Bulliet, Geertz, Eaton und viele andere gezeigt haben, verlief fast überall in der islamischen Welt der Prozeß der Islamisierung, die Modellierung der Gesellschaft nach einer Version der *shari'a*, quälend langsam. Viele Jahrhunderte liegen zwischen dem ersten Glaubensbekenntnis und einer weitverbreiteten Beherrschung der schriftlichen Tradition.[32] Wir wissen auch, daß die Erneuerungs- und Reformbewegungen des frühen neunzehnten Jahrhunderts in Kerala, in Bengalen und in Nordindien darauf hindeuten, wie groß die Kluft zwischen der Praxis der ländlichen und sogar der *qasbah*-Gesellschaften und dem Anspruch eines regsamen Reform-Islams war. Aber das neunzehnte und zwanzigste Jahrhundert sahen nie dagewesene Vorstöße, die von ständigen Reformbewegungen, von der zunehmenden Verfügbarkeit islamischen Wissens und durch förderliche ökonomische und soziale Veränderungen gespeist wurden, was die Muslime dazu veranlaßte, ihr Leben strikter an der *shari'a* auszurichten.[33] Wie die Anwendung des Personenrechts durch den Staat rigoroser und umfassender wurde als zuvor, so auch das Wissen um die *shari'a* und wahrscheinlich auch ihre Befolgung in der indo-muslimischen Gesellschaft im ganzen. Auch dies ist keine auf Südasien beschränkte Entwicklung. Sie drückt sich zum Beispiel auch aus in der Beliebtheit der Muslim-Bruderschaft fast überall im Mittleren Osten und an dem ungeheuren Durst nach islamischem Wissen, den es, trotz des entschieden säkularen Aussehens des türkischen Staates oder vielleicht gerade deswegen, in neuerer Zeit im türkischen Volk gibt.[34]

Uns bleiben also widersprüchliche Perspektiven. Wenn wir von Webers Theorie der Säkularisierung ausgehen, scheint es, als sei die indo-muslimische Gesellschaft, sogar die muslimische Gesellschaft überhaupt, ein Stück auf dem Weg von Entzauberung und Fragmentierung, auf dem Weg der Säkularisierung, gegangen. Aber wenn wir die Integrität der »Entwicklungsgeschichte« des Islams als eine Rationalisierung der Weltsichten respektieren, ergibt sich ein komplexeres Bild. Gewiß hat die Ausübung der europäischen Macht im neunzehnten und zwanzigsten Jahrhundert die *shari'a* aus der öffentlichen in die private Sphäre des muslimischen Lebens vertrieben. Gewiß hat sie die islamische Weltsicht der muslimischen Eliten unterminiert. Doch trugen andererseits der moderne Staat und die moderne Technologie, die die Europäer gebracht haben, dazu bei, viele Muslime näher an die *shari'a* heranzuführen als früher. In jüngerer Zeit ist außerdem der Rückzug der Europäer und die ständige Verstärkung des Staates zumindest in manchen muslimischen Gesellschaften von einer Wiedereinsetzung der *shari'a* im öffentlichen Leben und einer Neubestätigung der islamischen Weltsicht begleitet worden. Ein kontinuierlicher Islamisierungsprozeß scheint ein ebenso bemerkenswerter Zug der neueren islamischen Geschichte zu sein wie die Säkularisierung.

Anmerkungen

* Die erste Fassung dieses Artikels wurde als Vortrag auf einer von der Werner-Reimers-Stiftung, Bad Homburg, im Juni 1984 geförderten Konferenz über Max Weber und Islam gehalten. Ich bin für die damals und später von Professor Guenther Roth und Professor Wolfgang Schluchter geäußerten Kommentare besonders dankbar

1 Es ist besonders wichtig zu betonen, daß Webers Theorie der Säkularisierung den Prozeß als einen historischen ansieht. Er ist nicht wie Patrimonialismus, Feudalismus oder charismatische Herrschaft ein Idealtyp, was bedeuten soll, daß er an verschiedenen Orten und zu vielen Zeiten anwendbar ist.

2 Bryan S. Turner, *Weber and Islam: a critical study*, London 1974, S. 151-152.

3 Max Weber, *Wirtschaft und Gesellschaft: Grundriß der verstehenden Soziologie*, 5. rev. Aufl., hg. von Johannes Winckelmann, Tübingen 1972, S. 379.

4 Owen Chadwick, *The Secularization of the European Mind in the Nineteenth Century,* Cambridge 1975, S. 258.

5 Diese Perspektive wird mit einer besonderen Betonung auf der Rolle der funktionalen Differenzierung von Wolfgang Schluchter behandelt, in »The Future of Religion«, in: Mary Douglas und Steven M. Tipton (Hg.), *Religion and America,* Boston 1983, S. 64-78. Interessanterweise, obgleich Weber nicht einmal erwähnt wird, scheint das umstrittene, wenn auch sehr bewegende neue Werk des anglikanischen Theologen Don Cupitt, *The Sea of Faith: Christianity in Change,* London 1984, sehr stark mit Schluchters Weber-Perspektive übereinzustimmen.

6 Dies wird von Guenther Roth in »Religion and Revolutionary Beliefs«, in: Guenther Roth und Wolfgang Schluchter, *Max Weber's Vision of History: Ethics and Methods,* Berkeley 1979, S. 165, dargestellt.

7 Turner, *Weber,* S. 158-159.

8 Siehe z. B. David Martin, »Towards eliminating the concept of secularization«, in: Julius Gould (Hg.), *The Penguin Survey of the Social Sciences,* Harmondsworth 1965, S. 169-182; diese Position würde auch Chadwick, *Secularization,* besonders seine Schlußbemerkungen S. 264-66, untermauern.

9 Siehe das Kapitel »The Process of Secularization«, in: Peter L. Berger, *The Social Reality of Religion,* Harmondsworth 1973, S. 111-130.

10 Qadi-Justiz ist Justiz, die keine rationalen Entscheidungsregeln kennt. Sie ist einer der Weberschen Idealtypen. Siehe Weber, *Wirtschaft und Gesellschaft,* S. 563 f.; zum anglo-muhammedanischen Recht und der Wirkung seiner Verfahrensregeln siehe N. J. Coulson, *A History of Islamic Law,* Edinburgh 1978, S. 165-171.

11 Tahir Mahmood, *Muslim Personal Law; Role of the State in the Subcontinent,* New Delhi 1977, S. 67-69; nach ihren ersten hundert Jahren rechnete die Dar al-Ifta von Deoband, daß sie 269 215 Rechtsentscheidungen getroffen hätte – die Arbeit dieses Amtes und der Charakter der dort getroffenen Entscheidungen wird von Barbara Daly Metcalf behandelt: *Islamic Revival in British India: Deoband, 1860-1900,* New Jersey 1982, S. 146-154.

12 Zwei kürzlich erschienene ausgezeichnete Bücher ermöglichen einen Einblick in diese sehr verschiedenen Welten unter britischer Herrschaft: David S. Lelyveld, *Aligarh's First Generation: Muslim Solidarity in British India,* New Jersey 1978, und Metcalf, *Islamic Revival.*

13 Alan D. Gilbert, *The Making of Post-Christian Britain: a history of the secularization of modern society,* London 1980, besonders Kapitel 4.

14 Aspekte dieser Einstellungen werden von Francis Robinson, »Islam under Muslim Separatism« behandelt, in: David Taylor und Malcolm

Yapp (Hg.), *Political Identity in South Asia*, London 1979, S. 78-112; Peter Hardy, *Partners in Freedom – and True Muslims: the political thought of some Muslim scholars in British India 1912-1947*, Lund 1971; Aziz Ahmad, *Islamic Modernism in India and Pakistan 1857-1964*, London 1967.

15 Für einen allgemeinen Überblick über diese Prozesse siehe Francis Robinson, *Atlas of the Islamic World since 1500*, Oxford 1982, S. 130-156.

16 Ebd., S. 118-129.

17 Metcalf, *Islamic Revival*, besonders die Kapitel 4 und 5.

18 Für eine Einzelstudie dieser Entwicklung siehe Mitsuo Nakamura, »The Crescent Arises over the Banyan Tree: A Study of the Muhammadijah Movement in a Central Javanese Town«, Cornell, unveröffentlichte Ph. D. Dissertation 1976, und für Algerien Ernest Gellner, »The Unknown Apollo of Biskra: the social base of Algerian puritanism«, in seinem Buch *Muslim Society*, Cambridge 1981, S. 149-173.

19 Metcalf, *Islamic Revival*, S. 232-234, 309-311, 355-360. In den letzten zehn Jahren sind diese Dispute nach Großbritannien verlagert worden, wo sie in Streitfällen vor Gericht und bei Unruhen in Rotherham eine Rolle gespielt haben.

20 Ahmad, *Islamic Modernism*, S. 141-194.

21 Fazlur Rahman ist Professor of Islamic Thought im Department of Near Eastern Languages and Civilization an der University of Chicago. Die neueste Entwicklung seiner modernistischen Ideen findet sich in *Islam and Modernity: transformation of an intellectual tradition*, Chicago 1982.

22 Eine detaillierte Untersuchung dieser Gruppe und ihrer Ideen ist: Khizar Humayun Ansari, »The emergence of Muslim Socialists and their ideas in India between 1917 and 1947«, London, unveröffentlichte Ph. D. Dissertation, 1984.

23 Ein Versuch, diese Ansicht weiterzuentwickeln, war Ahmed Abdulla, *The Historical Background of Pakistan and its People*, Karachi 1973.

24 Guenther Roth hat gezeigt, wie ergiebig eine Weber-Interpretation ist, die ihn als Vertreter einer »Entwicklungsgeschichte« sieht, als einen unter mehreren deutschen Entwicklungsgeschichtlern, die miteinander konkurrierten. Vgl. »Max Webers Entwicklungsgeschichte und historische Soziologie«, in: *Politische Herrschaft und persönliche Freiheit*, Heidelberger Max Weber-Vorlesungen 1983, Frankfurt 1987, S. 283 ff.

25 Weber, *Wirtschaft und Gesellschaft*, S. 375-376.

26 Maulana Muhammad Ali, *The Holy Qur'an*, 6. Aufl., Lahore 1973, Kap. 3, Vers 109.

27 »Structure of Religious Thought in Islam«, in: Hamilton A. R. Gibb, *Studies on the Civilization of Islam*, New Jersey 1962, S. 200.

28 Mahmood, *Muslim Personal Law*, S. 20-33.

29 Norman Anderson, *Law Reform in the Muslim World*, London 1976, S. 17.

30 Siehe z. B. Daniel S. Lev, *Islamic Courts in Indonesia: a study in the political bases of legal institutions*, Berkeley 1972; Moshe Yegar, *Islam and Islamic Institutions in British Malaya;* Donald Powell Cole, *Nomads of the Nomads: the Al Murrah Bedouin of the Empty Quarter*, Illinois 1975, S. 123-125.

31 Metcalf betont, daß damals, als die Bücher noch per Hand reproduziert wurden, selbst die ulama Schwierigkeiten hatte, Bücher zu finden, und daß daher die Einführung der lithographischen Druckpresse in der ersten Hälfte des neunzehnten Jahrhunderts eine ungeheure Veränderung bewirkte; *Islamic Revival*, S. 198-215.

32 Richard W. Bulliet, *Conversion to Islam in the medieval period: an essay in quantitative history*, Cambridge 1979; Clifford Geertz, »Modernization in a Muslim Society: the Indonesian Case«, in: R. N. Bellah (Hg.), *Religion and Progress in Modern Asia*, New York 1965, bes. S. 96-97; Richard M. Eaton, *Sufis of Bijapur 1300-1700: social roles of Sufis in medieval India*, New Jersey 1978; Eaton hat unlängst eine für dieses Gebiet wichtige Arbeit veröffentlicht: »The Political and Religious Authority of the Shrine of Baba Farid«, in: Barbara Daly Metcalf (Hg.), *Moral Conduct and Authority: The Place of Adab in South Asian Islam*, Berkeley 1984. Eine allgemeine Darstellung der Islamisierung wird von Francis Robinson, »Islam and Muslim Society in South Asia«, in: *Contributions to Indian Sociology* (n. s.) 17, 2 (1983), S. 185-203, gegeben.

33 Siehe Stephen Frederic Dale, *Islamic Society on the South Asian frontier: the Mappilas of Malabar 1498-1922*, Oxford 1980; Rafiuddin Ahmed, *The Bengal Muslims 1871-1906: a quest for identity*, Delhi 1981; Metcalf, *Islamic Revival*.

34 Zu einer neueren Bewertung von Popularität und Einfluß der Muslim Bruderschaft siehe John Obert Voll, *Islam: Continuity and change in the modern world*, Boulder, Colorade 1982, S. 174-176, 251-252, 314-315, 318-319, 339-340; und zu den neueren Entwicklungen in der Türkei siehe Annemarie Schimmel, »Islam in Turkey«, in: A. J. Arberry (Hg.), *Religion in the Middle East*, Bd. II, Cambridge 1969; Jacob M. Landau, *Radical Politics in Modern Turkey*, Leiden 1974, S. 171-193; Hamid Algar, »Said Nursi and the Risala-i Nur: An Aspect of Islam in Contemporary Turkey«, in: Khurshid Ahmad und Zafar Ishaq Ansari (Hg.), *Islamic Perspectives: Studies in Honour of Mawlana Sayyid Abul A'la Mawdudi*, Leicester 1979.

Ernest Gellner
Warten auf den Imam

I

»During evacuation, one must not squat facing the sun or the moon, unless one's genitals are covered.

... it is recommended that one keep his head covered while evacuating, and have the weight of his body carried by the left foot.

Every part of the body of a non-Muslim individual is impure, even the hair on his hand or his body hair, his nails, and all the secretions of his body.

During sexual intercourse, if the penis enters a woman's vagina or a man's anus, fully or only as far as the circumcision ring, both partners become impure ... they must consequently perform their ablutions.

If a man – God protect him from it! – fornicates with an animal and ejaculates, ablution is necessary.

If one commits an act of sodomy with a cow, a ewe, or a camel, their urine and their excrements become impure, and even their milk may no longer be consumed.

We see today that the Jews – may God bring them down! – have manipulated the editions of the Koran published in their occupied zones. We have to protest, to make everyone understand that these Jews are bent upon the destruction of Islam and the establishment of a universal Jewish government.

Women of the lineage of the Prophet are menopausal at the age of sixty; others, once they are over fifty.

The Islamic movement met its first saboteur in the Jewish people, who are at the source of all the anti-Islamic libels and intrigues current today.

It is absolutely forbidden to dissect the corpse of a Moslem, but the dissection of non-Moslem corpses is permitted.

It is not strictly forbidden for Moslems to work for a concern managed by a Moslem which also employs Jews, provided the work does not serve Israel in any manner whatsoever. However, it is shameful to do one's work under the orders of a Jewish foreman.

Misdeeds must be punished by the law of retaliation: cut off the hands of the thief; kill the murderer instead of putting him in prison; flog the adulterous woman or man ... any judge fulfilling the seven requirements (that he have reached puberty, be a believer, know the Koranic laws perfectly, be just, and not be affected by amnesia, or be a bastard, or be of the female sex) is qualified to dispense justice ...«

Diese Zitate stammen aus dem Buch *Sayings of the Ayatollah Khomeini*[1]. Obwohl offensichtlich das Ergebnis einer zweistufigen Übersetzung über das Französische, ist diese Wiedergabe doch in ihrer sachlichen Genauigkeit, soviel ich weiß, nicht angefochten worden. Der Hauptzweck dieses ›Kleinen Grünen Buches‹, als das es sich selbst bezeichnet, ist nicht ein wissenschaftlicher; vielmehr soll es der Öffentlichkeit eine Kostprobe von der (gemessen an heutigen westlichen Standards) außerordentlichen Natur und Reichweite von Chomeinis Ideen geben, was ihm auch gelingt. Aber neben der Theo-Pornographie, der derben Barbarei und dem elementaren Antisemitismus enthält es auch Material, das die zentralen Einsichten, Inspirationen und Spannungen von Chomeinis Denken beleuchtet. Der Leser mag sich darüber wundern, warum ein Theologe über das genaue Schicksal eines zur Sodomie benutzten Kamels, die Bedeutung der Tiefe der Penetration oder die von einem Gläubigen beim Urinieren verlangte Verteilung seines Körpergewichts auf die beiden Füße hohepriesterlich doziert, aber er wird auch an den theokratischen oder, genauer, göttlich-nomokratischen Gehalt dieses Systems herangeführt:

»Islam has precepts for everything which concerns man and society. There is no subject upon which Islam has not expressed its judgement.«

Die Kasuistik, wie sie Chomeini betreibt, entspringt nicht seiner persönlichen Eigenart, sondern zählt zu den Pflichten, die herkömmlicherweise die Mitglieder der Geistlichkeit, zu denen auch Chomeini gehört, erfüllen müssen. Es handelt sich um eine Routineübung, die nicht originell zu sein braucht. Der Leser wird bemerken, daß im Islam eine charakteristische Gewaltenteilung herrscht, nämlich die Gesetzgebung der Gottheit vorbehalten ist:

»In this democracy ... the laws are not made by the will of the people, but only by the Koran and the Tradition of the Prophet.«

Oder:

»The Sacred Legislation of Islam is the sole legislative power. No one has the right to legislate and no law may be executed except the law of the Divine Legislation.« (*Islam and Revolution,* S. 55)

Noch einmal:

»Islamic government is ... constitutional. It is not constitutional in the current sense of the word, i.e. based on the approval of laws in accordance with the opinion of the majority. It is constitutional in the sense that the rulers are subject to ... the Noble Qur'an and the Sunna of the Most Noble Messenger ... The Sacred Legislation of Islam is the sole legislative power.« (*Islam and Revolution,* S. 55)

Der dafür empfängliche Leser könnte auch einige Hinweise auf die den Schi'ismus durchziehenden wichtigen inneren Spannungen erhalten: Einerseits wird die legitime Macht *allein* den Imamen zugesprochen, besondersartigen Wesen, die »unendlich begabt und durch Geburt und Natur anderen Menschen überlegen sind« – so sehr, daß sogar der Erzengel Gabriel zugab, er werde sich bei zu dichter Annäherung verbrennen –, andererseits gebührt sie den Gelehrten, die nur wegen ihrer Bildung, Frömmigkeit und ihres Eifers ausgewählt werden; einerseits soll die Macht ausschließlich in ihren Händen liegen (wenn die Imame abwesend sind, was in der Schi'a-Theologie allgemein angenommen wird), andererseits werden weltliche Herrscher widerwillig anerkannt und können unabhängig von den Geistlichen bestehen, solange sie die Grenzen des Rechts achten.
Aber diese tiefen und ungeheuer bedeutsamen Spannungen sind in dem *Kleinen Grünen Buch* nur umrißhaft zu erkennen. Wer dieses faszinierende Thema gründlicher und eingehender untersuchen will, muß sich dem sehr viel gewichtigeren Buch *Islam and Revolution. Writings and Declarations of Imam Khomeini*[2] zuwenden. Dieser Band stellt ein weitaus ernsthafteres wissenschaftliches Unternehmen dar und bietet eine reichhaltigere und gründlichere Dokumentation; aber, *aber* ... obwohl von einem angesehenen Gelehrten herausgegeben und direkt übersetzt, wirkt er durch die Art der Herausgabe und Auswahl doch ein wenig irreführend und verzerrend.
Der Herausgeber konvertierte zum Islam und ist ein begeisterter Bewunderer des Mannes, den er *Imam* Chomeini nennt. Was ihn zu Chomeini hinzieht, ist, so muß man annehmen, der Mann und seine Ideologie in ihrer Gesamtheit – man ist geneigt zu sagen: in all ihrer Ungeheuerlichkeit. Es kann keinen Zweifel daran geben,

daß Algar mit allen Aspekten von Chomeinis Denken und Tun voll vertraut ist, einschließlich jener, die in den Augen eines nachaufklärerischen Menschen zutiefst widerwärtig und/oder tragikomisch erscheinen. Offen gesagt, so wertvoll und interessant Algars Chomeini-Ausgabe ist, setzt sie sich doch durch Auslassungen und Hervorhebungen – und gelegentlich ein wenig mehr als Auslassungen – dem ernsten Vorwurf der Verzerrung aus. Man betrachte folgendes: Chomeini beschuldigt die Israelis, die Aqsa-Moschee in Jerusalem durch Feuer zerstört (sic!) zu haben, und Algar versäumt es, in seiner begleitenden Fußnote darauf hinzuweisen, daß die *erfolglose* Brandstiftung das Werk eines Nichtisraelis und Nichtjuden war; oder: Chomeini billigt offen Extrasteuern für Nichtmuslime, Algar dagegen schwächt dies in seiner Fußnote auf höchst irreführende Weise ab und will uns glauben machen, daß diese den Nichtmuslimen zwangsweise auferlegten Extraverpflichtungen durch eine Art frei eingegangenen Vertrag zustande gekommen sind ...

Oder noch einmal: Algar erklärt in seinem Vorwort, in welchem Sinne er Chomeini einen *Imam* nennt. Der Ausdruck hat zwei Bedeutungen, die in ihrer Aussagekraft so verschieden sind, daß man wirklich nach allen Regeln der Logik Indizes verwenden und von $Imam_1$ und $Imam_2$ sprechen sollte. $Imam_1$ ist ein schi'itischer Begriff von einem Wesen, »dessen geistiger Rang ... menschliches Fassungsvermögen übersteigt«, das vor der Erschaffung der Welt in Form eines Lichts unterhalb des göttlichen Throns existierte und sich von den anderen Menschen sogar in der Keimzelle, aus der es wuchs, unterscheidet. $Imam_2$ ist in der gewöhnlichen Wörterbuchbedeutung einfach »Leiter« oder »Führer«.

In einem Abschnitt, der sich liest, als könnte der Autor nicht bis drei zählen, räumt dieser zwar ein, daß der Ausdruck »in den letzten Jahren« auf Chomeini angewandt wurde, in Anerkennung der Tatsache, daß »seine Rolle unter den Religionsgelehrten des Iran einzigartig war und das mit dem Titel ›Ayatollah‹ Ausgedrückte übertraf«, aber er versichert uns gleichzeitig, daß er $Imam_2$ meint. Es handle sich wirklich nur um Homonyme, scheint er zu sagen. Man muß lernen, diese Unterschiede zu bemerken. Er räumte doch selbst ein, daß die Bezeichnung Chomeini *in Anerkennung seiner Einzigartigkeit* verliehen wurde. Erwartet er danach wirklich von uns, daß wir glauben, der durchschnittliche iranische Shi'it kenne und beachte in seiner inneren

Semantik die unsichtbaren Indizes und übertrage nicht – wenigstens – den Nachhall von Imam$_1$ auf Imam$_2$? Zeitgenössische Iraner haben vielleicht nicht ausdrücklich das Verborgene Imamat für Chomeini beansprucht, aber die Zweideutigkeit gehört wesentlich zur Situation, und Algars Haarspalterei in diesem Punkt ist nicht harmlos, sondern verdunkelt die wahren Verhältnisse.
Aber der wichtigste Vorwurf gegen Algars Herausgebertätigkeit ist der, daß das Buch bei allem vorzüglichen Material, das es uns zum Verständnis der tiefen Strömungen und Spannungen in Chomeinis Denken liefert, es unterläßt, die ganze Wahrheit zu sagen und uns einen gereinigten, von Fehlern und Anstößigem befreiten, also einen verzerrten Chomeini darbietet. Aus diesem Buch würde man keinen vollständigen Eindruck von Herz und Verstand des Mannes gewinnen, der die Liquidation ganzer Stämme warm befürwortet, wenn dies die Wohlfahrt der muslimischen Gemeinschaft fördert (unter modernen Verhältnissen würden natürlich Stämme durch Nationen ersetzt), der für das Auspeitschen von Ehebrechern, für Schnellverfahren vor Gericht eintritt und so viele liebevolle Gedanken an die verschiedenen Arten von Schweiß, Exkrementen und Penetration wendet. Sonderbarerweise erhält sich Algar, obwohl Konvertit und Enthusiast, genügend Vertrautheit mit (und Achtung vor) westlichen Werten, um die Elemente seines Chomeini-Portraits so auszuwählen, daß für den westlichen Leser die Anstößigkeit vermindert wird.
Seltsamerweise erscheint mir diese Art der Edition beleidigend für Chomeini selbst: Ob man ihn anziehend findet oder nicht, er hat doch etwas Kohärentes, Aufrichtiges und Elementares. Nicht zufällig brachte er eine wankende Revolution gegen eine gewaltige materielle Übermacht doch noch zum Erfolg. Um ihn zu verstehen, müssen wir ihn sehen, wie er ist. Wenn wir ihn nehmen, wie er ist, erweisen wir ihm mehr Respekt, als wenn wir seine Werke so darstellen, daß sie beinahe schon als Familienunterhaltung akzeptabel werden. Der brutale Moralismus und die haarspalterisch scholastische, aber fast zärtlich sorgfältige Behandlung von Sodomie, Schweiß und Exkrementen sind sämtlich wesentliche Bestandteile dieses Geistes. Die Akzente fast heimlich zu verändern bedeutet eine Beleidigung sowohl für den Leser wie für den Gegenstand des Buches. Dem Leser gebe ich den Rat, Algars wichtigen Band zu benutzen, daneben aber das *Kleine Grüne Buch* als absolut notwendige Ergänzung.

II

Von Anfang an bestanden im Islam drei Hauptprinzipien der Legitimität (nicht immer friedlich) nebeneinander; die Bindung an das Buch, die heilige Führung und die Einigkeit der Gemeinschaft, wobei ihren gebildeten Mitgliedern besonderes Gewicht zukam. Die politischen Konflikte der ersten Generationen von Muslimen betrafen denn auch die Frage, welchem dieser Prinzipien der Vorrang oder ein besonderer Nachdruck verliehen werden sollte – der Offenbarung des göttlichen Wortes, der göttlichen Wahl des Boten und anschließend seines Stellvertreters oder der inspirierten Übereinstimmung der erleuchteten Gemeinschaft oder wenigstens ihrer gebildeten und schreibkundigen Führer. Grob gesagt, werden die Verfechter der göttlichen Wahl Schi'iten, die Anhänger des Konsensus Charidschiten genannt, und der Sunnismus stellt einen Kompromiß dar, in dem die Bindung an das Buch und der Konsensus der Gebildeten betont, in Anpassung an die Praxis aber auch die Nachkommen des Propheten durch einen besonderen Status anerkannt werden. Diese frühen Konflikte sind reich dokumentiert und in den Köpfen der gebildeten Muslime lebendig. Spätere theologisch-politische Konflikte werden allgemein im Sinne der frühen gesehen. Auch die ungebildeten Muslime sind gewöhnlich mit diesen Konflikten sehr vertraut, und die Schi'iten erleben sie jährlich in Form von Ritualen und Passionsspielen immer wieder von neuem.

Diese frühen Kämpfe erzeugten schließlich (oder lieferten jedenfalls die Sprache für) die hauptsächlichen Sektenspaltungen im Islam. Der Schi'ismus läßt sich im Grunde dadurch definieren, daß er der heiligen Führung den Vorrang gewiß vor dem Konsensus und in einigen Fällen (obwohl dies auf Chomeini sicher nicht zutrifft) sogar vor der Schrift gibt. Weitere hervorstechende Züge des Schi'ismus sind die Betonung des Märtyrertums (mindestens einer der frühen gottgewählten Herrscher wurde von seinen Feinden getötet), der blutigen Rache für die Märtyrer und die Rechtfertigung der Verstellung, solange man unter illegitimen, obwohl muslimischen Herrschern lebt. Während die illegitimen Herrscher weiter regieren, gebührt wahre Autorität nur den mit einem absoluten Status und mystischen Eigenschaften begabten Imamen, die aber größtenteils verborgen, inkognito, in einem Zustand der ›Okkultation‹ sind. Sekten innerhalb des Schi'ismus unterscheiden sich teilweise danach, *wann* und *ob* die Okkultation stattfand. Sie haben verschiedene Vorstellungen darüber, in welcher Generation genau der Imam in die Verborgenheit ging oder sich von der muslimischen Hauptgemeinschaft entfernte. Eine extreme Spielart behauptet sogar, daß dies überhaupt nicht geschah und die göttliche Inkarnation leibhaftig unter uns weilt. Neben seiner Göttlichkeit schmückt sich das Geschlecht der Imame heute mit einem Harvard-Diplom.

Der Schi'ismus war anfangs eine Religion der unterdrückten oder benachteiligten Glieder der Gemeinschaft, die einen gemarterten und besiegten Herrscher verehrten, und an den meisten Orten, wo sich der Schi'ismus findet, ist er weiterhin die Religion der Unterprivilegierten. Sogar mehr noch als das frühe Christentum ist er in seinen Ideen eine Religion der politisch Enteigneten. Daher sieht er sich theoretischen Schwierigkeiten gegenüber, wenn er Macht erlangt, obwohl die Schi'iten dem Machterwerb ebensowenig abgeneigt sind wie die Christen. Eine Weise, mit der Macht umzugehen, ist der Krypto-Sunnismus im Stile Chomeinis: Dem göttlichen Recht allein wird politische Autorität zugesprochen. In Abwesenheit des göttlichen Imams soll das Recht durch die Gelehrten vollzogen werden. In der Vergangenheit hatten die Gelehrten niemals solche Macht, denn die politische Autorität war von der Stammesführung abhängig, und die Gelehrten mußten sich dieser anpassen. Eine Hierokratie war nicht durchführbar. In unserer Zeit konnten sie zum erstenmal selbst Macht gewinnen, ohne Stammesführern für Unterstützung verpflichtet zu sein. Zur Ausübung der Macht brauchen sie fast niemanden sonst; zu ihrer Erlangung allerdings brauchten sie die Hysterie des Märtyrertums, die im Schi'ismus immer latent vorhanden ist und durch Rituale und Passionsspiele nahe dem Siedepunkt gehalten wird.

Der Iran bildet eine Ausnahme in der schi'itischen Welt. Seit dem 16. Jahrhundert ist der Schi'ismus nicht nur die offizielle, sondern auch sozusagen die definierende Religion der Perser. Ein nichtschi'itischer Perser ist wie ein nichtkatholischer Pole, ein nichtkatholischer Kroate oder ein nichtorthodoxer Serbe ein Widerspruch in sich. Es ist verlockend, darüber zu spekulieren, ob der Schi'ismus mit seiner Tendenz, die wahre Legitimationsquelle als verborgen und suspendiert und die sichtbare politische Ordnung als böse und illegitim zu sehen, nicht einen tiefen dualistischen

Wesenszug in der iranischen Seele anspricht, ob er nicht in muslimischen Begriffen den manichäischen dualistischen Glauben gleichsam wiederbelebt, der in der vor-muslimischen persischen Geschichte so deutlich hervorgetreten war. Eine solche Spekulation müßte natürlich erklären, warum dieser Wesenszug so viele Jahrhunderte unterdrückt blieb.

Was uns jetzt interessiert, sind jedoch nicht die Ursprünge, sondern die Bedeutungen der Schi'a-Vision. Diese Bedeutungen sind auf eine tiefgehende, unausweichliche und hartnäckige Weise unbestimmt, ja ambivalent. Verschiedene Wissenschaftler, wie Nicki Keddie, Yann Richard, Said Arjomand, Shabrough Akhari, A H Hairi und andere, haben dies untersucht. Der Schi'ismus enthält in seinem Kern einen, man kann es nicht anders nennen, politischen Mystizismus und Absolutismus. Die übliche muslimische Nomokratie wird mit einem Messianismus verknüpft und obendrein durch die Tatsache kompliziert, daß der göttliche Messias sich verborgen hält.

Unter der alten Ordnung, als allenfalls Stammesrevolten, nicht aber städtische Frondeure eine Regierung zu stürzen vermochten, konnte der Märtyrerkult in den Städten den Unterdrückten zwar einen Ausweg bieten, aber er barg keinen politischen Sprengstoff. Revolutionen brauchten eine Stammesbasis, und die Gelehrten, die eine Erhebung legitimierten, mußten sich mit der Rolle des Ratgebers für einen Stammesführer begnügen. Aber unter den Verhältnissen der Modernisierung erlangt der Märtyrerkult sehr wohl ein explosives revolutionäres Potential, zumal er durch den Groll der vom ökonomischen Fortschritt Vernachlässigten gegen dessen Nutznießer weitere Nahrung erhält. Die großen Nutznießer des Ölreichtums verhielten sich verächtlich und gleichgültig und damit notwendigerweise unislamisch, und so konnte sich Neid leicht als Frömmigkeit und Rechtschaffenheit darstellen.

All dies kam Chomeini zugute. Der schi'itische Märtyrerkult ist, anders als der christliche, frei von jedem Pazifismus; und anders als im Marxismus, ist der Märtyrer eine konkrete Person, nicht eine abstrakte Klasse. All dies verleiht dem Symbol sehr viel mehr Macht. (Der Kult des Märtyrer-Imams Hussein ähnelt einer Art umgekehrtem Madonnenkult. Bei den unterprivilegierten schi'itischen Frauen geraten seine Rituale hysterisch und offen sexuell.)

Wenn der Islam im allgemeinen zwischen dem Doktor und dem Heiligen ausgespannt ist, so der Schi'ismus im besonderen zwischen dem Juristen und dem Märtyrer. Die Märtyrer, und die Erinnerung an sie, haben schließlich die Juristen auf den Gipfel der Macht befördert. Dort predigen sie die Souveränität des Rechts, und die Märtyrer, obgleich hoch verehrt, sind, um es geradeheraus zu sagen, pensioniert. Dies ist eine Regierung nicht von Imamen, sondern von Juristen.

Wie der übrige Islam, so sieht auch der Schi'ismus als eine der eigentlichen Aufgaben des Glaubens die Regulierung des ganzen sozialen Lebens an; aber anders als der übrige Islam legt er die Durchsetzung der gottgewollten sozialen Ordnung nicht endgültig in die Hände von gewöhnlichen Menschen, die bloß wegen ihres Eifers und Wissens ausgewählt sind, sondern in die Hände von (letztlich) quasi-göttlichen Wesen:

»In fact, according to the traditions that have been handed down to us, the Most Noble Messenger and the Imams existed before the creation of the world in the form of lights situated beneath the divine throne; they were superior to other men even in the sperm from which they grew and in their physical composition.« (*Islam and Revolution,* S. 64)

Dies würde zu einer sonnenklaren politischen Situation führen, wären nur diese Imame anwesend und identifizierbar. Alle Macht den Imamen, möchte man dann sagen, und es könnte keine bestrittene Legitimität mehr geben. Aber, ach, die Imame weilen vielleicht und oft gewiß im Verborgenen, und man weiß, daß sie sogar schlimmere Schmach erlitten haben:

»For we know that our Imams were sometimes subject to conditions which prevented them from pronouncing a true ordinance; they were exposed to tyrannical and oppressive rulers who imposed *taqiya* (dissimulation) and fear upon *them.*« (*Islam and Revolution,* S. 71)

Ein Strahlenglanz, zu hell für Erzengel Gabriel und geeignet, ihn zu versengen, wenn er zu nahe käme, war nicht hell genug, um die Tyrannen dieser Welt einzuschüchtern. Sie scheinen aus härterem Stahl als Gabriel. Was ist in dieser Lage zu tun? Mit den Worten Chomeinis:

»Now that no particular individual has been appointed by God ... to assume the functions of government in the time of Occultation, what must be done? Are we to abandon Islam? Do we no longer need it? Was Islam valid for only two hundred years? Or is it that Islam has clarified our duties in other respects but not with respect to government?« (*Islam and Revolution,* S. 61)

Es gibt eine Anzahl von Möglichkeiten:

1) Völlige Passivität und Rückzug aus einer bösen und illegitimen sozialen Ordnung, während man auf die Wiederkehr der legitimen Ordnung wartet.

»Moslems are forbidden to seek redress of their grievances from the executive or judiciary of improperly constituted governments. They are forbidden to have legal recourse to kings or other despotic administrations ... even if they have the legal rights to defend.« (*The Little Green Book,* S. 29)

2) Widerwillige Zusammenarbeit mit der weltlichen Macht, vorausgesetzt, daß sie die göttliche Ordnung nicht verletzt.

3) Aktive Unterstützung des schi'itischen Herrschers, wenn er auch nicht *der* Imam ist.

4) Eine förmliche und kompromißlose Bestätigung der Idee, daß das politische Wächteramt während der fortdauernden Okkultation des Imams ausschließlich in den Händen der Religionsgelehrten liegen soll, und ein festes Bestehen auf ihrer Pflicht, durch politisches Handeln eine Situation herbeizuführen, in der ihnen dieses Wächteramt gewährt wird. Damit ist jede verbleibende politische oder militärische Behörde zu einem einfachen ausführenden Organ im Dienste der legitimen Geistlichkeit herabgesetzt und jede andere Regierungsform für illegitim erklärt. Wie Algar es in einer Fußnote ausdrückt:

»... in the absence of the Imam or an individual deputy named by him ... the task [of government] devolves upon the *Fuqaha* [clerics] as a class.« (*Islam and Revolution,* S. 154)

Der eigentliche Grund für Chomeinis Stellung ist, daß die inneren Ambivalenzen und Spannungen der schi'itischen Theologie im Zusammenhang mit der jüngeren sozialen und politischen Entwicklung im Iran Chomeini am Ende in eine kompromißlose Version von 4) trieben und ihn in die Lage versetzten, sie tatsächlich zu verwirklichen. Es kann keine Rede davon sein, daß die Muslime, Schi'iten, Iraner oder gar Chomeini selbst *immer* und ununterbrochen Anhänger dieser Position waren. Die meiste Zeit waren sie es nicht. Nicht nur die Geschichte des Islams, sondern auch die Geschichte des Schi'ismus ist, wenn er sich nicht gerade in der Lage des Unterlegenen befand, überwiegend monarchisch. Chomeini hat in Wirklichkeit eine neue Position entwickelt, die sunnitische Rechtsverehrung und Diesseitigkeit mit schi'itischer

Unnachgiebigkeit und Absolutheit verbindet, aber ohne die schi'itische Tendenz, der gegenwärtigen politischen Welt zu entsagen. Das Endergebnis: eine Republik der geistlichen Juristen. Ironischerweise war es die schi'itische Geistlichkeit selbst, die den Vater des abgesetzten Schahs dazu gedrängt hatte, die Monarchie einzuführen, aus Furcht vor der Alternative, nämlich einer kemalistischen Republik. Erst heute ist Chomeini unzweideutig fundamentalistisch/republikanisch geworden und erklärt die Monarchie für unislamisch. Wieweit und in welchem Geist Chomeini im Laufe seiner intellektuellen und politischen Entwicklung die anderen Positionen durchmachte, ist eine Frage, zu der uns hoffentlich Algar in seiner bald erscheinenden Biographie des Imams gesicherte und genau dokumentierte Auskünfte geben wird.

In die vorliegende Sammlung hat Algar z. B. eine Rede aufgenommen, die 1963 in einem Lehrzentrum in Qum gehalten wurde. Es war eine unglaublich mutige Rede. Aber so trotzig und anmaßend gegenüber dem Schah sie auch war, enthält sie interessanterweise doch nur die Bitte, daß er sich *bessere* (»I don't want you to become like your father. Listen to my advice, listen to the scholars of Islam ... don't listen to Israel ...«), *nicht* die Aufforderung, seine Stellung aufzugeben und die Monarchie selbst abzuschaffen. Da der Ton der Rede geeignet war, Chomeini in jedem Fall in Schwierigkeiten zu bringen, wie es in der Tat geschah, hätte er ebensogut gleich die Monarchie als solche für illegitim erklären können, wenn er das zu jener Zeit schon geglaubt hätte. Ob man wegen seines abstrakten Republikanismus gehängt wird oder wegen des Ausrufs, der Schah sei ein »elender Lump« (der von ihm zitiert wird), läuft auf dasselbe hinaus. Es ist schwer vorstellbar, daß der Sawak den feinen Unterschied zwischen einer bösartigen Schmähung des Königs der Könige und einer abstrakten anti-monarchistischen Theorie vollzogen hätte. Einige spätere Bemerkungen, die Chomeini nach der Revolution über die Legitimierung der Regierung durch das Volk machte, tragen einen Hauch von Rousseau an sich (S. 255), sie erinnern an Jean-Jacques' Aussprüche über die zeitweilige Außerkraftsetzung der Volkssouveränität zwischen den Wahlen in England. Aber für Chomeini ist der Souverän natürlich das Göttliche, nicht der Allgemeine Wille. Der Allgemeine Wille kann zwar die Exekutive wählen, aber er kann sich nicht für die Zukunft festlegen noch die

Herrschaft dauernd delegieren. Er müßte, wie es scheint, permanent tagen. Und er kann niemals Gesetze erlassen: Diese Funktion ist der Gottheit vorbehalten.
Die grundlegende moralische Einsicht der Hauptströmung des sunnitischen Islams ist die Göttlichkeit des Rechts: einzigartig, ewig, das unerschaffene Wort Gottes. Dem entspricht die Vorstellung, daß es unzulässig, sündhaft ist, etwas Weltliches als göttlich zu verehren: Anthropolatrie sowie Idolatrie sind *ausgeschlossen*. Der orthodoxe Sunnismus macht gewisse milde Zugeständnisse, indem er den (vermutlich sehr zahlreichen) Nachkommen des Propheten steuerliche und politische Vorrechte verleiht, aber diese vergleichsweise bescheidenen Respektsbezeugungen halten sich von Vergöttlichung entschieden fern. Der Schi'ismus dagegen begabt gewisse Persönlichkeiten mit einem quasi-göttlichen Status. Der emotionale Aspekt dieses Elements wird dadurch gesteigert, daß einige dieser Persönlichkeiten auch Märtyrer sind, aber dessen politische Bedeutung ist durchaus unklar – für die meisten Unterabteilungen des Schi'ismus sind und bleiben diese heiligen Führer verborgen, und es gibt keine klaren Hinweise darauf, wann die Okkultation endet.
In den volkstümlichen Spielarten sowohl des sunnitischen wie des schi'itischen Islams ist die Heiligkeit weit gestreut, da sie vielen kleinen, toten und lebenden Heiligen zugesprochen wurde. In beiden Traditionen ist diese alte Vermehrung oder Inflation des Heiligen in der letzten Zeit ernsthaft angegriffen und reduziert worden, und zwar unter dem Einfluß einer Reformbewegung, der die veränderten sozialen Verhältnisse zugute kommen: Die autonomen ländlichen Gemeinschaften, die ihre kleinen Heiligen als Schiedsrichter oder Führer benutzten und nötig hatten, sind selbst durch den erstarkten modernen Staat sehr geschwächt worden.
Aber im Schi'ismus steht die Anthropolatrie trotzdem immer noch *im Mittelpunkt*, sie wird auf die bedeutenden Märtyrergestalten angewandt und von der hohen Theologie der Sekte sanktioniert. Während also der sunnitische Islam das Recht verabsolutiert, enthält der schi'itische Islam eine Verherrlichung *sowohl* des Rechts *als auch* gewisser Personen. Er ist so ein doppelt absolutistischer Glaube. Der innere Grund für Chomeinis Stellung ist der, daß die Verabsolutierung des Rechts bis zu dem Punkt betont und vorangetrieben wurde, an dem die heiligen Imame, ohne

daß sie abgelehnt würden, logisch überflüssig werden. Wenn das Recht einen derartigen Status erlangt, ist die offensichtliche politische Entsprechung eine göttliche Nomokratie, die von Juristen-Theologen verwaltet wird. Der Sunnismus ist anomal, wenn die Muslime der politischen Macht beraubt werden; der Schi'ismus wird anomal, wenn Schi'iten Macht erlangen, weil sie sie dem Absoluten übergeben sollten. Seine fortdauernde Okkultation bedeutet eine Verlegenheit. Chomeini hat einen Ausweg aus der Anomalie gefunden, nicht auf die alte Weise (Hinnahme der Monarchie auf Zeit), sondern dadurch, daß er die sunnitischen Elemente der Theologie betont und die Macht der Geistlichkeit vorbehält, während das *Warten auf den Imam* weitergeht.

Die sunnitischen Ulema waren jedoch nicht in der Lage, sich eine Stellung zu sichern, wie sie von ihrer Theologie vorgesehen ist, und begnügen sich in der Praxis damit, über der Orthodoxie einer andersartigen politischen Autorität zu wachen, der sie ohne Widerstreben in klerikalen, administrativen und richterlichen Funktionen dienen. (Im Iran gab es, wie Said Arjomand gezeigt hat, eine gewisse Polarisierung zwischen den populistischen und den bürokratischen Ulema.) Dies gilt ebenso für die moderne Zeit in den Ländern, wo der Fundamentalismus die Oberhand gewann, wie für die Vergangenheit. Die Schi'iten dagegen können sich feindlichen Machthabern anpassen, und in ihrer Lehre besitzen sie die Werkzeuge, eine solche Anpassung zu erklären: Schließlich ist ja der einzige legitime Herrscher, der Imam, nicht da und hält sich verborgen. Aber wenn sie Macht erlangen und der Imam ist *immer noch* verborgen, stehen sie vor einem Dilemma.

Ironischerweise haben die schi'itischen Ulema nun endlich die große Macht erlangt, die in einer Tradition der Rechtsverehrung den Rechtsgelehrten rechtmäßig zusteht – obgleich sie ja bei ihrer Auffassung, daß nur Verborgene Imame wirkliche und absolute Legitimität besitzen, logischerweise weniger Anspruch darauf haben ... Im Sinne ihres Denkens können und wollen sie jene Macht nur als Sachwalter beanspruchen, solange der Imam verborgen bleibt. (Sie mögen aber auch unversehens der Blasphemie nahekommen, daß sie das Imamat für einen aus ihrer Mitte beanspruchen.) Konkret konnten sie die Macht ergreifen, gerade weil die mit den Imamen verbundenen Märtyrermythen sich als hervorragend wirksam bei der Mobilisierung von Massen für das höchste Opfer in gewaltigem Maßstab erwiesen, wodurch die

Revolution ermöglicht wurde. Aber wenn sich die Revolution durchsetzt, müssen die Märtyrer den Juristen weichen. Eine weitere Ironie liegt in der Tatsache, daß die schi'itischen Ulema erst in diese Lage kamen, als sich der Inhalt ihrer Theologie schon auf den Sunnismus zubewegte, als das göttliche Recht eher mehr Gewicht erhielt als die göttlichen Personen. Das Paradox läßt sich leicht aufklären: Die lebendig gebliebenen Elemente der Schī'a waren entscheidend für revolutionäre Leidenschaft und Opferwillen, während die sunnitische Beimischung sie mit Legitimation und Inhalt versieht, wenn die Macht erst erreicht ist; außerdem ist die sunnitische Komponente *sowohl* der Abwesenheit des Imams *als auch* verschiedenen ausgesprochen modernen Zügen ihrer eigenen Welt gut angepaßt.

III

Unter den vorindustriellen Weltreligionen zeichnet sich der Islam dadurch aus, daß er auf die Massen wie auf die Eliten einen einzigartigen politischen Einfluß behalten hat. Dies gilt für den Islam im allgemeinen, nicht nur für den Schi'ismus. Aber die iranische Revolution kann nicht einfach als ein weiteres Beispiel für diese bemerkenswerte Macht begriffen werden. Die iranische Situation weist zwei eng aufeinander bezogene Paradoxe auf. Das erste ist dies: Die fortdauernde oder wachsende Macht des Islams ist auf Züge zurückzuführen, die im Schi'ismus *am wenigsten* hervortreten. Warum sollte dann dem Schi'ismus die spektakulärste aller Revolutionen gelingen? Warum sollte gerade unter seinem Einfluß eine militärisch und finanziell intakte, ja reiche Regierung von Aufständischen gestürzt werden, die mittels ihrer Bereitschaft, ein gewaltiges Millionenmartyrium zu ertragen, eine ungeschlagene, äußerst zahlreiche, gut gedrillte und gut ausgerüstete Armee überwältigten?
Das andere Paradox ist das folgende: An anderen Stellen, wo der Fundamentalismus Einfluß gewann, ist seine Macht indirekt und entspringt dem moralischen Druck, den die Geistlichen auf die Inhaber der Zwangsgewalt ausüben. Die Machthaber sind entweder Nachfahren von Eroberern aus bestimmten Stämmen, die unter vor-modernen Verhältnissen emporkamen, durchaus mit religiöser Inspiration und religiösem Segen – etwa die Nachkom-

men der Wahhabiten in Zentralarabien oder der Fulani-Anhänger des Osman dan Fodio in Nordnigeria –, oder sie sind Technokraten und Soldaten, erfolgreiche muslimische Dekabristen, die es verstehen, einen Staatsstreich oder einen Revolutionskrieg zu führen, wie in Libyen oder Algerien. Die Anhänger des fundamentalistischen Revivalisten Ben Badis in Algerien z. B. ermöglichten zwar die algerische Revolution, indem sie das moralische Klima bereiteten, aber die Revolution selbst wurde nicht von Geistlichen gemacht oder angeführt. Eine erfolgreiche direkte klerikale Führung scheint es einzig im Iran zu geben, sonderbarerweise ausgerechnet im Schi'ismus, der in vielen Hinsichten vom Geist der islamischen Reformation der vergangenen hundert Jahre am weitesten entfernt ist. Wie ist es dazu gekommen?

Der Grund, warum der reformierte Islam in letzter Zeit so einflußreich ist, liegt darin, daß er gewisse auffällige Züge aufweist – strengen Unitarismus, Nüchternheit, Planmäßigkeit, Bindung an die Schrift, die Gleichheitsidee –, die mit den organisatorischen und ideologischen Anforderungen im Zeitalter der Industrialisierung in Einklang stehen. In der schwierigen Situation der Rückständigkeit ist den Muslimen nicht, wie anderen, das schmerzliche Dilemma aufgezwungen, entweder den kolonialen Feind nachzuahmen und dadurch ihre eigene Tradition und Identität zu verraten oder eine populistische Gegentradition zu erfinden. Stattdessen können sie sich einer alten ansässigen Tradition, der Hochkultur des Islams, zuwenden und sich so selbst definieren und reformieren im Namen von wahrhaft einheimischen und quasi-modernen Glaubensinhalten und Werten, wobei sie dem Westen sichtbar nichts schulden und gleichzeitig einen großen Teil ihrer auf Gewohnheit beruhenden niederen Kultur verwerfen können. Aber der Schi'ismus, in dem der Kult der Persönlichkeit verhältnismäßig stärker und der Kult der göttlichen Nomokratie entsprechend schwächer ist, paßt auf dieses Modell sehr viel weniger als die Hauptströmung des Islams, der Sunnismus. Warum spielte er dann aber am Ende eine so glänzende Rolle als Katalysator und Mobilisierungsfaktor?

Die Erklärung zerfällt in zwei Teile. Der eine bezieht sich auf den Schi'ismus als solchen, der andere auf den Schi'ismus in der Form, wie ihn Chomeini vertrat und schließlich anführte. Der schi'itische Kult der Persönlichkeit und des Märtyrertums veranlaßt die Gelehrten, oder einige von ihnen, wirksamere Verbindungen mit den unreformierten Massen aufrechtzuerhalten, als es die sunnitischen Geistlichen vermögen. Die schi'itischen Ulema sind nicht bloß Fachleute auf dem Gebiet des Rechts (kundig in der Frage, wie man mit einem zur Sodomie benutzten Kamel verfährt und bei genau welcher Tiefe der Penetration eine Waschung erforderlich ist), sie sind auch und in gleichem Maße berufsmäßige und sachkundige Biographen des Gründungsmärtyrers, die unablässig ein hochpersonalisiertes Vorbild heraufbeschwören und mit der Erinnerung an seine Geschichte rechtschaffene Entrüstung wecken. Sie sprechen nicht nur durch Worte und Texte, sondern auch durch die lebendigen und eindrücklichen jährlichen Passionsspiele, durch die Symbolik eines alten blutigen Unrechts, die sich leicht mit gegenwärtiger Unzufriedenheit in Verbindung bringen läßt.

Mit anderen Worten, sie sprechen in einer Sprache, die weitaus aufrüttelnder und bewegender ist, als es die bloße Beschäftigung mit den Feinheiten des Rechts jemals sein kann, selbst wenn sie sich auf intime physiologische Funktionen bezieht. Darüber hinaus wird die ständig wachgehaltene Erinnerung an die Märtyrer von einer ebenso lebendigen und ganz unzweideutigen, nachdrücklichen Botschaft begleitet, nämlich daß die Märtyrer blutig gerächt werden sollen und müssen und daß der Tyrann sehr wohl selbst Muslim sein kann. Wegen der großen Ambivalenz gegenüber der weltlichen Macht, die im Schi'ismus stärker und tiefer ist als im Sunnismus, erscheint es für schi'itische Gelehrte eher folgerichtig, sich die Rolle des Revolutionsführers zu geben oder geben zu lassen.

Das ist der eine Teil der Antwort. Die andere Hälfte ist in der besonderen Entwicklung zu suchen, die von Chomeini repräsentiert und von Algars Sammlung seiner Schriften sehr gut dokumentiert wird. Es wurde schon gesagt, daß Chomeini der sunnitischste der schi'itischen Theologen ist, ja, man kann soweit gehen zu sagen, er sei ein positiv charidschitischer Schi'it. Das war einst ein Widersinn, aber nun hat die Zeit es bestätigt. Der egalitäre Republikanismus, die auf der Schrift fußende Nomokratie, ist am Ende von Chomeini sehr weit getrieben worden. In dem häufiger vertretenen Schi'ismus ist die Nomokratie oder Hierokratie bloß eine Art provisorische Regierung, bestenfalls eine Interimsherrschaft von Sachwaltern, nur so lange legitim, wie die Menschheit auf das Ende der Okkultation und die Rückkehr des verborgenen Imams wartet. Aber nicht für Chomeini: Das Recht muß *zu allen Zeiten,* ob Okkultation oder nicht, in immer gleicher Form, Manier und mit unverminderter Strenge aufrechterhalten werden. Die Gerechtigkeit nehme ihren Lauf, auch wenn die Himmel einstürzen, ohne Rücksicht darauf, ob der Imam an- oder abwesend ist. Und Gerechtigkeit bedeutet, ein unwandelbares Recht durchzusetzen.

»The Law has not been dead
Though it hath slept.«

Wenn es dem Imam beliebt, aus der Okkultation zurückzukehren, oder er noch nicht dorthin aufgebrochen ist – ja, dann verdoppelt er sich einfach zu dem mystischen absoluten Imam *und* dem gelehrten Rechtswalter; aber dies ist nichts weiter als eine zufällige Personalunion, eine bloß historische Überlagerung von zwei Rollen. Die beiden Rollen haben keine innere oder notwendige Beziehung zueinander.

»The authority that the Prophet and the Imam had in establishing a government ... exists also for the *faqih* [lawyer/theologian].
The Imam does indeed possess certain spiritual dimensions *that are unconnected with his function as a ruler.*« (*Islam and Revolution,* S. 64, Hervorhebung von mir)

Klar und ausdrücklich wird hier die politische Einsicht des Schi'ismus – der Herrscher als heilige, quasi-göttliche Person – durch den anderen Pol innerhalb des Islams ersetzt. Dort steht die Lehre, daß das ewige, göttliche Recht von *jedem,* sei er quasigöttlich oder nur gebildet und fromm, ordnungsgemäß eingesetzt werden kann. Die Regierung ist die Durchsetzung des ewigen, göttlichen Rechts und nichts anderes. Sollte sie zufällig mit etwas anderem zusammenfallen, einer beinahe-göttlichen Inkarnation, so ist dies eine Vereinigung von zwei verschiedenen Dingen, aber sie verändert nicht das Wesen jedes einzelnen der beiden. Also verbirgt sich Sunnismus unter dem Mantel des Schi'ismus. In einem gewissen Sinne wird die Regierung durch diesen Gedanken abgewertet. Regieren ist eine notwendige Aufgabe, aber kein Wert an sich:

»Rule and command, then, are in themselves only a means ...

Some people, whose eyes have been dazzled by the things of this world, imagine that leadership and government represented in themselves dignity and high station for the Imams ...

It is the duty of the Imams and the just *fuqaha* to use government institutions to execute divine law ... Government in itself represents nothing but pain and trouble for them, but what are they to do?« (*Islam and Revolution*, S. 65 f.)

Falls es jemanden gibt, der immer noch töricht genug ist zu glauben, es bestehe eine innere Beziehung zwischen dem besonderen mystischen Zustand der Imame und dem Regieren, so soll er eines Besseren belehrt werden:

»... Fatima also possessed these states, even though she was not a ruler, a judge, or a governor.« (Ebd., S. 65)

Der mystische Status der Tochter des Propheten wird nicht bestritten: Aber offensichtlich könnte niemand, der bei Verstand ist, jemals auf die Idee kommen, daß eine Frau regiert. Dieser Beweis der analytischen Trennbarkeit von politischer Herrschaft und mystischem Rang, die nach der herkömmlichen schi'itischen Meinung so nahe beieinander liegen, könnte kaum schlagender sein.

Mit anderen Worten, Chomeinis Theologie bildet, obwohl dem Namen nach und in einigen Inhalten schi'itisch, doch kein Gegenbeispiel für den im Islam zu beobachtenden allgemeinen Trend der vergangenen hundert Jahre, die umfassende Verschiebung zu dem Pol des Glaubens, an dem Symmetrie, Gleichheitsidee, Regelorientierung, Bindung an die Schrift, Ablehnung jeder Vermittlung und Abkehr von der Ekstase stehen.

Dieser Aspekt seines Denkens, der Angriff auf die alten religiösen Makler, die Netzwerke der göttlichen Patronage (ein zentraler Punkt des neuen muslimischen Reformismus), wird in diesem Band gut dargestellt. Chomeini berichtet, wie er zu seinen Anhängern gesprochen hat:

»Before anything else, you must decide what to do with these pseudo-saints. As long as they are there, our situation is like that of a person who is attacked by an enemy while someone else keeps his hands bound behind him.« (Ebd., S. 142)

Darin ist die übliche Beschuldigung enthalten: daß die ›Heiligen‹ wissentlich oder unwissentlich Handlanger des imperialistischen Feindes sind.

»... we must advise these pseudo-saints and try to awaken them ...

If our pseudo-saints do not wake up ... after repeated admonition ... it will be obvious that the cause ... is not ignorance, but something else.

Then, of course, we will adopt a different attitude towards them.« (Ebd., S. 142 f.)

Die Heiligen müssen korrigiert und veranlaßt werden, sich zu bessern; die Imame sind zu verehren, aber was die Tätigkeit des Regierens betrifft, sind sie eine Art fakultatives und beinahe irrelevantes Zusatzelement. (Da sie im Verborgenen weilen, ist der Punkt sowieso ein bißchen hypothetisch.) So bleibt nur die Geistlichkeit als die alleinige Erbin der rechtmäßigen Herrschaft übrig, und weltliche Geschäftsträger müssen ihr gehorchen. Dies ist der wesentliche Gehalt von Chomeinis politischer Philosophie.

Am Ende von Algars Band findet sich auch eine Anzahl von Chomeinis philosophisch/mystischen Schriften, die sich von seinen politischen unterscheiden. (Man sollte sie nicht theologisch nennen, insofern in diesem System die Theologie Politik und Philosophie gleichermaßen umfaßt.) Sie sind von beträchtlichem Interesse und Wert. Sie zeigen uns einen weiteren Aspekt Chomeinis, einen Mann, ebenso kohärent und leidenschaftlich wie der, der – ob Imam oder nicht – für die Beibehaltung schwerer und unverminderter Bestrafung eintritt oder sich in die minutiöse Beherrschung physiologischer Funktionen versenkt. Hier begegnen wir einem Philosophen und Mystiker von beachtlicher Stärke, in dessen Denken rationale und überrationale Appelle zu einem überzeugenden, tief empfundenen und kraftvoll ausgedrückten Ganzen vereinigt sind.

Anselm von Canterbury, Descartes und der Neoplatonismus klingen in Chomeinis Gottesbeweisen an. Sowohl ontologische wie kosmologische Gottesbeweise werden angeführt. Die ersteren gelangten vermutlich von Avicenna, der eine Version davon formuliert hatte, zu Chomeini.[3] Betrachten wir die folgende Passage:

»... God is a being that is infinite, that possesses the attributes of perfection to an infinite degree, and that is subject to no limitation. A being that is unlimited in this manner cannot be contingent ... If there is no limitation in the existence of a thing, then, reason dictates that it cannot be other than the absolute and necessary being ...« (Ebd., S. 368)

Dies wird mit einer negativen oder Mangeltheorie des Bösen (und also einer Lösung für das Problem des Bösen) kombiniert, die an Spinoza erinnert.

»... all things that exist have two aspects: an aspect of existence and an aspect of deficiency. The aspect of existence is light: it is free from all deficiency and pertains to God. The other aspect, the negative aspect or that of deficiency, pertains to us. Now no one can praise the negative; it is only the affirmative – existence and perfection – that can be praised. There is only one perfection in the world and that is God, and there is only one beauty and that is God. We must understand this, and understand it with our heart.« (Ebd., S. 373)

Daraus leitet Chomeini legitimerweise und ausdrücklich die Lehre ab, daß Gott das Monopol auf jedes berechtigte Lob besitzt:

»You imagine that you are praising someone's handwriting, but in reality you are praising God.« (Ebd., S. 380)

Es ist schwer, sich der Überlegung zu enthalten, daß man leicht, wenn man nur Chomeinis Theodizee mit seiner Politik zusammenfügt, einen zwingenden Beweis für die Nicht-Existenz sowohl Israels wie der USA aufstellen kann. Hier wäre der Wunsch der Vater der Gedankenführung, obwohl es keinen Zweifel daran geben kann, daß der Imam diese Nicht-Existenz auch in einem konkreteren und empirischen Sinne durchsetzen würde, hätte er nur die Macht.
Aber die rationalistischen Elemente sind mit einer Art spezifisch muslimischer semantischer Mystik untrennbar verwoben:

»A name is a sign. Names are given to people and assigned to things in order to provide them with a sign by which they can be recognised ... The names of God are also signs, signs of His Sacred Essence; and it is only His names that are knowable to man. The Essence Itself is something that lies totally beyond the reach of man, and even the Seal of the Prophets, the most knowledgeable and noble of men, was unable to attain the knowledge of the Essence. The Sacred Essence is unknown to all but Itself. It is the names of God that are accessible to man.
The whole world is a name of God, for a name is a sign, and all the creatures that exist in the world are signs of the Sacred Essence of God Almighty. Here some people may reach a profound understanding of what is meant by ›signs‹, while others may grasp only the general meaning that no creature comes into existence by itself.« (Ebd., S. 367)

Interessant an dieser Theologie und Mystik ist, daß sie eine tiefe Spannung enthält, die eine auffallende Parallele zu einem Zug des konkreten sozialen Lebens im Islam darstellt. Das Festhalten an der absoluten Transzendenz der Gottheit macht es zu einer unaussprechlichen Blasphemie, eine Identifikation mit Gott zu behaupten, und bei mindestens einer berühmten Gelegenheit bezahlte ein großer Mystiker eine solche Blasphemie mit dem Leben. Wie diese Passagen belegen, haben aber gleichzeitig die Absolutheitsansprüche, die man für die Gottheit erhebt, die unausweichliche Folge, daß alles in der Welt in »Zeichen«, Emanationen, Aspekte der Gottheit verwandelt wird. So ist der strenge, kompromißlose Transzendentismus der Gefahr ausgesetzt, in eine Art Pantheismus umzuspringen, der doch gleichzeitig von dem Glauben verabscheut wird.

Das konkrete sozio-religiöse Leben der muslimischen Gemeinschaften war herkömmlicherweise von einem ähnlichen Konflikt durchzogen: Die schreibkundigen Gelehrten erhielten einen strengen, auf der Schrift fußenden Transzendentismus aufrecht, während die »Heiligen«, die Derwische und Marabuts, bezeichnenderweise nach göttlichen Ausstrahlungen oder Emanationen *in* der Welt suchten. Das Bedürfnis nach diesen Ausstrahlungen war nicht einfach eine Folge der der Theologie innewohnenden Ambivalenz: es hatte auch weltlichere Grundlagen. Schlecht regierte Gemeinschaften brauchten Führer und Vermittler, und besonders in der Welt der Stämme war kein Platz für Gelehrsamkeit, wohl aber ein großes Bedürfnis nach lebenden ekstatischen Heiligen, die, im Namen der Vermittlung zwischen den Menschen und Gott, zwischen sozialen Gruppen vermittelten.

Jedoch bildet die Verehrung von etwas anderem als Gott die Sünde des *Schirk*. (Obwohl es auch bei härtester Anstrengung unmöglich wird, *Schirk* zu begehen, wenn Chomeinis Gedankengang von dem automatischen göttlichen Monopol auf alles Lob richtig ist: Das Lob steigt automatisch zu Gott auf, selbst wenn es von einem Fehlgeleiteten anderswohin gerichtet war.) Die große Reformation, die der Islam in den letzten hundert Jahren durchgemacht hat, enthält in ihrem Kern einen nicht nachlassenden Angriff auf *Schirk* und die religiösen Makler. Chomeini hat, ungeachtet seines Schiʿismus, zweifellos an dieser Bewegung teil:

»The social environment created by ... *shirk* invariably brings about corruption such as you can now observe in Iran, the corruption termed ›corruption on earth‹. This corruption must be swept away, and its instigators punished for their deeds.« (Ebd., S. 48)

Doch erscheinen manche schiʿitischen Themen, die anthropolatrische Einstellung zu den Imamen und Märtyrern, zumindest

einem Außenseiter als von *Schirk* befleckt. Ironischerweise halfen gerade sie Chomeini, jene wankende Revolution zuwege zu bringen, die sich nun ihrerseits bemüht, den *Schirk* auszurotten. Die tiefe Spannung ist vorhanden, sowohl in der Vision wie in der Sozialordnung.
Zum Schluß scheint es klar, daß der theologische Revolutionär, der rücksichtslos brutale Moralist und Politiker, der scholastische Solon der Badezimmer-Etikette und der kraftvolle Mystiker und Denker ein und dieselbe kohärente Person ist. Sie spiegelt die tiefsten Strömungen und Spannungen der Gesellschaft wider, die ihn hervorgebracht hat und die er nun beherrscht.

Anmerkungen

1 Bantam Books, New York 1980.
2 Übersetzt und erläutert von Hamid Algar. Mizan Press, Berkeley 1981.
3 Vgl. Ron Mottahedeh, *The Mantle of the Prophet*, London 1986, S. 87.

Patricia Crone

Max Weber, das islamische Recht und die Entstehung des Kapitalismus

Webers Rechtssoziologie ist ein Abschnitt in *Wirtschaft und Gesellschaft,* der relativ wenig Diskussion angeregt hat.[1] Das ist nicht überraschend. Recht ist ein technischer Gegenstand, den man am besten den Rechtsgelehrten überläßt, die wiederum dazu neigen, die Soziologie den Soziologen zu überlassen. Von Weber selbst (einem Juristen, der Soziologe wurde[2]) muß man sagen, daß er sein Bestes getan hat, diese Neigungen zu erhalten, indem er seine Theorien in einem allgemeinen Handbuch vergrub, das wegen seiner Unverständlichkeit ebenso bemerkenswert ist wie wegen seiner Gelehrsamkeit.[3] In erster Linie ist die Rechtssoziologie ein Werk für Glossatoren.[4] Es zieht auch Exegeten an, die bestrebt sind, einen durchgehenden Zusammenhang in Webers Denken zu finden oder herzustellen, dabei aber seine Theorien auf einer so erhabenen Ebene entfalten, daß sie nicht mehr viel mit dem Recht zu tun haben.[5] Erdnahe Rechtshistoriker und -soziologen dagegen nehmen Webers Rechtssoziologie überhaupt nicht zur Kenntnis oder beschränken sich bestenfalls auf gelegentliche Kritik an ihren bekannteren Behauptungen und gelegentliche Nutzung ihrer Einzelerkenntnisse, die in Fülle vorhanden sind. Man kann ihnen das kaum vorwerfen: Für einen Nicht-Weberianer ist die Rechtssoziologie nicht nur ein schwieriges, sondern auch alles andere als ein erhellendes Werk. Dennoch bleibt es seit Bodins *De Republica libri sex* einer der anspruchsvollsten Versuche, die Beziehung zwischen Recht und Gesellschaft zu erforschen.[6] Auf diesem Gebiet haben, so scheint es, heutzutage weder Juristen noch Soziologen viel zu bieten,[7] und die Historiker des islamischen Rechts gehören sicherlich zu denen, die Typologien und Entwicklungsschemata für die Einschätzung ihres Untersuchungsgegenstands bitter nötig haben.[8] Es lohnt sich daher, Webers Rechtssoziologie auf ihre Mängel und auf eine mögliche Neuformulierung ihrer Fragen zu untersuchen.

Ihr wesentlicher Mangel (abgesehen von ihrer Unverständlichkeit) besteht darin, daß sie als ein Beitrag zum Problem der westlichen ›Rationalität‹ formuliert ist. Durch Webers ganzes Werk zieht sich Rationalität als das Merkmal, das die europäische Entwicklung von der der übrigen Welt unterscheidet, in seinem ganzen Werk geht es ihm darum, zu erklären, wie und warum diese Entwicklung stattfand. Nirgends jedoch erklärt er genau, was Rationalität ist. Er sagt, dieser Begriff »(schließe) eine Welt von Gegensätzen in sich«.[9] Aber es ist nicht sehr sinnvoll, einen einzigen Begriff für viele verschiedene Dinge zu gebrauchen, wenn diese nicht einen wesentlichen Zug gemeinsam haben – und eben dieser Zug bleibt unbestimmt. Man erfaßt zwar, daß Attribute wie regelgebunden, ordnungsgemäß, systematisch, logisch, rechenhaft, zweckmäßig, verstandeskontrolliert, säkular, unpersönlich, entzaubert, zweck- im Gegensatz zu wertorientiert und so fort dazugehören;[10] aber diese und andere fügen sich bloß zu einer lockeren Beschreibung von Modernität zusammen, nicht zu ihrem Grundzug. Und es ist keineswegs klar, daß die verschiedenen Merkmale, die Weber unter »rational« faßt, alle Ausprägungen eines einzigen Phänomens sind. Kurz, Rationalität ist ein zu unordentlicher Begriff, um als Werkzeug der Analyse zu dienen. Zudem ist es niemals ganz klar, ob er für das Ergebnis der europäischen Entwicklung oder, im Gegenteil, für deren Ursache steht. In der Praxis behandelt Weber ihn sowohl als Ursache wie als Wirkung mit dem Ergebnis, daß er leicht in Zirkelschlüsse verfällt: Rationalität brachte in Europa die Rationalität zur Herrschaft, während anderswo der Traditionalismus ihre Entstehung verhinderte. Aber Rationalität im Sinne von Modernität ging notwendigerweise aus etwas Irrationalem und Vor-Modernem hervor. Was die *Protestantische Ethik* nach wie vor so anziehend macht, ist genau die Tatsache, daß Weber hier vorführt, wie etwas sehr Rationales aus etwas sehr Traditionalem entspringen konnte: Er stellt hier Brot aus Zutaten wie Mehl, Hefe und Wasser her, die, jede für sich, nicht im mindesten wie Brot aussehen. Aber in seinen vergleichenden Arbeiten (einschließlich der Rechtssoziologie) läßt er Brot aus Proto-Brot entstehen.[11] Die großen Zivilisationen werden hier auf den Grad ihrer Regelgebundenheit, Ordnung, Systematisierung und so weiter untersucht, wobei die Annahme leitend ist, daß nicht so sehr traditionale, als vielmehr rationale Züge zusammenkommen müssen, um die moderne Welt entstehen zu lassen. Der nicht überraschende Schluß, daß Rationalität im Sinne von Modernität in der vormodernen Welt fehlte, wird dann zur Erklärung dafür angeführt, daß sich diese Welt nicht zur Modernität entwickelte. Dem Leser kommt keine Erleuchtung. Warum haben die *traditionalen* Ingredienzien außerhalb Europas keine Modernität hervorgebracht? Wenn es also stimmt, daß der Begriff der Rationalität sowohl unordentlich als auch Zirkelschlüssen förderlich ist, sollte man ihn aufgeben. Das Dumme an der Rechtssoziologie ist nur, daß man damit den größten Teil dieses Werkes auch aufgibt.

Eines von Webers Hauptinteressen in der Rechtssoziologie ist es, eine Typologie des Rechts aufzustellen, und er tut dies, indem er Rationalität als Klassifikationsprinzip verwendet. Alle Rechtssysteme und Formen der Rechtsprechung seien entweder rational oder irrational und dies entweder in einem formalen oder in einem materialen Sinn.[12] Ein Rechtssystem ist *formal rational*, wenn es auf allgemeinen Prinzipien gründet, aus denen bei Bedarf alle konkreten Regeln mit rein logischen Mitteln ohne Rücksicht auf außerrechtliche Faktoren, wie soziale, moralische und politische Ziele, abgeleitet werden können. Besteht Rechtsprechung in der Anwendung solcher Regeln unter strenger Berücksichtigung der Rechtslogik und ohne jede Berücksichtigung der konkreten Umstände des Falles, dann ist auch sie formal rational. Formale Rationalität ist im modernen europäischen Recht verwirklicht, zumindest in der Tradition des römischen Zivilrechts. Das rationalste Recht in Europa wurde von den deutschen Pandektisten ausgearbeitet. Im Gegensatz dazu ist alles nichteuropäische Recht nur *material rational*, sofern es überhaupt rational ist. Rechtssysteme sind material rational, wenn sie trotz weitgehender Systematisierung von außerrechtlichen Interessen nicht so frei sind, wie es für das europäische kennzeichnend ist, oder, mit anderen Worten, wenn die Rechtslogik von sozialen, politischen, religiösen oder anderen materialen Interessen überspielt zu werden pflegt. Religiöse Rechtssysteme (wie das islamische Recht) können niemals mehr als material rational sein, weil sie durch Tradition gebunden und an der Aufrechterhaltung heiliger Institutionen orientiert sind: Säkularisierung ist also auch eine Voraussetzung für formale Rationalität. Ähnlich ist die Rechtsprechung material rational, wenn die Anwendung der Rechtsregeln durch außerrechtliche Faktoren beeinflußt wird. Aber sie kann auch *material irrational* oder überhaupt nicht regelgebunden sein. Rechtsprechung, die nicht auf Regeln beruht, ist ›Kadijustiz‹, denn Kadis sind Richter, die jeden Fall in seiner Besonderheit betrachten und ihn danach lösen, was der gesunde Menschenverstand als gerecht und ratsam empfindet (so gehen auch patrimoniale Herrscher, Laien und andere vor). Weber nahm an, daß die Justiz im Islam weitgehend von dieser Art sei.[13] Ungeachtet der Etymologie des Begriffs ist Kadijustiz jedoch nicht ausschließlich mit dem Islam verbunden.[14]

Der noch verbleibende Idealtypus ist *formale Irrationalität.* Er braucht uns hier nicht zu interessieren, obwohl es Elemente im islamischen Recht gibt, die Weber formal irrational genannt hätte.[15] Von allen vier Typen kann man sagen, daß sie zwar unmittelbar bestechen, längerem Nachdenken aber nicht standhalten. Das Klassifikationskriterium verändert seine Bedeutung im Lauf der Klassifikation,[16] und das Schema ergibt zwei in bezug auf Rechtssysteme unmögliche Idealtypen. Einer davon ist hier nicht von Belang.[17] Der andere allerdings hat eine wichtige Bedeutung für uns, da er das Schema für die Aufgabe ungeeignet macht, die Hauptunterschiede zwischen westlichem und islamischem Recht herauszufiltern.[18]

Ein formal rationales Rechtssystem in Webers Sinn kann es nicht geben. Weber stellte sich ein solches System wie eine Art Algebra oder reine Mathematik vor, d. h. wie ein logisches System, das abgeschottet von der Außenwelt geschaffen wird, dann aber zufälligerweise doch auf diese Welt anwendbar ist.[19] So etwas wie »reines Recht« kann es aus dem einfachen Grund nicht geben, weil Recht für die Regulierung der Außenwelt geschaffen wird, so daß es, wie abstrakt seine Regeln auch sein mögen, von der Außenwelt seinen Inhalt empfängt. Recht mag lebensfremd in dem Sinne sein, daß es sich ganz der Rechtslogik auf Kosten der Praxis unterwirft. Aber alle Schöpfer von Rechtssystemen nehmen als Ausgangspunkt einen Bestand ererbter Sozialformen und einen Bestand von Rechtsvorstellungen, die sie verwenden, um die betreffenden Sozialformen zu bekräftigen oder umzugestalten. Das Bürgerliche Gesetzbuch mag nach logischer Geschlossenheit der rigoroseste aller Kodizes sein,[20] aber es war in seiner Ausrichtung nicht weniger material als jedes andere System: Es wurde nicht etwa frei von außerrechtlichen Erwägungen konzipiert, sondern war schon bei seiner Geburt schlicht unzeitgemäß.[21] Kurz, alle Rechtssysteme sind material rational, soweit sie überhaupt rational sind, wie andere schon früher gezeigt haben.[22]

Daß alle Rechtssysteme material rational sind, bedeutet natürlich nicht, daß alle denselben Grad an logischer Geschlossenheit aufweisen. Webers formale Rationalität könnte man als Idealtypus für solche Systeme beibehalten, die *innerhalb* der materialen Grenzen durch einen hohen Grad an Systematisierung gekennzeichnet sind. In dieser Form wäre er vollkommen akzeptabel, aber auch vollkommen nutzlos für die ihm zugedachte Aufgabe, nämlich Europa von der übrigen Welt abzusetzen. Wie Weber selbst bemerkt, ist ein hoher Grad an Systematisierung charakteristisch für die römisch-germanische Rechtsfamilie, das islamische Recht und andere religiöse Systeme, nicht aber für das englische Recht. Der Grund für diese Verschiedenheit liegt darin, daß die erstgenannten Rechtssysteme von Gelehrten (akademischen Juristen, *fuqahā'*, Rabbinen, Priestern) ausgearbeitet wurden, während das letztgenannte Richter gestalteten, die Recht mehr als Handwerk denn als intellektuelles Unternehmen betrachteten.[23] Wenn es das Ziel ist, einen grundsätzlichen Unterschied zwischen europäischem und nichteuropäischem Recht festzustellen, dann muß formale Rationalität etwas ausschließlich auf Europa Zutreffendes sein; wenn es umgekehrt das Ziel ist, einen Unterschied in Europa selbst zu bestimmen, dann ist die Untersuchung nichteuropäischer Systeme auf ihre Rationalität überflüssig.[24] In der Praxis behandelt Weber formale Rationalität einmal als ein Merkmal, das aus verständlichen Gründen das kontinentale Zivilrecht vom Common Law unterscheidet, zum anderen aber auch als ein Merkmal, das aus unverständlichen Gründen das europäische Recht von dem der übrigen Welt unterscheidet. Aber wie schon bemerkt, ist sie nur haltbar als Etikett für jenes Merkmal, das die Tradition des römischen Zivilrechts mit dem islamischen Recht und anderen nichteuropäischen Systemen gemeinsam hat. Natürlich ist das islamische Recht weniger systematisch als das Pandektenrecht, und die Denkweisen unterscheiden sich ebenfalls. Aber wenn Rationalität logisches und zusammenhängendes Denken meint, dann sind beide rational; und wenn formale Rationalität die den »juristischen Doktrinär« kennzeichnende Denkweise meint, der seiner Rechtslogik folgt, wohin sie ihn auch führt, dann sind beide auch formal rational.[25] Wenn auch die Denkweisen gegensätzlich sind, so hat das doch nichts mit dem Gegensatz von formaler und materialer Orientierung zu tun.[26] Wir könnten natürlich das islamische Recht aus dem Reich der formalen Rationalität verbannen, indem wir Säkularität als Voraussetzung für den Einlaß hinzunehmen; aber das römische Recht würde immer noch hindurchschlüpfen, obwohl doch ein System, das nur ein Vorfahre des modernen europäischen Rechts, nicht aber damit identisch ist, nicht zugelassen werden dürfte. Kurz, Webers Typologie ist ungeeignet, die Unterscheidungen zu treffen, die getroffen werden sollten.

Das ist nicht überraschend. Die Hauptschwierigkeit mit Webers Typologie besteht nicht darin, daß sie einen unmöglichen Typus hervorbringt, sondern darin, daß sie auf einem unmöglichen Klassifikationskriterium beruht. Der Systemcharakter des Rechts ist vor allem ein Hinweis auf seinen sozialen Ort, die Säkularität deutet vor allem auf seine kulturellen Ursprünge hin, während die Undurchlässigkeit gegen außerrechtliche Interessen – eine Unmöglichkeit bei Rechtssystemen – vor allem auf politische Umstände verweist, insofern damit die Ausübung der Justiz angesprochen ist. Mit anderen Worten, der Begriff der Rationalität fügt drei völlig beziehungslose Züge zusammen: Er ist eine Schimäre, bestehend wie die meisten Schimären aus wirklichen Merkmalen in unwirklicher Kombination. Wie sehr man auch von der »Wahlverwandtschaft« dieser Züge überzeugt sein mag, müssen wir sie dennoch trennen, wenn wir verstehen wollen, wie und warum sich europäisches und etwa islamisches Recht so verschieden entwickelten. Kurz, Webers Typologie versagt, weil sie vereinigt, was nicht vereinigt werden sollte.[27]

Nach der Einführung einer Typologie fährt Weber in der Weise fort, daß er ein Entwicklungsschema konstruiert, in dem das Recht sich über vier Hauptstufen von der Irrationalität zur Rationalität hin bewegt.[28] Aber da dieses Schema nur die vier Idealtypen in ihrer logischen Folge aufführt, ist es für uns nicht besonders interessant, zumal Weber sich nicht um den Beweis bemüht, daß die Geschichte es befolgt hat.[29] Tatsächlich vergißt Weber sein Schema, sobald er es vorgeführt hat, und der überwiegende Teil der Rechtssoziologie ist einer Menge anderer Fragen gewidmet, die in anscheinend zufälliger Reihenfolge behandelt werden. Soweit größere Themen hervorstechen, handelt es sich zum einen um den Einfluß von Herrschern und Honoratioren auf die Formulierung und Anwendung des Rechts (nämlich: Recht und die Soziologie der Herrschaft) und zum anderen um die Beziehung zwischen Recht und wirtschaftlichem Handeln (nämlich: Recht und die Entstehung des Kapitalismus).[30] Wir wollen hier nur die zweite Frage betrachten.

In der Rechtssoziologie weist Weber deutlich darauf hin, daß rechtliche und ökonomische Rationalität miteinander verbunden sind: Wie könnten andernfalls beide Formen von Rationalität sein?[31] Aber er macht auch klar, daß ihre Beziehung nicht eine direkte Kausalbeziehung ist. Einerseits betont er immer wieder, daß ökonomische Faktoren nur eine untergeordnete Rolle bei der Entwicklung des Rechts spielen: Er spricht von einer »weitgehenden Eigengesetzlichkeit der Rechtsentwicklung«[32], die von den »›innerjuristischen‹ Verhältnissen« wie z. B. der vorherrschenden Art der Rechtslehre bestimmt sei,[33] obwohl politische Faktoren auch eine wichtige Rolle spielten.[34] Und er stellt ausdrücklich fest: »Es liegt ... im Kapitalismus als solchem kein entscheidendes Motiv der Begünstigung derjenigen Form der Rationalisierung des Rechts, welche seit der romanistischen Universitätsbildung des Mittelalters dem kontinentalen Okzident spezifisch geblieben ist.«[35] Andererseits behauptet er nirgends, daß die Rationalisierung des Rechts ein entscheidender Faktor bei der Entstehung des industriellen Kapitalismus war, obwohl er doch auch feststellt, »daß die von intern rechtstechnischen und politischen Momenten bedingten Eigenschaften des Rechts stark auf die Gestaltung der Wirtschaft zurückwirken«[36]. Seine wesentliche Aussage scheint zu sein, daß ein gewisser Grad der Rationalisierung des Rechts eine Voraussetzung für die Entstehung des Kapitalismus bildet und daß folglich Rechtssysteme, die diesen Grad nicht erreichen, als eine Schranke dagegen wirken.[37] Daraus läßt sich schließen, daß Gelehrte, die aus eigenen intellektuellen Bedürfnissen die innere Struktur des Rechtsdenkens systematisieren, einen starken Einfluß auf die Wirtschaftsorganisation ausüben, weil sie auf diese Weise das Recht zu einem geeigneten Instrument für das Bürgertum machen. Denn das Bürgertum braucht ein rationales, d. h. berechenbares Recht: Der Kapitalismus beruht nach Weber vor allem auf der Fähigkeit, die Folgen des wirtschaftlichen Handelns zu berechnen und vorauszusagen;[38] die Kapitalisten betreiben *rationale* Kalkulation, wie er es in seiner unnachahmlichen Art ausdrückt (was ist irrationale Kalkulation?[39]). Je systematisierter, desto berechenbarer ist das Recht. Wenn es in abstrakten Grundsätzen formuliert ist, aus denen man unter strenger Anwendung der Logik weitere Regeln ableiten kann, wird es ein lückenloses Ganzes bilden, aus dem, wieder unter Anwendung der Logik, die Rechtsfolgen jeder Transaktion vorausgesagt werden können, auch wenn die Gesetzgeber diese Transaktion nicht vorhergesehen haben. Und wenn die Richter auf bloße Computer reduziert sind, die auf die dem System eingegebenen Fragen Antworten ausdrucken, dann hat man die Gewißheit, daß auch die Gerichte entscheiden werden, wie es die Logik erwarten läßt. Es scheint also, daß in Webers Werk der industrielle Kapitalismus und eine computermäßige Justiz zusammengehören, obwohl er den Computer nicht vorausgesehen hat.[40]

Insofern dies Webers Gedankengang ist, irrte er sich. Ganz offensichtlich stimmt die Hypothese nicht mit den Fakten überein. Nichteuropäische Systeme, wie z. B. das islamische Recht, sind durch einen hohen Grad an Systematisierung gekennzeichnet. Um diesen Einwand könnte man zwar herumkommen, indem man dagegenhält, daß Religionsgelehrte nicht auf die richtige Weise systematisieren und daß ihre Systeme jedenfalls von Kadis angewandt werden. Aber das englische Recht war, nach Weber selbst, im 18. Jahrhundert sowohl unsystematisiert als auch von Kadis angewandt.[41] Weber wird mit diesem Problem fertig, indem er auf die Doppelnatur der Rechtspflege in England verweist: Die Kadijustiz, obwohl gewöhnlich bürgerlichen Interessen entgegenstehend, begünstigte die begüterten, besonders die kapitalistischen Schichten; genauer, es gab eine formalistische (wenn auch nicht rationale) Justiz für die Reichen und eine Kadijustiz für die Armen: Über England könnte man also sagen, daß es den Kapitalismus sowohl wegen als auch trotz seines Gerichtssystems entwickelt hat.[42] Aber, so Weber weiter, wo eine solche doppelte Rechtspraxis nicht möglich ist, »da pflegen kapitalistische Interessenten natürlich bei universeller Durchführung streng formaler ... Justiz am besten zu fahren«, und die bürgerlichen Schichten sind normalerweise an »einem systematisierten, eindeutigen, zweckrational geschaffenen formalen Recht«[43] interessiert. Wo allerdings in der modernen Zeit das angelsächsische Common Law und das kontinentale Zivilrecht miteinander konkurrierten, zeigte sich nach Weber das Common Law überlegen,[44] obwohl das anglo-amerikanische Recht so unsystematisiert sei, daß ihm selbst ein so fundamentaler Begriff wie *dominium* (»Eigentum«) fehle. So schließt er, daß der moderne Kapitalismus gleichmäßig gedeiht unter Rechtsordnungen, die »auch in ihren letzten formalen Strukturprinzipien soweit als möglich auseinandergehen«[45]. Wenn das zutrifft, was bleibt dann von der Theorie noch übrig? Was uns bleibt, ist einfach die Behauptung, daß Kapitalisten ein Gerichtswesen brauchen, das bereit und in der Lage ist, ihre Transaktionen durchzusetzen. Denn der moderne Kapitalismus blühte nicht nur in England: Dort trat er zuerst auf. Und wenn er zuerst in einem Land auftrat, das sich durch ein unsystematisiertes Recht und ein irrationales Gerichtswesen auszeichnete, dann ist offensichtlich, daß die Rationalität des Rechts keine Voraussetzung für seine Entstehung ist.[46]

Die Tatsachen passen deshalb nicht, weil die Begründungen hinter der Theorie falsch sind: Die scheinbare Affinität zwischen algebraischem Recht und kapitalistischer Kalkulation ist eine Täuschung. Ein logisch formuliertes System mag es einem Juristen leichter machen, die Antwort auf eine verzwickte Rechtsfrage zu ermitteln, aber er wird es damit nicht leichter haben, wenn er den Ausgang eines wirklichen Falles voraussagen soll. Da die Rechtslogik nur die Regeln regiert, denen das Verhalten unterworfen ist, nicht das Verhalten selbst, muß das strittige Verhalten erst in die Rechtslogik übersetzt oder, mit anderen Worten, so konstruiert werden, daß es unter die Regeln paßt. Je abstrakter die Regeln, desto drastischer die erforderliche Übersetzung oder, mit anderen Worten, desto größer der Spielraum für die richterliche Interpretation. Grundsätzlich erlaubt also ein logisch formuliertes System im wirklichen Leben *weniger* Vorausberechnung als ein kasuistisch formuliertes. In der Praxis wird bald eine Vielzahl von Hilfsregeln den Abstand zwischen abstrakten Regeln und konkretem Verhalten verringern, mit anderen Worten, der praktische Unterschied ist wahrscheinlich unerheblich.[47] Darüber hinaus ist die Idee eines lückenlosen Systems soziologisch sinnlos. Denn alle Rechtssysteme sind voller Lücken in dem Sinne, daß immer wieder unvorhergesehene Situationen auftauchen, und alle sind lückenlos in dem Sinne, daß sie mit diesen Situationen fertigwerden, indem sie sie so konstruieren, daß sie unter die vorhandenen Regeln passen, die die gewünschten Ergebnisse versprechen. Gerichte, die nach unsystematisiertem Recht entscheiden, weisen gewöhnlich nicht mit der Begründung, es habe Lükken, unvorhergesehene Fälle zurück; jene dagegen, die nach vermeintlich lückenlosem Recht entscheiden, konstruieren gewöhnlich ihre unvorhergesehenen Fälle mit Hilfe außerrechtlicher, etwa politischer Erwägungen, wie es jeder andere auch tun würde. Dem muß man hinzufügen, daß Geschäftsleute in der Praxis nicht ihre Taschenbuchausgabe des neuesten Gesetzeswerks zu Rate ziehen, bevor sie sich auf geschäftliche Transaktionen einlassen. Wenn sie in Rechtsfragen Rat brauchen, rufen sie juristische Experten; und diese haben gewöhnlich eine ausreichende Vorstellung von den Rechtsfolgen einer bestimmten Handlung, und sei es auch nur aus dem einfachen Grund, daß sie das Recht (ob unsystematisiert oder sonstwie) und die herrschende Rechtsprechung (ob durch Kadis oder andere) kennen. Kurz, der Rationalitätsgrad von Rechtssystemen, d. h. das Ausmaß, in dem sie die für die großen Zivilrechtskodizes charakteristische logische Geschlossenheit aufweisen, ist wahrscheinlich kein sehr wichtiger Erklärungsfaktor für den Aufstieg, die Ausbreitung und das weitere Schicksal des modernen Kapitalismus. Zweifellos kommt es darauf an, wie das Recht angewandt wird, aber das hat mit der sozialen und politischen Organisation zu tun, wie Weber selbst bei der Erörterung des englischen Beispiels und an anderer Stelle in der Rechtssoziologie zeigte. Mit der Natur des Rechts hat es nichts zu tun.

An dieser Stelle könnte ein Weberkenner einwenden, daß Webers Gedankengang falsch dargestellt wurde, und das ist nicht ganz unrichtig: Es gibt Abschnitte in der Rechtssoziologie, die sich zu einer wesentlich anderen als der soeben untersuchten Theorie zusammenfügen. Danach verdankt die formale Rationalität, wie sie in der Tradition des römischen Zivilrechts verwirklicht ist, ihre Entstehung den vereinten Bemühungen von Herrschern, die Ordnung, Gleichförmigkeit und Einheit, von bürgerlichen Elementen, die Regeln ohne Privileg und Willkür,[48] und von Gelehrten, die die Logik wollten.[49] Aber der Beitrag der Gelehrten wirkte sich *nicht* zum Vorteil des Bürgertums aus, denn juristische Logik berücksichtigt praktische Bedürfnisse nicht,[50] so daß Systematisierung ohne Verlust an praktischer Anpassungsfähigkeit nur auf den Gebieten erreicht wurde, die das Bürgertum autonom für seine Bedürfnisse eingerichtet hatte, wie das Handels- und Wertpapierrecht.[51] Kurz, es waren materiale Interessen der Herrscher und des Bürgertums, die dem europäischen Recht seine historisch bedeutsamen Züge gaben: Die formale Rationalität ist dabei unerheblich, mit Ausnahme ihrer negativen Wirkungen. Kein Wunder also, daß der Kapitalismus zuerst in England entstand, wo das Bürgertum vor den verheerenden Folgen der juristischen Algebra geschützt war.

Der Leser mag jetzt wohl verzweifelt die Hände ringen. Wenn die formale Rationalität unter sozio-ökonomischem Gesichtspunkt im Grunde eine unerhebliche Größe ist – warum wird ihr die Heldenrolle in einem Werk zugewiesen, das von Recht in Wirtschaft und Gesellschaft handelt? Und wenn die rechtliche und die ökonomische Rationalität sich in Wirklichkeit spinnefeind sind – warum werden sie sowohl in typologischer wie in evolutionärer Sicht als unzertrennliche Gefährten dargestellt? Wie Cain bemerkt, kann man dem Eindruck nur schwer entgehen, daß Weber mogelt[52] oder daß er, mit anderen Worten, das eine tun und das andere nicht lassen will. Vermutlich hing sein Herz an der Theorie, um derentwillen er im allgemeinen, und auch in diesem Aufsatz wieder, kritisiert wird, aber Erklärungskraft geht allein von der anderen, eben skizzierten Theorie aus: Die Besonderheit des europäischen Rechts liegt danach nicht in seiner vermeintlichen Freiheit von außerrechtlichen Interessen, sondern im Gegenteil darin, daß politische und soziale Gruppen imstande waren, es als Instrument für ihre eigenen materialen Interessen zu benutzen.[53] Dieser Gedanke kann nicht mit dem Rationalitätsschema ausgedrückt werden, und Weber legte darauf kein Gewicht; wir aber wollen ihn, statt uns weiter für den Grad der logischen Systematisierung von Rechtssystemen zu interessieren, im folgenden im Auge behalten.

Wieviel Licht wirft Webers Theorie nun noch auf die Beziehung zwischen dem Recht und dem Ausbleiben des Kapitalismus im Islam?[54] Das islamische Recht wurde von »bürgerlichen Elementen« gestaltet, d. h. von Menschen, die sich ganz überwiegend mit der einen oder anderen Art von Gewerbe befaßten, und es kann in einem gewissen Maße sogar als ein Instrument bürgerlicher Interessen angesehen werden.[55] Weber weist darauf hin, daß das Recht, da es die Form *heiligen* Rechts annahm, als Schranke für die Rationalisierung wirtschaftlichen Handelns wirkte, denn heiliges Recht ist an Tradition gebunden, an der Erhaltung der heiligen Institutionen orientiert, unvereinbar mit einer Vereinheitlichung des Rechts und allgemein der Rationalisierung abhold. (Weber deutete auch die Rolle der Kadijustiz an, aber wir können diesen Punkt hier übergehen, da wir uns für das Recht selbst interessieren.[56]) In welchem Sinne, wenn überhaupt, hatte Weber recht? Wir wollen damit beginnen, daß wir uns ansehen, welche einschlägigen Regeln das Recht festlegt.

Die betreffenden Regeln scheinen in einigen Hinsichten den Kapitalismus stark zu fördern, in anderen ihm entgegenzustehen. Förderlich erscheint, daß alle Personen als gleiche juristische Einheiten aufgefaßt werden, außer Sklaven[57] und, weniger abweichend, Frauen, Araber und die Nachkommen des Propheten.[58] Die Sklaven bilden die einzige bedeutsame Ausnahme von der Regel, daß das Recht für alle ohne Ansehung von Standesunterschieden gilt. Ferner sind alle Verträge außer der Ehe Zweckkontrakte, wie Weber sie nennen würde, im Gegensatz zu Statuskontrakten, d. h., sie verpflichten die Parteien zu einer bestimmten Handlung, ohne aber sonst ihre soziale Position zu berühren.[59] Auch alle Gegenstände werden in ähnlicher Weise als gleiche juristische Einheiten aufgefaßt, mit Ausnahme des Bodens, der nicht insgesamt als marktfähige Ware wie jede andere zählt.[60] Immerhin sind grundsätzlich alle Gegenstände, einschließlich des Bodens, voll eigentumsfähig, solange sie als rituell rein gelten.[61] Der Unterschied zwischen Eigentum und Besitz ist voll entwikkelt.[62] Die Freiheit, über Privateigentum zu verfügen, ist keinen Beschränkungen unterworfen, außer beim Herannahen des Todes: Aus den alten Rechten der Familie auf das patrimoniale Eigentum wurde ein Recht auf Zweidrittel des Nachlasses eines sterbenden oder toten Verwandten.[63] Aber das Recht hemmt den Kapitalismus, insofern die Schutzfunktion im Vordergrund steht. Es gibt keine Vertragsfreiheit, namentlich nicht für Transaktionen, die ein Risiko oder andere Elemente enthalten, durch die eine Partei in die Lage versetzt wird, aus einer anderen unverdienten Profit zu schlagen. Deshalb gibt es weder Eventual- noch Versprechenskontrakte, keine Verträge, die Ungewisses, Unbestimmtes oder Unbekanntes enthalten, keinen Verkauf von zukünftigen, ungesehenen oder unspezifizierten Gütern – obwohl hier Zugeständnisse an die Praxis gemacht werden.[64] Es gibt auch keinen Zins, außer in den Fällen, da sich das Verbot umgehen läßt.[65] Gegenüber Wertpapieren und der Übertragung von vertraglichen Rechten herrscht eine restriktive Einstellung.[66] Und eine Reihe von Einrichtungen fehlen, einfach, weil wahrscheinlich niemand daran gedacht hatte: So gibt es keinen Schadensersatz, keine Körperschaften und keine juristischen Personen.

Im Weberschen Sinne ist das islamische Recht also rational, insoweit es Menschen wie auch Dinge gleichmäßig behandelt; und seine Einrichtungen müssen, gemessen an den Standards ihrer Entstehungszeit, als fortgeschritten bezeichnet werden.[67] Seine restriktiven Regeln hemmten in der frühislamischen Gesellschaft das wirtschaftliche Handeln eindeutig nicht (was Weber auch nicht behauptete[68]); im Gegenteil blühte bekanntlich in dieser Gesellschaft der vormoderne Kapitalismus.[69] Bei der relativ fortgeschrittenen Art des Rechts und des davon regulierten Wirtschaftslebens mag man sich fragen, warum aus ihrer Kombination kein moderner Kapitalismus hervorging. Kann man dies der Natur des Rechts zuschreiben?

Wenn wir das islamische Recht für nicht mehr und nicht weniger als Recht nehmen, d. h. mit anderen Worten, für eine Sammlung von Regeln, die von geeigneten Autoritäten in Kraft gesetzt (oder in diesem Fall: »gefunden«) und durch Sanktionen bekräftigt werden, dann ist die Antwort auf diese Frage negativ. Dies deshalb, weil Recht in diesem Sinne fast keine Selbständigkeit besitzt. Von sich aus kann es nicht viel Wandel bewirken, nicht einmal, wenn es soll.[70] Daraus folgt, daß es ebensowenig Wandel verhindern kann: Es spiegelt nur die Wünsche und die Macht derjenigen, die bestimmte Regeln abschaffen oder in Geltung halten wollen. Da die Gesellschaft insgesamt keinen großen Anteil daran nimmt, auf welche Weise der größte Teil des Rechts ausgearbeitet wird, spiegeln sich darin die Wünsche der Fachleute wider. Deshalb spielen »innerjuristische« Faktoren, wie die Rechtsschulung und die Verfügbarkeit von fremden Vorbildern, in der Rechtsentwicklung eine sichtbarere Rolle als sozialer, politischer oder ökonomischer Wandel.[71] Aber während dies einen Rechtshistoriker beeindrucken muß, beeindruckt es schwerlich einen Soziologen, denn Soziologen sind am Recht nur *insofern* interessiert, als die Gesellschaft daran Anteil nimmt; und insofern sie Anteil nimmt, ist es die Gesellschaft insgesamt (nicht nur die Fachleute), die das Recht gestaltet.[72] Das Recht ist also nur ein Spiegel, nicht eine selbständige Kraft. Allerdings erlangt es einige Selbständigkeit wegen seines allbekannten Konservatismus. Es ist konservativ, weil ein Gesetz eine beobachtete Regelmäßigkeit ist: Wenn die Regelmäßigkeit verschwindet, gibt es kein Gesetz. Daher die Tatsache, daß der Wandel des Rechts, wenn überhaupt, überall gern verdeckt stattgefunden hat.[73] Da darüber hinaus eine Regelmäßigkeit nur über längere Zeit beobachtet werden kann, entging häufig den Beobachtern der menschliche Ursprung des Rechts, mit dem Erfolg, daß es oft ausdrücklich für unveränderlich erklärt wurde – so auch im Islam. Aber selbst ein mit gottgewollter Unveränderlichkeit ausgestattetes Recht kann für sich allein Wandel nicht verhindern: Wenn die sozialen Kräfte stark genug sind, werden eher die Gesetze umgedeutet als die Kräfte unterdrückt (wie man auch heute sehen kann). Also stellt sich die Frage jetzt so: Warum gab es in der islamischen Welt keine sozialen Kräfte, die stark genug waren, eine Umdeutung des Rechts zuwege zu bringen, bevor die moderne Zeit anbrach, d. h., bevor die Europäer kamen? Diese Frage freilich führt uns vom Recht selbst fort.

Aber ein heiliges Recht ist nicht einfach ein mit zusätzlicher Autorität ausgestattetes Recht. Es ist vor allem die Gültigkeitserklärung einer heiligen Ordnung oder, mit anderen Worten, die Darstellung der richtigen Beziehungen zwischen den Menschen und zwischen den Menschen und dem Göttlichen. Es formuliert die sozialen Folgerungen aus einer großen und ewigen Wahrheit, nicht bloß Konventionen. Daraus wäre zu schließen, daß ein heiliges System eine Selbständigkeit besitzt, die bloße Konventionen nicht teilen – und das wird in der Tat auch oft angenommen.

Weber hat diesen Punkt nicht untersucht. Dafür betonte er andere Züge von heiligen Systemen, die er zwar als modernisierungsfeindlich betrachtete, die für die sozio-ökonomische Entwicklung des Islams jedoch nicht von großer Bedeutung gewesen sein können. Erstens unterscheiden heilige Rechte, da sie die menschliche Lebensführung im allgemeinen betreffen, nicht scharf zwischen moralischen und rechtlichen Geboten, sie bewerten vielmehr alle Handlungen eher von einem moralischen Standpunkt aus: Man soll dieses oder jenes nicht tun, aber ob die Handlung von einem Gericht für gültig oder nichtig und/oder strafbar erklärt würde, ist nicht unbedingt klar. Für Weber bedeutete dies, daß heilige Rechte nicht berechenbar sind. An diesem Punkt könnte man ihm vorwerfen, die Berechenbarkeit des Rechts überbewertet zu haben. Das islamische Recht ist jedenfalls so ausreichend auf praktische Anwendung zugeschnitten, daß die Rechtsfolgen von Handlungen relativ klar dargelegt sind.[74] Seine moralischen Bewertungen bringen kaum ein größeres Element von Unsicherheit hinein als die moralischen Annahmen, die moderne Richter in ihre Fälle einfließen lassen. Zweitens führen heilige Systeme zu Rechtsuneinheitlichkeit: Das Recht gilt nicht für Ungläubige, und die Gläubigen sind, da sie verschiedene Auffassungen haben, in Rechtsschulen aufgespalten, viele folgen überdies in der Praxis dem Gewohnheitsrecht. Dies, so Webers Folgerung, behindert auch die Rationalisierung des wirtschaftlichen Handelns. Aber kurzfristig hätte dieser Zug eigentlich ein Vorteil gewesen sein müssen: Schließlich war es eben dieser Rechtspartikularismus, der es – noch vor dem Ansturm der juristischen Logik – dem europäischen Bürgertum ermöglichte, sein Handelsrecht selbst zu entwickeln. Wie muslimische Herrscher die Strafvorschriften des heiligen Rechts zugunsten ihrer eigenen Verfügungen ignorierten, so hätten wahrscheinlich muslimische Unternehmer dessen Handelsvorschriften zugunsten ihrer eigenen Regeln für das Wirtschaftsgebaren ignoriert.[75] Gewiß hätten diese Regeln, anders als im Westen, nicht in das offizielle Recht aufgenommen werden können: Ein heiliges System kann ebensowenig neue Institute aufnehmen, wie es veraltete abstoßen kann. Langfristig wäre es daher wohl doch zu einem Zusammenstoß von Unternehmer- und offiziellem Recht gekommen. Aber die Pointe ist, daß ein Unternehmerkodex gar nicht aufkam. Es gibt tatsächlich überhaupt keine Anhaltspunkte dafür, daß wirtschaftliche Experimente durch ein abträgliches Rechtssystem oder vielmehr seine eifersüchtigen Hüter behindert worden wären.[76] In der islamischen Welt existierte nicht einmal der Keim zu einem modernen Kapitalismus. Für diesen Sachverhalt kann man jedoch keinen der bisher untersuchten Züge des islamischen Rechts ganz oder teilweise verantwortlich machen.

Wenn das islamische Recht im Mittleren Osten zum Fortdauern des wirtschaftlichen Traditionalismus beitrug, so wegen seiner Selbständigkeit. Die Argumentation müßte lauten: Die Existenz eines heiligen Rechts schloß die Entstehung des Kapitalismus nicht deshalb aus, weil es ungenügend systematisiert, im Ansatz kasuistisch, an der Schutzfunktion orientiert, mit außerrechtlichen Normen vermischt, mit veralteten Instituten durchsetzt und der Vereinheitlichung widerstrebend war, sondern deshalb, weil, nachdem es einmal Gestalt angenommen hatte, niemand fähig oder bereit war, es zu ändern, da zugleich niemand fähig oder bereit war, irgendeinen bedeutsamen Schritt darüber hinaus zu tun.

Ein heiliges Recht formuliert die höchsten Werte, nach denen eine Gesellschaft gestaltet ist. Die Hüter des Rechts hängen mit ihrer Stellung davon ab, daß diese Werte dauernd anerkannt bleiben. Folglich stellen sie die Bewahrung dieser Werte über alle anderen Interessen, die sie auch noch haben mögen: Sie haben allen Grund, sich vor einer Umdeutung zu hüten.[77] Niemand kann die Herrschaft über das Recht erlangen, ohne sich in den Stand der Hüter einzureihen, kurz: niemand kann oder will es ändern. Das Recht ist nicht der Möglichkeit ausgesetzt, von irgendwelchen sozio-ökonomischen Gruppen gekapert zu werden, wie es in Europa der Fall war: Der soziale, politische und ökonomische Wandel spielt sich außerhalb ab. Da also die Hüter des Rechts die höchsten Werte der Gesellschaft vertreten, genießen sie ein immenses Prestige, und weil sie typischerweise die einzige nennenswerte gebildete Elite sind, halten sie praktisch das Monopol auf die Wahrheit: Ihr Einfluß reicht daher überall hin. Die Betroffenen mögen in ihrem Glauben unvollkommen sein, aber sie können nicht leicht gegnerische Normen oder Organisationsformen ersinnen, und wenn sie es täten, würden die Hüter des Rechts mit ihrer gewaltigen Gefolgschaft sie aufhalten oder an den Rand der Gesellschaft abdrängen. Kurz: Niemand ist fähig oder bereit, in irgendeiner bedeutsamen Hinsicht über das Recht hinauszugehen. Wir stehen so vor einer Situation, in der Traditionalismus wieder Traditionalismus gebiert: Eine Wahrheit sanktioniert eine soziale Ordnung, die ihrerseits die Wahrheit bekräftigt. Daß dies das Grundrezept für den Konservatismus in allen großen traditionalen Gesellschaften (einschließlich derer, in denen die höchsten Werte nicht als Recht formuliert sind) ist, kann man kaum bezweifeln. Aber müssen wir es anführen, um das Ausbleiben des Kapitalismus im Islam zu erklären? Man dächte, daß wegen der politischen Verhältnisse im muslimischen Mittleren Osten der moderne Kapitalismus sowieso einen Fehlstart erlitten hätte. Wenn wir uns jedoch entschließen, an dem Gedankengang über das Recht festzuhalten, müssen wir erkennen, daß wir gar nicht mehr über Recht, sondern vielmehr über die Verfassung der islamischen Zivilisation sprechen. Das Recht trug nicht zum Fortbestand des ökonomischen Traditionalismus in der muslimischen Welt bei, es sei denn insofern, als es mehr war als Recht. Aus eben diesem Grund kann man nicht sagen, daß Webers Rechtssoziologie viel Licht auf das Problem wirft.

Was machen wir dann mit dem Rest von Webers Rechtssoziologie? Das läuft auf die Frage hinaus, was wir mit dem Rationalitätsbegriff machen, und da dieser Begriff schon in den Mülleimer verwiesen wurde, könnte man denken, daß zu dieser Sache nichts mehr zu sagen ist. Aber hinter Webers endloser Beschwörung dieses Begriffs[78] steht eine echte Vision. Das Ausrangieren des Begriffs wird ebensowenig die Vision vertreiben, wie die darauf beruhende Exegese ihn klarer machen kann. Was hatte Weber also gesehen?

Er hatte, in einer nicht-weberischen Sprache ausgedrückt, die grundlegende Tatsache gesehen, daß primitive Gesellschaften alle sozialen Funktionen systematisch vereinigen, während moderne Gesellschaften sie systematisch trennen. In primitiven Gesellschaften dient ein und dieselbe Gruppe als Einheit für Kinderaufzucht, Produktion, Verteidigung, Gottesdienst und soziale Interaktionen im allgemeinen, oder die verschiedenen Gruppen, die diese Funktionen zu erfüllen haben, sind ineinandergeschachtelt, so daß die einen die nächstumfassenden bilden und diese wieder den Rest. Die ganze Gesellschaft ist durch einen einzigen Glauben untermauert, in dem die soziale, die moralische und die natürliche Ordnung als identisch erscheinen. In einer solchen Gesellschaft kann keine Tätigkeit um ihrer selbst willen auf Kosten anderer verfolgt werden. Alle Tätigkeiten sind von einem übergeordneten Ziel bestimmt, dem Überleben der Gruppen. Im Gegensatz dazu hat die moderne Gesellschaft diese Gruppen – vielmehr ihre verstümmelte Version – praktisch all ihrer Funktionen beraubt und jede einer eigenen, speziellen Organisation übertragen, so daß z. B. Kinderaufzucht nun der Kernfamilie als einzige Funktion geblieben ist (die Science-fiction weist selbst die Kinderaufzucht regelmäßig besonderen Agenturen zu). Da jede Funktion aus dem vormals undifferenzierten Bündel von Tätigkeiten herausgelöst wurde, wird sie nun auch nicht mehr von ihnen und dem alles untermauernden Glauben mit geformt. Dadurch wird es möglich, sie als eigenständigen Beruf anzusehen oder, mit anderen Worten, als ein Fachgebiet mit besonderen

Zielen und Regeln, denen jeder Ausübende zu folgen hat, wie schlecht sie auch zu seiner sonstigen sozialen oder moralischen Welt passen mögen. Eben diesen Zug (neben anderen) versuchte Weber mit dem Begriff *rational* herauszustellen. Die moderne Welt ist nicht in höherem Maße rational, regelgebunden, rechenhaft oder zweckgerichtet (und eher weniger vernünftig) als jede andere, sondern der Zweck wird nun aus der Einzeltätigkeit heraus bestimmt, nicht von einem übergeordneten menschlichen Ziel her: Die Wissenschaft muß fortschreiten, selbst wenn sie uns eines Tages in die Luft jagt. Jede Tätigkeit hat diplomatische Immunität gegenüber traditionalen Zielen und deren religiöser Untermauerung erworben.[79] Eben dadurch wird *Wert* auf *Zweck* reduziert und die Welt entzaubert, sie wird regelgebunden, rechenhaft und so weiter. Und dies ist eher in einem beschwörenden als in einem rein deskriptiven Sinn zu verstehen: Sie wird kalt, herzlos, bürokratisiert und sinnlos.[80]

Mit okzidentaler »Rationalität« meinte Weber also das Endergebnis jenes Prozesses, der mit der Entstehung des Staates begann. Denn der Staat entstand, als die Gemeinschaften, die bis dahin selbst für sich gesorgt hatten, die Aufrechterhaltung der inneren Ordnung und der äußeren Verteidigung einigen ihrer Mitglieder als Aufgabe übertrugen und sie als Gegenleistung für ihre Dienste von der Nahrungsproduktion freistellten – sie, mit anderen Worten, zu Herrschern machten. Und die Entstehung des Staates ging Hand in Hand mit der der organisierten Religion. Gemeinschaften, die sich bis dahin selbst erlöst hatten, wiesen nun die Sinndeutung der Welt anderen als Aufgabe zu, die gleichfalls der Notwendigkeit zu produzieren enthoben wurden – mit anderen Worten, Priestern. (Historisch fielen diese beiden Stufen zusammen: Die ersten Herrscher *waren* Priester.) Die Entstehung des modernen Kapitalismus bezeichnet Stufe drei dieses Prozesses, da eine weitere entscheidende Funktion nun Spezialisten übertragen wurde, die der Produktionsorganisation: Zu den Herrschern und Priestern gesellten sich die Unternehmer. Und diesmal ging die Veränderung Hand in Hand mit der Entstehung der organisierten Wissenschaft. In allen vier Fällen war das Ergebnis die Schaffung einer besonderen Institution – Staat, Kirche, Fabrik, Universität – auf Kosten der bis dahin selbstgenügsamen Gruppen. Und in allen vier Fällen erwies sich die Reorganisation als so stark, daß die übrige Welt dem Beispiel folgen mußte. (Es braucht nicht eigens gesagt zu werden, daß all dies über Zwischenstufen ablief, die aus diesem Schema herausgelassen sind.) Man hätte erwarten können, daß die letzten Stadien dieses Prozesses mit den ersten unvereinbar waren: Die moderne Wissenschaft und Wirtschaft hätten sehr wohl Staat und Kirche zerstören können, wie es Marx erwartete. Aber tatsächlich wurde nur die Kirche zerstört (oder genauer: auf eine rein private Angelegenheit ohne wirklichen Einfluß auf den Gang der Welt reduziert). Staat, Fabrik und Universität passen sehr gut zusammen, nachdem der Staat so umorganisiert wurde, daß er den neuen Institutionen gewachsen ist. Im Verein haben sie eine straff integrierte Gesellschaft geschaffen, die nur noch oberflächlich an diejenige erinnert, von der aus wir aufbrachen. Aber die moderne Nation beruht auf der Massenbeteiligung an einer Vielzahl von Institutionen mit spezialisierten Funktionen, nicht auf der Massenbeteiligung an einer einzigen Institution, die all diese Funktionen in sich vereinigt. Trotz einer beträchtlichen, umfassenden Koordination erfordert doch jede Institution ihre eigenen Regeln (soziale, kognitive oder andere), um zu funktionieren. Jener einzige überwölbende Glaube, der früher die Gesellschaft sanktionierte, wurde also nicht wiederhergestellt, obwohl es gewiß Bemühungen dazu gab. Kurz, die Welt bleibt so rational und entzaubert, wie Weber sie empfand.

Warum fanden nun gerade in Europa die Stufen drei und vier dieses Prozesses statt? Ein Teil der Antwort muß in der Tatsache liegen, daß Europa mehrere, letztlich unvereinbare Traditionen aufnahm. Europa versuchte *drei* ganz verschiedenen Überlieferungen zu entsprechen, während die übrige Welt jeweils nur eine anerkannte. Das Ergebnis war, daß es gänzlich scheiterte: Das kanonische Recht war ein armseliger Versuch im Vergleich zum jüdischen, islamischen oder indischen Recht.[81] Aber ein anderer Teil der Antwort liegt zweifellos in der Besonderheit des europäischen Staates.

Der Staat spielt eine wesentliche Rolle bei der Entstehung des industriellen Kapitalismus. Um ihn zu ermöglichen, muß er drei Dinge durchsetzen. Erstens muß er jenen halb-autonomen Gruppen, die in seinen Grenzen existieren, die Zähne ziehen: Die Menschen müssen erst alle zu Untertanen herabgesetzt werden, bevor man sie als Anbieter von nichts weiter als Arbeitskraft betrachten kann (im Gegensatz zu Anbietern von solchen Tätigkeiten, die man normalerweise von Freunden und Verbündeten erwartet). Zweitens muß der Staat die Gesellschaft befrieden, um den wirtschaftlichen Experimenten der Unternehmer einen ungestörten Verlauf zu sichern. Und schließlich muß er selbst lernen, die Ausplünderung der Experimentatoren zu unterlassen.[82] Dagegen besteht in der außereuropäischen vorindustriellen Welt die typische politische Organisation darin, daß der Staat mehr oder weniger autonomen Gruppen nur lose *hinzugefügt* ist oder, mit anderen Worten, daß er mit solchen Gruppen koexistiert, statt ihnen die Zähne zu ziehen. Da der Staat sich auf eine Überwachungsfunktion beschränkt, übt er niemals genug Herrschaft aus, um die Gesellschaft wirklich zu befrieden, und so koexistiert er auch mit Raubrittern. Und da seine Macht sowohl begrenzt als auch schwankend ist, neigt er selbst zu Willkür und Raubgier. Kurz, es gibt keine neutrale Arbeit, keine Stabilität und keinen Schutz vor Erpressung. Wer Reichtum erwirbt, investiert ihn so, daß er in die Ränge der Erpresser aufsteigt, und nicht in Industrie oder Handel. In Europa jedoch war der Staat *niemals* ein halbautonomen Gruppen lose hinzugefügter Apparat, obwohl er zeitweise äußerst schwach war. Diese erstaunliche Tatsache hat vermutlich etwas mit der außerordentlichen Seichtheit der europäischen Verwandtschaftsorganisation zu tun, die ihrerseits mit dem Christentum zusammenhängen mag (wie Weber mutmaßte)[83], aber im Grunde noch keine Erklärung gefunden hat. Nach dem Zusammenbruch des römischen Staates waren keine Stämme, Sippen oder andere Abstammungsgruppen vorhanden, die an dessen Stelle hätten treten können. So prägte sich im feudalen Europa eine extreme *vertikale* Machtverteilung aus, zu der es wenige Parallelen gibt. Eine Situation, die zum einen durch diese vertikale Machtverteilung und zum anderen durch die gescheiterte Erneuerung der imperialen Form[84] gekennzeichnet war, bildete die Ausgangslage für die folgende Wiederherstellung. Das verlangte von den europäischen Herrschern, tiefer in die Gesellschaft hineinzuregieren, als es anderswo je geschehen war, und zwang sie, auch mehr Dienste bereitzustellen, als normalerweise erforderlich. Am Ende war Europa in noch nie dagewesenem Maße befriedet und bürokratisiert, und zwar von einem Staat, der die Gesellschaft repräsentierte und nicht nur über ihr stand. Im Unterschied zum Rechtsrationalismus bildet der moderne Staat gewiß eine Voraussetzung für den industriellen Kapitalismus: Damit ist nicht erklärt, warum die Umorganisation der Wirtschaft stattfand, aber es ist sehr wohl erklärt, warum eine solche Umorganisation nirgendwo sonst in Angriff genommen wurde.[85]

Wir können nun zu dem Problem des Rechts zurückkehren. Wie andere Institutionen wurde auch das Recht aus dem überwölbenden Wertsystem, nach dem die Gesellschaft früher ausgerichtet war, herausgelöst. Daraufhin bestimmte es jedoch nicht, wie Webers Begriff der formalen Rationalität glauben machen will, seinen Zweck aus sich selbst heraus, sondern wurde vielmehr zu einem bloßen Werkzeug weltlicher Interessen, wie er selbst an anderer Stelle andeutet. Eben dies, daß der Staat das Recht so weitgehend an sich gerissen hat, ist für das moderne Europa eigentümlich: Auf das moderne Europa trifft in der Tat Austins Definition zu, nach der das Recht der Befehl des Souveräns ist. Historisch gesehen ist diese Art des Rechts ungewöhnlich. Wenn wir zu unserer funktional undifferenzierten Gesellschaft zurückkehren, bemerken wir, daß es dort Recht, aber keinen Souverän gibt.[86] Recht und andere Normen dienen hier dazu, die Gruppe zusammenzuhalten, oder mit anderen Worten, Recht ist eines von mehreren Mitteln der Gruppenkohäsion. Außerdem ist es häufig ein bewußtes Gruppensymbol in dem Sinne, daß die Mitglieder es als Abgrenzungsmerkmal ihrer Gruppe kennen und ehren.[87] Wenn wir nun einen Souverän einführen, bemerken wir, daß die Herrscher zwar oft als höchste Quelle des Gewohnheitsrechts angesehen wurden, sie seine Formulierung aber seinen gewohnheitsmäßigen Vertretern (Priestern oder den Oberhäuptern von Stämmen, Sippen, Kasten, Zünften, Familien und so weiter) überließen. Eine Ausnahme machte nur das Recht, das sich direkt auf öffentliche Angelegenheiten auswirkte: Das Straf- und öffentliche Recht entwickelt sich zur Austinschen Definition hin, während der Rest mehr oder weniger unverändert bleibt. Dieses Muster prägte sich in China,[88] im frühen Athen[89] und anderswo[90] aus. Ein anderer Weg ist der, daß das Gewohnheitsrecht von Intellektuellen in die Hand genommen wird, seien es Priester (wie die Brahmanen und die Bearbeiter des kanonischen Rechts) oder Laien (wie die römischen Juristen, ihre europäischen Nachfolger, die Rabbinen und die muslimischen *fuqahā*'. Unter den Händen dieser Gelehrten werden die verschiedenartigen und ortsgebundenen Gewohnheitsregeln gesichtet, expliziert, systematisiert und zu einem einzigen zusammenhängenden Ganzen vereinigt (oder, bei der Tendenz der Gelehrten zur Schulenbildung, vielmehr zu mehreren Spielarten davon). Das Recht wird, mit Weber, »rationalisiert«. Aber es wird, wie Weber erkannte, nicht auf die richtige, d. h. moderne Weise rationalisiert, denn es bleibt ein Gruppensymbol. Es kann natürlich nicht mehr das Symbol der Gruppen sein, die das Rohmaterial lieferten: Diese verharren typischerweise bei ihren unrevidierten Gewohnheiten. Dafür wird es das Symbol jener gebildeten Elite, die in einer großen Zivilisation dünn über diese Gruppen verteilt ist und die Zivilisation trägt. Das Recht wird Teil der klassischen Werke, d. h. jenes Bestands an Literatur, der die konstitutiven Werte einer bestimmten Zivilisation als Heiligtum bewahrt und dessen Kenntnis zur Abgrenzung des Gebildeten von den ungehobelten niederen Massen dient. Das Recht wird fortan studiert wie die nicht-juristischen klassischen Gegenstände: Berühmte Werke werden glossiert, expliziert, in Abrissen dargestellt und auswendig gelernt, ungeachtet der Frage, ob sie auch nur den geringsten praktischen Nutzen haben. Das Gebiet, über das die gebildete Elite verteilt ist, braucht nicht mit dem eines einzelnen Staates zusammenzufallen, und die Juristen mögen mit den bestehenden Staaten zusammenarbeiten oder nicht: Sie betrachten gleichviel das Recht als Ausdruck von erhabenen und ewigen Wahrheiten, nicht als Mittel zu sozialen und politischen Zwecken. Wo das Recht in die Hände dieser Honoratioren (wie Weber sie nannte) gerät, gibt es typischerweise eine dreifache Arbeitsteilung: Der Souverän erläßt seine Dekrete in Angelegenheiten des Staates (bloße *siyāsa* in muslimischer Sicht); die Honoratioren entwickeln ihre Ansicht von dem nach ihrer Auffassung einzigen wahren Recht, wobei sie sich im allgemeinen auf das Privatrecht konzentrieren und den Gebieten, die den Staat angehen, gar keine oder nur beiläufige Aufmerksamkeit schenken; und die Massen leben nach ihrem Gewohnheitsrecht (dem bloßen *'urf* in muslimischer Sicht), jedenfalls soweit, wie die Honoratioren sie nicht unter ihre kulturelle oder richterliche Kontrolle gebracht haben. Dieses Muster prägte sich aus im klassischen Rom, im klassischen Islam, im mittelalterlichen Europa, im Iran vor der arabischen Eroberung[91], in Indien[92] und anderswo.[93]

Der Austinschen Definition entsprach das *gesamte* Recht im spätrömischen Reich und im frühen Islam (und fast ebenso im antiken

Nahen Osten); aber in keinem dieser Fälle blieb diese Vorstellung unangefochten. In Rom vereinnahmte allmählich der Staat die Honoratioren, die schon immer eng mit ihm zusammengearbeitet hatten, und kodifizierte schließlich ihre Weisheit in einer einzigen Reichssammlung, wodurch er der römischen Rechtswissenschaft zugleich den Gnadenstoß gab. Europa erbte demgemäß die Ansicht, daß das Recht das Vorrecht des Fürsten ist. Aber die traditionelle Arbeitsteilung drohte in das Römische Reich selbst zurückzukehren, als die Kirche den Kern des Privatrechts als wahres Recht, d. h. kanonisches Recht, reklamierte.[94] Im Islam wurde, theoretisch, der Souverän mit der Herrschaft über das Recht geboren, denn man sah ihn als Vertreter Gottes auf Erden an.[95] Hier zogen es die Honoratioren vor, sich vom Staat zu trennen, und riefen dadurch die muslimische Rechtswissenschaft ins Leben. Natürlich wird normalerweise nicht das gesamte Recht gemäß der Austinschen Definition aufgefaßt (und das Nebeneinander von staatlich beaufsichtigtem Recht und Rechtswissenschaft scheint ein spezifisch modernes Phänomen zu sein).

Hieraus ergeben sich zwei Folgerungen. Erstens sollte Webers Bewertung der relativen Rationalität/Modernität des englischen und des deutschen Rechts umgekehrt werden. Wenn Modernität einem staatlich beaufsichtigten Recht innewohnt, dann war sie zuerst in England verwirklicht, wo der Souverän Gewohnheitsrecht weder duldete noch es den Honoratioren überließ, sondern es vielmehr durch eine staatlich beaufsichtigte Justiz ersetzte, aus der zu seiner Zeit das erste Common Law in Europa hervorgehen sollte. In den Jahrhunderten nach der Schaffung einer *lex terrae* durch die Normannen war die Justiz häufig so dezentralisiert und von örtlichen Mächten beherrscht wie der Staat selbst. Aber grundsätzlich blieb das höchste Gesetz des Landes der Befehl des Souveräns, nicht der Gottes oder Justinians. Im Gegensatz dazu war in Deutschland das höchste Gesetz jenes wahre Recht, das keine politischen Grenzen kennt, da die Wahrheit wahr ist, wo man sie auch findet. Hier waren bis zum Ende des 19. Jahrhunderts Honoratioren damit beschäftigt, das Gewohnheitsrecht im Lichte des wahren, d. h. römischen Rechts zu überarbeiten. Die gründlichen und intellektuell höchst eindrucksvollen Rechtsstudien, die die Pandektisten in Deutschland durchführten, verweisen auf die Tatsache, daß sie die letzten Überlebenden jener gebildeten Elite waren, die in dünner Streuung über ganz Europa als

Träger der westlichen Kultur wirkte: Denn die Pandektisten erläuterten das römische Recht den Romanisten, wo immer sie anzutreffen waren, bis ihre Weisheit in nationale Gesetzeswerke mit den entsprechenden Universitätslehrgängen umdestilliert wurde. Darauf brach das letzte Bollwerk der mittelalterlichen Kultur zusammen und ganze Bibliotheken wurden zu Makulatur.[96] Das rationalste Recht in ganz Europa erwies sich als Frucht einer überlebten Kultur.

Zweitens wird deutlich, daß das europäische und das islamische Recht diametrale Gegensätze bilden: Während das europäische Recht von den konstitutiven Werten der europäischen Zivilisation abgetrennt ist, stellt das islamische Recht den Inbegriff der islamischen Werte dar; während das europäische Recht gänzlich in die Hände des Staates übergegangen ist, wurde das islamische Recht gänzlich seiner Aufsicht entzogen. Wie andere heilige Systeme ist das islamische Recht zuerst und vor allem ein Symbol für Gruppenzugehörigkeit, d.h. die Zugehörigkeit zur muslimischen Gemeinschaft, nicht ein bloßes Mittel zu sozio-politischen Zwecken, wie sie der Staat (oder sonst jemand) für erstrebenswert halten mag. Und die muslimischen Juristen stehen unter den Honoratioren einzigartig da in bezug auf die Standhaftigkeit, mit der sie sich weigerten, sowohl mit dem staatlich verordneten wie mit dem Gewohnheitsrecht in Einklang zu kommen (obwohl ihre Einstellung sich bisweilen beträchtlich veränderte). Weber hätte behaupten können, daß die Beziehung zwischen Staat und Recht im Islam schlecht für den Staat und damit indirekt auch für die Chancen des modernen Kapitalismus war: Das wäre schwer zu leugnen. Die schlechte Beziehung ergab sich daraus, daß es den frühen muslimischen Herrschern nicht gelungen war, die in ihren Gebieten aufgewachsene gebildete Elite zur Mitwirkung an ihren Unternehmungen zu gewinnen. Genauer gesagt, eine Gemeinschaft, die unter den religiös-politischen Souveränen die Gipfel des Erfolgs erklommen hatte, kehrte sich schließlich von ihnen ab, um sich unter ihren eigenen religiösen Führern neu zu konstituieren.[97] Diese Tatsache hat sicherlich die islamische Geschichte zu einem großen Teil bestimmt – aber dies ist eine Feststellung über die Geschichte, nicht über das Recht als ein davon isoliert betrachtetes System.

Sind dann die nüchternen Rechtshistoriker und -soziologen gut beraten, die Finger von Webers Rechtssoziologie zu lassen? Im allgemeinen ja, aber mit einem wichtigen Vorbehalt: Sie sind sicherlich nicht gut beraten, wenn sie Webers *Programm* (sei es das der Rechtssoziologie oder das anderer Werke) nicht zur Kenntnis nehmen. Die Fragen zur Entwicklung Europas, zum Einfluß der großen Religionen, zu Natur und Funktion des Rechts – all diese und andere Fragen, die er stellte, sind heute noch genauso lebendig und drückend wie zu der Zeit, als er schrieb. Webers Programm ist jedoch so weit in die allgemeine Literatur eingegangen, daß es (anscheinend) möglich ist, ein praktizierender Weberianer zu sein, ohne ein Wort von seinen Schriften gelesen zu haben.[98] Auch kann man nicht mehr sagen, daß Weber die besten Antworten oder Ansätze in bezug auf seine eigenen Fragen hat. Unzweifelhaft kann man aus einem Werk wie der Rechtssoziologie (ganz zu schweigen von den Erläuterungen) viel lernen. Webers Fähigkeit, Einblick in Stoffgebiete zu gewinnen, zu denen zu seiner Zeit praktisch keine Informationen vorlagen, ist erstaunlich. Aber seine Einsichten sind nicht um Gesamttheorien herum übersichtlich angeordnet: Man steht da mit Teilchen und Stückchen, die man mit den angebotenen Begriffswerkzeugen mehr oder weniger selbständig erst zusammenbauen muß. Und da die Werkzeuge mangelhaft sind, gibt es zu viele Wege, auf denen man versuchen kann, sie zu reparieren oder die Stücke zusammenzufügen. Anders ausgedrückt, sein Werk ist wie ein Kaleidoskop, bei dem man durch Schütteln immer wieder ein anderes Muster erzeugen kann: Dieser Aufsatz bietet *ein* solches Muster an; zweifellos werden andere das Kaleidoskop wieder schütteln und ein anderes erblicken. Warum sollen wir so weitermachen? Wie sehr wir es auch schütteln, wir werden niemals jene magische Konstellation hervorbringen, bei der alle Stücke in vollkommener Ordnung liegen. Übrigens ist die ständig wachsende Weber-Literatur nicht ermutigend, wenn man zwar an Webers Problemen, nicht aber an ihm selbst interessiert ist: Muß man erst sein Leben dem Weberstudium widmen, bevor man von seinen Ideen Gebrauch machen kann? Wenn es einer Arbeit wie dieser gelingt, sein Werk bis auf das Programm abzuräumen, um so besser. Was wir wirklich brauchen, sind mehr Arbeiten in Webers Geist, nicht noch mehr über ihn selbst.

* Ich möchte John Hall, Martin Hinds und Guenther Roth für hilfreiche Bemerkungen und kritische Einwände danken. Daß ich ihre Bemerkungen schätzte, bedeutet natürlich nicht, daß sie schätzen, was ich daraus gemacht habe.

1 In den meisten allgemeinen Darstellungen von Webers Denken wird etwas über die Rechtssoziologie gesagt, aber Arbeiten, die sich ihr ausschließlich widmen, sind nicht zahlreich. Eine nützliche Einführung findet sich in M. Rheinstein und E. Shils (Hg. und Übers.), *Max Weber on Law in Economy and Society*, Cambridge, Mass.: Harvard University Press 1954. Weitere Arbeiten sind u. a. K. Engisch, »Max Weber als Rechtsphilosoph und als Rechtssoziologe«, in: K. Engisch u. a. (Hg.), *Max Weber*, Berlin 1966; D. M. Trubek, »Max Weber on Law and the Rise of Capitalism«, in: *Wisconsin Law Review*, 1972, M. Albrow, »Legal Positivism and Bourgeois Materialism: Max Weber's View of the Sociology of Law«, in: *British Journal of Law and Sociology*, 2 (1975); P. Beirne, »Ideology and Rationality in Max Weber's Sociology of Law«, in: *Research in Law and Sociology*, 2 (1979); M. Cain, »The Limits of Idealism: Max Weber and the Sociology of Law«, in: ebd., 3 (1980); A. T. Kronman, *Max Weber* (»Jurists: Profiles in Legal Theory«), London: Edward Arnold 1983.

2 Er war als Volljurist ausgebildet und praktizierte von 1887-1891.

3 Zu beiden Zügen ist viel gesagt worden, zuletzt von Kronman (Anm. 1 oben), S. 1 f.

4 Die wichtigsten sind Rheinstein (vgl. Anm. 1 oben; seine Anmerkungen sind mit kleinen Veränderungen wieder abgedruckt in Max Weber, *Economy and Society*, hg. von G. Roth und C. Wittich, New York: Bedminster Press 1968) und J. Winckelmann (in WuG, 5. Aufl., 1978, Bd. 3, aber mir nicht zugänglich).

5 Das jüngste Beispiel ist wieder Kronman, der versucht, die begriffliche Einheit der Rechtssoziologie unter Bezug auf philosophische Ideen zu rekonstruieren. Vgl. *Max Weber* (Anm. 1 oben), S. 2.

6 Vgl. J. H. Franklin, *Jean Bodin and the Sixteenth-Century Revolution in the Methodology of Law and History*, New York: Greenwood Press 1963, Kap. 4. Maine und Durkheim stellten sich ähnliche Aufgaben, aber anders als Weber beschäftigten sie sich in erster Linie mit primitivem Recht.

7 Anthropologen haben natürlich etwas dazu zu sagen, und Rechtswissenschaftler schenken ihren Erkenntnissen einige Beachtung. Aber in dem Bereich, in dem die Anthropologen forschen, ist die Beziehung zwischen Recht und Gesellschaft eine ganz andere als in den großen Zivilisationen, und hier scheint niemand zu wissen, wie das Problem anzupacken ist. Die Rechtssoziologen studieren die Eigenarten des

Rechtsgeschehens im Westen, während die Rechtswissenschaftler hochabstrakte juristische Theorien aufstellen, die auf den Rechtsvorstellungen des Westens beruhen. Aber weder greifen ihre Erkenntnisse ineinander, noch kann man auf der Grundlage ihrer Arbeit viel für eine kulturübergreifende Sicht des Rechts gewinnen.

8 Als einen Versuch, das islamische Recht im Weberschen Sinne zu analysieren, siehe J. Schacht, »Zur soziologischen Betrachtung des islamischen Rechts«, in: *Der Islam*, 22 (1935).

9 *RS* I, S. 62. Hier, in der *Protestantischen Ethik*, macht Weber jedoch sehr deutlich, für genau welchen Aspekt der »Welt von Gegensätzen« er sich interessiert.

10 Manche unterscheiden sechzehn verschiedene Bedeutungen. Siehe R. Brubaker, *The Limits of Rationality: an Essay on the Social and Moral Thought of Max Weber*, London: George Allen and Unwin 1984, S. 2, mit Hinweisen auf weitere Literatur.

11 Die Proto-Brot-Hypothese spielt auch eine Rolle in dem Text, der in der englischen Übersetzung als Webers Einleitung zur *Protestantischen Ethik* erscheint. Vgl. M. Weber, *The Protestant Ethic and the Spirit of Capitalism*, übers. von T. Parsons, London: Unwin University Books 1930, S. 30. Hier wird Proto-Rationalität im biologischen Erbgut Europas vermutet. Aber diese Einleitung wurde fünfzehn Jahre nach der *Protestantischen Ethik* als »Vorbemerkung« für die ganze Religionssoziologie geschrieben. Vgl. *RS* I, S. 1 ff., bes. S. 15.

12 Die Typologie wird dargelegt in *WuG* (4. Aufl., 1956), S. 395 ff. (Kategorien des Rechtsdenkens) und S. 571 f. (Formen der Rechtsprechung). Bei der hier gegebenen Zusammenfassung ist auch berücksichtigt, wie die Typologie in der gesamten Rechtssoziologie gehandhabt wird, nicht nur auf den genannten Seiten.

13 Eine Definition von Kadijustiz findet sich in *WuG*, S. 665. Genaugenommen gehört diese Stelle nicht zur Rechtssoziologie, ist aber eng damit verbunden. In einem islamischen Kontext wird der Begriff in *WuG*, S. 477 gebraucht, wo es in einem Abschnitt über persisches Recht heißt, daß die Rechtspflege »hier ebenso wie anderwärts« »›materiale‹« Gerechtigkeit erstrebt, nicht formale Regelung eines Interessenkampfes, und daß eine solche Kadijustiz z. B. in Tunesien der kapitalistischen Ausbeutung des Bodens im Wege stand.

14 Der Ausdruck wurde von R. Schmidt in einem juristischen Aufsatz von 1908 geprägt, nicht von Weber selbst. Weber gebraucht ihn für irrationale Rechtsprechung überall, sei es für die salomonische, attische, orientalische, englische oder sonst eine.

15 Formal irrational ist ein Recht, das, obwohl vollkommen regelgebunden, durch Gottesurteile, Orakel u. ä. die Anrufung übernatürlicher Mächte vorsieht. Im islamischen Recht gibt es weder Orakel noch Gottesurteile, dafür aber ein beträchtliches Vertrauen auf Eide.

16 Wenn formal rationale und irrationale Systeme einander gegenübergestellt werden, bedeutet rational: vom Verstand kontrolliert, nicht: regelgebunden – diese Bedeutung trägt das Wort formal. Formal rational ist demnach jenes moderne Recht, das regelgebunden und vom Verstand kontrolliert, d.h. säkular ist, während formal irrational jenes archaische Recht ist, das sich, obwohl höchst regelgebunden, des übernatürlichen Beweises bedient. Aber wenn material rationale und irrationale Systeme gegenübergestellt werden, bedeutet rational plötzlich: regelgebunden, und das Wort material steht für: ›durch außerrechtliche Rücksichten bestimmt‹. Demnach ist material rationales Recht jenes heilige oder patrimoniale Recht, das, obwohl weitgehend regelgebunden, durch politische Erwägungen u. ä. gebeugt wird, während material irrationale Justiz (ein solches Recht gibt es nicht, wie wir sehen werden) jene patrimoniale oder Volksjustiz ist, die sich ausschließlich von solchen Rücksichten, aber von keinerlei Regeln bestimmen läßt. Wenn dann formal und material rationale Systeme einander entgegengesetzt werden, bedeutet Rationalität wieder Regelgebundenheit, während das Wort formal die Bedeutung von ›frei von außerrechtlichen Rücksichten‹ annimmt. Demnach ist formal rational jenes moderne Recht, das sowohl regelgebunden als auch frei von außerrechtlichen Rücksichten ist, während material rational jenes heilige Recht ist, das, obwohl weitgehend regelgebunden, von ihnen beeinflußt wird. In dieser Anordnung scheint also das Kriterium der Säkularität verlorengegangen zu sein; aber da nur säkulares Recht einer formalen Rationalität fähig ist, scheint dieses Kriterium nun in dem der Formalität mit enthalten zu sein: Die Wörter formal und rational haben ihre Bedeutungen vertauscht.

17 Unter der Voraussetzung, daß ein Gesetz eine Regel ist, kann es kein material irrationales Recht geben, d.h. eines, das auf keinerlei Regeln beruht. Wenn man sagt, ein Rechtssystem sei material irrational, so drückt man auf unnötig schwerfällige Weise aus, daß kein Rechtssystem existiert. Umgekehrt ist der Satz »every formulated law is (at least relatively) formally rational«, wie Andreski zeigt, dem Satz »every flower is (at least relatively) flowery« sehr ähnlich. Siehe S.L. Andreski, »Understanding, Action and Law in Max Weber«, in: A. Podgórecki und C.J. Whelan (Hg.), *Sociological Approaches to Law*, London: Croom Helm 1981, S. 63, mit Verweis auf *WuG*, S. 396 (= *Economy and Society*, Bd. II, S. 656, wo die Übersetzung etwas anders ist). Nur die Rechtsfindung kann material irrational sein, d.h. auf politischen, religiösen, emotionalen oder anderen Erwägungen statt auf Rechtsregeln beruhen (sei es, weil keine Regeln existieren oder weil es möglich ist, sie außer acht zu lassen).

18 Die Typologie ist auch mit der Begründung kritisiert worden, daß der Ausdruck rational Beiklänge von ›vernünftig‹ und ›effektiv‹ hat und

daß Systeme und Verfahren, die von Weber als irrational eingestuft werden, im folgenden Sinn rational sind: »If you assume that God speaks through the oracles, then it is perfectly rational to consult them … the recourse to oracles in African tribal courts seems much more effective (and therefore rational) than the taking of statements sworn ›by Almighty God‹ in Britain in 1981 when the opinion surveys have shown that most people are not at all afraid of God's punishment« (Andreski, »Understanding«, S. 63, s. Anm. 17 oben). Das trifft zu. Aber obwohl Effizienz vermutlich einen Teil jenes Bündels bildet, das Weber als ›okzidentale Rationalität‹ bezeichnet, gibt es in der Rechtssoziologie keinen Hinweis darauf, daß irrationale Rechtsverfahren in irgendeinem anderen Sinne irrational sind als dem, daß sie sich auf etwas Übernatürliches berufen: Über ihre Vernünftigkeit, Effektivität o. ä. wird nichts gesagt oder impliziert (es werden auch keine moralischen Urteile darüber abgegeben).

19 Vgl. *WuG*, S. 397, wo die fünf Postulate des formalsten und rationalsten aller Rechtssysteme, des auf dem deutschen Pandektenrecht beruhenden Systems, dargelegt werden. Das entscheidende Postulat ist das zweite, nämlich, »daß für jeden konkreten Tatbestand mit den Mitteln der Rechtslogik eine Entscheidung aus den geltenden abstrakten Rechtssätzen zu gewinnen sein müsse« oder, mit anderen Worten, daß das System nach einer inneren Logik, nicht nach der Außenwelt, auf die es angewandt wird, gestaltet werden muß. Eine nützliche Erörterung dieses Begriffs von Recht gibt Rheinstein in seiner Einleitung zu *Max Weber on Law*, S. XLIX-LIV (s. Anm. 1 oben). Weber sagt nicht, daß er an die Wahrheit der fünf Postulate glaube, aber das ist unerheblich: Ob er daran glaubte oder nicht, jedenfalls gebrauchte er sie, um den Charakter der formalen Rationalität zu verdeutlichen. Wie Rheinstein zeigt, steht in der Rechtssoziologie ohne Zweifel formale Rationalität durchweg für *Begriffsjurisprudenz*, und dies ist die Denkweise, die Weber als für Europa eigentümlich ansah (ebd., S. XLIX f.).

20 K. Zweigert und H. Kötz, *Einführung in die Rechtsvergleichung auf dem Gebiete des Privatrechts*, Tübingen 1971, Bd. 1, S. 175 (»die juristische Rechenmaschine par excellence«).

21 Obwohl 1900 in Kraft getreten, spiegelt es die Gesellschaft der Bismarckzeit wider ohne Rücksicht auf die Kräfte, die diese Gesellschaft schon lange untergruben (ebd., S. 174).

22 »Ein Rechtssystem, in dem alle Begriffe rein formalen Charakter haben, hat auf der Welt niemals existiert und kann sogar kaum als eine theoretische Möglichkeit gedacht werden«, bemerkt Rheinstein. Er unterdrückt eine Kritik an Webers formaler Rationalität mit der Begründung, sie sei ein reiner Idealtypus. Aber ein Idealtypus, der *theoretisch* unmöglich ist, hat keinen Platz in irgendeiner Typologie. (*Max Weber on Law*, S. LVI, s. Anm. 1 oben). Albrow erwidert mit Recht,

Rheinstein lasse Weber hier zu leicht davonkommen (»Legal Positivism«, S. 28 f., s. Anm. 1 oben); und Cotterell findet Webers Schema ebenfalls ungeeignet für die Aufgabe, die es erfüllen soll, weil in der Definition der formalen Rationalität die Berücksichtigung der Werte des Rechts ausgeschlossen wird (R. Cotterell, »The Development of Capitalism and the Formalisation of Contract Law«, in: B. Fryer u. a. (Hg.), *Law, State and Society*, London: Croom Helm 1981, S. 62).

23 Diese (völlig richtige) Feststellung wird ausführlich in *WuG*, S. 456-67, erörtert. Dort steht England für den Typus Recht als Handwerk, während die moderne Universitätsausbildung und die Priesterschulen die Beispiele für Recht als Wissenschaft abgeben und das römische Recht dazwischen eingestuft wird.

24 Eine interessante Darstellung des Vorgangs, wie das Zivilrecht seine besonderen Merkmale erwarb, gibt A. Watson, *The Making of the Civil Law,* Cambridge, Mass.: Harvard University Press, 1981. Diese Darstellung, die beiläufig auch Weber berücksichtigt, stimmt mit ihm in mehr Hinsichten überein, als der Autor zu merken scheint (obwohl sie den Punkt nicht aufgreift, auf den sich die vorangehende Anmerkung bezieht, und in ihrer Trennung der »rein rechtlichen Faktoren« von den kulturellen und den sozio-politischen zuweit geht (vgl. S. 38): Die Entwicklung, die Watson auf die Natur des römischen Rechts selbst zurückführt, fand z. B. in Byzanz nicht statt).

25 Vgl. *WuG*, S. 459. Hier sagt Weber über die Rechtslehre, die von einem heiligen Recht ausgeht, »daß sie mit Vorliebe eine rein theoretisch konstruierte, weniger an den praktischen Bedürfnissen der Rechtsinteressenten orientierte, als den Bedürfnissen eines frei bewegten Intellektualismus der Gelehrten entsprungene Kasuistik treibt«. Jedoch auf S. 461 heißt es, daß die treibende Kraft hinter einem solchen System »weder wie beim reinen Rechtspraktiker der Geschäftsbetrieb mit seinem konkreten Anschauungsmaterial... noch, wie beim reinen juristischen Doktrinär, die dogmatisch nur an fachmäßige Voraussetzungen gebundene Logik« ist. Was ist der Unterschied zwischen dem ungehemmten Intellektualismus des Rechtsgelehrten und den logischen Ansprüchen des juristischen Doktrinärs?

26 Ganz offenbar sind heilige Systeme durch einen kasuistischen Ansatz gekennzeichnet. Aber dieser Ansatz wird nicht etwa deshalb gewählt, weil man die praktische Anwendbarkeit heiliger Institute erhalten will, wie Weber andeutete (obwohl er auch das Gegenteil andeutete. Vgl. *WuG*, S. 459-61, wo es unklar bleibt, in welchem Maße heilige Systeme an praktischen Bedürfnissen orientiert sind). Er wird vielmehr gewählt, um das Recht im allgemeinen zu sondieren und theoretisch interessante Grenzziehungen im besonderen zu erörtern (z. B.: »Wenn Regel A für Männer und Regel B für Frauen gilt, wo stehen dann die Hermaphroditen?«).

27 Semantische Beziehungen nehmen das Aussehen von theoretischen an, wie Cain ganz richtig bemerkt (»Limits«, S. 81, s. Anm. 1 oben).

28 *WuG*, S. 504.

29 »Daß die hier theoretisch konstruierten Rationalitätsstufen in der historischen Realität weder überall gerade in der Reihenfolge des Rationalitätsgrades aufeinander gefolgt, noch auch nur überall, selbst im Okzident, alle vorhanden gewesen sind ... dies alles soll hier ad hoc ignoriert werden, wo es nur auf die Feststellung der allgemeinsten Entwicklungszüge ankommen kann« (*WuG*, S. 504 f.). Aber die Tatsache, daß nur die allgemeinsten Entwicklungslinien erörtert werden können, rechtfertigt doch nicht die Vorlage eines Entwicklungsschemas, dem die historische Realität nicht allgemein entspricht. Was soll der Leser damit anfangen?

30 Manche nehmen an, daß die Rechtssoziologie in erster Linie dieser Frage gewidmet ist (so Rheinstein, *Max Weber on Law,* S. L; Trubek, »Max Weber on Law«, S. 721 f., für beide s. Anm. 1 oben; vgl. auch B. S. Turner, *Weber and Islam,* London: Routledge and Kegan Paul 1974, Kap. 7). Aber das stimmt nicht. Wie Roth zeigt, war es Webers Ziel, die älteren Wirtschafts- und Rechtsgeschichten durch eine Soziologie zu ergänzen oder, mit anderen Worten, die Beziehung zwischen wirtschaftlichem Verhalten und rechtlichen, sozialen, politischen, religiösen und kulturellen Institutionen im allgemeinen zu untersuchen. Man kann jedoch nicht leugnen, daß der Kapitalismus darin ein wichtiges Thema bildet (vgl. G. Roth, »Rationalization in Max Weber's Developmental History«, in: S. Whimster und S. Lash (Hg.), *Max Weber: Rationality and Modernity,* London: Allen & Unwin 1986.).

31 Man beachte auch Aussagen wie diese: »Und zwar kommt es uns unter diesen Qualitäten speziell an auf Maß und Art der *Rationalität* des Rechts, vor allem natürlich: des ökonomisch relevanten Rechts« (*WuG*, S. 395).

32 *WuG*, S. 392.

33 Ebd., S. 412. Vgl. S. 395 (zur größeren Bedeutung der rechtstechnischen und politischen Faktoren gegenüber den ökonomischen), S. 427 (Ökonomische Situationen gebären neue Rechtsformen nicht automatisch aus sich, noch ist das Fehlen bestimmter Formen unbedingt auf ein fehlendes Bedürfnis danach zurückzuführen.), S. 395 (Die logische Systematisierung ergab sich aus den intellektuellen Bedürfnissen der Rechtstheoretiker, nicht aus den Bedürfnissen des Bürgertums nach einem berechenbaren Recht.). Er sagt natürlich nicht, daß ökonomische Entwicklungen niemals das Recht beeinflußten, nur, daß die meisten Beispiele »konkret bedingt und nicht auf allgemeine Regeln zu bringen« sind (ebd., S. 395).

34 Vgl. ebd., S. 395, wo die Rechtstechnik und die politische Organisation als entscheidende Faktoren herausgestellt werden; S. 487, wo das

Vordringen der rationalen und formalistischen Elemente den Bedürfnissen der Patrimonialherrscher zugeschrieben wird; S. 505, wo eine ganze Liste von dem Okzident eigentümlichen Zügen vor allem politischen Faktoren zugeschrieben wird; und S. 572, wo die verschiedenen Entwicklungen des englischen und des deutschen Rechts letztlich auf Unterschieden der *Herrschaftsstruktur* beruhen sollen.

35 Ebd., S. 511.

36 Ebd., S. 395.

37 Vgl. Webers Studie über China, wo dieser Punkt klarer herauskommt als in der Rechtssoziologie: RS 1, S. 391 ff. (»Patrimoniale Struktur des Rechts«).

38 Siehe z. B. *WuG*, S. 651, 834.

39 Roth teilt mir mit, daß die Antwort darauf politische Kalkulation ist und nicht so sehr ökonomische Kalkulation im eigentlichen Sinne. Aber warum ist politische Kalkulation ihrem Wesen nach weniger rational als ihr ökonomisches Gegenstück, und wie kann überhaupt irgendeine Art von Kalkulation irrational sein?

40 Vgl. Albrow, »Legal Positivism«, S. 28 f. (s. Anm. 1 oben), wo Weber wegen seiner Ansicht kritisiert wird, das Recht könne wie ein Automat funktionieren, in den man oben die Tatsachen hineinsteckt, worauf das Urteil unten herauskommt.

41 Zum englischen Recht als unsystematisiert siehe *WuG*, S. 456-8, 509 und andere Stellen. Zur englischen Kadijustiz siehe ebd., S. 471, 510 f., 571.

42 Ebd., S. 471: »nicht durch, sondern zum Teil auch trotz der Struktur seines Rechts gewann England den kapitalistischen Primat«. Das »zum Teil« wird in der englischen Übersetzung nicht wiedergegeben. Folglich gewinnt England hier (und in der anglophonen Literatur, die sich darauf stützt) den kapitalistischen Primat ganz und gar trotz seines Gerichtswesens (vgl. *Economy and Society*, Bd. 2, S. 814, s. Anm. 4 oben). Weber wiederholt seine Behauptung, daß die englische Justiz nicht sehr rational oder bürokratisch war, der Kapitalismus sich damit aber gut abfinden konnte, weil sie die ökonomisch Starken begünstigte, in *WuG*, S. 572. Und noch einmal, auf S. 834, sagt Weber weitgehend dasselbe wie in der Studie über Konfuzianismus und Taoismus, *RS* 1, S. 393, nämlich, daß (a) die Armen Kadijustiz oder gar keine erhielten; (b) die besitzenden Klassen formalistische Justiz erhielten, die, obgleich nicht rational, doch berechenbar war; und (c) diese formalistische Justiz auf einem (Präjudizien-)Recht beruhte, das von den interessierten Parteien durch Rekrutierung der Richter aus ihrer Schicht geschaffen wurde (und daher nicht nur kalkulierbar, sondern auch sie begünstigend war).

43 *WuG*, S. 471.

44 Ebd., S. 511.

45 Ebd., S. 509.

46 Daß England für Weber einen problematischen Fall darstellt, ist schon vorher oft bemerkt worden. Vgl. Rheinstein, *Max Weber on Law,* S. LVIII; Trubek, »Max Weber on Law«, S. 746-8; Albrow, »Legal Positivism«, S. 22; Cain, »Limits of Idealism«, S. 72 (für alle s. Anm. 1 oben); diese Liste ließe sich ohne Zweifel fortsetzen.

47 Dies ist Zivilrechtlern heute wohlbekannt. Siehe z. B. R. David und J. E. C. Brierley, *Major Legal Systems in the World Today*², London: Stephen and Sons 1978, S. 78-80.

48 *WuG*, S. 487f.

49 Ebd., S. 491-93.

50 Vgl. ebd., S. 458f., 491, 493, 506.

51 Ebd., S. 495.

52 Cain, »Limits of Idealism«, S. 72 (s. Anm. 1 oben).

53 Man kann sagen, daß dies als Hauptergebnis auch aus dem Buch von M. E. Tigar und M. R. Levy, *Law and the Rise of Capitalism,* New York und London: Monthly Review Press 1977 hervorgeht.

54 Zu dieser Frage siehe auch M. Rodinson, *Islam et capitalisme,* Paris: Éditions du Seuil 1966 (= *Islam and Capitalism,* Harmondsworth: Penguin Books, 1974); Turner, *Weber and Islam* (s. Anm. 30 oben), Kap. 7.

55 Vgl. S. D. Goitein, *Studies in Islamic History and Institutions,* Leiden: E. J. Brill 1966, Kap. 11 (»The Rise of the Middle Eastern Bourgeoisie in Early Islamic Times«): Das Recht kann insofern als bürgerliches Instrument angesehen werden, als seine Schöpfer es mit einem den Handel und die Interessen von Kaufleuten generell begünstigenden Grundzug ausstatteten. Aber es ging ihnen bei weitem auch um andere Dinge als bürgerliche Interessen. Deshalb ist der Ausdruck für einige der Institute, die sie ersannen, ungemein unpassend (z. B. das Blutgeld).

56 Als neueren Beitrag zu dieser Frage siehe A. Ghani, »Disputes in a Court of *Sharia,* Kunar Valley, Afghanistan, 1885-1890«, in: *International Journal of Middle East Studies,* 15 (1983). Ghani behauptet, »Weber's representation of [the application of the] sharia is totally erroneous« (S. 365). Aber Weber sagt nicht, daß die *ganze* islamische Justiz Kadijustiz war; und Fälle aus Afghanistan im 19. Jahrhundert beweisen nicht, daß es *niemals* Kadijustiz gab. Die Rechtspflege muß von Zeit zu Zeit und Ort zu Ort sehr verschieden gewesen sein, und es ist schwer vorstellbar, daß keine Kadijustiz dabei war: Die Rechtspflege, die in den »Fürstenspiegeln« gelobt wird, entspricht genau der salomonischen Art der Kadijustiz, wie sie Weber beschreibt (*WuG*, S. 486). Aber wir brauchen noch viel mehr Arbeiten von der Art der Ghanischen, bevor es sich lohnt, über diese Frage auch nur zu spekulieren. Hinzu kommt das Problem, inwieweit die Herrscher die Rich-

ter zu Urteilen zu ihren Gunsten zwangen oder sich bei der Vollstrekkung von ihnen mißfallenden Urteilen einmischten (was nicht dasselbe wie Kadijustiz ist). Turner bringt dazu einige Überlegungen (*Weber and Islam*, Kap. 7, s. Anm. 30 oben); aber auch hier ist unser konkretes Wissen so spärlich, daß wir nur intelligent raten können.

57 Zu ihrem Status siehe *The Encyclopaedia of Islam*, Leiden: E. J. Brill [2]1960, unter ›*ʿabd*‹. Für Lehrbücher und andere Arbeiten zum islamischen Recht siehe die nützliche Bibliographie in J. Schacht, *An Introduction to Islamic Law*, Oxford: Clarendon Press 1964.

58 Die besonderen Regeln, denen sie unterworfen sind, findet man hauptsächlich im Eherecht. Frauen stehen unter der Vormundschaft von Männern und können im allgemeinen weder selbst einen Ehevertrag schließen noch einseitig die Scheidung einleiten; arabische Frauen dürfen nur arabische Männer heiraten, und nach einigen Schulen dürfen weibliche Nachkommen des Propheten nur unter seinen Nachkommen heiraten. Abgesehen vom Eherecht haben Frauen dieselbe Geschäftsfähigkeit wie Männer, obwohl sie in manchen Hinsichten weniger zählen als diese (z. B. als Erben und als Zeugen). Einige Schulen stellen die Verleumdung von Arabern unter Strafe. Alle schließen die Nachkommen des Propheten von Geldzuwendungen aus der Almosensteuer *(zakāh)* mit der Begründung aus, sie seien rein, während die Almosensteuer den ›Schmutz‹ darstelle, von dem die Menschen sich gereinigt haben.

59 Vgl. *WuG*, S. 416f.

60 Das Land ist nach der Art und Weise, wie es unter muslimische Herrschaft gelangte (durch Eroberung, Vertrag usw.), in verschiedene Kategorien eingeteilt. Einige werden als Privateigentum, andere als Gemeineigentum betrachtet, das im Namen der muslimischen Gemeinschaft vom Staat verwaltet wird. Außerdem unterliegen die Kategorien verschiedenen Steuersätzen. Die Einteilung wird weiter kompliziert durch die verschiedenen Bestimmungen, nach denen Land vom Staat vergeben werden kann (wegen Einzelheiten siehe *Encyclopaedia of Islam* (Anm. 57 oben) unter ›*kharādj*‹ und die dort angeführte Literatur). Der rechtliche Status des Bodens ist sowohl unter juristischem wie unter fiskalischem Gesichtspunkt ausführlich untersucht worden, nicht aber unter politischem oder sozio-ökonomischem. So ist noch völlig unbekannt – zumindest für die ersten Jahrhunderte –, in welchem Maße der Boden marktfähig war. Jedenfalls sprechen die Juristen im Kaufrecht nirgends vom Boden, was darauf hindeutet, daß in der Anfangszeit das Land normalerweise nicht durch Kauf von Hand zu Hand ging.

61 Dieses Kriterium schließt Waren wie Wein, Schweinefleisch und deren Produkte aus. Dazu gibt es viele kasuistische Details.

62 Das Gegenteil wird behauptet in der *Enzyklopädie des Islam*, Leiden

und Leipzig 1913-14, unter ›milk‹. Aber siehe z. B. L. Milliot, *Introduction à l'étude du droit musulman,* Paris: Sirey 1953, Kap. 5.

63 Vermächtnisse und Schenkungen eines Todkranken sind auf ein Drittel des Vermögens beschränkt (N. J. Coulson, *Succession in the Muslim Family,* Cambridge: University Press 1971, Kap. 13, 15; zu den historischen Wurzeln dieser Beschränkung siehe P. Crone, *Roman, Provincial and Islamic Law*, Cambridge: University Press 1987, Schluß.

64 Als Ausnahme von den allgemeinen Regeln billigen alle Schulen den *salam*-Vertrag, der zukünftige Güter betrifft; und einige Schulen machen Zugeständnisse an die Übung, ungesehene Güter zu kaufen.

65 Zu den Kunstgriffen, mit denen das Gesetz umgangen werden konnte, siehe J. Schacht, »Die arabische *ḥijal*-Literatur«, in: *Der Islam*, 15 (1926); oder *Encyclopaedia of Islam* (Anm. 57 oben) unter *›ḥiyal‹*.

66 Vgl. *Encyclopaedia of Islam* (Anm. 57 oben) unter *›ḥawāla‹* und die dort angeführte Literatur.

67 Vgl. A. L. Udovitch, *Partnership and Profit in Medieval Islam,* Princeton: University Press 1970, S. 259-61.

68 Weber sagt in der Rechtssoziologie sehr wenig über die konkreten Bestimmungen des islamischen Rechts, da er sich mehr um die Züge kümmert, die es als heiliges System ausweisen. Man sollte hinzufügen, daß die meisten Einzelheiten, die er über das islamische Recht sagt, falsch oder, häufiger, nicht ganz zutreffend sind, sein allgemeiner Eindruck von dessen Natur aber richtig ist.

69 Vgl. Rodinson, *Islam and Capitalism,* Kap. 3 (Anm. 54 oben). Es war Weber natürlich völlig klar, daß der vormoderne Kapitalismus häufig im Verein mit irrationalem (oder material rationalem) Recht *und* Kadijustiz plus den entsprechenden politischen Institutionen blühte. Dies erwähnt er in *WuG* immer wieder.

70 Vgl. A. Allott, *The Limits of the Law,* London: Butterworths 1980.

71 Vgl. A. Watson, *Legal Transplants: An Approach to Comparative Law,* Edinburgh, Scottish Academic Press 1974; ders., *Society and Legal Change,* Edinburgh: Scottish Academic Press 1977; ders., *The Making of the Civil Law* (Anm. 24 oben). Zu den »innerjuristischen« Faktoren bei Weber siehe oben, Anm. 33.

72 Watsons anregendes Werk (zitiert in der vorigen Anm.) muß aus diesem Grund kritisiert werden. Es ist der Behauptung gewidmet, die Beziehung zwischen Recht und Gesellschaft sei sehr viel weniger eng als gewöhnlich angenommen, ein Großteil des Rechts sei mit der Gesellschaft nicht im Gleichschritt, ohne daß das schaden würde, und das Ausborgen (oder »Verpflanzen«, wie er es nennt) von Rechtsregeln sei das wichtigste Element in der Rechtsentwicklung. Aber obwohl er dies richtigerweise damit erklärt, daß die Gesellschaft an einem großen Teil des Rechts kaum Anteil nimmt, hat er doch unrecht mit der Annahme, daß sie an *allen* Rechtsarten fast völlig desinteressiert sei.

Er zeigt, daß sogar Ehegesetze verpflanzt wurden, z. B. von Rom nach Europa und von dort in die übrige Welt, aber er stellt dabei die Tatsache nicht genügend in Rechnung, daß Rom und Europa zufällig beide monogam waren; daß römische Regeln, die nicht paßten, nicht übernommen wurden; daß eine Verpflanzung von Europa nach Amerika oder Neuseeland innerhalb derselben Kultur geschieht; daß Verpflanztes selten gedeiht, wo die Gesellschaft dafür nicht reif ist, z. B. in ganz anderen Kulturen; daß der soziale Wandel zu großen Veränderungen z. B. in den letzten Jahren im britischen Familienrecht geführt hat; daß gewaltige sozio-politische Veränderungen vorliegen, wenn Dritte-Welt- und andere Länder sich entscheiden, ein fremdes Recht als Ganzes zu importieren und so weiter.

73 Würden Naturwissenschaftler verkünden, daß das Gesetz der Schwerkraft nicht mehr gilt, schlösse man daraus nicht, daß es sich geändert hat, sondern vielmehr, daß es niemals richtig war. Wir unterscheiden heute zwischen Naturgesetzen und menschlichen Gesetzen, aber selbst im modernen Britannien gilt: »When the Lords overrule a decision of the Court of Appeal in an earlier case, they do not say that they are changing the law; they say that the earlier case was wrongly decided. It follows that all cases decided in accordance with the decision in the earlier case have also been wrongly decided« (P. Stein, *Regulae Juris: From Juristic Rules to Legal Maxims,* Edinburgh: University Press 1966, S. 6). Der Autor merkt an, daß ohne die Verfahrensregeln, die die Frist für eine Revision beschränken, diese Theorie zu offenkundigen Schwierigkeiten führen würde!

74 Als Beispiel für den Scharfsinn, mit dem muslimische Juristen die Rechtsfolgen von Handlungen erörtern konnten, siehe *Encyclopaedia of Islam*[2] (Anm. 57 oben) unter ›*fāsid wa bāṭil*‹ (obwohl diese Begriffe in erster Linie in bezug auf die Ehe erörtert werden, gelten sie auch für andere Verträge). Zu der Leichtigkeit, mit der die Spekulationen der Juristen in praktische Regeln umgesetzt werden konnten (wenn die Herrscher es wünschten), siehe Ghani, »Disputes« (Anm. 56 oben).

75 Weber glaubte anscheinend, daß das doch so war: »Das islamische Geschäftsrecht speziell hat in Fortbildung der spätantiken Rechtstechnik für den Handel Institutionen entwickelt... Aber ihre Geltung war innerhalb des Islam... nicht durch Satzungen oder sichere Prinzipien eines rationalen Rechts (garantiert)... Sie bestanden praeter legem.« (*WuG*, S. 476). Aber das Geschäftsrecht, auf das er sich bezieht, war Teil des heiligen Rechts selbst (ob rational oder nicht).

76 In China wurden unter der Ming-Dynastie neue Entwicklungen sowohl in der Wirtschaft wie auch in Forschung und Technik tatsächlich erstickt (vgl. die Erörterung in J. Hall, *Powers and Liberties,* Oxford: Basil Blackwell 1985, Kap. 2). Man kann sich zwar leicht vorstellen, daß die *'ulamā'* ihren Einfluß benutzt hätten, um ökonomische Ver-

haltensweisen auszumerzen, die sie, einfach weil sie ihrer Kontrolle entzogen waren, als frevelhaft aufgefaßt hätten, aber dafür scheint es keine Belege zu geben. Im Gegenteil, die meisten von ihnen suchten anscheinend im allgemeinen freudig, emsig und erfinderisch nach Schlichen, um die Regeln zu umgehen, die sie selbst in jahrelanger Arbeit ersonnen oder studiert hatten.

77 Besonders wenn ihre Zugehörigkeit zum Stand der Hüter eher erworben als zugeschrieben war (vgl. P. Crone und M. Cook, *Hagarism: The Making of the Islamic World*, Cambridge: University Press 1977, Kap. 13).

78 Die bloße Häufigkeit, mit der er dieses Wort gebraucht, deutet darauf hin, daß er etwas gesehen hatte, was er nicht ausdrücken konnte. Es erscheint praktisch auf jeder Seite der Rechtssoziologie, häufig mehrmals (ähnlich in dem Kapitel über Recht in der Chinastudie) und gewöhnlich in einer Weise, die den Leser zum Wahnsinn treiben kann: Gerade wenn einem der Unterschied zwischen X und Y aufzugehen beginnt, wird das Wort rational wieder eingeworfen, um diesen Unterschied zu erläutern. Etwas ist rational oder nicht rational, formal rational, formalistisch, doch nicht rational, material rational, material, ohne rational zu sein, annähernd rational und so weiter: Das Thermometer ist gewiß kunstvoll abgestuft, aber man weiß nie, was es eigentlich mißt.

79 Zum kognitiven Aspekt dieses Vorgangs vgl. E. Gellner, »The Savage and the Modern Mind«, in: R. Horton und R. Finnegan (Hg.), *Modes of Thought*, London: Faber and Faber 1973 (leicht verändert wieder abgedruckt in: ders., *The Legitimation of Belief*, Cambridge: University Press 1974, S. 152-67).

80 Weberspezialisten stimmen dem vielleicht nicht zu. Einer von ihnen hat kürzlich eine weitere Deutung des Unterschieds zwischen Wert und Zweck vorgeschlagen, die zwar sehr gescheit ist, für einen Amateur aber nicht nach Weber klingt (Brubaker, *Limits* (Anm. 10 oben), S. 50-2). Ich möchte ausdrücklich feststellen, daß ich Weber nicht Werturteile vorwerfe (wie ambivalent seine Einstellung zur Moderne auch gewesen sein mag). Vielmehr behaupte ich, daß Weber, nimmt man seine Begriffe wörtlich, Unsinn redet (»The distinction between ›goal-rational‹ and ›value-rational‹ is useless because Weber does not tell us what is the difference between a goal and a value; and, as generally used in philosophical discourse, these words are treated as either interchangeable or at least as having a very large overlap. We must therefore ... amalgamate the two ›kinds‹ of rational actions«, wie Andreski in »Understanding« (Anm. 17 oben), S. 53 richtig sagt). Insofern er keinen Unsinn redet, wird der Sinn aber durch die Obertöne seiner Begriffe vermittelt.

81 Vgl. Crone und Cook, *Hagarism* (Anm. 77 oben), Kap. 14.

82 Vgl. E. Gellner, »A social Contract in Search of an Idiom: the Demise of the Danegeld State«, in: ders., *Spectacles and Predicaments: Essays in Social Theory*, Cambridge: University Press 1979, S. 285 f.
83 Vgl. J. Goody, *The Development of the Family and Marriage in Europe*, Cambridge: University Press 1983. Der christliche Einfluß, den Goody feststellte, ist jedoch ziemlich anders als der, den Weber im Auge hatte.
84 Den zweiten Punkt verdanke ich Hall, *Powers and Liberties* (Anm. 76 oben), Kap. 5.
85 Weber betonte natürlich auch die entscheidende Rolle des Staates (aber dann muß man sagen, er betonte alles und lief dabei Gefahr, nichts zu erhellen).
86 Die Frage, wieweit man primitives Recht als Recht bezeichnen kann, ist strittig. Man mag dies für eine Definitionssache halten, aber tatsächlich erkennen die meisten Forscher eine Rechtsregel, wenn sie darauf stoßen, unabhängig davon, wie die Definition von Recht aussehen mag. Sie sondern Rechtsregeln und -verfahren nach bestimmten Merkmalen aus. Diese sind etwa die Verwendung einer formelhaften Sprache und/oder ritueller Gesten, das Vorhandensein von »sekundären Regeln« (vgl. H. L. A. Hart, *The Concept of Law*, Oxford: Clarendon Press 1961, Kap. 5), die Existenz von Gerichten, die Verfügbarkeit von Sanktionen und so weiter oder eine Kombination dieser Merkmale: Der entscheidende Punkt scheint zu sein, daß Rechtsregeln eben irgendwie ausgesondert werden. Gewiß gibt es Gesellschaften, die so primitiv sind, daß es fraglich ist, ob sie ein Recht besitzen, aber es wäre zwecklos zu leugnen, daß die meisten Gesellschaften, und seien sie noch so primitiv, ein Recht besitzen.
87 Das mosaische Recht ist das bekannteste Beispiel.
88 Vgl. D. Bodde und C. Morris, *Law in Imperial China*, Cambridge, Mass.: Harvard University Press 1967; oder die bündige Darstellung von H. McAleavy, »Chinese Law«, in: J. D. M. Derrett (Hg.), *An Introduction to Legal Systems*, London: Sweet and Maxwell 1968.
89 Drakon, der erste Gesetzgeber Athens, schuf Strafgesetze, für die er sprichwörtlich wurde; nach einer anderen Darstellung führte er eine Verfassung ein: Jedenfalls kümmerte er sich eher um öffentliches als um privates Recht. Dasselbe gilt für Solon. Aber als die Athener daran gingen, sich selbst zu regieren, blieb anscheinend nur das heilige Recht vollständig in den Händen seiner traditionellen Exponenten (vgl. D. M. MacDowell, *The Law in Classical Athens*, London: Thames and Hudson 1978, S. 192-4).
90 So findet sich das chinesische Muster in Vietnam wieder, obwohl die vietnamesischen Gesetzbücher mehr Familienrecht als ihre chinesischen Vorbilder enthalten (M. B. Hooker, *A Concise Legal History of South-East Asia*, Oxford: Clarendon Press 1978, Kap. 3). Japan be-

gann auch in der Weise, daß es das chinesische Modell nachahmte (obwohl hier daraus eine Rechtswissenschaft entstand, die in China selbst unbekannt war). Die Treue zu diesem Vorbild währte nur kurz, aber die Unterscheidung zwischen staatlich verordnetem Straf- und Verwaltungsrecht auf der einen und Gewohnheitsrecht der verschiedensten Art auf der anderen Seite ist eine Konstante in der japanischen Geschichte (Y. Noda, *Introduction au droit japonais*, Paris: Librairie Dalloz 1966 = *Introduction to Japanese Law*, University of Tokyo Press 1976, Kap. 2).

91 A. Perikhanian, »Iranian Society and Law«, in: *The Cambridge History of Iran*, Bd. III (2), hg. von E. Yarshater, Cambridge: University Press 1983.

92 R. Lingat, *Les sources du droit dans le système traditionnel de l'Inde*, Paris: Mouton & Co. 1967 = *The Classical Law of India*, Berkeley, Los Angeles und London: University of California Press 1973.

93 Zu den Ländern, die das indische Modell übernommen haben, vgl. Hooker, *Concise History* (Anm. 90 oben), Kap. 1. Ein konkretes Beispiel gibt M. Maung, *Law and Custom in Burma and the Burmese Family*, The Hague: Martinus Nijhoff 1963. Wieweit selbst das wahre Recht mit königlicher Kontrolle zusammengehen kann, wird dargestellt von D. M. Engel, *Law and Kingship in Thailand during the Reign of King Chulalongkorn*, Ann Arbor: Center for South and Southeast Asian Studies, The University of Michigan 1975.

94 Die Beziehung zwischen dem kaiserlichen und dem kanonischen Recht in Byzanz scheint nicht viel Beachtung gefunden zu haben. H. J. Scheltema, »Byzantine Law«, in: *Cambridge Medieval History*, Bd. IV (2), hg. von J. M. Hussey, Cambridge: University Press 1967 schreibt, als ob es das kanonische Recht nicht gäbe.

95 Dies ist nicht die übliche Sicht, aber vgl. P. Crone und M. Hinds, *God's Caliph: Religious Authority in the First Centuries of Islam*, Cambridge: University Press 1986.

96 E. J. Cohn und W. Zdzieblo, *Manual of German Law*[2], London: Oceana Publications 1968-71, Bd. I, S. 26. Abgesehen von der Tatsache, daß die nationalen Gesetzbücher die Einheit der Länder mit römischem Privatrecht zerstörten, ist es auch »one of the great glories of codified law that it makes possible ... adequate law teaching at a very low level of competence« (Watson, *The Making of the Civil Law* (Anm. 24 oben), S. 173).

97 P. Crone, *Slaves on Horses: the Evolution of the Medieval Polity*, Cambridge: University Press 1980, bes. S. 62 f.

98 Ein Rezensent von Crone und Cook, *Hagarism* (Anm. 77 oben) meinte, daß Webers Einfluß das ganze Werk hindurch zu spüren sei. Es ist in der Tat im Weberschen Geist geschrieben, insofern darin den religiösen Ideen eine entscheidende Bedeutung bei der Bildung und

Entwicklung der islamischen Zivilisation zugeschrieben wird. Aber obwohl beide Autoren damals eine allgemeine Kenntnis von Webers Sichtweise hatten, pflegte doch keiner von uns seine Werke zu lesen und hat keiner ihn im Verlauf des Schreibens bewußt beachtet (vgl. H. Lazarus-Yafeh, Besprechung in: *Asian and African Studies*, 14 (1980), S. 295).

Michael Cook
Max Weber und islamische Sekten

Dem Thema dieses Artikels könnte man sich auf zweierlei Art nähern. Eine Strategie bestünde darin, die Kopula im Titel so aufzufassen, als begründete sie die Vereinigung von zwei Mengen. Man könnte also damit beginnen, Weber herbeizuzitieren, und damit enden, ihn hinauszuzitieren. Dazwischen könnte man nach Belieben über islamische Sekten sprechen. Ein solcher Ansatz wäre durchaus verlockend, nicht zuletzt, weil sich der Artikel dann bei weiteren Konferenzen über das Thema »X und der Islam« leicht wiederverwenden ließe. Die alternative Strategie, und das ist die hier angewandte, deutet die Kopula so, daß sie eine zumindest nicht leere Schnittmenge herstellt; nebenbei hat dieser Ansatz noch den Vorteil, daß man sich außerordentlich kurz fassen kann.

Die spezielle, mir von den Organisatoren dieser Tagung übertragene Aufgabe war, zu untersuchen, wie Webers Begriff einer »Sekte«, im Gegensatz zu dem einer »Kirche« im islamischen Kontext anwendbar sei. Wie weit verdienen Gruppen, die ein Islamwissenschaftler gedankenlos für Sekten hält, diese Bezeichnung in einem spezifisch Weberschen Sinn? Und wenn nicht, warum nicht?

Beginnen wir mit dem Versuch, Webers Unterscheidung zwischen Kirche und Sekte genauer zu fassen. Die Hauptpunkte scheinen folgende zu sein:

(1) *Mitgliedschaft.* Eine Kirche ist eine Zwangsanstalt, sie umfaßt die ganze Gesellschaft, und im allgemeinen gehört man ihr an, weil man in sie hineingeboren ist. Einer Sekte hingegen gehört man freiwillig und durch Wahl wie einem Verein an; Voraussetzung ist eine beidseitige Entscheidung – deine und ihre.[1]

(2) *Struktur der Herrschaft.* Eine Kirche ist eine hierarchische Organisation, eine Sekte dagegen eine egalitäre Gemeinde. Daher ist eine Kirche »Trägerin und Verwalterin eines Amtscharisma«[2] und wird von einem »Berufspriesterstand« beherrscht,[3] während eine Sekte »eine Gemeinschaft rein persönlich charismatisch qualifizierter Personen«[4] ist, und dies spiegelt sich auch in der inneren Machtstruktur: »Bei den konsequenten Sekten vollends folgt

[daraus], ... das Prinzip der unbedingten Gemeindesouveränität.«[5] Der Gegensatz ist zugegebenermaßen nicht immer so deutlich – Kirchen können gewissermaßen Gemeindecharakter[6] haben und Sekten können »im Dienst der ökonomischen und pädagogischen Interessen reguläre Ämter entwickelt haben«.[7] Doch das Prinzip steht fest: Reine Sekten beharren auf der »unmittelbar demokratischen Verwaltung« durch die Gemeinde.[8]

(3) *Politischer Charakter.* Eine Kirche ist ihrem Wesen nach zu sehr mit der Gesellschaft insgesamt verflochten, als daß sie eine nicht-politische Institution sein könnte. Dagegen ist die »Stellung der Sekte zur politischen Gewalt eigenartig und höchst wichtig« – wenn auch in negativer Weise. Denn die Sekte ist ein »spezifisch antipolitisches oder doch apolitisches Gebilde«.[9] Dies liegt insbesondere daran, daß eine Sekte sich selbst überlassen bleiben will, weil »die außer ihr Stehenden sie nichts angehen«. Daher tritt eine Sekte für »Toleranz« und für die »Trennung von Kirche und Staat« ein.[10]

Kurz, Weber bietet etwa folgendes Schema an:

	Kirche	Sekte
(1) Mitgliedschaft	zwangsweise (umfassend)	freiwillig (selektiv)
(2) Struktur der Herrschaft	Hierarchie	Gemeinde
(3) politischer Charakter	politisch involviert	antipolitisch oder apolitisch

Dies sieht nach einer eindeutigen Unterscheidung aus. Doch bevor wir versuchen, sie auf das islamische Datenmaterial anzuwenden, sollten wir als erstes festhalten, daß Weber kein *erschöpfendes* Kategoriensystem zur Klassifikation von Strukturen der religiösen Organisation aufstellt. Wenn wir in der realen Welt einer solchen Organisation begegnen, dann kann es eine Kirche oder eine Sekte, genausogut aber auch etwas andres sein – etwa eine »Hierokratie«. Zweitens gibt Weber für seine Schlüsselbegriffe keine Definitionen; er stellt nur die Unterschiede dar. Bei anderen Begriffsabgrenzungen werden andere Aspekte seiner Vorstellungen von Kirche und Staat relevant – so, wenn er zwischen »Kirche« und »Hierokratie« unterscheidet.[11] Drittens liefert Weber nirgends eine *formalisierte* Darstellung seiner Unterscheidung von Kirche und Sekte. Deshalb sind in dem oben vorgestellten dreiteiligen Schema die Ideen zwar von Weber, ist die Zusammenstellung jedoch von mir. Dies bringt einige Unsicherheiten mit sich. Habe ich etwas ausgelassen? Habe ich die Grenze zwischen begrifflicher Festlegung und empirischem Befund falsch gezogen? Habe ich das Verhältnis zwischen den drei Elementen verfehlt oder falsch gedeutet?

Erläutern kann ich dies am ersten Kriterium auf meiner Liste: Mitgliedschaft. Weber betont, daß die Mitgliedschaft in einer Sekte freiwillig sei. Sollen wir also darauf bestehen, daß eine geschlossene religiöse Gemeinschaft keine Sekte ist? Der Logik folgend, haben wir keine andere Wahl; doch Weber selber nennt unbekümmert indische »Sekten« als Beispiele für endogame geschlossene Gruppen.[12] Wir sollten also vielleicht die Freiwilligkeit nicht als ein notwendiges, sondern als ein sekundäres Merkmal interpretieren – als eine sekundäre Erscheinungsform von etwas Wesentlicherem. Und tatsächlich klingt bei Weber auch etwas derartiges an, wenn er erklärt, daß eine Sekte »notwendig auf durchaus freier Vereinbarung ihrer Mitglieder beruhen muß. Sie muß es, weil sie ein aristokratisches Gebilde: ein Verein der religiös voll *Qualifizierten* und nur ihrer sein will.«[13] Wenn bei Mitgliedschaft entscheidend ist, daß die Gruppe auf Auswahl beruht – man darf hinein, weil man einer der wenigen ist, die hineingehören – dann könnte sogar die metempsychotisch geschlossene Drusengemeinschaft als eine Webersche Sekte gelten. Weber läßt uns im unklaren.

Auch ein allgemeinerer Einwand ist gegen Webers Unterscheidung zu erheben. Bei der Unbestimmtheit seiner Kategorien dürfen wir durchaus vermuten, daß seine scheinbar allgemeinen Begriffe aus dem Zusammenhang, in dem sie entstanden, nur unvollkommen abstrahiert sind. Naturgemäß entstehen allgemeine Begriffe in der Regel aus der Untersuchung von besonderen Phänomenen. Webers Vorstellung von »Kirche« ist offensichtlich das Ergebnis seiner Beschäftigung mit der christlichen Kirche; und da eine förmliche Definition fehlt, muß man ihren Sinn wohl so ausdrücken: Kirchen sind »so etwas wie die christliche Kirche«. Ebenso offensichtlich entstammt Webers Vorstellung von einer Sekte seinem Interesse an protestantischen Splittergruppen in der frühen Neuzeit, etwa den Baptisten;[14] für Weber sind Sekten also

»so etwas wie die Baptisten«. Nun ist es ja nicht unstatthaft, daß Webers allgemeine Begriffe besondere Ursprünge haben, und auch dem Umstand, daß diese Ursprünge in Europa liegen, haftet kein Stigma an. Das Problem ist nur, ob sich die fraglichen Begriffe im Prozeß der Generalisierung erfolgreich von der Spezifität ihrer Ursprünge befreit haben. Wenn nicht, dann lauern vielleicht hinter der scheinbaren Allgemeinheit verborgene historische Prämissen. Wir werden auf einen solchen Fall noch eingehen.

Was Weber macht, läßt Vorsicht gegenüber einer verführerischen Unterscheidung geraten sein, nicht mehr. Ob sie für uns irgendwie hilfreich sein wird, wenn wir uns hinaus in den empirischen Dschungel wagen, bleibt abzuwarten.

Betrachten wir zunächst, wie Weber selbst seine Unterscheidung im islamischen Kontext anwendet – sofern er es überhaupt tut.[15]

An einem Punkt ist Weber explizit: Wir dürfen mit Fug und Recht von einer islamischen »Kirche« sprechen.[16] Zugleich lassen sich im Islam auch eindeutig Sekten finden, selbst wenn dies nur aus beiläufigen Bemerkungen hervorgeht. Weber spricht von den Anhängern des sudanesischen Mahdī als einer Sekte.[17] Beiläufig spricht er auch vom »spezifisch intellektualistischen Charakter« nur »einzelner heterodoxer Sekten« im Islam, aber ohne sie näher zu bestimmen.[18] Aber sind die Schiiten eine Sekte (oder Sekten)? Ein Abschnitt legt die Vermutung nahe, daß sie es sind: Gelegentlich einer Erörterung des Rechts macht Weber eine Bemerkung über »die streng sektiererische ... Eigenart« der Schiiten.[19] Aber bei anderer Gelegenheit deutet er gerade das Gegenteil an und spricht vom schiitischen Islam als einer Kirche.[20] Und was ist mit der anderen wichtigen Heterodoxie im Islam, den Charidschiten? Meines Wissens werden sie bei Weber nicht erwähnt.

Was läßt sich aus diesen Ansichten gewinnen? Wir können die Frage, ob der sunnitische Islam als eine Kirche im Weberschen Sinn gelten kann, beiseite lassen; für Weber selbst gab es, wie wir gesehen haben, keinen Zweifel.[21] Zur Frage der Sekten im Islam ergibt sich aus den oben zusammengestellten *obiter dicta* kaum eine durchdachte Position. Weber war sicher der Ansicht, daß es islamische Sekten gibt, aber darüber hinaus liefert er wenig Anhaltspunkte.

Will man mit Webers Unterscheidung eigene Untersuchungen

durchführen, stößt man sofort auf ein Mißverhältnis zwischen seiner Vorstellung von einer Sekte und den Gruppen, die ein Islamwissenschaftler mit diesem Ausdruck belegen würde. Diese Gruppen sind nämlich in vielen, wahrscheinlich den meisten Fällen stark *politisch*. Muhammads Religion, so Weber, ist eine »von Grund aus politisch orientierte Religion«[22], und geheiligtes politisches Handeln bildet die klassische Domäne der sektiererischen Selbstdefinition im Islam – und hier sind auch die tiefsten und dauerhaftesten Spaltungen entstanden. Demgemäß sind die Sekten der Islamwissenschaftler nicht Sekten im Weberschen Sinn – und Webers Unterscheidung verfehlt gerade das fesselndste Einzelmerkmal des religiösen Schismas im Islam. War sich Weber über diese Konsequenz im klaren, oder hat er sie gewollt? Wahrscheinlich nicht. Der Abschnitt, in dem er von der »mahdistischen und anderen islamischen Sekten« spricht, befaßt sich nämlich insbesondere mit ihrer Lehre von der »Pflicht zur Glaubensrevolution«.[23]

Ein weiterer, schon in Webers *obiter dicta* vorgezeichneter Einwand ist, daß sein Sektenbegriff nicht gut zum schiitischen Islam paßt, selbst wenn man die Frage der Politik beiseite läßt. Wir können vielleicht durch das Kriterium der Mitgliedschaft etwas über die Schiiten erfahren. Insgesamt ist die Mitgliedschaft in einer schiitischen Gemeinschaft nicht merklich weniger freiwillig als bei anderen derartigen islamischen Gruppen. (Fraglos gab es in frühislamischer Zeit in der Praxis mehr Freiwilligkeit als später.[24]) Auch ein Elitedünkel, den Weber den Sekten zuspricht, das Gefühl, eine Gemeinde von Auserwählten zu sein, kommt im schiitischen Denken zum Ausdruck. (Doch auch dies kann für eine durch und durch schiitische Bevölkerung, wie sie im Iran seit dem 16. Jahrhundert bestanden hat, kaum dieselbe Bedeutung haben wie für eine schiitische Minderheit.) Das wirkliche Problem taucht beim zweiten Kriterium, der Struktur der Herrschaft, auf. Hat der sunnitische Islam vielleicht ein bißchen zuviel Gemeindecharakter, um eine überzeugende Webersche Kirche zu sein, so hat der schiitische Islam zu sehr eine Tendenz zur Hierarchisierung, um überzeugend als Webersche Sekte oder Sekten gelten zu können. Da gibt es zuviel Amtscharisma und zuviel Respekt vor Personen – seien sie Imame, Aliden oder Mullahs. Bei diesem Kriterium hat eher der schiitische als der sunnitische Islam einen fundierten Anspruch auf den Rang einer Weberschen Kirche.

Damit bleiben die Charidschiten die aussichtsreichsten Kandidaten für ein Sektentum im Weberschen Sinne im Islam. Auch hier müssen wir das Kriterium der politischen Haltung beiseitelassen. Mit dieser Einschränkung aber ist Webers Begriff im Zusammenhang mit den Charidschiten am ergiebigsten. Hinsichtlich der Mitgliedschaft finden wir bei den charidschitischen Gruppen Zeichen für den nachdrücklich betonten Wahlcharakter der Gemeinschaft[25] und außerdem noch auffällige Parallelen zur sektenchristlichen Vorstellung von einer *ecclesia pura.*[26] Hinsichtlich der Struktur der Herrschaft haben die charidschitischen Gemeinschaften einen gewissen Gemeindecharakter, der sich auch in der Geringschätzung des Amtscharismas in den charidschitischen Lehren über das Imamat niederschlägt. Bis auf ihren stark politischen Charakter könnten diese charidschitischen Gruppen zu Recht als Webersche Sekten gelten.

Was ergibt sich aus diesem Befund? Alles in allem bleibt wohl nur die Schlußfolgerung, daß Webers Unterscheidung zwischen Kirche und Sekte für die Analyse der Gruppen, die wir als islamische Sekten kennen, nicht sehr erhellend ist. Die Kategorien treffen das islamische Phänomen nicht. Warum ist das so?

An dieser Stelle lohnt es sich vielleicht, auf den Status der Charidschiten zurückzukommen, den sie nach Weber haben würden. Es ist ja, wie wir gesehen haben, die politische Orientierung der charidschitischen Gruppen, die sie als Webersche Sekten disqualifiziert. Nun ist in Webers Vorstellung der apolitische Charakter einer Sekte ein Ergebnis ihres Wunsches, sich aus der sie umgebenden Gesellschaft zu befreien. Eine solche Befreiung war im Europa des 16. Jahrhunderts nicht leicht zu erreichen; tatsächlich gingen manche dieser Sekten sogar so weit, Europa ganz zu verlassen. Aber die eigentliche Vorstellung ist doch die von einer Sekte, die versucht, in einer ihr nicht gemäßen Gesellschaft einen inneren Raum abzustecken. Die Bedingungen, unter denen die charidschitischen Gemeinschaften im frühen Islam Gestalt gewannen, waren anderer Art. Verschiedene Faktoren wirkten zusammen, es einer Gruppe leicht zu machen, sich auch physisch aus einer Gesellschaft, die als religiös fremdartig empfunden wurde, zu befreien und zu eigenem politischen Leben aufzubrechen, oft in gewaltsamer Konfrontation mit den Herrschern der Gesellschaft, aus der man ausgezogen war. Mit anderen Worten, wenn wir Webers Ansicht teilen, daß es das Hauptziel einer Sekte ist, sich aus der bestehenden Gesellschaft zu lösen, dann ist es eine Frage der historisch bedingten Strategie, ob eine Sekte dies durch Abstecken eines inneren oder durch Gewinnung eines äußeren Raumes zu erreichen sucht, also durch Ablehnung oder Bejahung politischen Handelns.[27] Wir haben hier eine jener verborgenen historischen Prämissen der Weberschen Soziologie freigelegt, auf die ich oben hingewiesen habe. Ein zufälliges Merkmal der europäischen Geschichte ist in einen vermeintlich kulturübergreifenden Begriff eingeschmuggelt worden.

Man könnte nun damit fortfahren, Webers Unterscheidung im Licht dieser Erkenntnis zu modifizieren, und dadurch die Weberschen Kategorien in weit bessere Übereinstimmung mit den charidschitischen Realitäten bringen. Aber dies hieße, Webers Ideen umzudenken, nicht, sie anzuwenden. Ist es denn überhaupt der Mühe wert, Webers Begriffe umzudenken? Für das zur Debatte stehende Problem wäre meine Antwort negativ. Weber hat weder offensichtlich recht noch interessant unrecht, und damit ist er kein brauchbarer Ausgangspunkt für unsere Versuche, die besonderen Gruppen, die wir als islamische Sekten kennen, zu verstehen.

Anmerkungen

1 »Der ›Anstalts‹-Charakter, insbesondere der Umstand, daß man in die Kirche ›hineingeboren‹ wird, scheidet sie von der ›Sekte‹, deren Charakteristikum darin liegt: daß sie ›Verein‹ ist und nur die religiös Qualifizierten persönlich in sich aufnimmt.« Max Weber, *Wirtschaft und Gesellschaft: Grundriß der verstehenden Soziologie*, 5. Aufl., Tübingen 1972, S. 30.
2 *WuG*, S. 693.
3 *WuG*, S. 692.
4 *WuG*, S. 693.
5 *WuG*, S. 722.
6 *WuG*, S. 277 f.
7 *WuG*, S. 724.
8 Ebd.
9 Ebd.
10 *WuG*, S. 725.
11 *WuG*, S. 692.
12 *WuG*, S. 235.

13 *WuG*, S. 721. Eine Sekte ist eine »*sichtbare* Gemeinschaft der Heiligen, aus deren Mitte die räudigen Schafe entfernt werden«; dagegen umschließt eine Kirche die Gerechten wie die Ungerechten (*WuG*, S. 721 f.).

14 Die Baptisten sind für Weber »eine der typischsten Sekten« im soziologischen Sinn (*WuG*, S. 721).

15 Im folgenden bin ich vielleicht gelegentlich ein Opfer des nützlichen, aber nicht vollständigen Index von *WuG* geworden.

16 »›Kirchen‹ in diesem Sinn hat außer dem Christentum in voller Bedeutung nur der Islam, der Buddhismus in der Form des Lamaismus ... erzeugt« (*WuG*, S. 693).

17 *WuG*, S. 359, in Beziehung auf »mahdīstische und andere islamische Sekten«. Auf diese Stelle hat mich Nehemia Levtzion aufmerksam gemacht.

18 *WuG*, S. 311.

19 *WuG*, S. 476. An einer anderen Stelle läßt die englische Übersetzung Weber von der »schiitischen Sekte« sprechen, der deutsche Text hat aber nur ›Schi'iten‹ (*WuG*, S. 278).

20 *WuG*, S. 722.

21 Das Problem ist natürlich Webers zweites Kriterium, die Struktur der Herrschaft.

22 *WuG*, S. 271.

23 *WuG*, S. 359.

24 Man könnte behaupten, daß es eine wahre Webersche Sekte nur während ihres Entstehungsprozesses gibt; vgl. Charisma.

25 Vgl. die von manchen Charidschiten vertretene Ansicht, daß Kinder nicht als Mitglieder der Gemeinde zu betrachten sind, sondern erst bei Eintritt in die Pubertät zum Islam berufen werden (*Aš'arī, Maqālāt al-islāmiyyīn*, hg. v. H. Ritter, 2. Aufl., Wiesbaden 1963, S. 93).

26 Vgl. die allgemeine charidschitische Ansicht, daß der schwere Sünder aus der Gemeinde ausgeschlossen wird (a.a.O., S. 86), und die Aufnahmeprüfung der Kandidaten bei den Azraqiten (a.a.O., S. 86, 87, vgl. dazu *WuG*, S. 722 f.).

27 Es gab natürlich auch muslimische Gruppen, die eher einen inneren als einen äußeren Raum anstrebten, z. B. die Imāmī-Schiiten; aber auch das läßt sich historisch erklären.

28 Ich möchte den Organisatoren der Konferenz dafür danken, daß sie mir die Gelegenheit für diesen kurzen Artikel gaben, und Louise Marlow dafür, daß sie mich vor der Versuchung, ihn auszuweiten, bewahrte.

Shmuel N. Eisenstadt

Webers Analyse des Islams und die Gestalt der islamischen Zivilisation

I

In Webers Analyse des Islams – bruchstückhaft, wie sie ist – zeigt sich dasselbe Grundproblem, das man auch in den Analysen finden kann, denen er volle Abhandlungen widmete, den Analysen der jüdischen und vor allem der chinesischen und der indischen Zivilisation. Wie wir gesehen haben,[1] war Weber in bezug auf diese Zivilisationen zwischen zwei Sichtweisen hin und her gerissen: Einerseits erkannte er sie als Große Zivilisationen oder, mit Jaspers späterem Ausdruck, »Achsenzeitkulturen«, deren besondere Dynamik sie von denen der Vor-Achsenzeit unterscheidet,[2] andererseits interessierte ihn das Vorherrschen »traditionaler«, der Vor-Achsenzeit zugehöriger Merkmale in ihnen, mit denen er erklären wollte, warum diese Zivilisationen nicht den westlichen Rationalismus und Kapitalismus entwickelten.

Dasselbe gilt im Prinzip auch für seine Analyse des Islams, die jedoch nur in verstreuten Bemerkungen vorliegt. Auf der einen Seite erkennt er den Islam durchaus als Große Religion oder Zivilisation an, d. h. als eine jener Zivilisationen, in denen die Spannung zwischen der transzendenten und der diesseitigen Welt besonders betont wird und gleichzeitig die dringende Aufforderung ergeht, die Welt nach den Prämissen der transzendenten Vision umzugestalten.

Gleichzeitig war Weber mit seinem Hauptproblem beschäftigt, der Frage, warum sich moderne Zivilisationen, Rationalität, Kapitalismus und ähnliches nur im Westen entwickelten, und suchte nach Erklärungen dafür, warum diese Entwicklungen, trotz scheinbar günstiger Voraussetzungen, im Islam ausblieben. Solche Voraussetzungen waren in der Tat vorhanden, stellt der Islam doch die reinste monotheistische und universalistische Religion mit einem starken Potential für die Rationalisierung menschlichen Verhaltens dar.

Zur Beantwortung seiner Frage suchte Weber, wie bei den anderen Zivilisationen, so auch im Islam, vor allem nach aus der Vor-Achsenzeit erhalten gebliebenen, »traditionalen« sozialen Gebilden und ideologischen Inhalten. Dabei hob er die Elemente hervor, die die universalistische Orientierung schwächten oder, wegen der starken Stellung der (arabischen) Kriegerschicht, magisches und rituelles Verhalten überdauern ließen, und er richtete sein Augenmerk auf Lebensweisen, die einen Rückzug aus der Welt bedeuten, wie dies bei vielen Sekten oder Orden im Islam zu beobachten ist.

Jedoch irrte sich Weber in den meisten dieser Punkte, wie Nehemia Levtzion in seinem Aufsatz[3] ausführlich gezeigt hat. Er mißverstand viele Züge der islamischen Zivilisation in ungefähr derselben Weise, wie er das imperiale System Chinas mißverstand, als er es als patrimonial beschrieb. Das lag nicht nur an dem Stand der Islamwissenschaft (Sinologie o. ä.) seiner Zeit, sondern vor allem an seiner Vorgehensweise: Die Gründe für das Ausbleiben einer Entwicklung in Richtung auf die westliche Rationalität suchte er in den traditionalen Elementen und nicht so sehr in der inneren Dynamik dieser Zivilisationen, die sie als Große Zivilisationen auszeichnet. Daher verkannte er oft die Bedeutung, die die Phänomene in ihrem eigenen Kontext hatten.

Diese Tendenz steht natürlich im Widerspruch dazu, daß er sehr wohl einen fruchtbaren, einzigartigen Beitrag zur Analyse der inneren Dynamik der Großen Zivilisationen, seien es die chinesische, die indische, die buddhistische oder die jüdische, leistete, wobei er besonders auf die grundlegenden Prämissen, die Struktur der Eliten, auf Orthodoxien und Heterodoxien und auf deren jeweilige institutionelle Dynamik einging. Wie wir schon im Hinblick auf die Studien über die chinesische, die indische und die buddhistische Zivilisation gezeigt haben,[4] ist Webers Werk in der Tat zwischen diesen beiden Tendenzen zerspalten.

Dies gilt in noch stärkerem Maße für die Analyse der islamischen Zivilisation, wahrscheinlich weil sie nur in Bruchstücken vorliegt. Aber hier taucht noch ein weiteres analytisches Problem auf, das man zwar auch in den anderen Studien finden könnte, das aber aus verschiedenen Gründen in der Analyse des Islams sichtbarer ist: Es wird (was bei den »Großen Religionen« erforderlich ist) nicht analytisch unterschieden zwischen Religion als Glaubens- und Kultsystem und Religion als einer Komponente der grundlegenden Prämissen einer Zivilisation.

II

Webers ursprüngliche Frage lautet, warum im Islam auf symbolischer und institutioneller Ebene jene Tendenzen fehlten, die im Westen mit der Entwicklung der modernen Welt verbunden waren. Wenn wir uns dieser Problematik zuwenden, ist es nötig, die wichtigsten dafür relevanten Aspekte dieser Zivilisation zu untersuchen, und zwar die Dynamik, die in ihren ideologischen und institutionellen Prämissen und in dem zivilisationsbildenden Beitrag der Religion enthalten ist. Den besten Ausgangspunkt bildet wahrscheinlich jener Aspekt der islamischen Gesellschaft, den Weber selbst als zentral bezeichnete und der doch in gewisser Weise anomal ist. Es ist die Regierungsform, die offenbar nach Weber auf der traditionalen Vorherrschaft der Kriegerschicht als der Trägerin des Islams beruht und die er Sultanismus nannte.[5]
Es kann natürlich keinen Zweifel darüber geben, daß die meisten islamischen politischen Ordnungen sehr deutliche sultanisch-patrimoniale Züge trugen und daß dies, bei den grundlegenden Prämissen dieser Zivilisation, besonders den ausgeprägten transzendenten Visionen und der starken Betonung auf dem Bauen an der Welt, gewissermaßen eine Anomalie konstituiert. Bei diesen Prämissen hätten sich die politischen Ordnungen im Bereich der islamischen Zivilisation in Richtung auf ein imperiales Regime oder, angesichts der fortwährenden Expansion dieser Zivilisation, in Richtung auf ein dem europäischen verwandtes imperial-feudales Regime entwickeln sollen.[6]
Und doch haben tatsächlich nur sehr wenige muslimische Regime – das abbasidische, das fatimidische, weniger das safavidische, aber vor allem das ottomanische – Merkmale eines Imperiums entwickelt und dann auch nur eines »traditionalen« imperialen Regimes.
Obwohl viele »feudale Komponenten« – wie der berühmte Iqta in islamischen Ländern existierten, entwickelte sich doch niemals jene Kombination von politischen und ökonomischen Kräften, die die europäische feudale und post-feudale Gesellschaft kennzeichneten. Hier gab es eine Vielzahl von Zentren und Subzentren, die aufeinander einwirkten, und die wenn auch begrenzte Möglichkeit, ökonomische in politische Macht umzuwandeln.
Die Unterschiede zu Europa lassen sich nicht – oder gewiß nicht hauptsächlich – auf das Vorhandensein vieler »traditionaler« Ele-

mente in islamischen Ländern zurückführen. Sie sind vielmehr untrennbar mit der Weise verbunden, in der sich der Islam institutionalisierte und ausbreitete. Und hier interessiert uns besonders ein entscheidender und einzigartiger Aspekt vieler dieser Regime: Sie wurden, mit Daniel Pipes' Ausdruck, von Militärsklaven oder, mit Patricia Crones Ausdruck, von »berittenen Sklaven« (»slaves on horses«)[7] regiert. Diese waren aus ihren Stammeseinheiten, die bekehrt und dem Islam einverleibt wurden, herausgeholt und von den Herrschern importiert worden.

III

Der erste Schritt zu einer Erklärung ist die Entfaltung der grundlegenden Prämissen der islamischen Zivilisation.

Die wichtigsten kulturellen Orientierungen, die sich im islamischen Bereich herausbildeten, sind die folgenden: 1) Es wurde unterschieden zwischen dem »kosmischen« transzendenten und dem weltlichen Reich. Die Spannung, die aus dieser Spaltung erwuchs, sollte durch völlige Unterwerfung unter Gott und innerweltliche – vor allem politische und militärische – Tätigkeit überwunden werden. Dies bildete ein starkes universalistisches Element in der Definition der islamischen Gemeinschaft. 2) Alle Mitglieder der Gemeinschaft hatten grundsätzlich durch die Unterwerfung unter Gott einen autonomen Zugang zu den Attributen der transzendenten Ordnung, der Erlösung. Die Gläubigen bildeten eine politisch-religiöse Gemeinschaft, die sich von jeder askriptiven, primordialen Gruppe unterschied. Ihr Ideal war die *Umma*. 3) Der Herrscher sollte der Hüter der islamischen Ideale, der Reinheit der *Umma* und des Lebens der Gemeinschaft sein.[8]

Damit eng verbunden war die grundsätzliche politische Gleichheit aller Gläubigen und die Verantwortlichkeit der Herrscher und der Gemeinschaft gegenüber dem islamischen Ideal. Hinzu kamen neue institutionelle Entwicklungen. Es entstanden verschiedene Zentren, die die Peripherie durchdrangen, neue Typen der herrschenden Elite im allgemeinen, autonome religiöse Eliten und Institutionen im besonderen und sogar ein spezifisch islamisches Stadtleben.[9]

Hier zeigte der Islam, wie Maxime Rodinson hervorhob, die

Merkmale einer »totalitären Bewegung«, gewissermaßen einer politischen Partei, die die Umgestaltung der Welt zum Ziel hat und dieses sehr militant verfolgt.[10]
Eine solche Ideologie fordert eine volle Verschmelzung der politisch-religiösen sozialen Einheiten, der kollektiven Identität und der Eliten. Nach der ursprünglichen Vision der *Umma* sollten die sozio-politische und die religiöse Gemeinschaft vollkommen zusammenfallen. Viele der späteren Kalifen (wie die Abbasiden und die Fatimiden) und andere muslimische Herrscher kamen auf dem Höhepunkt der diesem Ideal verpflichteten religiösen Bewegungen an die Macht. Sie gaben sich eine religiös-politische Legitimation und suchten das Volk hinter sich zu bringen, indem sie den religiösen Aspekt ihrer Herrschaft betonten, die religiösen Führer umwarben und den religiösen Gefühlen der Gemeinschaft schmeichelten. Politische Probleme bildeten das zentrale Thema in der Theologie des Islams.
Nicht nur wurde die Herstellung einer politisch-religiösen Einheit betont, sondern damit verbunden war auch eine deutliche grundsätzliche Verneinung jedes primordialen Elements innerhalb dieser heiligen politisch-religiösen Identität.
In der Tat war von allen Achsenzeitkulturen im allgemeinen und den monotheistischen im besonderen der Islam diejenige, die auf der ideologischen Ebene den primordialen Merkmalen in der Struktur der islamischen Gemeinschaft am entschiedensten jede Berechtigung absprach. De facto allerdings waren die Verhältnisse, wie Bernard Lewis gezeigt hat, oft ganz anders.[11]
Mit diesen Zügen steht der Islam im Gegensatz zum Judentum, mit dem er jedoch andere Merkmale gemeinsam hat, wie etwa den direkten, unvermittelten Zugang aller Mitglieder der Gemeinschaft zum Heiligen. Er unterscheidet sich vom Judentum auch darin, daß die Beziehung zwischen Mensch und Gott anders aufgefaßt wird, d. h., er betont, wie es der Name Islam anklingen läßt, die totale Unterwerfung unter Gott, und es fehlt jede Vorstellung von einer vertraglichen Beziehung zwischen Gott und den Menschen.[12]

IV

Die sehr starke universalistische Ideologie, die sich im Islam durchsetzte, wurde von Anfang an von einer Spannung beherrscht. Auf der einen Seite gab es die partikularistischen primordialen arabischen Elemente, die mit den anfänglichen Trägern der islamischen Vision verbunden waren, auf der anderen Seite die universalistische Orientierung, die mit den fortgesetzten Eroberungen und der ständigen Einverleibung neuer Gebiete und ethnischer Gruppen in den Vordergrund trat.[13]

Freilich haben in zentralen Bereichen des Islams zwei primordiale Aspekte kraftvoll weitergelebt: Die Abstammung von dem Propheten blieb eine Voraussetzung für die Legitimation der Herrscher, und die arabische Sprache blieb die heilige Sprache des Islams, des Korans, des Gebets und auch bis zu einem hohen Grade der Rechtsexegese. Dies steht im Gegensatz zum Judentum, denn in Alexandrien wurde die Bibel in Griechisch (und in vielen Synagogen in den Vereinigten Staaten in Englisch) gelesen, oder zum Christentum, denn die Liturgie wurde im Osten natürlicherweise in Griechisch (oder anderen Sprachen) und in Europa nach der Reformation in den heimischen Sprachen gelesen.

Aber über die beiden genannten hinaus erreichten keine weiteren »ethnischen« primordial-gemeinschaftlichen Elemente oder Symbole einen geheiligten Status. Die universalistische Ideologie der *Umma* wurde vorherrschend.

Die endgültige Festigung dieser universalistischen Ideologie brachte die sogenannte abbasidische Revolution. Damit war zugleich, wie M. Sharon gezeigt hat, eine Verschiebung der Legitimationsgründe des Herrschers verbunden. Nicht mehr die direkte Abstammung von dem Propheten und der Konsensus der Gemeinschaft zählten, sondern Seniorität und schließlich die Erfüllung des Willens des Propheten.[14]

Aber in dieser Periode, die die Institutionalisierung der universalistischen Vision brachte, trennten sich auch, in enger Beziehung dazu, die politische und die religiöse Elite. Dies wurde teilweise – aber nur teilweise – von der religiösen Führung legitimiert, wie die Analyse von H. Gibb und kürzlich eine weitere von I. Lapidus ergaben.[15]

Am Ende der Abbasidenherrschaft trat auch das Phänomen der Militärsklaven und der Militärherrschaft in den Vordergrund.

Zumindest in den relativ »ruhigen«, von Alltagsroutine geprägten Perioden der verschiedenen islamischen Regime kam es zu einer deutlichen Trennung von innerweltlichem und außerweltlichem Handeln mit einer allgemein stärkeren Betonung auf dem letzteren.

Hier möchte ich noch einmal auf die Veränderung der Eliten zurückkommen. Mit der historischen Ausbreitung des Islams kam es, wie gesagt, zu einer Trennung der politischen von den religiösen Eliten wie auch, auf der Ebene der Ideen, zu einer Unterscheidung der universalistischen islamischen Gemeinschaft von den verschiedenen primordialen Gruppen, d. h. dieser Eliten von der örtlichen Gemeinschaft. Die politischen Eliten erlangten einen hohen Grad an symbolischer und organisatorischer Autonomie, die religiösen eine relativ hohe symbolische, aber nur eine sehr geringe organisatorische Autonomie, und die Trennung zwischen beiden wurde schärfer. Die religiöse Führung war von den Herrschern weitgehend abhängig und entwickelte sich nicht zu einer weiten, unabhängigen, verbindenden Organisation. Die religiösen Gruppen und Funktionsträger waren nicht als eine gesonderte Einheit organisiert, sie bildeten kein straff gegliedertes Ganzes – außer wenn sie, wie im ottomanischen Reich, vom Staat organisiert wurden. Aber eine religiös-ideologische Orientierung, die eine Vereinigung dieser Sphären zum Ziel hatte, blieb im Islam latent immer lebendig.

Wegen dieser historischen Prozesse konnten sich im Islam nur unter sehr besonderen Umständen Imperien oder diesen ähnliche Regime entwickeln.

V

Mit der Ausbreitung und Institutionalisierung des Islams entwikkelten sich also eine religiös gedeutete Struktur von Eliten und eine besondere Beziehung zwischen den Eliten und den örtlichen askriptiven Gemeinschaften. Diese Kombination ließ in imperialen wie patrimonialen islamischen Systemen gleichermaßen einen einzigartigen Typus von herrschenden Gruppen entstehen, der aufs engste mit dem spezifischen Typus des islamischen patrimonialen Sultanismus verbunden ist. Es handelt sich um die oben erwähnten militärisch-religiösen Führer, die aus Stammesverbänden und Sekten hervorgingen. Mit ihnen kam das System der Militärsklaverei, das besondere Aufstiegskanäle, wie das *qulam*-System im allgemeinen, das Mamelukkensystem und die ottomanische *devşirme* (Knabenlese) im besonderen schuf. Sie ermöglichten es, die herrschenden Gruppen aus fremden Völkern zu rekrutieren.[16]

Es zeigt sich also, daß das relative – gewiß nicht totale – Vorherrschen des sultanischen patrimonialen Regimes im Islam nicht auf das Fortbestehen traditionaler Elemente zurückzuführen ist, sondern auf die innere Dynamik bei der Institutionalisierung und Ausbreitung des Islams. Daher offenbaren diese Regime mehrere wichtige Merkmale, die sie von anderen »traditionalen« patrimonialen Regimen wie denen in Südostasien oder den frühen im Nahen Osten unterscheiden. Ebenso zeigen die islamischen Imperien einige sehr spezifische Merkmale.

VI

Ein zentraler Begriff zum Verständnis dieser spezifischen Merkmale ist der der *Umma.* Trotz der faktischen Unmöglichkeit, sie zu institutionalisieren, wirkte sie, wie oben schon angedeutet, doch latent immer als ein religiös-ideologischer Orientierungspunkt. Die Vereinigung der religiösen und der politischen Sphären und Eliten blieb im Islam das Ziel eines fortwährenden Bestrebens.

Dieses ständig lebendige Ideal hatte weitreichende Auswirkungen auf die politischen und religiösen Entwicklungen im Islam. Daraus entstanden einige der bedeutendsten Unterschiede zwischen den patrimonialen, imperialen und auch Stammesregimen im Islam und anderswo.

VII

Die Kombination all dieser Faktoren hatte Auswirkungen auf die soziale und politische Dynamik im Bereich der islamischen Zivilisation. Hier sind zuerst die Politik in bezug auf die Verantwortlichkeit der Herrscher und die Art der politischen Organisation zu behandeln. Auf einer rein symbolischen Ebene wurde von den

Herrschern erwartet, daß sie das Ideal der *Umma* aufrechterhielten und ihm verantwortlich waren. Aber da diese ideale Forderung schon recht früh in der Geschichte des Islams aufgegeben wurde, trat an ihre Stelle eine Theologie, die jede Herrschaft als der Anarchie vorzuziehen hinnahm.

Da die religiöse Führung keine gesonderte Kirche, kein von den Herrschern unabhängiges, durchorganisiertes Ganzes bildete und da die breiten Schichten keine autonome askriptive Basis besaßen, von der aus sie Zugang zum Zentrum gehabt hätten, konnte sich nur ein geringes Maß an politischer Partizipation entwickeln. Sie blieb hauptsächlich auf höfische Cliquen und Beteiligung an der Bürokratie beschränkt.

Die verschiedenen religiösen Sekten und Volksbewegungen, die in diesen Staaten fortwährend lebendig waren, konnten bei einem stabilen Regime keine wirksame Kontrolle über die politische Herrschaft ausüben. Denn außer der Revolte standen ihnen keine Mittel zu ihrer Durchsetzung zur Verfügung.

Daher entwickelte sich in stabilen islamischen Gesellschaften kaum eine wirksame Kontrollroutine – von religiöser oder anderer Seite – gegenüber der Herrschaft.

Gleichzeitig waren aber die religiösen Führer, die Ulema und die Sufi-Scheiche die Wächter des Rechts und dadurch der Grenzen der Gemeinschaft. Damit stellten sie nicht nur einen unentbehrlichen Partner in jeder herrschenden Koalition dar, sondern auch einen mächtigen Verbündeten bei jeder möglichen direkten oder indirekten Konfrontation mit den Herrschern.

Von entscheidender Bedeutung ist hier die Tatsache, daß die Ulema – sogar die stark kontrollierten Ulema wie z. B. im ottomanischen Reich – immer als Hüter der islamischen Gemeinschaft gesehen wurden und sich beträchtlich von den nicht-autonomen religiösen Gruppen in »gewöhnlichen« traditionalen Patrimonial- oder Stammesregimen unterschieden.

Als Hüter der Gemeinschaft übten die Ulema wichtige juristische Funktionen aus und konnten – besonders in den patrimonialen Regimen – eine gewisse autonome Lebenssphäre schaffen, die nicht gänzlich von den Herrschern kontrolliert wurde.

Die Besonderheiten der islamischen Gesellschaft lassen sich durch die spezifisch islamischen Gruppen bezeichnen: die Ulema im allgemeinen und die Rechtsspezialisten im besonderen, die zumindest im klassischen Islam niemals fehlten; die herrschenden

Gruppen, deren Herkunft oft in einer Kombination von Stamm und Sekte bestand; und schließlich die religiösen Orden. Diese Gruppen waren die Träger der islamischen Orientierungen und der ihnen entsprechenden Institutionen.

VIII

Der besondere Platz, den die Ulema einnehmen, steht im Zusammenhang mit einigen charakteristischen Aspekten der sozialen Hierarchien und Schichtungen, wie sie sich in den meisten islamischen Gesellschaften herausbildeten.[17]

Erstens hatte das Vorherrschen der Patrimonialregime im islamischen Bereich zur Folge, daß sich enge Statuskombinationen und ein nur sehr schwaches landesweites Klassenbewußtsein entwikkelten.

Zweitens entstand in der religiösen Sphäre, obwohl ihr politische Autonomie fehlte, eine neue, relativ abgegrenzte Route des Aufstiegs in das religiöse »Establishment«. Diese Tatsache beeinflußte auf verschiedene Weise das Schichtungsgefüge der nahöstlichen Gesellschaften. In den Gesellschaften mit imperialer Herrschaftsform konnte sie die Verpflichtung der verschiedenen Gruppen dem Zentrum gegenüber und die Kontrolle des Zentrums über die Statusattribute verstärken. Sie konnte sich, selbst in den imperialen Gesellschaften, jedoch auch anders auswirken, besonders wenn diese ein gewisses Maß ihrer ursprünglichen religiösen Legitimation eingebüßt hatten. Es bildete sich dann ein relativ abgesonderter, wenn auch weiter Bereich im Statusgefüge, der zu einem Brennpunkt von Uneinigkeit und politischer Betätigung werden konnte.

In den patrimonialen Regimen prägte sich dieser abgesonderte Statusbereich sogar noch stärker aus – möglicherweise sogar als ein potentieller Brennpunkt des politischen Aufstands. Hier war er weniger in das übrige Schichtungsgefüge integriert als in den eher imperialen Regimen.

Eine weitere Besonderheit der Schichtung, die durch den Einfluß des Islams hervorgerufen wurde – und unabhängig von der Art des Regimes auftrat –, hängt mit der Gruppenbasis der Schichtung zusammen. Der Islam führte unter einem religiösen – und oft auch sozialen und zivilisatorischen – Schirm verschiedene ethnische und geopolitische Gruppen, Stämme, seßhafte Bauern und Stadtbewohner zusammen. Dadurch ergaben sich zwischen ihnen Kontakte und gegenseitige Einwirkungen, die sonst nicht entstanden wären. Dies hatte, wie wir sehen werden, weitreichende politische Konsequenzen.

IX

In diesem Zusammenhang ist die Analyse der islamischen Städte von großem Interesse. Man kann sie sowohl mit europäischen wie – im Falle von Bagdad und Istanbul – mit anderen Städten vergleichen, und beide Richtungen des Vergleichs werden die Eigenart der islamischen Städte deutlich hervortreten lassen.

Beim Vergleich mit europäischen Verhältnissen fällt auf, daß sich, wie S. D. Goitein und E. Ashtor gezeigt haben, in bestimmten Perioden des Islams, besonders in der späten Omaiyaden- und der frühen Abbasidenzeit, zwar ein relativ starkes Bürgertum mit Tendenzen zu städtischer Autonomie, gewissen autonomen Tätigkeiten wie auch zu Volksbewegungen entwickelte, diese Tendenzen aber, vor allem unter dem Griff der Militärherrschaft, sehr schnell wieder erstickt wurden.[18]

Nicht weniger interessant ist der Vergleich von islamischen mit anderen Hauptstädten von Imperien. Hier drängt sich natürlich der Vergleich zwischen Konstantinopel und Istanbul auf. Es möge dazu die Bemerkung genügen, daß im Gegensatz zu Konstantinopel Istanbul, ebenso wie andere islamische Städte, sehr viel weniger zentralisiert und auch der Unterschied zwischen öffentlichen und privaten Flächen hier sehr viel stärker als in Konstantinopel verwischt war.[19]

X

Das Fortleben des ursprünglichen islamischen Ideals, die Tatsache, daß das ältere Ideal niemals ganz verwirklicht und niemals ganz aufgegeben wurde, kurz, die ständige Bewahrung des Ideals bei gleichzeitiger Unerreichbarkeit, hatte bedeutende Auswirkungen. Sie zeigen sich nicht nur in dem »stabilen« institutionellen Gefüge islamischer Gesellschaften, sondern auch – und in gewisser Weise vor allem – in einigen sehr spezifischen Merkmalen der eigentlichen politischen Dynamik in islamischen Regimen. Diese Dynamik war in der Tat immer eng verbunden, ja sogar gleichbedeutend, mit Bewegung auf der religiösen Dimension im allgemeinen, mit potentiell starken »semi-revolutionären« Bestrebungen von Sekten, die auf religiös-politischen Wandel gerichtet waren, im besonderen.

Zwar kam im Islam, wie Bernard Lewis zeigte, kein Revolutionsbegriff auf. Aber immerhin entwickelte sich, wie Ernest Gellner in seiner Interpretation von Ibn Chalduns Werk herausgestellt hat, die Begründung einer weniger direkten, doch sehr wirkungsvollen Vorgehensweise: Aus der Verantwortlichkeit der Herrscher folgt die Möglichkeit, sie abzusetzen. Dies geschah durch ein Zusammengehen von Sektengruppen und wiedererstarkten Stämmen in der Erhebung gegen »korrupte« oder schwache Regime.[20]

Diese Tendenzen hängen offensichtlich eng mit der Natur der Sekten zusammen, die in der Geschichte des Islams eine so wichtige Rolle spielten, wozu auch der potentielle Rückzug von innerweltlichem Handeln gehörte.

Aber diese sehr intensive Entwicklung von Sekten und Sufi-Bruderschaften ist nicht einfach auf die Schwäche der universalistischen Orientierung im Islam zurückzuführen, sondern sie stellt eine der Reaktionen auf die Probleme dar, die sich aus seiner Ausbreitung ergaben. Daher unterscheidet sich die Dynamik seiner Sekten weitgehend von der ähnlicher Sekten in anderen Zivilisationen.

Die Besonderheit der Sekten liegt in der zentralen Stellung, die in ihren grundlegenden religiösen Orientierungen die politische Sphäre einnahm. Einige waren auf eine aktive Mitwirkung im Zentrum, möglicherweise seine Zerstörung oder Umwandlung eingestellt, andere wählten einen bewußten Rückzug aus der Politik. Aber dies war, etwa im Fall des Sufismus und gewiß des Schiismus, ein Rückzug, der oft das Potential einer erneuten politischen Beteiligung in sich barg.

Diese potentielle – aktive oder bewußt passive – politische Orientierung folgt nicht nur aus den rein religiösen Lehrsätzen des Islams, sondern vor allem auch aus seinem Antrieb zur Schaffung einer Zivilisation mit eigenen spezifischen Prämissen. Ein Aspekt davon war die Verschmelzung der politischen und der religiösen

Gemeinschaft. Deshalb bildete die religiöse Legitimation der Herrscher ein dauerndes, zentrales religiöses Problem.
Diese Orientierung konnte unter ungünstigen Umständen verdeckt werden oder scheinbar sogar verschwinden; sie konnte in rein religiösen Organisationen nahezu eingekapselt sein und ihren Ausdruck in rein religiösen »eskapistischen« Formen finden. Jedoch grundsätzlich existierte sie als eine potentielle Komponente in allen islamischen Gesellschaften. Darauf sind einige der wichtigen Bewegungen, politischen Teilungen und Probleme im Islam zurückzuführen, angefangen bei der Schia. Unter günstigen historischen Umständen konnte sie durch neue dynamische politische Elemente belebt werden, z. B. wenn, wie oben schon angedeutet, neue Stammesverbände in den Bereich der islamischen Zivilisation aufgenommen wurden.

XI

In der Tat war es ein Merkmal islamischer Gesellschaften, daß der innere politische Einfluß von Sekten sehr oft mit einem äußeren Einfluß von Stämmen auf die Träger des ursprünglichen idealen Islams verbunden war. Die Angehörigen der Stämme vertraten bis zu einem gewissen Grad die unverfälschte islamische politische Ordnung und Vision.
Diese Tendenz hängt sehr eng mit dem berühmten Zyklus zusammen, den Ibn Chaldun beschrieb und der später von Ernest Gellner erneut untersucht wurde. Der Zyklus beginnt mit einer durch innere Solidarität und religiöse Ergebenheit motivierten Eroberung von Stämmen, als deren Folge auch Städte und Siedlungen eingenommen werden. Darauf folgt der Verfall der (ehemals aus Stämmen hervorgegangenen) herrschenden Elite und später ihre mögliche Wiederherstellung durch das Einfließen neuer Elemente aus dem weiten – alten oder neuen – Reservoir an Stämmen.[21]
Solche Stammesbewegungen entstanden entweder in Arabien selbst, das man als eine Art Reservoir für jenes Ideal ansehen kann, oder ganz besonders in neuen, zum Islam bekehrten Gruppen. Sie sind in der Tat vor allem auf die Art und Weise zurückzuführen, in der sich der Islam ausbreitete und institutionalisierte.

Es ist bezeichnend, daß viele Stämme, wie z. B. die Mongolen, nach ihrer Bekehrung zum Islam ihr für den Stamm »typisches« Handeln veränderten und in den Dienst der religiös-politischen Visionen stellten. So wurden sie oft zum Symbol für den unverfälschten Islam und bildeten – wie auch die scheinbar schlafenden Stämme auf der arabischen Halbinsel – eine sehr dynamische politische Kraft in der islamischen Zivilisation im allgemeinen und in ihren sozialen und politischen Gefügen im besonderen.
Dieses spezifische dynamische Element, das der religiösen Orientierung als einer potentiellen zivilisationsbegründenden Komponente innewohnt, ist für die islamische Welt charakteristisch. Es unterscheidet die islamischen Regime von anderen, gewöhnlichen Patrimonial- oder Stammesherrschaften und die islamischen Sekten oder »Orden« von denen anderer Religionen, wie viele gemeinsame Merkmale man zwischen ihnen sonst auch entdecken mag.

XII

Wie wir oben schon kurz andeuteten, leidet Webers Islamanalyse an einer Schwäche, die in ähnlicher Art auch in seiner Analyse anderer Zivilisationen zu finden ist. Sie liegt in der mangelnden Unterscheidung zwischen zwei Aspekten von Religion: auf der einen Seite Religion als Kult- und Glaubenssystem, auf der anderen Seite Religion als Komponente der grundlegenden Prämissen und der institutionellen Dynamik einer Zivilisation.
Hier ist nicht der Ort, die Gründe für das Fehlen dieser Unterscheidung in der Religionssoziologie im allgemeinen und in Webers Werk im besonderen zu untersuchen.
Es möge der Hinweis genügen, daß bei näherer Betrachtung der Expansion des Islams der genannte Unterschied deutlich hervortritt, wie bis zu einem gewissen Grad auch in den Beiträgen dieses Bandes gezeigt wird. Auf der einen Seite breiten sich ein religiöser Glaube, Kultmuster und religiöses Verhalten aus, auf der anderen Seite wirken sie in den Zivilisationen oder Gesellschaften, in die sie eingeflossen sind, als Transformatoren der Prämissen.
Das läßt sich an einer Gegenüberstellung illustrieren: In Zentral- und Südostasien (Indien, vor allem Indonesien und Malaysia) bis zum Ende des 19. und Anfang des 20. Jahrhunderts, in der klassi-

schen Periode des Islams und in dem an die Sahara angrenzenden Teil Afrikas breitete sich der Islam jeweils auf andere Weise aus.

So kann man verallgemeinernd und notwendigerweise vereinfachend sagen: Während in der klassischen Periode der Islam sowohl als Glaubens- und Kultsystem wie als Komponente einer sich neu herausbildenden Zivilisation vordrang, war es doch die zivilisationsbildende Komponente, die hier die entscheidende Bedeutung hatte. In Südostasien dagegen verbreitete er sich hauptsächlich als Glaubens- und Kultsystem, wenn er auch von den Herrschern als die offizielle Religion angenommen wurde.

Die klassische Periode der Expansion des Islams reichte vom 7. bis ca. zum 9. Jahrhundert. Es mag offen bleiben, wie stark sich die verschiedenen Teile der eroberten Bevölkerung, ja sogar die Eroberer selbst an die Glaubenslehren und Kultregeln des Islams gebunden fühlten. Jedenfalls schuf der Islam, besonders in der Omaiyaden- und Abbasidenzeit, eine neue Zivilisation mit sehr klaren Prämissen, die oben analysiert wurden. In dieser Zeit brachte er eine neue grundlegende institutionelle Ordnung hervor wie auch eine neue spezifische Dynamik des religiösen Verhaltens im allgemeinen und des Sektenverhaltens im besonderen.

Eben dieser Zug, die aktive Transformation des religiösen Glaubens in ein zivilisationsbildendes Element war im südostasiatischen Islam lange Zeit gar nicht oder höchstens sehr schwach vorhanden.[22] Hier entwickelte sich der Islam, selbst wenn er von den Herrschern angenommen wurde, in einer eher synkretistischen Weise. Vor allem gab er über sehr lange Zeit keinen Anstoß zur Umbildung der grundlegenden ideologischen – meistens patrimonialen – Prämissen dieser Zivilisationen, ja sehr oft legitimierte er sie geradezu. Die verschiedenen islamischen religiösen Organisationen oder Gruppen blieben, insofern sie sich überhaupt entwickelten, im Kontext dieser Zivilisationen meistens auf einen Bereich beschränkt, den ich die religiöse Sphäre, die Sphäre von Glauben und Kult, nennen möchte. Jedoch viel später, im 18. und späten 19. Jahrhundert, vor allem aber in der Zeit nach dem Zweiten Weltkrieg, konnten sogar in diesen Gesellschaften die islamischen Orientierungen durch neue Handlungsweisen ihrer Träger derart wirksam werden, daß sie auf eine Umbildung der Zivilisationsprämissen zielten.

Die Islamisierung afrikanischer Gesellschaften wurde von

N. Levtzion untersucht.[23] Die verschiedenen Verläufe zeigen deutlich die Unterschiede zwischen dem Islam als Glaubens- und Kultsystem und dem Islam als Zivilisation. So ist es nach Levtzion wichtig, ob sich der Islam als Religion oder als Rechtssystem ausbreitete.

Hier – vielleicht mehr noch in anderen Fällen – kommt es entscheidend darauf an, welcher Art die Koalitionen der Handelnden und welcher Art das »religiöse« Handeln war.

So unterscheiden sich, um wenigstens einen wichtigen Punkt herauszugreifen, die islamischen Urstaaten von den Dschihad-Staaten nach der inneren Struktur der islamischen Eliten sowie nach deren Platz in der herrschenden Koalition dieser Gesellschaften. In den erstgenannten waren die islamischen Eliten nicht-autonome, sekundäre Partner in schon existierenden »traditionalen« Koalitionen, die fest in den askriptiven Gemeinschaften ihrer Gesellschaft wurzelten, während sie in den zweitgenannten völlig autonome, unabhängige Partner in Koalitionen von relativ autonomen Eliten waren.

XIII

Die vorangegangenen Hinweise sind wichtig, wenn man bestimmte Aspekte der Religionssoziologie und ihre Beziehung zur vergleichenden Analyse von Zivilisationen untersuchen will.

Die Stärke und Einzigartigkeit von Webers Werk beruht darauf, daß er sich bei der Frage, welche Faktoren für die Bildung der sozialen Ordnung von Bedeutung sind, im Gegensatz zu anderen Klassikern der Soziologie – besonders Durkheim – nicht auf die Analyse der symbolischen Sphäre im allgemeinen und der religiösen im besonderen beschränkte. Er widmete vielmehr den größten Teil seines Werkes der Untersuchung der Beziehung zwischen bestimmten Religionen und der Dynamik der Großen Zivilisationen.

Er entfaltete jedoch nicht die analytischen Probleme einer solchen Untersuchung, obwohl sein Werk viele wichtige Einsichten dazu enthält. (Die Gründe für diese Unterlassung interessieren uns im Rahmen dieses Beitrags nicht.)

Die oben dargestellte Kombination von Faktoren, die die Bildung und Dynamik der islamischen Religion und Zivilisation bestimmt, muß berücksichtigt werden, wenn man Webers Betrachtung des Islams analysiert.

Sie muß auch besonders dann berücksichtigt werden, wenn man die islamische Antwort auf die Moderne, auf den Einfluß des Westens, verstehen will – aber damit überschreiten wir bereits die Grenzen dieser Abhandlung.

Anmerkungen

1 S. N. Eisenstadt, »Innerweltliche Transzendenz und die Strukturierung der Welt. Max Webers Studie über China und die Gestalt der chinesischen Zivilisation«, in: W. Schluchter (Hg.), *Max Webers Studie über Konfuzianismus und Taoismus*, Frankfurt 1983, S. 363-411.
S. N. Eisenstadt, »Die Paradoxie von Zivilisationen mit außerweltlichen Orientierungen. Überlegungen zu Max Webers Studie über Hinduismus und Buddhismus«, in: W. Schluchter (Hg.), *Max Webers Studie über Hinduismus und Buddhismus*, Frankfurt 1984, S. 333-360.

2 S. N. Eisenstadt, »The Axial Age – The Emergence of Transcendental Visions and the Rise of Clerics«, in: *European Journal of Sociology*, 23 (1982), S. 294-314.

3 N. Levtzion, in diesem Band.

4 S. N. Eisenstadt, vgl. Anm. 1.

5 Siehe B. S. Turner, *Weber and Islam. A Critical Study*, London: Routledge & Kegan Paul 1974.

6 S. N. Eisenstadt, *Political Systems of Empires*, New York: The Free Press 1963, 1969.

7 D. Pipes, *Slave Soldiers and Islam*, New Haven: Yale University Press 1981.
P. Crone, *Slaves on Horses*, Cambridge: Cambridge University Press 1980.

8 M. Cook, *Mohammad*, Oxford: Oxford University Press 1983.
M. Hodgson, *The Venture of Islam*, Chicago: University of Chicago Press 1974.

9 Hodgson, s. Anm. 8.
I. M. Lapidus, »Muslim Cities and Islamic Societies«, in: I. Lapidus (Hg.), *Middle Eastern Cities*, Berkeley: University of California Press 1969, S. 47-49.

10 M. Rodinson, *Mohammed*, London 1971.

11 B. Lewis, *Islam in History*, London 1973.
I. M. Lapidus, »The Separation of State and Religion in the Development of Early Islamic Society«, in: *International Journal of Middle Eastern Studies*, 6 (1975), Nr. 4, S. 363-385.

12 Siehe P. Crone u. M. Cook, *Hagarism: The Making of the Islamic World,* Cambridge: Cambridge University Press 1977, bes. Kap. 2 und 3.

13 P. Crone u. M. Cook, *Hagarism,* s. Anm. 12. I. M. Lapidus, in diesem Band.

14 M. Sharon, *Black Banners from the East,* Jerusalem: Magnes Press 1983.

15 H. A. R. Gibb, *Studies on the Civilization of Islam,* Boston: Beacon Press.

16 P. Crone, *Slaves on Horses,* s. Anm. 7.
D. Ayalon, *L'esclavage de Mamelouk,* Jerusalem: Israel Oriental Society.
M. Itzkowitz, *Ottoman Empire and the Islamic Tradition,* New York: Knopf 1972.

17 S. N. Eisenstadt, »Convergence and Divergence of Modern and Modernizing Societies«, in: *International Journal of Middle Eastern Studies,* [8]1977, S. 1-27.

18 S. D. Goitein, *Studies in the Islamic History and Institutions,* Leiden: J. Brill 1966, S. 217-241.
E. Ashtor, »Républiques urbaines dans le Proche Orient à l'époque des Croisades«, in: *Cahiers de Civilisation Médiévale,* 18 (1975), S. 117-131.

19 S. N. Eisenstadt und A. Schachar, *Society, Culture and Urbanization,* Beverly Hills: Sage Publications 1956.

20 B. Lewis, »Islamic Concepts of Revolution«, in: ders., *Islam in History,* London 1975, S. 253-266.
E. Gellner, »Flux and Reflux in the Faith of Men«, in: ders., *Muslim Society,* Cambridge: Cambridge University Press 1981, S. 1-185.

21 E. Gellner, s. Anm. 20.

22 A. S. Ahmed, *Millennium and Charisma among the Pathans,* London: Routledge & Kegan Paul 1979.

23 N. Levtzion, »Patterns of Islamization in West Africa«, in: N. Levtzion (Hg.), *Conversion to Islam,* New York: Holmes and Meier 1979, S. 207-16.

Literatur

Alatas, Syed Hussein, »The Weber Thesis and South East Asia«, in: *Archives de sociologie des religions*, 15 (1963), S. 21-34

Antes, Peter, »Islamische Ethik«, in: *Ethik in nichtchristlichen Kulturen.* Stuttgart: Kohlhammer, 1984, S. 48-81

Becker, Carl Heinrich, *Islamstudien*, Erster Band, Leipzig: Quelle und Meyer, 1924

Bellah, Robert N., »Islamic Tradition and the Problem of Modernization«, in: *Beyond Belief. Essays on Religion in a Post-Traditional World*, New York: Harper & Row, 1970

Blake, Stephen P., »The Patrimonial-Bureaucratic Empire of the Mughals«, in: *Journal of Asian Studies*, XXXIX (1979), S. 77-94

Carre, Olivier, »A propos de la sociologie weberienne de l'islam«, in: J.-P. Digard (ed.), *Le cuisinier et le philosophe; hommage à Maxime Rodinson*, Paris: Maisonneuve et Carosse, 1982, S. 199-206

Cook, Michael, *Muhammad*, Oxford: Oxford University Press, 1983

Coulson, N. J., *A History of Islamic Law*, Edinburgh: Edinburgh University Press, 1964

Crone, Patricia, *Slaves on Horses. The Evolution of the Islamic Polity*, Cambridge: Cambridge University Press, 1980

Crone, Patricia und Cook, Michael, *Hagarism*, Cambridge: Cambridge University Press, 1977

Eliade, Mircea, *Geschichte der religiösen Ideen*, III/*1: Von Mohammed bis zum Beginn der Neuzeit*, Freiburg: Herder, 1983

Ende, Werner und Steinbach, Odo (Hg.), *Der Islam in der Gegenwart*, München: C. H. Beck, 1984

Fischer, Michael M. J., *Iran. From Religious Dispute to Revolution*, Cambridge: Harvard University Press, 1980

Geertz, Clifford, *Islam Observed. Religious Development in Marocco and Indonesia*, Chicago: University of Chicago Press, 1968

Gellner, Ernest, *Leben im Islam. Religion als Gesellschaftsordnung*, Stuttgart: Klett-Cotta, 1985

Gibb, Hamilton A. R., *Studies on the Civilization of Islam*, London: Routledge & Kegan Paul, 1963

Goldziher, Ignaz, *Vorlesungen über den Islam*, Heidelberg: Carl Winter, 1910 (Nachdruck der zweiten Auflage von 1925, Darmstadt: Wissenschaftliche Buchgesellschaft, 1963)

Gran, Peter, *Islamic Roots of Capitalism, Egypt 1760-1840*, Austin: University of Texas Press, 1979

Grunebaum, G. E. v., *Classical Islam. A History 600-1258*, London: Allen & Unwin, 1970

Hall, John A., *Powers and Liberties. The Causes and Consequences of the Rise of the West*, Berkeley: The University of California Press, 1985
Hodgson, Marshall G. S., *The Venture of Islam, Conscience and History in a World Civilization*, Vol. II, Chicago und London: The University of Chicago Press, 1974
Hübinger, Paul Egon (Hg.), *Bedeutung und Rolle des Islam beim Übergang vom Altertum zum Mittelalter*, Darmstadt: Wissenschaftliche Buchgesellschaft, 1968
Kraemer, Jörg, *Das Problem der islamischen Kulturgeschichte*, Tübingen: Niemeyer, 1959
Lapidus, Ira M. (ed.), *Middle Eastern Cities*, Berkeley und Los Angeles: The University of California Press, 1969
Lapidus, Ira M., *Muslim Cities of the Later Middle Ages*, Cambridge: The Harvard University Press, 1967
Levtzion, Nehemia (ed.), *Conversion to Islam*, New York: Holmes & Meier, 1979
Lewis, Bernard (Hg.), *Der Islam von den Anfängen bis zur Eroberung von Konstantinopel*, 2 Bde., München: Artemis, 1981 bzw. 1982
Mühlmann, Wilhelm E., *Chiliasmus und Nativismus. Studien zur Psychologie, Soziologie und historischen Kasuistik der Umsturzbewegungen*, Berlin: Reimer, 1961
Pipes, Daniel, *Slave Soldiers and Islam. The Genesis of a Military System*, New Haven: Yale University Press, 1981
Pirenne, Henri, *Mahomet et Charlemagne*, Paris: P. U. F., 1970
Rahman, Fazlus, *Islam and Modernity, Transformation of an Intellectual Tradition*, Chicago: University of Chicago Press, 1982
Ratschow, Carl Heinz (Hg.), *Ethik der Religionen. Ein Handbuch*, Stuttgart: Kohlhammer, 1980
Rodinson, Maxime, *Islam und Kapitalismus*, Frankfurt: Suhrkamp, 1986
Schacht, Joseph, *Introduction to Islamic Law*, Oxford: Oxford University Press, 1964
Schacht, Joseph, »Islamic Law«, in: *Encyclopedia of the Social Sciences*, Vol. VIII, New York: The MacMillan Company, 1932, S. 344-349
Schacht, Joseph, »Zur soziologischen Betrachtung des islamischen Rechts«, in: *Der Islam. Zeitschrift für Geschichte und Kultur des islamischen Orients*, 22 (1935), S. 207-238
Smith, Wilfred Cantwell, *On Understanding Islam. Selected Studies*, The Hague: Mouton Publishers, 1981
Stoddard, Philip H., Cuthell, David C. und Sullivan, Margaret W. (eds.), *Change and the Muslim World*, Syracuse, N. Y.: Syracuse University Press, 1981
Tibi, Bassam, *Der Islam und das Problem der kulturellen Bewältigung sozialen Wandels*, Frankfurt: Suhrkamp, 1985

Turner, Bryan S., *Weber and Islam. A Critical Study*, London: Routledge & Kegan, Paul, 1974

Voll, John Obert, *Islam. Continuity and Change in the Modern World*, Longman: Westview Press, 1982

Watt, W. Montgomery, *Muhammad: Prophet and Statesman*, Oxford: Oxford University Press, 1964

Watt, W. Montgomery und Welch, Alford T., *Der Islam. Mohammed und die Frühzeit – Islamisches Recht – Religiöses Leben*, Stuttgart: Kohlhammer, 1980

Watt, W. Montgomery und Marmura, Michael, *Der Islam. Politische Entwicklungen und theologische Konzepte*, Stuttgart: Kohlhammer, 1985

Wellhausen, Julius, *Das arabische Reich und sein Sturz*, Berlin: Georg Reimer, 1902

Wittek, Paul, »Islam und Kalifat«, in: *Archiv für Sozialwissenschaft und Sozialpolitik*, LIII (1925), S. 370-426

Hinweise zu den Autoren

Michael Allen Cook, geb. 1940 in Newark (Großbritannien). Reader an der School of Oriental and African Studies, University of London. Interessengebiete: Frühe Geschichte des Islams. Buchveröffentlichungen: *Population Pressure in Rural Anatolia, 1450-1600,* 1972; *Hagarism: The Making of the Islamic World* (zus. mit Patricia Crone), 1977; *Early Muslim Dogma: A Source-Critical Study,* 1981; *Muhammad,* 1983.

Patricia Crone, geb. 1945 in Dänemark. Lecturer in Islamic History an der University of Oxford, Großbritannien. Interessengebiete: Geschichte des Islams, insbes. Recht und Politik. Buchveröffentlichungen: *Hagarism: The Making of the Islamic World* (zus. mit Michael Cook), 1977; *Slaves on Horses. The Evolution of the Islamic Polity,* 1980.

Richard M. Eaton, geb. 1940 in Grand Rapids (USA). Associate Professor an der University of Arizona, Tucson, USA. Interessengebiete: Geschichte des Islams, insbes. Indiens. Buchveröffentlichungen: *Sufis of Bijapur, 1300-1700: Social Roles of Sufis in Medieval India,* 1978.

Shmuel N. Eisenstadt, geb. 1923 in Warschau (Polen), Professor of Sociology an der Hebrew University of Jerusalem, Israel. Interessengebiete: Historische Soziologie, insbes. vergleichende Zivilisationsanalyse, Makrosoziologie, Geschichte der Soziologie. Buchveröffentlichungen u. a.: *From Generation to Generation,* 1956, ^{2}1970; *The Political Systems of Empires,* 1963, ^{2}1969; *Die israelische Gesellschaft,* 1973; *Tradition, Change, and Modernity,* 1973; *The Form of Sociology – Paradigms and Crises* (zus. mit M. Curelaru), 1976; *Revolution und die Transformation von Gesellschaften,* 1982; *Patrons, Clients, and Friends* (zus. mit L. Roniger), 1984.

Ernest Gellner, geb. 1925 in Paris (Frankreich). William Wyse Professor of Social Anthropology an der University of Cambridge, Großbritannien, und Professorial Fellow of King's College, Großbritannien. Interessengebiete: Kulturanthropologie, Wissenschaftstheorie, Islam. Buchveröffentlichungen u. a.: *Words and Things,* 1959; *Thought and Change,* 1965; *Saints of the Atlas,* 1969; *Muslim Society,* 1981 (deutsch: *Leben im Islam,* 1985); *Nations and Nationalism,* 1983; *The Psychoanalytic Movement,* 1985.

Peter Hardy, geb. 1922 in Salisbury (Großbritannien). Emeritus Reader of History of Islam in South Asia an der University of London, Großbritannien. Interessengebiete: Geschichte Indiens, insbes. des Islams. Buchveröffentlichungen: *Historians of Medieval India*, 1960; *Partners in Freedom and True Muslims? The Political Thought of Some Muslim Scholars in British India 1912-1947*, 1971; *The Muslims of British India*, 1972.

Ira M. Lapidus, geb. 1937 in New York (USA). Professor of History an der University of California, Berkeley, USA. Interessengebiete: Die Religion des Islams und ihre Beziehung zu politischen und sozialen Bewegungen. Buchveröffentlichungen: *Muslim Cities in the Later Middle Ages*, 1967, [2]1984; *Contemporary Islamic Movements in Historical Perspective*, 1984; *Cambridge History of Islamic Societies*, 1986.

Nehemia Levtzion, geb. 1935 in Tel-Aviv (Israel). Bamberger and Fuld Professor of the History of the Muslim Peoples an der Hebrew University of Jerusalem, Israel. Interessengebiete: Geschichte des Islams, Geschichte Afrikas, Islam in Afrika, Religion und Politik im Islam. Buchveröffentlichungen u. a.: *Muslims and Chiefs in West Africa*, 1968; *Ancient Ghana and Mali*, 1973, [2]1980; *International Islamic Solidarity and its Limitations*, 1979; *Corpus of Early Arabic Sources for West African History* (hg. zus. mit J. F. P. Hopkins), 1981; *Chronicles from Gonja: A Tradition of Muslim Historiography in West Africa* (zus. mit Ivor G. Wilks und Bruce Haight), 1986.

Barbara D. Metcalf, geb. 1941 in Philadelphia (USA). Professor am Department of History der University of California, Davis, USA. Interessengebiete: Islam, insbes. Islam in Indien. Buchveröffentlichungen: *Islamic Revival in British India: Deoband, 1860-1900*, 1982; *Moral Conduct and Authority: The Place of Adab in South Asian Islam* (Hg.), 1984.

Rudolph Peters, geb. 1943 in Den Haag (Niederlande). Associate Professor am Institute for Modern Near Eastern Studies an der Universität Amsterdam, Niederlande. Interessengebiete: Neuere Geschichte des Islams. Buchveröffentlichungen: *Jihad in Mediaeval and Modern Islam. The Chapter on Jihad from Averroes' Legal Handbook ›Bidayat al-Mudjtahid‹ and the Treatise ›Koran and Fighting‹ by the Late Shaykh al-Azhar Mahmud Shaltut* (Übersetzung und Einleitung), 1977; *Islam and Colonialism: The Doctrine of Jihad in Modern History*, 1979.

Francis Robinson, geb. 1944 in London (Großbritannien), Reader in History am Royal Holloway and Bedford College der University of London, Großbritannien. Interessengebiete: Geschichte des Islams in Südasien. Buchveröffentlichungen: *Separatism Among Indian Muslims: The*

Politics of the United Provinces' Muslims 1860-1923, 1974, *Atlas of the Islamic World since 1500*, 1982; *Islam in Modern South Asia*, 1986.

Maxime Rodinson, geb. 1915 in Paris (Frankreich). Em. Professor für altes Äthiopisch und altes Südarabisch an der École pratique des hautes études in Paris, Frankreich. Interessengebiete: Islamwissenschaft und Soziologie, Judentum, Verhältnis arabische Welt–Israel. Buchveröffentlichungen u. a. (deutsche Übersetzungen): *Mohammed*, 1975; *Die Araber*, 1981; *Faszination des Islam*, 1985; *Islam und Kapitalismus*, 1971, [2]1986. Ferner: *Marxisme et monde musulman*, 1972.

suhrkamp taschenbücher wissenschaft
Soziologie, Theorie der Gesellschaft

Adorno, Prismen 178
– Soziologische Schriften 1 306
Auwärter/Kirsch/Schröter (Hg.), Kommunikation, Interaktion, Identität 156
Badura (Hg.), Angewandte Sozialforschung 153
Bendix, Freiheit und historisches Schicksal 390
Bonß/Honneth (Hg.), Sozialforschung als Kritik 400
Bourdieu, Entwurf einer Theorie der Praxis 291
– Zur Soziologie der symbolischen Formen 107
Bourdieu u. a., Eine illegtime Kunst 441
Claessens, Kapitalismus als Kultur 275
Cremerius (Hg.), Rezeption der Psychoanalyse 296
Dahme/Rammstedt (Hg.), Georg Simmel und die Moderne 469
Deppe/Regus (Hg.), Medizin, GesellschaftGeschichte 67
Dreeben, Was wir in der Schule lernen 294
Dubiel/Söllner (Hg.), Wirtschaft, Recht und Staat im Nationalsozialismus 471
Durkheim, Der Selbstmord 431
– Erziehung, Moral und Gesellschaft 487
Soziologie und Philosophie 176
– Die Regeln der soziologischen Methode 464
Dux, Die Logik der Weltbilder 370
Edelstein/Habermas (Hg.), Soziale Interaktion und soziales Verstehen 446
Edelstein/Keller (Hg.), Perspektivität und Interpretation 364
Edelstein/Nunner-Winkler (Hg.), Zur Bestimmung der Moral 628
Elias, Die höfische Gesellschaft 423
–, Engagement und Distanzierung 651
– Über den Prozeß der Zivilisation Bd. 1 158
– Über den Prozeß der Zivilisation Bd. 2 159
– *siehe auch Gleichmann/Goudsblom/Korte (Hg.)*
Foucault, Sexualität und Wahrheit Bd. 1 448
– Überwachen und Strafen 184
– Wahnsinn und Gesellschaft 39
Geulen (Hg.), Perspektivenübernahme und soziales Handeln 348
– Das vergesellschaftete Subjekt 586
Giddens, Die Klassenstruktur fortgeschrittener Gesellschaften 452
Gleichmann/Goudsblom/Korte (Hg.), Materialien zu Norbert Elias' Zivilisationstheorie 233
– Macht und Zivilisation. Materialien zu Norbert Elias' Zivilisationstheorie 2 418
Goffman, Das Individuum im öffentlichen Austausch 396
– Interaktionsrituale 594
– Rahmen-Analyse 329
– Stigma 140
Goldschmidt/Schöfthaler (Hg.), Religion als System? 588
Goudsblom, Soziologie auf der Waagschale 223
Gould, Der falsch vermessene Mensch 583